编辑档案

张惠芝 辑著

中原出版传媒集团
中原传媒股份公司

大象出版社
·郑州·

图书在版编目(CIP)数据

编辑档案 / 张惠芝辑著. — 郑州 : 大象出版社, 2020. 12
ISBN 978-7-5711-0546-4

Ⅰ. ①编… Ⅱ. ①张… Ⅲ. ①档案-编辑工作-研究-中国 Ⅳ. ①G272

中国版本图书馆 CIP 数据核字(2020)第 021173 号

编辑档案

BIANJI DANG'AN

张惠芝 辑著

出 版 人 汪林中
责任编辑 赵子夜 张 欣 阮志鹏 张 阳
责任校对 李婧慧
封面设计 刘 民
版式设计 新海岸设计中心

出版发行 大象出版社(郑州市郑东新区祥盛街 27 号 邮政编码 450016)
发行科 0371-63863551 总编室 0371-65597936
网　　址 www.daxiang.cn
印　　刷 河南新华印刷集团有限公司
经　　销 各地新华书店经销
开　　本 890 mm×1240 mm 1/16
印　　张 40.5
字　　数 871 千字
版　　次 2020 年 12 月第 1 版 2020 年 12 月第 1 次印刷
定　　价 128.00 元

印厂地址 郑州市经五路 12 号
邮政编码 450002 电话 0371-65957865

目 录

序 言

迄今为止，编辑学作为一门新兴学科依然在发育中。自20世纪80年代以来，我国已出版有关编辑学的教材及专著多达数十种，发表论文多达数千篇。尽管如此，对编辑学的研究范围、研究对象、研究方法，对编辑学基础理论体系、编辑活动基本内容和基本规律、编辑实践管理等最基本的学科建设核心问题，至今仍不能取得学科研究者的普遍共识。造成如此窘境的原因固然很多，但至少有一个最基本的问题遭到了学术界的轻视或者未给予足够的重视，以致造成编辑学的出发点发生偏移，这一偏移影响了整个编辑学教科书书写的位移，这个基本问题是——编辑的属性究竟是什么？只有回答清楚了这个问题，我们才能找到编辑学的立学之本。而我怀着忐忑之心向大家推荐的张惠芝老师的《编辑档案》正是这样一本书——可以帮助学术界回答“编辑”之问。

《编辑档案》一书汇集了《李大钊全集》《二十世纪中国史学名著》《普通高中课程标准实验教科书〈历史〉》三套书的原始编辑文献。这些文献的类别包括立项报告、选题申报、出版合同、会议纪要、责任分工、编辑凡例、编辑方案、编辑细则、整理细则、审校细则、版式设计、质量要求、内容提要、文稿、图稿、编辑加工稿、二校样、三校样、付印样、审读样、审校记录、致函、复函、书评、书讯等等。这本书内容涉及编辑业务活动的方方面面与各个环节，从选题信息收集、选题策划提出、组稿、审稿加工、书稿发排、审校到付印成书、组织书评宣传，提供了编辑业务全流程的应用文文本。这些原汁原味的档案文献记录，正是编辑学之所以成为一门学科的最基础的史料，如果不对编辑活动的最基本史料进行归集、分类、对比、分析、综合研究，并据此而得出编辑活动的基本规律、得出编辑学的基本内容体系、得出编辑学的基本理论，那么，我认为编辑学作为一个学科的争论仍将持续下去，并将不可避免地遭到编辑学是否能够成为一个学科的质疑。

毫无疑问，编辑学是建立在对编辑对象——不同类别的内容——的研究基础之上的。编辑内容又可以按不同维度进行分类，可分为文字、图像、音频、视频，又可分为图书、期刊、报纸、广播、影视、网络，而图书类又可分为社会科学、人文科学、自然科学，其下还可以再细分为哲学、历史、文学等。实际上，每一个分类体系下的每一个子系列就是编辑学的一个子分支，由不同类别、不同学科的专业编辑学、专题编辑学构成了整体的完整的庞大的编辑学体系。加强对分支编辑学、专业编辑学的研究，正是一般编辑学、普通编辑学、理论编辑学的研究基础。然而，不尽如人意的是，专业编辑学的研究恰恰是薄弱的。图书编辑学、报纸编辑学、期刊编辑学还出版过一些教科书或专著，但作为一个学科门类的编辑学，如历史编辑学、法学编辑学等专业编辑学则尚未见到或研究成果甚少。《编辑档案》这本书恰恰是为专业编辑学提供了一个视角，这本书的编辑内容集中于历史学，换句话说，这本书为历史学编辑学的构建与书写提供了最基础、最翔实、最系统的基本史料。

再进一步说，《编辑档案》一书为个案研究提供了三种不同的历史书籍编纂法的编辑实践案例。《李大钊全集》是一个历史学家个人一生论著的总集，这种全集类书籍的编辑要点是需要穷尽式地呈现个人文献成果。《二十世纪中国史学名著》是对一个历史时期内一个学科研究成果的甄选，将最有影响力、最具传承价值和仍然具有参考价值的学术专著挑选出来形成丛书。这种丛书类书籍的编辑重点是，以什么样的标准将具有高水准的书籍挑选出来而不至于遗漏重要著作。《普通高中课程标准实验教科书〈历史〉》是按国家课程标准系统地重新撰写的供学生和教师使用的具有原创性质的教科书，这种具有套书性质的书籍，其编辑重点是如何把握教科书要求的学科体系的完整呈现。就著作形式而言，这三套书分别属于编纂、汇编（编辑）、著作三种不同的作品形式。一般来讲，著作的主体是作者，这三套书也不例外，它们的著作权属于主编，并且这三套书具有一个共同的特点——都是主编式的作品，主编之外另有作者主体，从严格意义来说，主编实质上起到了中国古代传统意义的编辑作用。换个角度去分析，这三套书的主编实际上也是这三套书的编辑。编辑的身份在这里发生了重叠，本是作者之一种的主编同时又是套书的另一种编辑，作者编辑化在这三个案例中是不言而喻的。

同时，《编辑档案》一书还给编辑学提出了另外一个问题，这三套历史书籍的文字编辑——张惠芝女士——在此三套书的成书过程中起到了什么作用？据我所知，在《普通高中课程标准实验教科书〈历史〉》的作者署名中，张惠芝女士是本套书的副主编。翻阅完这些带有岁月体温的编辑文本档案之后，我明确地感受到张惠芝女士作为一个出版机构中的编辑在出版物成书过程中，其所起到的作用已不再是单纯的文字加工而已。至少，从这三套书的编辑案例中，我们可以确知，作为一个历史专业出身的专业历史编辑，她所起到的作用，使她在某种程度上也在向作者的身份或者说另一种具有作者性质的编辑身份移动。同样，编辑作者化的倾向在这里也是显而易见的。

编辑身份的双重性是编辑学不能不回答的基本问题。

这个问题已有诸多讨论，目前教科书的主流观点是将编辑的作者身份去除的，对作者的编辑身份也是剔除不讲的。显然，忽视了编辑身份双重性的编辑学是不完整的编辑学，至少是有缺陷的编辑学，甚至这也影响到对目前出版机构中职业编辑的地位、作用和性质的认识。在出版实践活动中，实际上存在着三种类型的编辑：作者型编辑、编辑式作者、加工型编辑。对编辑类型研究的不够深入，已经影响到对编辑学的认知。研究编辑类型则必须从编辑实践活动的诸多案例出发，而《编辑档案》正是这样一本书——它提出了诸多问题，提供了大量一手史料和文献，等待着编辑学家、出版学家、传播学家去研究、去分析、去理论化。

推荐张惠芝老师的书，我感到，很荣幸。

耿相新[1]

2017年12月24日

① 耿相新，现任中原出版传媒投资控股集团有限公司党委委员、董事、总编辑。

具有典范意义的编辑档案整理

——读张惠芝新著《编辑档案》

三年前曾拜读过著名编辑家、河北教育出版社张惠芝编审撰写的编辑学专著《编辑岁月》，书中记录了一位从事编辑工作30年的老编辑对书和对作者的种种往事与真情。对此，我在阅读前已有所预料。然而，书中竟然包括九个部分，即选题记、作者记、审读记、书评记、档案记、练笔记、困知记、忧思记、真情记，真可称之为“编辑九记”。能如此全面记录自己从业数十年的往事、经验与心得，这是我在阅读前不曾料到的。一位编辑同行，不仅在编辑工作上那么全力、那么用心，而且编写自己的著作也能有所研究、有所设计、有所创意，着实让我佩服。更何况这位编辑同行是一位早已功成名就退隐于市的老编辑，竟还能如此有尊严地对待自己的职业，如此一丝不苟地恪守文章之道，这就更令我佩服了。

一个热爱自己的职业并且一直为此潜心钻研、执着创新的从业者，只要锲而不舍、执着前行，在事业上继续做出创新之举是可以期盼的。

果然，在《编辑岁月》出版三年多后，张惠芝又奉献出一部新著《编辑档案》。如果说《编辑岁月》让我们深切感受到一位老编辑对待职业的深厚感情，那么，《编辑档案》则让我们深刻认识到这位老编辑曾经有过的艰辛劳作。前者让我们热情激荡，后者则令我们肃然起敬。作为一位编辑同行，我要向她致以崇高敬意！

《编辑档案》一书汇集了编辑家张惠芝担任责任编辑的《李大钊全集》《二十世纪中国史学名著》和担任副主编的《普通高中课程标准实验教科书〈历史〉》三套书的原始编辑文献。这些文献包括：立项报告、选题申报、出版合同、会议纪要、责任分工、编辑凡例、编辑方案、编辑细则、整理细则、审校细则、版式设计、质量要求、内容提要、文稿、图稿、编辑加工稿、二校样、三校样、付印样、审读样、审校记录、致函、复函、书评、书讯等等。文献内容涉及编辑业务活动的所有环节和业务内容，从选题信息收集、选题策划申报、组稿、审稿加工、书稿发排、校对通读到付印成书、组织书评宣传，可以说是几乎涵盖了编辑业务全部流程的一整套资料文本。据称，这些档案文献记录均为原汁原味——倘若不是原汁原味，其所谓“档案”之名是要大打折扣的。

其实，只要有过比较全面的图书编辑业务经历的人，通览全书后一定不难发现，称之为“编辑档案”确实是名副其实的。

正因为这是一部名副其实的“编辑档案”，所以在编辑出版专业里它的价值就显得非同一般。

首先，从编辑学科来看，《编辑档案》一书在学科专业发展上具有突出的启示意义。

曾记得，学术界曾经有过“编辑无学”“出版无学”的说法，经过各方面的多年努力，现在编辑学、出版学已经登堂入室，这是出版行业发展壮大、业绩卓越的结果，是编辑出版学科执着研究的结果，也是高等院校成功开展编辑出版专业教学的结果。然而平心而论，编辑出版既是一个古老的行业，同时也是一个年轻的学科。在学术界，要使其得到更为广泛的承认和尊重，在学科建设上还有许多工作要做。其中有一项绕不过去的工作，也是编辑出版作为一个学科最基础的工作——史料工作，要更好地开展起来。由于编辑出版学具有实用性，在现实环境中，学科理论研究和规律研究方面往往较难有更多的创新。这个学科要获得可持续发展和深入的可能，也许要更多地在编辑出版案例、史料研究上用力，需要通过对不同编辑出版活动事实进行搜集、整理、分类、比较、分析，以及一系列的综合研究，力求获得丰富多样、鲜活生动的规律性认识。因此，可以说《编辑档案》一书的出版在编辑出版学科建设上是有贡献的，对于学科研究者和编辑出版从业者都是具有启示意义的。

同时《编辑档案》一书的出版，也为编辑职业又一次增添了光荣和梦想。

“替人作嫁”，这是编辑同行们的自诩，也不无自嘲、自我安慰的意思。一部成功之作，署名的自然是作者和编纂者，这是理所当然的。可是在这部成功之作的作者和编纂者身后，还有一位或几位编辑默默做了许多工作，他们的贡献人们往往无从知晓。一部编辑史，编辑在某些名著内容上的贡献，大都是以逸闻趣事的形式被提及。甚至像周振甫与钱钟书的《谈艺录》《管锥编》，龙世辉与曲波的《林海雪原》，古华的《芙蓉镇》，也都只是在某些文章随笔中提及。现在，《编辑档案》以史料的形式呈现出编辑参与图书出版各环节的事实，这就让编辑学得到了最为准确的研究资料。

《编辑档案》一书里所选取的三部套书都是汇编类图书。汇编类图书的编纂者相当于全套书的主要作者，要对书中的全部内容负起责任。而事实上，汇编类图书的责任编辑就有很大可能成为编纂者之一，要在具有不同特点的汇编类图书的编辑过程中承担起不同的责任。《李大钊全集》是个人论著总集，这类图书编纂者的责任就是要确保穷尽式地呈现出作者的个人文献，责任编辑张惠芝为此做了大量梳爬剔抉的工作。《二十世纪中国史学名著》这类丛书，编纂者的责任就是对入选名著进行认定和选择，避免误选或存在遗珠之憾，责任编辑张惠芝为此下了许多反复比较选择的功夫。《普通高中课程标准实验教科书〈历史〉》的情况较为特殊，责任编辑张惠芝在这套书的编纂者中署名为副主编，其实，从《编辑档案》中我们可以清晰地看到，这位副主编并非只是挂名，她可是一位真正意义上的编纂者。作为一名北京大学历史专业毕业的专业历史编辑，她在这套书中将全部内容在某种程度上做了统揽。她既要按国家课程标准系统地设计所有内容，又要做到讲述内容适合学生和教师使用。这是一套具有原创性质的教科书，作为此类书的编纂者，其责任是要把握好学科体系的准确性和完整性。那么，我们可以说《编辑档案》正好显示了三种图书编纂者的责任和要点的实践过程，从而使“替人作嫁”的编辑上升为参与内容创新的编纂者之一，许多时候，这正是我们编辑从业者所追求的光荣与梦想。

其实，最为重要的是从编辑实务来看，《编辑档案》一书在出版行业里具有突出的典范意义。

我也是做过数十年编辑出版工作的老编辑了，也曾主持过甚至直接编辑过若干大书名作，然而扪心自问：自己可曾像张惠芝女士这么精细地做过编辑实务记录和资料保存的工作？答案是肯定没有。我相信，在我们编辑这个行业里，能像张惠芝女士如此认真、精细、全面地坚持做好编辑档案记录的同行，并不多见；而在完成图书出版任务之后，还能像她如此用心、如此细心、如此热心地去搜集整理自己的编辑档案的同行，就更是凤毛麟角了。这正是使同为老编辑的我自愧弗如因而倍加感受到其难能可贵之处。对于所有从事编辑校对工作的同行来说，这部《编辑档案》真正称得上是一面具有典范意义的镜鉴。

我曾经多次参与过《出版参考》杂志社组织的全国图书编辑优秀审读报告的评选工作，有幸读到过许多书写质量比较高的责任编辑的审读报告。在评审过程中，评委们常常会为其中一些出类拔萃的参评报告发出赞叹，认为这些编辑能够如此认真专业地履行编辑职责，实属难能可贵。可是，现在再来看看张惠芝这位编辑前辈如此全面的业务工作记录，我们不能不承认，两相比较，她的《编辑档案》更为不同凡响。

可惜，因为年龄的原因，老编辑张惠芝已经离开她所热爱的编辑岗位，她没有赶上申报优秀审读报告评奖的好时光，那么，就让我们读一读她的《编辑档案》吧，请各位编辑同行一起在心中为我们这位可敬的老编辑评奖吧。

聂震宁①

2017年12月29日

① 聂震宁系中国出版集团公司原总裁、中国韬奋基金会理事长。

自 序

《编辑档案》即将付梓，几千件漂泊的编辑档案资料不再散落，终有归宿。当外表木讷、内里鲜活的她们被归弄在一起时，我五味杂陈、百感交集，有暖暖的温度，有依依的惜别，有未了的心愿，有感恩的回眸。

咀嚼，回味，忆往。20世纪60年代，我大学毕业后，曾教过书，做过教研员。在那个书荒年代，编过小书小刊，虽说量少力微，却是我所在的那个集体或是我个人的短兵战，时见匕首的闪光，精彩夺目。我和我的同事在小小的非专业舞台上扮演了作者、编者、印者、发者多个角色，至今引以为荣且深感自豪，并留下非常值得怀念的记忆。80年代初，我来到出版社，从此人生大部分时间是耕耘在编辑这方沃土上。没承想，我会这般喜爱这个职业，存心养性，择善而从，最终追寻到宁静地做书、做好书的心境。性情由复杂变得简单，简单到只有享受做书过程这一点，远离了人和事的搅扰，豁然醒悟出“书比天大，编辑如做人”的道理。只有自己静下心来，才能让环境静下，这便是“境由心造”。我的性情也渐渐与编书、与阅读相交融，不断训练着自己的思考力和编辑力，树立起做编辑的理想、志向，掌握了做编辑的方式、方法，同时产生了越发强烈的资料保存和整理意识，更是稳步实践，并记录下编辑的情怀和负责的精神。

在漫长的编辑生涯中，我所责编的出版物有几百部（册）。退休后，留下的编辑资料塞满书柜。我虽花费大量时间，想来也只是整理出几千件书稿档案，心有未了之愿。这些“编辑资料长编”带着暖心的温度，如同纪录片，回放过去的那些事情。没有雷同，没有修饰，原汁原味，饱含着社会出版环境给予的机遇，刻印着细针密缕的足迹，更有诸多作者、师友、同人的倾心相助，终有《编辑岁月》（河北教育出版社，2015年版）、《编辑情愫》（首都师范大学出版社，2019年版）和今日作为姊妹篇的《编辑档案》面世。

《编辑岁月》出版后，阅读了此书的业内人士大多认为，具有几百种、几千页的史料是鲜活的文、图、表互动的编辑档案，不仅是真正原创的编辑理论著作，也是从编辑实践活动中走出来的编辑学教科书，为编辑队伍的成长，为编辑学的进一步研究和发展，提供了有理论与实践意义的基础资料。该书受到中国编辑学会的重视，他们在第16届年会的第一天还专门作了推荐。中国编辑学会会长郝振省先生"登高而招""顺风而呼"，不遗余力地宣传该书出版的作用和价值，更有中原出版传媒投资控股集团有限公司总编辑耿相新、中国新闻出版研究院院长魏玉山两位先生先后发表于《中国新闻出版广电报》《出版参考》上的两篇书评，洋洋洒洒，以文载道，共同阐释了"编辑文字档案"的重要性、必要性及实用价值。

正是编辑出版家吴道弘、郑一奇、聂震宁、郝振省、魏玉山、耿相新等先生的硕学通儒、研精覃思，开启了我原本已不在意的过去和不想再做什么的心气。我便向耿相新总编辑谈了自己的想法。他通观全局、权衡轻重，与我交流切合业内实际的一些想法。我理解其意：一是，当下编辑学学科研究、编辑队伍的提高，以及编辑学专业学生的培养，需要提供有参考价值的个案；应从约稿信函开始，按照编辑活动程序，将《二十世纪中国史学名著》等书稿的资料档案影印成册，展示给编辑学习者、实践者、研究者。二是，预测作为编辑学科，未来对于编辑这一工作岗位会有更高的期许，因此更凸显编辑档案资料的写作、积累之必要。相新总编辑从融编辑学与史料学为一体的高度提出的策划意图，好像是为我从历史专业走向编辑道路的量身定制。正是编辑出版界人士的感召和推动，使我决心完成这样一件事——整理书稿档案，这就是编撰本书的缘由。

前不久，我在《创业周刊》上看到《伟大首先是管理自己》一文，顿生共鸣，颇有感触。文中说道：当你不能管理自己的时候，你便失去了领导别人的资格和能力。我理解：这句话的意义，对于编辑出版业来说就是，一个编辑，首先就要管理好自己，培养、训练出慎独和静心思考的能力，形成自己的思路、风格、行为方式。长此以往，坚持下去，十年、二十年……定有成效。要当一个好编辑，就必须要永葆管理选题、作品和作者的资格和能力。“靡不有初，鲜克有终”，做事情贵在保持恒心和毅力，决不轻言放弃、半途而废。正是怀着这种初心，我才在退休几年后，不断克服惰性，编出这本小书。本人的一得之愚、一孔之见，倘能对同行和读者有一点点用处，也就心满意足了。

张惠芝

2016年6月22日于北京星园居所

概　述

“编辑文字档案”说来简单，其实内容包罗万象，举凡各类出版物的立项报告、选题申报、出版合同、会议纪要、责任分工、编辑凡例、编辑方案、编辑细则、整理细则、审校细则、版式设计、质量要求、内容提要、文稿、图稿、编辑加工稿、二校样、三校样、付印样、审读样、审校记录、致函、复函、书评、书讯等等，林林总总，尽在其中。而且不论是哪个环节、哪种样式，都很有讲究，都需要进行科学的规划与管理。总之，“编辑文字档案”是一种全方位、多层面的编辑实用文体，具有指令性，强调目标化；是严格制约作者和编辑，为了一个理想目标而共同遵守的规则和制度。

鲁迅先生曾深切感慨地说：“无论什么事，如果连续收集材料，积之十年，总可成为一学者。”与范文澜先生有关的一副对联也告诫年轻学者：“板凳要坐十年冷，文章不写半句空。”人生苦短，能有几个十年？假如人们的一生做学问30年，第一个10年打基础，做准备，就占去了可贵的1/3，后边20年的学问做得怎样，就全凭前面的功夫了。我进入出版界，20余载，多少个日日夜夜，风晨月夕，与书稿对话，与作者互勉，流年似水，不觉岁月长，“我自乐此，不为疲也”。漫漫岁月，自己给自己设计了那么多程序，积攒了几千件文字档案资料。仅《李大钊全集》《二十世纪中国史学名著》《普通高中课程标准实验教科书〈历史〉》的编辑文档，就收入300种、1300多件，约占总数的30%，其余存目。此外，还有国家领导人、大学问家对于编辑敬重、勉励的数十幅照片；更有专家、学者亲力亲为，参与撰稿、编辑、校勘的留影和信件来往数百件的手迹；更为珍贵的是保留下了学界前辈的几十种旧版图书；等等。终积20多年之功夫，不断填补、丰富、充实了文字档案。曾国藩曾说：“唯天下之至诚能胜天下之至伪，唯天下之至拙能胜天下之至巧。”我算是以“诚”为本，以“拙”为用了。下面分别阐释各部书稿档案的状况和特点。

一、《李大钊全集》

该书是中国共产主义运动的先驱、中国共产党的主要创始人之一李大钊的鸿篇巨著。李大钊在中国共产党的历史上具有重要的历史地位，其理论著作具有重要价值。那么，作为出版物必须是极品，才能与之匹配。《李大钊全集》的编辑工作全部落在河北省社会科学院、河北省李大钊研究会成员身上。这支队伍平均年龄30岁，最长研龄10年。可以想象，年轻的队伍和责任编辑面对这样一个重大选题，承受着何等巨大的压力！

该书文档纷至沓来，历时4年，集思广益，确定了5个层面的加强措施，制定了1个精细的编辑方案和2个缜密的细则，都一一保存。全书的文档均作了分类归纳编码。本书共收入7个系列、72种、78件的存档资料。归纳在“整体设计”里的“一个方案，两个细则”是在《李大钊全集》整个运作过程中制定的指导思想、编纂原则。其具体办法是作者、编者、校者必须遵循，带有很强的目标性、指令性的规范，收到纲举目张的效果。

本书档案，详尽收选了“出版说明编校样”“题注编校样”，因为只有这两项是由当代人撰写的。本人对于1103条题解和题注，都逐字、逐句、逐条地进行认真推敲和深入加工，言简意赅地说明文章的背景和所要阐释的内容。现将这个部分编辑校样公布于众，可以说是对编辑劳作的一次回看和反思。详见如下简表。

《李大钊全集》资料档案简表

序号	系列名称	种数	件数	
			收入	存目
一	立项报告	10	10	
二	整体设计	5	5	
三	编校改样	3	9	
四	宣传评论	17	2	15
五	往来信函	14	14	
六	工作留影	12	12	

续表

序号	系列名称	种数	件数	
			收入	存目
七	稿酬通知单	11		11
总计		72	52	26

当时，出版社组织审读专家抽查了《李大钊全集》第三卷（46.10万字），差错率为万分之0.0055，编校质量为优质品。该书先后获得第五届国家图书奖荣誉奖等5个奖项。

二、《二十世纪中国史学名著》

1996年河北教育出版社慎重遴选出20世纪33位史学家的57种著作重新出版。这不仅是中国史学研究成果的一次大回顾、大展示、大总结，也是一种保护和抢救。对于人们进一步认识和总结20世纪中国史学的发展规律和经验，借鉴前人的治学成果和方法，对于人们展望和开拓21世纪中国史学新局面，具有重要的社会意义和学术价值。

该书文档接踵而至，历经五个寒暑，聚沙成塔，看点较多。比如“图书出版合同”，涉及几十位著者后人所拥有的著作权、几十家出版社所拥有的版权交涉；“整体设计”，是对57种名著的全面观照，当时在关键节点上要处理解决的问题，纷繁复杂，都几经讨论，几易其稿，最后定稿的目标是要达到学术水平的制高点。“审校”系列，保存了1000多页原始记录，既保存了学术史料、语言文字的真实风貌，同时又给后人留下了可借鉴的资料，以便学者或出版工作者对某种著作存有质疑，要做进一步考证和探讨时派上用场。“往来信函”系列，存留致函、回复、来函、复函200多件，都是与作者、学者、读者的书信往来，大多具有一定的学术文化价值。“图书评介”系列，包括与《光明日报》理论部联合推出的18篇书评，每篇都是当代史学家研究前辈史学家著作带有独特见地的新作，所起到的引领、导读、推介之功是无可比拟的。

这套书的分量不仅体现在史学家的自身学养，而且有赖于当代人的编纂之功。编辑过程也是学习、探索过程，“高山仰止，景行行止”，敬畏先贤，不敢稍有懈怠，才能实现使当今出版物能与前辈之出版物比肩而立的愿望。该书文档共收存9个系列、95种、733件的相关资料。

详见如下简表。

《二十世纪中国史学名著》资料档案简表

序号	系列名称	种数	件数	
			收入	存目
一	图书出版合同	15		80
二	申报、审批列表	9	8	61
三	整体设计	20	28	9
四	审校	13	13	36
五	编纂纪要	1	6	
六	往来信函	4	71	164
七	图书评介	1	4	24
八	工作留影	27	31	
九	稿酬通知单	5		198
总计		95	161	572

《二十世纪中国史学名著》从选题确立，到出版，到重印3次，到荣获第六届国家图书奖的资料，全部保存在该书的档案里。

三、《普通高中课程标准实验教科书〈历史〉》

国家教育部推出基础教育教科书的改革方案后，出版社领导要我负责普通高中历史教科书的立项申报和编写工作。对于高投入、高风险的高中教材，我深知承担下来就意味着承担风险。它的投入可能是无底洞，它的成功可能是陷阱。我最终接受了挑战，战胜了自我。

该书文档如同旱苗得雨，蜂屯蚁聚。耗时6年，存录了11个系列、133种、433件的资料。一直到修订再版，记载下编辑在选择优良的“胚胎”后，辛勤孕育的教科书质量保障和获取市场支持的体系。这套书里专设“信息搜集”“备忘录”“附件”3个系列，凸显细腻丰盈。比如，“信息搜集”系列，把目标定位在：要将各种层次的调研做到底，体现一个深度；把调研做到顶，体现一个高度；调研要广开言路，撒开网面，体现一个广度。最后将各种信息归纳汇总，分析比较，鉴别真伪与价值，充分利用有效信息，达到为决策服务的目的。

该书稿档案仅仅“编辑宗旨”“纪要”“备忘录”3个系列，就撰写了20万字的文字资料，远远超出一册教科书的分量。这就是在检查质量时，《普通高中课程标准实验教科书〈历史〉》必修Ⅰ是罕见的“无差错”优质品的根基，更是编辑工匠们追求完美和极致的最好诠释，也是长久以来被人们忽略的编辑文字档案及其功效之所在。详见如下简表。

《普通高中课程标准实验教科书〈历史〉》资料档案简表

序号	系列名称	种数	件数	
			收入	存目
一	信息搜集	8	2	6
二	出版合同	10		32
三	立项报告	9	8	23
四	编辑宗旨	20	14	8
五	纪要	19	7	12
六	备忘录	30		30
七	附件	7	7	
八	致函、回函	5	8	113
九	教师培训及修订本材料	6	6	
十	工作留影	11	11	
十一	稿酬通知单	8		146
总计		133	63	370

人生有涯而学无涯，出版事业比天大。本人才疏学浅，但能坐得住冷板凳，耐得住寂寞，唯愿以勤补拙。20余年，心中藏书，手不离笔，多凭笔头记事，虽然平淡无奇，但旷日持久，凿石得玉，心灵充溢着感性与理性相融合的激情与冷静。笔下记录了个人所思、所为，力求折射出编辑发展史、编辑工匠史、编辑成长史的点滴历程，不揣冒昧地呈现出来，愿与编辑同人互相切磋，互相勉励，期待后来者踊跃投入，使之臻于完善，以至赫赫有生气，为祖国的出版事业打造出新的天地！

2017年6月26日

《李大钊全集》文档

该书文档，收存7个系列、72种、78件的存档资料。“整体设计”系列里的“方案”和“细则”是运作过程中的指导思想、编纂原则，是作者、编者、审者必须遵循的规范，带有强烈的目标性、指令性。“编校改样”系列里，详尽收选了“出版说明编校样”“题注编校样”等。对于1103条题解和题注，都逐字、逐句、逐条地进行推敲和加工，言简意赅地说明文章的背景和所要阐释的内容。现将这部分编辑校样公布于众，是对编辑劳作的一次回看和反思。专家审读《李大钊全集》第三卷（46.10万字），评定差错率为万分之0.0055。该书先后获得第五届国家图书奖荣誉奖等5个奖项。

目　录

一、立项报告（10种10件）

二、整体设计（5种5件）

三、编校改样（3种9件）

四、宣传评论（17种17件，其中存目15件）

五、往来信函（14种14件）

六、工作留影（12种12件）

七、稿酬通知单（存目11种11件）

一、立项报告（10种10件）

1.河北省社会科学院、河北省李大钊研究会关于《李大钊全集》编辑出版情况的报告（1件）

据我了解，编辑出版《李大钊全集》，省出版局已经出版署同意，列为我省重点出版书目；过去的编辑工作是在省李大钊研究会工作办公会议指导下进行的。我同意成立编委会及其组成人员，出版编辑工作也应靠出版局和社科院领导把关。请世儒部长阅示。

29/7

周振国

29/7

河北省社会科学院（报告）

[1999]20号

关于《李大钊全集》编辑出版情况的报告

振国并士儒同志：

编辑出版《李大钊全集》是河北省纪念李大钊诞辰110周年的一项具有重要学术价值和深远影响的举措。这项工作酝酿于1994年10月底，经过长时间准备，1996年初，河北省社会科学院、河北省李大钊研究会联合组成《李大钊全集》编辑部，在征得李大钊长子李葆华同意后，正式开始工作。

经过反复讨论、征求有关专家意见后，编辑部和有关方面先后制定了《编辑方案》、《编辑细则》和《审校细则》三个重要文件，明确了编辑指导思想，即本着求真存实的原则，完整、准确、全面地反映李大钊的思想理论遗产和伟大人格，确保科学性、学术性和权威性的统一。整个编辑工作，始终遵循这一指导思想和有关文件精神进行。我们主要做了以下五个方面的工作。

首先，核对文稿。对《李大钊文集》等已经公布的542 篇文稿，逐一鉴别，去伪存真，并逐篇核对原刊、原稿。由于少数文稿现已无法找到原刊、原稿，故本次核对的文稿约占总篇数的 95%左右，其中大部分文稿核对了两遍。在核对过程中，我们发现并纠正了不少错误，还文稿以本来面目。

其次，认真搜集李大钊佚文。经过艰苦努力，这次新发现并收入“全集”的文稿有：《〈法学通论〉眉批》、《〈刑法讲义〉眉批》、《〈支那分割之运命〉驳议》、《中国国际法论》四部书稿（译稿）及 50 余篇文稿，总计约 60 余万字。

第三，每篇文稿均加题注，说明相关背景、写作或发表时间等情况；文稿内酌加校勘性注释。

第四，点校整理、翻译整理，均请专家审校；同时，对“全集”中所引用的 8 个语种的外文，一律请专家进行审校。

第五，认真校对、审读。“全集”按时间顺序共分四卷，约 200 万字，1998 年底完成编辑工作，1999 年 1 月送印刷厂，现已三校（共 9 遍），并审读一遍。目前，正进行最后一遍校对和审读。约 8 月初开机印刷，9 月底出书。

省委宣传部、省新闻出版局对此书编辑出版一直十分重视，河北教育出版社更是投入了极大的人力物力，以确保此书在 9 月底出版。届时将召开首发式，省委主要领导同志出席并讲话。

根据工作需要和编纂工作的实际情况，我们提出学术指导名单、编辑委员会名单、编辑部工作人员名单（另附），请予审定。

以上妥否，请批示。

河北省社会科学院

河北省李大钊研究会

1999 年 7 月 26 日

2.《李大钊全集》学术指导、编辑委员会、编辑部成员名单（1件）

《李大钊全集》

学 术 指 导

张静如　彭　明　刘桂生　马模贞　吴家林
朱成甲　朱乔森　韩一德　王世儒　侯且岸

编 辑 委 员 会

主任委员：　张士儒　韩立成
副主任委员：甄树声　李仲华　严兰绅
　　　　　　陈万全　周振国　杨汝戬
委　　员：　郭金平　赵金山　杜荣泉　王洪斌
　　　　　　谢忠厚　邓子平　张惠芝　朱文通

编 辑 部

主　　任：　朱文通
副 主 任：　王小梅
编　　辑：　王东宾　裴赞芬　刘建军
　　　　　　高冬梅　安　丽

3．《李大钊全集》学术指导简况（1件）

《李大钊全集》学术指导简况

张静如　北京师范大学教授，博士生导师，全国社科规划评审委员会委员，中国李大钊研究会副会长兼学术委员会主任，中国现代史学会副会长。

彭　明　中国人民大学教授，博士生导师，中国现代史学会副会长。

刘桂生　北京大学教授，清华大学兼职教授，博士生导师，德国某大学客座教授。

马模贞　北京医科大学教授，硕士生导师。

吴家林　中共北京市委党史研究室研究员，首都师范大学兼职教授，硕士生导师。

朱成甲　中国社会科学院《中国社会科学》杂志社编审，北京大学兼职教授。

王世儒　北京大学图书馆研究员，中国李大钊研究会副秘书长，中国蔡元培研究会秘书长。

侯且岸　中共北京市委党校马列所所长、教授，博士，硕士生导师，中国李大钊研究会副秘书长，中国中共党史学会副秘书长。

以上人员，均为中国李大钊研究会理事。

4.河北省社会科学院现当代史所、河北省李大钊研究会申请编辑启动经费的报告（1件）

河北教育出版社：

我们应贵社之邀编辑《李大钊全集》，目前工作已进入实际操作阶段。奈因我所经费十分困难，故特此申请本课题启动经费[redacted]元，计开：

一、复印费：[redacted]元。《李大钊文集》上下及续累计共1880页，因该书系1984年出版，早已脱销，无法购得，故至少需全部复印一份，另加其他须复印的文献资料，估计复印总页数将达2000页以上，以每页[redacted]元计算，至少共需[redacted]元。

二、差旅费：[redacted]元。“全集”文稿中约有70余万字须到京、津校对原文。以每人每天校对1.5万字计算，两人一天合计[redacted]万字，约需24—25个工作日，加上闭馆日需30余天；每天每人住宿费以[redacted]元计，至少共需[redacted]元。另加车票[redacted]元，调卷费[redacted]元，共计[redacted]元。

三、资料征集费：[redacted]元。用于征集《李大钊文集》及续未收入的文章。

以上当否，请予大力支持为盼！

河北省社会科学院现当代史所
河北省李大钊研究会
1997年8月15日

可考虑给[redacted]起动经费，请社长示。
邢子平
97.8.28

同意，请计财处办理。
王亚民
9.10

朱通已领
10.6

5.重点图书选题推荐意见表（1件）

重点图书选题推荐意见表

1997年11月26日填报

书　　名	李大钊全集	字(幅)数	130万字
编 著 者		交稿日期	1997年底
责任编辑	韩新保　杨子江　张惠芝	分管社领导	邓子平
发稿日期	1998年3月	见书日期	1998年底
预计投资		预计盈亏	

一、内容简介、读者对象：

本集所收文稿，包括李大钊同志撰写的专著、论文、诗歌、书简、译文、演说及其记录、题词、布告，和联合署名文章等，并对原著酌加题注及注释。以此集满足国内外李大钊研究学术团体、研究工作者、中国现代史、党史研究、教学工作者的需要。

二、选题的价值、编著特点：

近年来，海内外学术界对于李大钊的研究日益活跃，国内的研究团体有七八个，会员总数已逾两千人，但是研究所必需依据的李大钊著述及有关参考资料却处于极度短缺状况。本集的出版有其特定的学术价值和实用价值，必将产生良好的社会效益，并对弘扬中华民族爱国主义、集体主义、社会主义的主旋律有着不可低估的作用。

本书的最大特点：一是增加新发现的文稿十余件；二是勘正了原《文集》中的错漏字；三是对原著酌加题注和注释。使其具有准确性、权威性。

三、编著者专业造诣、编著水平： 　　主要编纂者张静如为国内外研究李大钊第一人。他组织邀请多年来从事李大钊研究，并有相当成就的专家、学者共同承当此任。张静如本人有研究李大钊著作多部问世。
四、同类图书出版情况及海内外市场需求预测： 　　有关李大钊的文集、资料，市场上久已缺售。对此，海内外学者一再发出呼吁，强烈要求予以编纂。预计会在海内外李大钊研究领域，中国现代史、党史领域和党政领导干部群体中有好的销路。
五、拟采取的宣传和发行措施： 　　拟通过报刊、杂志、电视台、电台和相关的学术研讨会进行广泛宣传。并通过北京、上海发行所、各级新华书店进行征订，予以发行。
六、评审意见：

6.《李大钊全集》编校印制进度（1件）

《李大钊全集》编校印制进度

一、1998 年底已发稿

二、1999 年 2 月排版

三、1999 年 4 月—9 月 20 日，历时 5 个月，组织校对，累积 16 遍（不含对红合样；校对科 4 遍，编辑 2 遍，作者 4 遍，审校 4 遍，加校 1 遍，审读 1 遍）

四、1999 年 6 月 15 日—7 月 20 日

1．作者再次核对原刊文稿

2．专家审校古文点校整理稿

3．专家审校日文翻译稿

4．专家审校英文、法文、德文等语种的引文、注释

5．专家审定各篇题注

6．内文设计看样

五、1999 年 7 月 20 日—8 月 20 日　　进行最后审定工作

六、1999 年 8 月 20 日—9 月 16 日　　改版、对红、版式审定（多次）

七、1999 年 8 月底—9 月 16 日　　制版

八、1999 年 9 月 20 日—10 月 20 日前　印制

河北教育出版社

1999 年 9 月 10 日

7.《李大钊全集》送审表（1件）

河北教育出版社稿件送审表

稿件名称	正题	李大钊全集（一—四卷）					
	从书或副题						
作者	朱文通等			通讯处	河北社科院		
类别	D			发行范围	全国		
原稿页数	40+2847	字数	约195.23万	图数		开本	国际大32开
责任编辑意见	该全集所收文稿，包括李大钊同志撰写的专著、论文、诗歌、书简、译文、演说及其记录、题词、布告、联合署名文章等，并对原著酌加题注和注释。以此满足国内外李大钊研究学术团体、研究工作者，中国近代史、党史研究、教学工作者的需要。 在编辑过程中多次全面核对原刊、原文，纠正了不少错误，并依据国家有关文件和权威性词典，规范了全书用字，同时最大限度的保留原貌和李大钊本人用字、词的习惯。 建议发排付印。 张惠芝等 1999.8.10						

8. 河北教育出版社关于《李大钊全集》编辑出版情况的报告（1件）

关于《李大钊全集》编辑出版情况的报告

李大钊同志是中国共产主义运动的先驱、伟大的马克思主义者、杰出的无产阶级革命家、中国共产党的主要创始人之一。编辑出版《李大钊全集》是河北省纪念李大钊诞辰110周年和建国50周年的一项具有重要学术价值和深远影响的出版工程。这项工作酝酿于1994年底，征得李大钊长子李葆华同意，1995年确立选题，1998年列入局重点选题，1999年正式出版。现将有关情况报告如下。

一、《李大钊全集》的出版价值和意义

李大钊率先在中国大地上高举起马克思主义的伟大旗帜，为中国昭示了新的社会主义的发展方向，而且还初步提示了马克思主义必须同中国实际相结合这一光辉的思想原则。作为中国共产党早期的卓越领导人和具有高尚情操的学者，他遵循马克思主义理论，对中国革命问题进行了富有成效的探索，作出了重大的贡献。江泽民总书记曾经指出，李大钊的"伟大人格，永远是一切信仰马克思主义、立志为中华民族的兴旺发达而献身的共产党人和人民群众学习的楷模"；他的"思想理论遗产，是中国共产党和中国各族人民的宝贵精神财富，对于推动我国社会主义现代化建设，具有重要的现实意义"。鲁迅先生也曾指出："他的遗文却将永住，因为这是先驱者的遗产，革命史上的丰碑。"

李大钊生前著述较多，数十年来，李乐光、刘弄潮、蔡尚思、方行、张静如、丁守和、刘桂生、吴家林、韩一德等许多专家学者和他的亲友为搜集整理李大钊遗文进行了不懈的艰苦努力，曾编辑出版了《守常全集》（后改名《守常文集》）、《李大钊诗文选集》、《李大钊选集》、《李大钊史学论集》、《李大钊文集》、《李大钊文集（续）》、《李大钊遗文补编》等。但这些编著有的早已脱销了，有的存有不少疏误，近年来又新发现不少李大钊的文稿。李大钊牺牲70年来，特别是建国50年来，还没有一部他的全集问世。因此，迫切需要以新的视角，编辑出版一部《李大钊全集》。为保证其科学性、学术性和权威性的统一，为中外广大研究工作者提供一部全新而可信的文本，我们采取了三项具体措施：第一，聘请张静如、彭明、刘桂生等11位国内著名的李大钊研究专家组成《李大钊全集》学术委员会，负责这部全集的学术指导和最后的学术审定工作。第二，聘请中国李大钊研究会、河北省李大钊研究会有关领导和专家学者组成《李大钊全集》编委会，具体领导这部全集的编辑出版工作。第三，聘请河北省社会科学院及有关单位的李大钊研究专业人员组成精干的编辑部，负责《李大钊全集》文稿的具体搜集、整理、校勘和编辑工作。从而保证了《李大钊全集》的出版质量。我们在《李大钊全集》的编辑工作中，始终坚持以江泽民总书记的有关重要讲话精神为指导，本着存真求实的原则，对于确已证明不是李大钊的个别文稿，坚决剔除，不再收入。对于增补文稿，尽可能达到齐全，做到完整、准确、全面、系统地反映“李大钊的思想理论遗产”和“伟大人格”。

二、《李大钊全集》的基本内容和特点

这部《全集》共收入文稿 577 篇(部)，192.7 万字。《全集》分成四卷,主要包括李大钊撰写的专著、论文、诗歌、书简、译文、演说及其记录、讲义眉批、题词、布告和联合署名文章等,并对原著均加学术性题注及校勘性注释。

《全集》具有以下五个特点：

1. 忠实原著 一仍其旧 一是先后到北京大学图书馆、国家图书馆、上海图书馆、中央档案馆、中共中央马列著作编译局图书馆等 20 余家图书馆、档案馆逐篇核对了原文、原刊，勘正错讹 800 余处，还文稿以本来面目。二是充分利用六典（新华字典、现代汉语词典、辞海、汉语大字典、汉语大词典、语言文字规范手册），凡一典中有字头、词条的，均不改动，最大限度地保留原貌。

2. 力求齐全 增加新篇 增加新发现的文稿 61 篇（部），50 余万字。《法学通论》批注、《刑法讲义》批注、《中国国际法论》（译著）、《〈支那分割之运命〉驳议》、《报与史》、《致蔡孑民》等文章，均首次公开披露。

3. 均加题注 校勘注释 对李大钊的全部文稿，不论前人编辑过的，还是新增补的，都认真进行校勘、注释，并说明所依据的底本。凡收录的文稿，每篇均加题注，言简易赅地说明该文的背景和有关问题。共计 1103 条。确保其学术性、权威性。

4. 规范学术 严谨治学 依据国家语言文字委员会颁发的《简化字总表》、《异体字整理表》和各种工具书，在充分听取专家意见的基础上，制定《编辑方案》、《编辑细则》和《审校细则》，明确编辑指导思想。认真细致进行编辑加工、校对和审读，累积审校 16 遍。对于新点校整理的文稿、译文和《全集》中所引用的英、日、德、法文，均另请专家进行审定。

5. 设计考究 封面庄重 内文设计对于目录、书眉、每篇各级标题及文中夹注、眉批、题注的字体、字号均进行了精巧安排和布局；封面装帧的历史感和现代感结合精到，以淡灰色为铺垫，以李大钊《狱中自述》手迹为底衬，“李大钊全集”五个大字跃然纸上。

2

三、《李大钊全集》出版的社会反响

在半月前召开的“学术指导”汇报会上，著名党史专家、教授、博导、国务院学位委员会政治学、社会学评议组成员、国家社科基金党史党建组成员张静如先生说：“人民出版社有个《李大钊文集注释本》，你们有个《李大钊全集》，这是繁荣学术的好事，我们全力支持。”北京大学、清华大学教授、博导、中国文史馆馆员刘桂生先生说：“你们搞《李大钊全集》是非常有意义的，是前人没有做过的。你们这样严肃认真地做这件事，是学术的规范，是学界、出版界的榜样，是中国的幸事，也正是我们的呼唤！建议你们将来再搞个《李大钊全集注释本》。”莅临的各位专家学者对于《李大钊全集》的出版给予充分肯定和极高评价。

我社现已邀请党史界、社科界权威人士龚育之、邢贲思、石仲泉、彭明、张静如、瞿林东撰写书评，并正在制作宣传品以加大宣传力度。

河北教育出版社

1999年9月28日

3

9.第十二届（1998—1999）年度“中国图书奖”推荐表（1件）

第十二届（1998－1999）年度“中国图书奖”推荐表

书名	李大钊全集		类别	I	
作者简介	李大钊是伟大的马克思主义者、杰出的无产阶级革命家、中国共产党的主要创始人之一。他在中国共产主义运动中，在中国人民的民族解放和社会解放事业中，占有崇高的历史地位。		出版时间	1999年9月	
责任编辑	张惠芝等	字数	1927千字	印数	5000册

推荐理由（此空白页不够可附另页）：

李大钊的思想理论遗产是全党、全国人民的宝贵精神财富。《李大钊全集》共收入文稿577篇（部），主要包括李大钊撰写的专著、论文、诗歌、书简、译文、演说及其记录、讲义批注、题词、布告和联合署名文章等，并对原著均加学术性题注及校勘性注释。编辑出版《李大钊全集》是具有重要学术价值和深远社会影响的重大文化工程。该书出版后，人民日报、人民日报（海外版）、光明日报、中国文化报、《中国社会科学院通讯》、《北京党史》、《大时代》等报刊纷纷发表消息和书评，给予了极高的评价，认为《李大钊全集》的出版有永久的馆藏价值、重要的宣传教育价值和学术价值，是一件功德无量的大好事。

联系人	张惠芝	电话	[redacted]	邮编	050061

本社领导意见　　签字公章

省出版局图书处（或主管部门）意见　签字公章	省版协意见　签字公章

注：此表内容应与图书版权页相符，填写完整

10.第五届国家图书奖参评图书推荐表（1件）

第五届国家图书奖参评图书推荐表

（加盖公章）

书　　名	李大钊全集　　　　　　　　（共4卷）				
出版单位	河北教育出版社				
图书分类	I	出版时间	1999年9月	字　数	1927千字
著作责任者	李大钊				
责任编辑	张惠芝、邓子平、韩新保、杨子江				

内容介绍：

李大钊是伟大的马克思主义者、杰出的无产阶级革命家、中国共产党的主要创始人之一。他在中国共产主义运动中，在中国人民的民族解放和社会解放事业中，占有崇高的历史地位。他的思想理论遗产是全党、全国人民的宝贵精神财富。《李大钊全集》共收入文稿 577 篇（部），主要包括李大钊撰写的专著、论文、诗歌、书简、译文、演说及其记录、讲义批注、题词、布告和联合署名文章等。

本书有六大特点：一是自始至终有张静如、彭明、刘桂生、马模贞、吴家林、朱成甲、朱乔森、韩一德、王世儒等专家指导和具体参与，长达六年之久，确保了准确性、权威性；二是增加新发现的文稿 61 篇（部），60 余万字。如《法学通论》眉批、《刑法讲义》眉批（内有大量圈点）、《中国国际法论》（译著）、《<支那分割之运命>驳议》，此外，还有《报与史》、《致蔡孑民》等文章；三是忠实于原著，先后到省内外 20 余家图书馆、档案馆逐篇核校两次原文。勘正错漏 1000 余处；四是校对严格把关，先后校对十六遍，使其编校质量达到优质水平；五是便于阅读，全集所收文章均加学术性题注并酌情撰写校勘性注释；六是封面装帧和内文设计独具匠心。

该书出版后，人民日报、人民日报（海外版）、光明日报、中国文化报、《中国社会科学院通讯》、《北京党史》、《大时代》等报刊纷纷发表消息和书评，给予了极高的评价，认为《李大钊全集》的出版有重要的学术价值、实用价值、永久的馆藏价值和重要的宣传教育价值，是有深远社会影响的重大文化工程，对社会，对学术界是功德无量的。

填报人：张惠芝　　　　　　　　联系电话：[redacted]

注：“图书分类”一项，请按中国图书馆图书分类法（22类）填写。

二、整体设计（5种5件）

1.《李大钊全集》编辑方案（1件）

《李大钊全集》编辑方案

由河北教育出版社约稿，并经李大钊同志子女同意，河北省社会科学院、河北省李大钊研究会拟组织、编辑一套新版“李大钊文集”。本套文集计划于 1999 年李大钊诞辰 110 周年纪念之前出版发行，以供学习和研究。现将文集编辑工作计划及具体办法，拟定如下。

一、书名与分卷。本套文集拟定名为《李大钊全集》。其收录范围比现已出版的“全集”、“选集”、“文集”更为广泛、全面，力求“全”、“准”，科学性与学术性兼备，并酌加题注及必要注释。全书所收文稿，凡公开发表者，无论何种体裁，一律以当时报刊标明的发表时间为序编次；未刊稿，则以写作时间为准编入。全书分为五卷。

二、文稿来源。搜集已刊行的各种李大钊文集，查阅有关报刊、档案文献资料，并向家属及海内外人士、团体征求。

三、成立编辑工作委员会。为保证编辑质量、如期完成任务，拟由河北教育出版社、河北省社会科学院、河北省李大钊研究会聘请有关专家学者若干人，组成编委会，分担各卷的编审工作。编委的任务是：①审定篇目；②审定文稿的题注及注释；③保证如期完稿。编委会议视工作需要由主任、副主任召集。

四、编辑人员。由编委会聘任有关学者 3 — 5 名为编辑。编辑按照编委会决定的编辑方案和细则，具体负责搜集资料，誊抄、复印文稿，提出篇目，撰写题注、注释等前期编辑工作及日常联络事务。

五、设学术顾问或成立顾问委员会。由编委会聘请有关专家学者若干人为学术顾问。学术顾问主要负责解决《李大钊全集》编辑过程中出现的疑难问题，以及“全集”篇目、题注及注释的最后审定，从学术上保证“全集”的权威性。

六、进度安排。全部书稿(含注释等在内)估计达 130 万字以上，计划于两年内完成。

(1) 1997 年 1 — 6 月，完成筹备工作，主要是筹划、搜集资料。

(2) 1997 年 7 — 12 月，提出篇目，征询各方面意见，校勘文稿。

(3) 1998 年 1 — 3 月，将篇目、样条、编辑方案及细则送交学术顾问、编委审核。

(4) 1998 年 4 — 6 月，完成符合出版要求的全部书稿。

七、本文集编辑细则。(另附)

2.《李大钊全集》编辑细则（1件）

编辑细则

一、本集所收文稿，包括李大钊同志撰写的专著、论文、诗歌、书简、译文、演说及其记录、题词、布告，及联合署名文章等。

二、本集所收文稿，均按其发表或写作时间顺序编次。原稿如系分期发表者，以首期为准。只有年月而日期不详者，置于该月之末；只有年份而月份不详者，置于该年之末；年份不详而难以考证者，置于文集卷末。

三、本集所收文稿，主要依据李大钊发表的文章或手稿。采用公开发表之件，以初次刊载者为准，否则加题注说明；再版修订之作，以最后修订稿为准，亦加题注说明；文稿残缺者，亦尽量收录，并加题注说明。采用手稿之件，以定稿为准，同时附录异文或以注释标示。

四、本集所收文稿，尽量采用原有标题，原无标题或个别需加改动者，可由编者酌拟，但须加题注说明。

五、本集所收文稿，均在标题之下用括号标出该文写作或发表时间。标示的时间，一律采用公历。如遇需标季节者，以阳历 2 — 4 月为春，5 — 7 月为夏，8 — 10 月为秋，11 — 1 月为冬。

六、本集所收文稿，如原无标点或用旧式标点者，均重新标点。原文已有分段者，一般不加改动；原无分段者，酌予分段。简短的书简、题序等，可不再分段。

七、本集所收文稿，由编者视需要酌加题注，以※标明，置于页脚。正文中初次出现的生疏人名(包括字、号、别名等)、地名、历史事件、机构团体等，由编者视需要和可能酌加简要注释，顺序置于文末。

八、本集所收文稿，遇有需要订正错字，订正之字，除径改者外，放在错字之后，置于〔〕内。增补脱字，置于<>内。衍文加[ ]。遇有残缺或难辨之字，用□表示。原书缺失不知字数用▭表示。

九、本集所收文稿，均于文末注明所据底本。凡初次标注时，详列编著者、书(刊)全称、出版单位及时间、版次或收藏单位(报刊注明卷期、时间)。重复出现时，仅标底本名称，余则从略。

十、本集所收文稿，均于文末标明原文署名，特殊情况加注说明。

十一、本集所收文稿，除对文中有特殊涵义的古体字、异体字原样保留外，一般均改用通行字体。

3.《李大钊全集》审校会记录整理（1件）

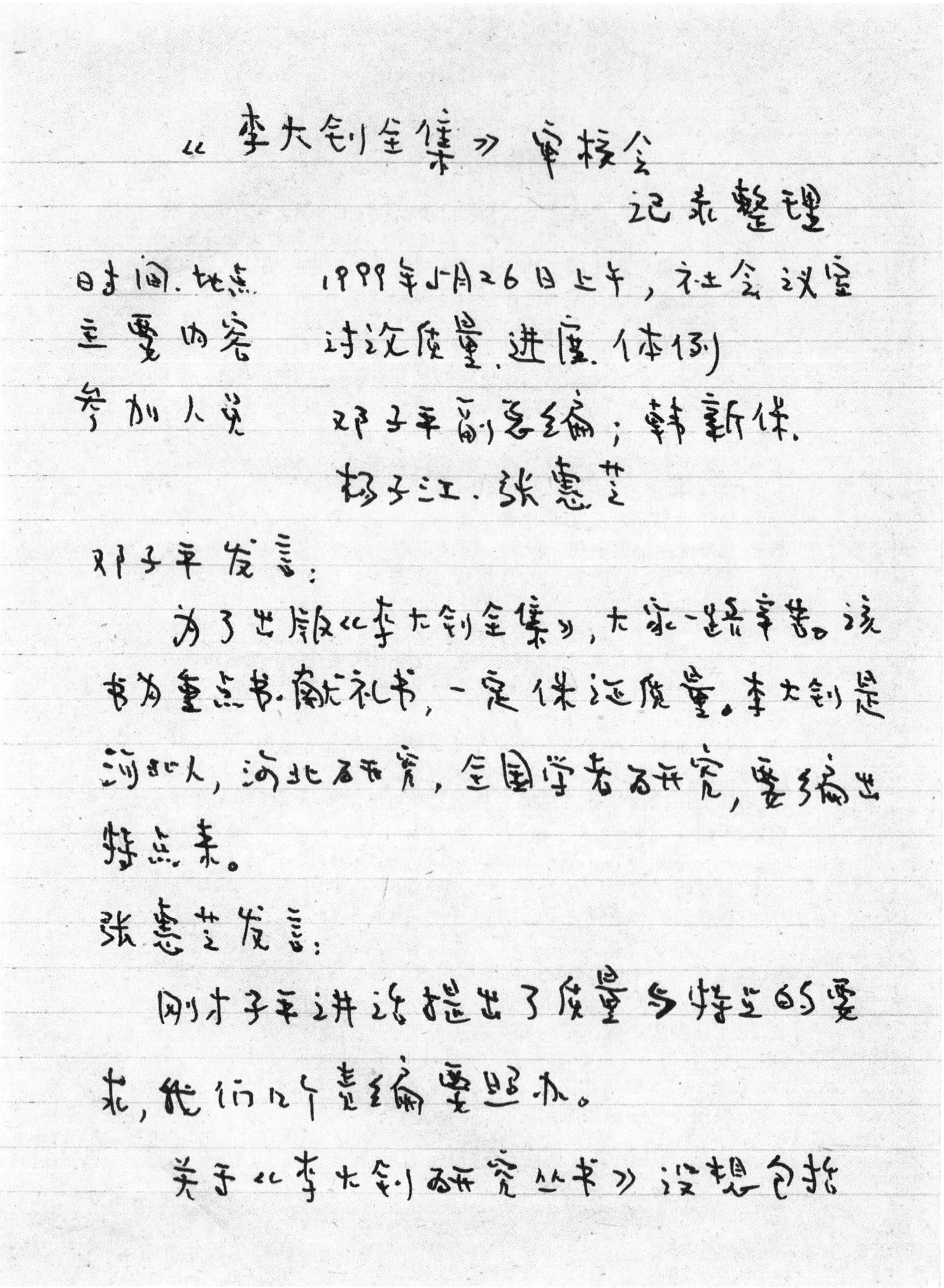
《李大钊全集》审校会
记录整理
时间、地点　1999年5月26日上午，社会议室
主要内容　讨论质量、进度、体例
参加人员　邓子平副总编；韩新保、
杨子江、张惠芝

邓子平发言：

为了出版《李大钊全集》，大家一起辛苦。该书为重点书、献礼书，一定保证质量。李大钊是河北人，河北研究，全国学者研究，要编出特点来。

张惠芝发言：

刚才子平讲话提出了质量与特点的要求，我们几个责编要照办。

关于《李大钊研究丛书》设想包括

"全集""全集注释本""李大钊年谱""李大钊传""论李大钊"等。先做《李大钊全集》，约200万字，拟分4卷出版。

关于质量：

1. 要求作者一次性交齐清定文、图全稿；
2. 二校留错率 2.5/万以下
3. 三校留错率 1/万以下
4. 审读付印样 留错率 0.5/万以下

关于运作：分以下4组，同时进行校对

1. 作者 "全集"编辑部成员
2. 校对科
3. 社外校对
4. 责编校对

4组同时校对
半月完成

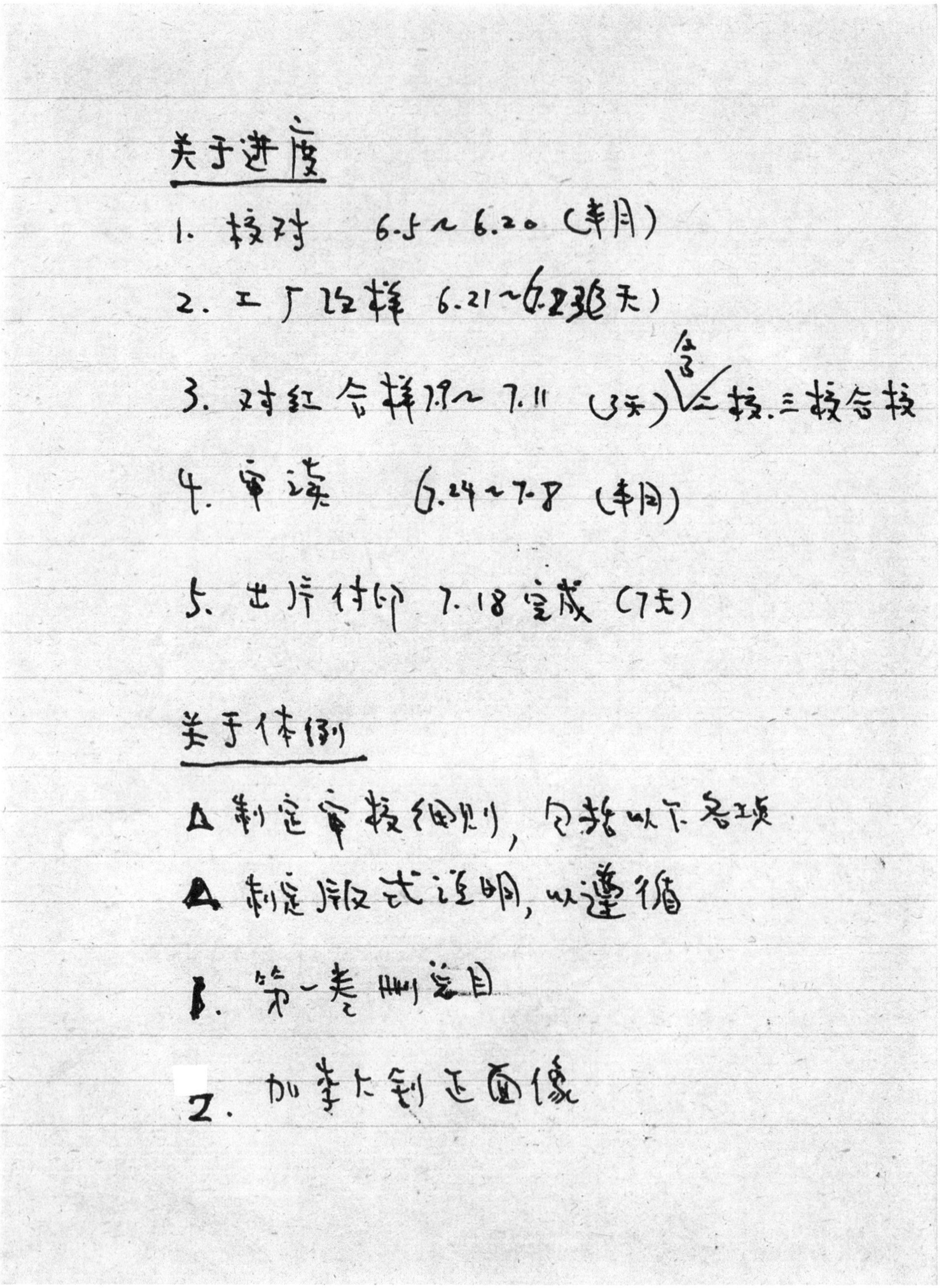

关于进度

1. 校对 6.5～6.20（半月）

2. 工厂改样 6.21～6.23（3天）

3. 对红合样 7.9～7.11（3天）（含二校、三校合校）

4. 审读 6.24～7.8（半月）

5. 出片付印 7.18完成（7天）

关于体例

△制定审校细则，包括以下各项

△制定版式说明，以遵循

1. 第一卷删篇目

2. 加大刻选画像

3. 书眉仅上一级题

4. 题注、注中的数字一律用汉字，题注不分段

5. 有眉批的，一律在右侧留1/3页空

不排通行

6. 一九一八年三月十九——二十日，一律在十九后加"日"；凡"第九十五——九十六页者用破折号，前不加"页"；"第一三四——一三五者，一律前加"第"，后加"页"，中间加"百""十"，即第一百三十四——一百三十五页

7. 英文书名排斜体，外文人名、姓之间，用右下圆点表示

9. 生卒年月用汉字

4.《李大钊全集》审校细则（1件）

《李大钊全集》审校细则

李大钊是中国共产党主要创始人之一、伟大的马克思主义者、杰出的无产阶级革命家，李大钊的思想理论遗产是全党、全国人民的宝贵精神财富。编辑出版《李大钊全集》是纪念李大钊诞辰110周年的一项重要活动，是具有重要学术价值和深远社会影响的重大的文化工程。为保证《全集》的审校质量，特制定本细则。

一、原著(文)的内容及篇章结构，一般不做改动，原无分段者，酌予分段。简短的书信、题序等，不再分段。涉及政治敏感问题(如台湾问题、边界问题、宗教问题、民族问题等)，编辑处理以国家现行规定为准。

二、凡竖排、无标点或用旧式句读者，一律改为横排、新式标点。标点符号的使用，以1996年6月1日起实施的《中华人民共和国国家标准标点符号用法》为准。

三、原著有专名(如人名、地名、职官名、朝代名等)号者，均予省略。书名号一律用规范形式(《 》、〈 〉，外文书名排斜体)。原著无书名号或书名号不规范、不完整者，一律补加或改正。

四、依据《新华字典》1998年版、《现代汉语字典》1998年版、《辞海》1989年版规范用字，原则上以《简化字总表》、《第一批异体字整理表》为准，此二表以1986年10月10日及1988年3月25日重新颁布及规定者为准。凡属繁体字与简化字和异体字与正体字一对一者，均用简化字、正体字，如趙与赵、冊与册等。如一对二或一对三以上者，则需要根据情况，区别对待。对于姓名、地名、官名等专用名词，如简化字、正体字容易产生歧义者，则应保留原来的字形字体。历史上的鄠县不改为户县、和阗不改为和田等。文中有特殊涵义的古体字、异体字可原样保留外，一般均改用通行字体。

— 1 —

五、译名一般用原著原字(如马克斯、史太林不改马克思、斯大林)。

六、古今字、省形字等均保留原貌(如蚤起不改为早起,景从不改为影从,分付不改为吩咐等)。

七、每个时代都有其独特语言,每个作者都有其惯用字词,因此,只要有根据就不改为现在通行的语言、字词。例如作程度副词用的“狠”不改为“很”,绍介、单简不改为介绍、简单等;表章不改为表彰,马头不改为码头;沈静不改为沉静,藉口不改为借口等。

八、原著(文)多为流传已久的名著,一般不得改动。但对原著中确属错讹者,在所当改;别有依据者,不可妄改;义可两存者,不能遽改。一般笔画小误、日曰淆舛,显系误写、错排者,径改不出校记。

九、前人引书,常有省略约减或个别词语的更动,只要不失原意,则不用所引书改引文。确需改正者,校改处用六角括号(〔 〕)括住的字词,表示改正;用尖括号(＜ ＞)括住的字词,表示删去;用方括号([ ])括住的字词,表示增补脱字。

十、原著(文)中因字迹模糊或纸页残缺而致无法辨认,又无其他版本核查的,根据所缺字数代以相应的虚缺号(□)表示,所缺字数无法确定者,用“(⧄)”表示。

十一、数字一律用汉字表示。

十二、以上细则,有未涉及者,请向编辑部反映,请勿擅自改动。

河北教育出版社

1999年5月16日

5.《李大钊全集》版式说明（1件）

李大钊全集

版式说明 第一方案

一、版芯:26 行×26 字,小四对开,开本:国际大 32 开。

二、总目录:1. 题用 2”长黑体,占 8 行,上空 3 行前顶格,下加粗线,同字齐

2. 文字排 4 宋,时间排 4 仿

三、出版说明:1. 同“总目录”

2. 文排 4”仿

四、凡例:1. 同“总目录”

2. 文排 4”楷

五、目录:1. 同“总目录”

2. 文排 4”宋,时间排 4”仿

六、正文:1. 正文用 4”宋体,26 行×26 字,小四对开

2. BT1 用 2”长黑,居中占 5 行,上空 3 行,BT1 下时间用 4 仿

BT2 用 4 长宋,居中占 3 行

七、“题注”及“注释”用 5”黑体,注释文字用 5”宋体,排页下注

八、眉题用 5”姚体,眉线为反线,眉题居中,单页为篇名,双页为丛书名,页码靠切口,排斜体,稍大于眉题字号,带 BT1 的那页是暗码,不加文字,不加眉线。

三、编校改样（3种9件）

1.出版说明编校样（7件）

（1）出版说明（二稿）（1件）

《李大钊全集》 二稿

出 版 说 明

李大钊是中国共产主义运动的先驱、伟大的马克思主义者、杰出的无产阶级革命家、中国共产党的主要创始人之一。他在中国共产主义运动中，在中国人民的民族解放和社会解放事业中，占有崇高的历史地位。他不仅率先在中国大地上高举起马克思列宁主义的旗帜，而且还初步揭示了马克思主义必须同中国实际相结合这一光辉的思想原则。作为中国共产党早期的卓越领导人，他在中国革命的许多条战线上进行过英勇的斗争，并遵循马克思列宁主义理论，对中国革命问题进行了富有成效的探索，做出了重大的贡献。李大钊不仅是渊博的学者，而且首先是杰出的战士，学者和战士两种品格在他身上和谐地结合在一起。他的伟大人格，永远是一切信仰马克思主义，立志为中华民族的兴旺发达而献身的共产党人和人民群众学习的楷模。他的思想理论遗产，是中国共产党和中国各族人民的宝贵精神财富，对于推动我国社会主义现代化建设，仍然具有现实意义。

李大钊生前著述、译文较多，数十年来，李乐光、刘弄潮、蔡尚思、方行、张静如、丁守和、刘桂生、杨芹、吴家林、韩一德等许多专家学者为搜集李大钊遗文进行了不懈的艰苦努力，曾先后编辑、出版过《守常全集》、《守常文集》（上册）、《李大钊选集》、《李大钊史学论集》、《李大钊文集》、《李大钊遗文补编》、《李大钊文集》（续）等。近年来，随着国内外李大钊研究的不断深入，李大钊的不少重要遗著陆续被发掘出来。为适应广大读者学习和研究中国近代史和中共早期历史，特别是学习和研究李大钊思想的需要；同时，为纪念李大钊诞辰110周年，我们搜集目前所发现的所有李大钊的遗文，编辑了这套《李大钊全集》。本书出版时，正值

— 1 —

中华人民共和国成立50周年，谨以此书作为燕赵儿女对国庆50周年的献礼。

本书共收入171篇文章，比过去增加了56篇文章（残稿补全者，按一篇统计），约68万字。文章编排以发表或写作时间为序；讲演以讲演之日期为准，讲演日期不明者以发表日期为准。文章无年份者，置全书之末；有年无月者，置该年之末；有年月无日者，置该年该月之末。

本书共分四卷，第一卷收入一九〇九年九月至一九一四年间的著作；第二卷收入一九一五年至一九一七年间的著作；第三卷收入一九一八年至一九二一年间的著作；第四卷收入一九二二年至一九二七年四月间的著作。

在忠于李大钊文稿的基础上，我们尽量尊重前人的劳动成果。对前人已整理过的文章，凡能找到原刊原稿的（约占85%），我们均进行了认真地核对，前人删改之处，均恢复原貌。特殊情况在题注中或加注予以说明。

本书所收文章，均加题注，并酌加校勘性注释。凡竖排、无标点或用旧式句读者，一律改为横排、新式标点。本书所有文章，除特殊涵义的古体字、异体字原样保留外，一律均改用通行字体。有时代特点的惯用字词，一仍其旧。除明显的排印错误径改外，遇有需要订正错字，订正之字，置〔 〕内；衍文加〈 〉；增补脱字，置[ ]内，遇有残缺或难辨之字用□表示，不知缺失几字者用▨表示。

本书由河北省社会科学院、河北省李大钊研究会编辑。在编辑过程中，得到河北教育出版社、乐亭县李大钊纪念馆等单位及许多中共党史工作者、专家的大力支持和热情帮助，特别是张静如先生、张惠芝女士给予我们许多具体的指导帮助，谨致衷心感谢。

一九九九年六月

(2) 出版说明（四稿）（1件）

《李大钊全集》
出版说明

李大钊是中国共产主义运动的先驱、伟大的马克思主义者、杰出的无产阶级革命家、中国共产党的主要创始人之一。他在中国共产主义运动中，在中国人民的民族解放和社会解放事业中，占有崇高的历史地位。他不仅率先在中国大地上高举起马克思列宁主义的旗帜，而且还初步揭示了马克思列宁主义必须同中国实际相结合的这一光辉思想原则。作为中国共产党早期的卓越领导人，他在中国革命的实践中进行过英勇不屈的斗争，并遵循马克思列宁主义理论，对中国革命问题进行了富有成效的探索，做出了重大的贡献。他的思想理论遗产，是中国共产党和中国各族人民的宝贵精神财富，对于推动我国社会主义现代化建设，具有重要现实意义。他的伟大人格，永远是一切信仰马克思主义，立志为中华民族的兴旺发达而献身的共产党人和人民群众学习的楷模。

李大钊生前著述、译文较多，数十年来，李乐光、刘弄潮、蔡尚思、方行、张静如、丁守和、刘桂生、杨芹、吴家林、韩一德等许多专家学者为搜集李大钊遗文进行了不懈的艰苦努力，曾先后编辑、出版《守常全集》、《守常文集》（上册）、《李大钊选集》、《李大钊史学论集》、《李大钊文集》、《李大钊遗文补编》、《李大钊文集》（续）等。近年来，随着国内外李大钊研究的不断深入，李大钊的不少重要遗著陆续被发掘出来。为适应广大读者学习和研究中国近代史和中国共产党早期历史，特别是学习和研究李大钊思想的需要；同时，为纪念李大钊诞辰110周年，经李葆华同意，我们搜集整理了目前已发现的所有遗文，编辑出版了这套《李大钊全集》。

《全集》共收入文稿591篇(部)，比过去增加了文稿56篇(部)(约61万字，残稿补全者，按一篇统计)。文章编排以发表或写作时间为序；讲演以讲演之日期为准，讲演日期不明者以发表日期为准。文章无年份者，置全书之末；有年无月者，置该年之末；有年月无日者，置该年该月之末。

《李大钊全集》共分四卷，以时间为序：

第一卷　一九〇九年九月至一九一四年；

第二卷　一九一五年至一九一七年；

第三卷　一九一八年至一九二一年；

第四卷　一九二二年至一九二七年四月。

我们在尊重前人研究整理李大钊文稿的基础上，对于凡能找到原刊原稿的，约占百分之九十五的文稿均进行了认真核对，使《全集》忠实于原文，保留其原貌。

《全集》所收文章，均加题注，并酌加校勘性注释。凡竖排、无标点者，一律改为横排、新式标点。《全集》所有文章，除特殊涵义的古体字、异体字原样保留外，一律均改用现行规范字体。李大钊本人的译文、引文、惯用字词和用语，以及夹注的外文，一仍其旧。除明显的排印错误径改外，凡需要订正之字，置〔〕内；衍文加〈〉；增补脱字，置[ ]内；遇有残缺或难辨之字用□表示，不明缺失几字者用▨表示。

《全集》由河北省社会科学院、河北省李大钊研究会编辑，朱文通、王小梅负责主持了这项工作。对于未曾公开发表过的《法学通论眉批》、《刑法讲义眉批》由李立志翻译、宋成有审校；《〈支那分割之运命〉驳议》、《中国国际法论》由黄霞、唱春莲、金靖点校、整理，魏连科、王明信、张文审校。编辑过程中，得到了河北教育出版社的鼎力支持；得到河北省社会科学院图书馆、北京大学图书馆、国家图书馆、革命博物馆、上海图书馆、北京师范大学图书馆、南开大学图书馆、中国社会科学院近代史所图书馆、首都图书馆、中国人民大学图书馆、中央档案馆、马列著作编译局图书馆、清华大学图书馆、河北教育出版社、乐亭县李大钊纪念馆等单位及许多中共党史工作者、专家的大力支持和热情帮助，特别是张静如、张惠芝、王世儒等先生给予我们许多具体的指导帮助，谨致衷心感谢。

编　者

一九九九年六月

中国

研究

中共唐山市委党史研究室

方行

（3）出版说明（五稿）（1件）

出 版 说 明

李大钊是中国共产主义运动的先驱、伟大的马克思主义者、杰出的无产阶级革命家、中国共产党的主要创始人之一。他在中国共产主义运动中，在中国人民的民族解放和社会解放事业中，占有崇高的历史地位。他不仅率先在中国大地上高举起马克思列宁主义的旗帜，而且还初步揭示了马克思列宁主义必须同中国实际相结合的这一光辉思想原则。作为中国共产党早期的卓越领导人，他在中国革命斗争的各条战线上进行过英勇不屈的顽强斗争，并遵循马克思列宁主义理论，对中国革命问题进行了富有成效的探索，做出了重大的贡献。他的思想理论遗产，是中国共产党和中国各族人民的宝贵精神财富，对于推动我国社会主义现代化建设，具有重要的现实意义。他的伟大人格，永远是一切信仰马克思主义、立志为中华民族的兴旺发达而献身的共产党人和人民群众学习的楷模。

2　　李大钊全集·第一卷

李大钊生前著述、译述较多。数十年来，李乐光、刘弄潮、蔡尚思、方行、张静如、丁守和、刘桂生、吴家林、韩一德等许多专家学者为搜集李大钊遗文进行了不懈的艰苦努力，曾先后编辑和出版了《守常全集》、《守常文集》（上册）、《李大钊选集》、《李大钊史学论集》、《李大钊文集》、《李大钊遗文补编》、《李大钊文集》（续）等。近年来，随着国内外李大钊研究的不断深入，李大钊的不少重要遗著陆续被发掘出来。为适应广大读者学习和研究中国近代史和中国共产党早期历史，特别是学习和研究李大钊思想、理论的需要，同时，为纪念李大钊诞辰110周年，经李大钊的长子李葆华同意，我们搜集整理了目前已发现的李大钊的所有遗文，编辑出版了这套《李大钊全集》。

《全集》共收入文稿577篇（部），其中新发现的文稿有61篇（部）文章编排以发表时间或写作时间为序；讲演以讲演日期为准，讲演日期不明者以发表日期为准。文章无年份者，置于全书之末；有年无月者，置于年末；有月无日者，置于月末。

《全集》共分四卷，所收文章以时间为序：

第一卷　一九〇九年九月至一九一四年

第二卷　一九一五年至一九一七年

第三卷　一九一八年至一九二一年

第四卷　一九二二年至一九二七年四月

我们在尊重前人研究整理李大钊文稿成果的基础上，对于凡能找到原刊原稿的文稿进行了认真的核对，以使《全集》忠实于原文，一仍其旧。

《全集》所收文章，均加题注，并酌加校勘性注释。凡竖排、无标点者，一律改为横排、新式标点。《全集》所有文章，除特殊涵义的古体字、异体字保留原样外，均改用现行规范字体。本着不以今律古、以新断旧的原则对于李大钊本人行文中的惯用字、词和用语，均依原文照排。除明显的排印错误径改外，凡需订正之误字，置于尖括号（〈　〉）内，同时将正确的字置于其后的六角括号（〔　〕）内；衍文置于尖括号（＜　＞）内；增补的脱文，置于方括号（［　］）内；遇有残缺或难辨之字，用相应个数的虚缺号（□）表示，不明缺失个数者，用加斜杠的虚缺号（▨）表示。

《全集》由河北省社会科学院、河北省李大钊研究会编辑，朱文通、王小梅负责主持了这项工作。这次收入本书的《〈法学通论〉批语》和《〈刑法讲义〉批语》由李立志翻译，纪廷许审校；《〈支那分割之运命〉驳议》和《中国国际法论》由黄霞、唱春莲和金靖点校、整理。陈旭霞、申玉山、齐瑞花、王燕霞参加了部分文稿的编校工作。

《全集》的编辑工作得到中共河北省委宣传部、河北省社会科学院、河北省新闻出版局和河北教育出版社的鼎力支持，得到北京大学图书馆、国家图书馆、革命博物馆、上海图书馆、北京师范大学图书馆、南开大学图书馆、中国社会科学院近代史研究所图书馆、首都图书馆、中国人民大学图书馆、中央档案馆、马列著作编译局图书馆、河北省社会科学院图书馆、中共河北省委党校图书馆、中共唐山市委党史研究室、乐亭县李大钊纪念馆等单位及许多中共党史工作者、专家的大力支持和热情帮助，特别是张静如、张惠芝、张圣洁、王世儒等先生给予我们许多具体的指导帮助，谨致衷心感谢。

编　者

一九九九年六月

（4）出版说明（七稿）（1件）

七稿，改后选定份样

1999.9.13 张惠芝

宋、仿、楷各一份样

出版说明

李大钊是中国共产主义运动的先驱、伟大的马克思主义者、杰出的无产阶级革命家、中国共产党的主要创始人之一。他在中国共产主义运动中，在中国人民的民族解放和社会解放事业中，占有崇高的历史地位。他不仅率先在中国大地上高举起马克思列宁主义的伟大旗帜，为中国昭示了新的社会主义的发展方向，而且还初步提示了马克思主义必须同中国实际相结合的这一光辉思想原则。作为中国共产党早期的卓越领导人，他在中国革命的许多条战线上进行过英勇的斗争，直至舍生赴死，英勇就义。他的伟大的人格，永远是一切信仰马克思主义、立志为中华民族的兴旺发达而献身的共产党人和人民群众学习的楷模。他遵循马克思主义理论，对中国革命问题进行了富有成效的探索，做出了重大的贡献；他的思想理论遗产，是中国共产党和中国各族人民的宝贵精神财富，对于推动我国社会主义现代化建设，具有重要的现实意义。

李大钊生前著述、译述较多。数十年来，李乐光、刘弄潮、蔡尚思、方行、张静如、丁守和、刘桂生、吴家林、韩一德等许多专家学者为搜集李大钊遗文进行了不懈的艰苦努力，曾先后编辑和出版了《守常全集》、《守常文集》（上册）、《李大钊选集》、《李大钊史学论集》、《李大钊文集》、《李大钊遗文补编》、《李大钊文集》（续）等。近年来，随着国内外李大钊研究的不断深入，李大钊的不少重要遗著陆续被发掘出来。为适应广大读者学习和研究中国近代史和中国共产党早期历史，特别是学习和研究李大钊的思想理论的需要，我们搜集整理了目前已发现的李大钊的遗文，编辑出版了这套《李大钊全集》。

本书共收入文稿577篇（部），其中新刊印的文稿有61篇（部）。文章编排以发表时间或写作时间为序；讲演以讲演日期为准，讲演日期不明者以发表日期为准。文章无年份者，置于全书之末；有年无月者，置于年末；有月无日者，置于月末。

本书共分四卷，所收文章以时间为序：

第一卷　一九〇九年九月至一九一四年

第二卷　一九一五年至一九一七年

第三卷　一九一八年至一九二一年

第四卷　一九二二年至一九二七年四月

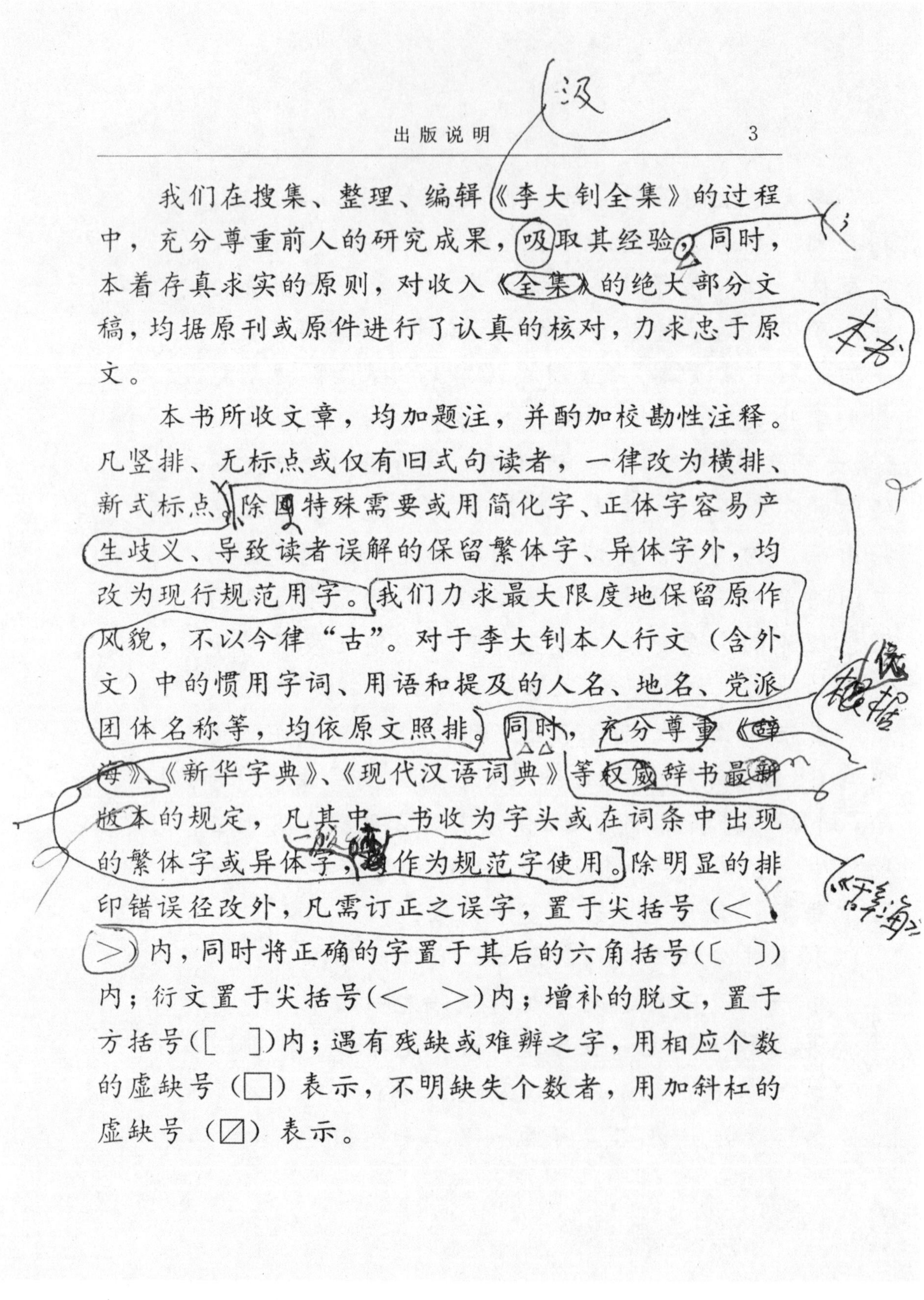

出版说明　3

我们在搜集、整理、编辑《李大钊全集》的过程中，充分尊重前人的研究成果，吸取其经验。同时，本着存真求实的原则，对收入《全集》的绝大部分文稿，均据原刊或原件进行了认真的核对，力求忠于原文。

本书所收文章，均加题注，并酌加校勘性注释。凡竖排、无标点或仅有旧式句读者，一律改为横排、新式标点。除因特殊需要或用简化字、正体字容易产生歧义、导致读者误解的保留繁体字、异体字外，均改为现行规范用字。我们力求最大限度地保留原作风貌，不以今律“古”。对于李大钊本人行文（含外文）中的惯用字词、用语和提及的人名、地名、党派团体名称等，均依原文照排。同时，充分尊重《辞海》、《新华字典》、《现代汉语词典》等权威辞书最新版本的规定，凡其中一书收为字头或在词条中出现的繁体字或异体字，均作为规范字使用。除明显的排印错误径改外，凡需订正之误字，置于尖括号（〈 〉）内，同时将正确的字置于其后的六角括号（〔 〕）内；衍文置于尖括号（〈 〉）内；增补的脱文，置于方括号（[ ]）内；遇有残缺或难辨之字，用相应个数的虚缺号（□）表示，不明缺失个数者，用加斜杠的虚缺号（☐）表示。

本书由河北省社会科学院、河北省李大钊研究会编辑，朱文通、王小梅主持了这项工作。这次收入本书的《〈法学通论〉批语》和《〈刑法讲义〉批语》，由李立志翻译，纪廷许审校；《〈支那分割之运命〉驳议》和《中国国际法论》，由黄霞、唱春莲和金靖点校、整理。陈旭霞、申玉山、齐瑞花、王燕霞参加了部分文稿的编校工作。

本书的编辑工作得到中共河北省委宣传部、河北省社会科学院、河北省新闻出版局和河北教育出版社的鼎力支持，得到北京大学图书馆、国家图书馆、革命博物馆、上海图书馆、北京师范大学图书馆、南开大学图书馆、中国社会科学院近代史研究所图书馆、首都图书馆、中国人民大学图书馆、中央档案馆、马列著作编译局图书馆、河北省社会科学院图书馆、中共河北省委党校图书馆、中共唐山市委党史研究室、乐亭县李大钊纪念馆等单位及许多中共党史工作者、专家的大力支持和热情帮助，特别是张静如、张圣洁、王世儒等先生给予我们许多具体的指导帮助，谨致衷心感谢。

编　者

一九九九年六月

(5) 出版说明（八稿）（1件）

八稿 9.14

请改后出小4宋.小4楷。

1

小样清样各两份。张惠芝 9.14

出版说明

李大钊是中国共产主义运动的先驱、伟大的马克思主义者、杰出的无产阶级革命家、中国共产党的主要创始人之一。他在中国共产主义运动中，在中国人民的民族解放和社会解放事业中，占有崇高的历史地位。他不仅率先在中国大地上高举起马克思列宁主义的伟大旗帜，为中国昭示了新的社会主义的发展方向，而且还初步提示了马克思主义必须同中国实际相结合的这一光辉思想原则。作为中国共产党早期的卓越领导人，他遵循马克思主义理论，对中国革命问题进行了富有成效的探索，做出了重大的贡献；他在中国革命的许多条战线上进行过英勇的斗争，直至舍生赴死，英勇就义。他的伟大人格，永远是一切信仰马克思主义、立志为中华民族的兴旺发达而献身的共产党人和人民群众学习的楷模。他的思想理论遗产，是中国共产党和中国各族人民的宝贵精神财富，对于推动我国社会主义现代化建设，具有重要的现实意义。

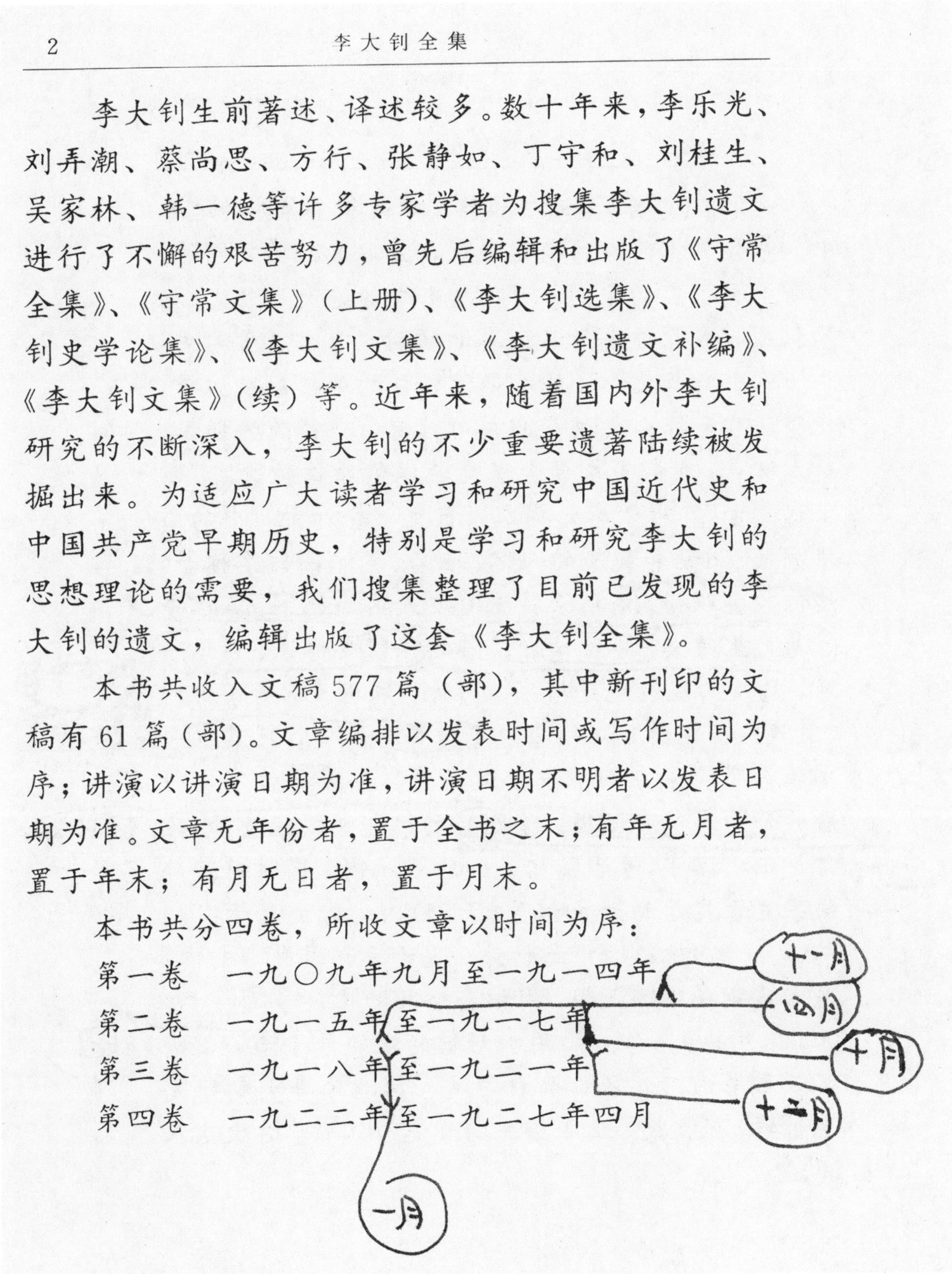

李大钊生前著述、译述较多。数十年来，李乐光、刘弄潮、蔡尚思、方行、张静如、丁守和、刘桂生、吴家林、韩一德等许多专家学者为搜集李大钊遗文进行了不懈的艰苦努力，曾先后编辑和出版了《守常全集》、《守常文集》（上册）、《李大钊选集》、《李大钊史学论集》、《李大钊文集》、《李大钊遗文补编》、《李大钊文集》（续）等。近年来，随着国内外李大钊研究的不断深入，李大钊的不少重要遗著陆续被发掘出来。为适应广大读者学习和研究中国近代史和中国共产党早期历史，特别是学习和研究李大钊的思想理论的需要，我们搜集整理了目前已发现的李大钊的遗文，编辑出版了这套《李大钊全集》。

本书共收入文稿 577 篇（部），其中新刊印的文稿有 61 篇（部）。文章编排以发表时间或写作时间为序；讲演以讲演日期为准，讲演日期不明者以发表日期为准。文章无年份者，置于全书之末；有年无月者，置于年末；有月无日者，置于月末。

本书共分四卷，所收文章以时间为序：

第一卷　一九〇九年九月至一九一四年

第二卷　一九一五年至一九一七年

第三卷　一九一八年至一九二一年

第四卷　一九二二年至一九二七年四月

我们在搜集、整理、编辑《李大钊全集》的过程中，充分尊重前人的研究成果，汲取其经验，同时，本着存真求实的原则，对收入本书的绝大部分文稿，均据原刊或原件进行了认真的核对，力求忠于原文。

本书所收文章，均加题注，并酌加校勘性注释。凡竖排、无标点或仅有旧式句读者，一律改为横排、新式标点。我们力求最大限度地保留原作风貌，不以今律“古”。对于李大钊本人行文（含外文）中的惯用字词、用语和提及的人名、地名、党派团体名称等，均依原文照排。依据除特殊需要或用简化字、正体字容易产生歧义，导致读者误解的保留繁体字、异体字外，均改为现行规范用字。同时，依据《新华字典》、《现代汉语词典》、《辞海》等辞书的规定，凡其中一书收为字头或在词条中出现的繁体字或异体字，一般亦作为规范字使用。除明显的排印错误径改外，凡需订正之误字，置于尖括号（＜　＞）内，同时将正确的字置于其后的六角括号（〔　〕）内；衍文置于尖括号（＜　＞）内；增补的脱文，置于方括号（[　]）内；遇有残缺或难辨之字，用相应个数的虚缺号（□）表示，不明缺失个数者，用加斜杠的虚缺号（⧄）表示。

本书由河北省社会科学院、河北省李大钊研究会编辑，朱文通、王小梅主持了这项工作。这次收入

4　　李大钊全集

本书的《〈法学通论〉批语》和《〈刑法讲义〉批语》，由李立志翻译，纪廷许审校；《〈支那分割之运命〉驳议》和《中国国际法论》，由黄霞、唱春莲、金靖等点校整理。陈旭霞、申玉山、齐瑞花、王燕霞参与了部分编校工作。

本书的编辑工作得到中共河北省委宣传部、河北省社会科学院、河北省新闻出版局和河北教育出版社的鼎力支持，得到北京大学图书馆、国家图书馆、革命博物馆、上海图书馆、北京师范大学图书馆、南开大学图书馆、中国社会科学院近代史研究所图书馆、首都图书馆、中国人民大学图书馆、中央档案馆、马列著作编译局图书馆、河北省社会科学院图书馆、中共河北省委党校图书馆、中共唐山市委党史研究室、乐亭县李大钊纪念馆等单位及许多中共党史工作者、专家的大力支持和热情帮助，特别是张静如、张圣洁、王世儒等先生给予我们许多具体的指导帮助，谨致衷心感谢。

编　者

一九九九年六月

(6) 出版说明（九稿）（1件）

九稿　设命出五份，下午送社，谢谢！　1999.9.16 张惠芝
同时出五份李大钊像

出版说明

李大钊是中国共产主义运动的先驱、伟大的马克思主义者、杰出的无产阶级革命家、中国共产党的主要创始人之一。他在中国共产主义运动中，在中国人民的民族解放和社会解放事业中，占有崇高的历史地位。他不仅率先在中国大地上高举起马克思列宁主义的伟大旗帜，为中国昭示了新的社会主义的发展方向，而且还初步提示了马克思主义必须同中国实际相结合的这一光辉思想原则。作为中国共产党早期的卓越领导人，他遵循马克思主义理论，对中国革命问题进行了富有成效的探索，做出了重大的贡献；他在中国革命的许多条战线上进行过英勇的斗争，直至舍生赴死，英勇就义。他的伟大人格，永远是一切信仰马克思主义、立志为中华民族的兴旺发达而献身的共产党人和人民群众学习的楷模。他的思想理论遗产，是中国共产党和中国各族人民的宝贵精神财富，对于推动我国社会主义现代化建设，具有重要的现实意义。

李大钊生前著述、译述较多。数十年来，李乐光、刘弄潮、蔡尚思、方行、张静如、丁守和、刘桂生、吴家林、韩一德等许多专家学者为搜集李大钊遗文进行了不懈的艰苦努

（搜集 整理）

力，曾先后编辑和出版了《守常全集》、《守常文集》（上册）、《李大钊选集》、《李大钊史学论集》、《李大钊文集》、《李大钊遗文补编》、《李大钊文集》（续）等。近年来，随着国内外李大钊研究的不断深入，李大钊的不少重要遗著陆续被发掘出来。为适应广大读者学习和研究中国近代史和中国共产党早期历史，特别是学习和研究李大钊的思想理论的需要，我们搜集整理了目前已发现的李大钊的遗文，编辑出版了这套《李大钊全集》。

本书共收入文稿577篇（部），其中新刊印的文稿有61篇（部）。文章编排以发表时间或写作时间为序；讲演以讲演日期为准，讲演日期不明者以发表日期为准。文章无年份者，置于全书之末；有年无月者，置于年末；有月无日者，置于月末。

本书共分四卷，所收文章以时间为序：

第一卷　一九〇九年九月至一九一四年十一月

第二卷　一九一五年四月至一九一七年十月

第三卷　一九一八年一月至一九二一年十二月

第四卷　一九二二年一月至一九二七年四月

我们在搜集、整理、编辑《李大钊全集》的过程中，充分尊重前人的研究成果，汲取其经验，同时，本着存真求实的原则，对收入本书的绝大部分文稿，均据原刊或原件进行了认真的核对，力求忠于原文。

本书所收文章，均加题注，并酌加校勘性注释。凡竖排、无标点或仅有旧式句读者，一律改为横排、新式标点；我们

；繁体字、异体字改为简化字、正体字

力求最大限度地保留原作风貌，不以今律“古”。对于李大钊本人行文（含外文）中的惯用字词、用语和提及的人名、地名、党派团体名称等，均依原文照排。除特殊需要或容易产生歧义的繁体字、异体字保留外，均改为现行规范用字。同时，依据《新华字典》、《现代汉语词典》、《辞海》最新版本的规定，凡其中一书收为字头或在词条中出现的繁体字、异体字，一般不予改动。除个别明显的排印错误径改外，凡需订正之误字，置于尖括号（＜ ＞）内，同时将正确的字置于其后的六角括号（〔 〕）内；衍文置于尖括号（＜ ＞）内；增补的脱文，置于方括号（[ ]）内；遇有残缺或难辨之字，用相应个数的虚缺号（□）表示，不明缺失个数者，用加斜杠的虚缺号（▨）表示。

本书由河北省社会科学院、河北省李大钊研究会编辑，朱文通、王小梅主持了这项工作。这次收入本书的《〈法学通论〉批注》和《〈刑法讲义〉批注》，由李立志翻译、纪廷许审校；《〈支那分割之运命〉驳议》和《中国国际法论》，由黄霞、唱春莲、金靖等点校整理。陈旭霞、申玉山、齐瑞花、王燕霞参与了部分编校工作。

本书的编辑工作得到中共河北省委宣传部、河北省社会科学院、河北省新闻出版局的关心和指导以及河北教育出版社的鼎力支持；得到北京大学图书馆、国家图书馆、革命博物馆、上海图书馆、北京师范大学图书馆、南开大学图书馆、中国社会科学院近代史研究所图书馆、首都图书馆、中国人民大学图书馆、中央档案馆、中共中央马列著作编译局图书馆、河北省社会科学院图书馆、中共河北省委党校图书馆、中共唐山市委党史研究室、乐亭县李大钊纪念馆等单位及许多中共党史工作者、专家的热情帮助，特别是张静如、张圣洁、王世儒等先生给予我们许多具体的指导帮助，谨致衷心感谢。

在此，一并致以诚挚的谢意！

编 者

一九九九年六月

小4宋

《李大钊全集》编辑委员会

小4宋

李大钊的著述，译述颇较多，且散见于当时国内的报刊杂志上，搜集起来颇为困难。我们虽然在前人的基础上尽了最大的努力，但肯定会有所遗漏，而且限于编者的水平，错误纰缪亦在所难免，敬祈方家和广大读者不吝指正。

（7）出版说明（十稿）（1件）

十稿　　改后制片。张惠芝 1998.5.18

1

出版说明

李大钊是中国共产主义运动的先驱、伟大的马克思主义者、杰出的无产阶级革命家、中国共产党的主要创始人之一。他在中国共产主义运动中，在中国人民的民族解放和社会解放事业中，占有崇高的历史地位。他不仅率先在中国大地上高举起马克思列宁主义的伟大旗帜，为中国昭示了新的社会主义的发展方向，而且还初步提示了马克思主义必须同中国实际相结合这一光辉的思想原则。作为中国共产党早期的卓越领导人和具有高尚情操的学者，他遵循马克思主义理论，对中国革命问题进行了富有成效的探索，作出了重大的贡献；他在中国革命的历程中进行过不屈不挠的斗争，直至英勇就义。他的伟大人格，永远是一切信仰马克思主义、立志为中华民族的兴旺发达而献身的共产党人和人民群众学习的楷模。他的思想理论遗产，是中国共产党和中国各族人民的宝贵精神财富，对于推动我国社会主义现代化建设，具有重要的现实意义。诚然，正如鲁迅先生在《〈守常全集〉题记》中所指出的，他的某些观点，“在现在看起来，当然未必精当的”，但是，“他的遗文却将永住，因为这是先驱者的遗产，革命史上的丰碑”。

李大钊就义后，数十年来，李乐光、刘弄潮、蔡尚思、方行、张静如、丁守和、刘桂生、吴家林、韩一德等许多专家学者和他的亲友为搜集整理李大钊遗文进行了不懈的艰苦努力，曾编辑出版了《守常全集》(后改名《守常文集》)、《李大钊诗文选集》、《李大钊选集》、《李大钊史学论集》、《李大钊文集》、《李大钊文集（续）》、《李大钊遗文补编》等。近年来，随着国内外李大钊研究的不断深入，李大钊的不少重要遗著陆续发掘出来。为适应广大读者学习和研究中国近代史和中国共产党早期历史，特别是学习和研究李大钊的思想理论的需要，我们搜集整理了目前已公开出版和新发现的李大钊的所有遗著，编辑出版了这套《李大钊全集》。

这部全集共收入文稿 577 篇（部），其中新刊印的文稿有 61 篇（部）。文章编排以发表时间或写作时间为序；讲演以讲演日期为准，讲演日期不明者以发表日期为准。文章无年份者，置于全书之末；有年无月者，置于年末；有月无日者，置于月末。

这部全集共分四卷。第一卷包括一九〇九年九月至一九一四年十一月的著作，第二卷包括一九一五年四月至一九一七年十月的著作，第三卷包括一九一八年一月至一九二一年十二月的著作，第四卷包括一九二二年一月至一九二七年四月的著作。

我们在搜集、整理、编辑《李大钊全集》的过程中，充分尊重前人的研究成果，汲取他们的经验，同时，本着存真求实的原则，对收入这部全集的绝大部分文稿，均据原刊或原件进行了认真的核对，力求忠于原文。

这部全集所收文章，均加题解，并酌加校勘性注释。凡竖排、无标点或仅有旧式句读者，一律改为横排、新式标点；繁体字、异体字改为简化字、正体字。我们力求最大限度地保留原作风貌，不以今律“古”。对于李大钊本人行文（含外文）中的惯用字词、用语和提及的人名、地名、党派团体名称等，均依原文照排；繁体字、异体字因特殊需要或改为简化字、正体字容易产生歧义的，则予保留。除个别明显的排印错误径改外，凡需订正之误字，置于尖括号（＜　＞）内，同时将正确的字置于其后的六角括号(〔　〕)内；衍文置于尖括号(＜　＞)内；增补的脱文，置于方括号(［　］)内；遇有残缺或难辨之字，用相应个数的虚缺号（□）表示，不明缺失个数者，用加斜杠的虚缺号（☒）表示。

这部全集由河北省社会科学院、河北省李大钊研究会合编，朱文通、王小梅主持了这项工作。此次收入这部全集的《〈法学通论〉批注》和《〈刑法讲义〉批注》，由李立志翻译、纪廷许审校；《〈支那分割之运命〉驳议》和《中国国际法论》，由黄霞、唱春莲、金靖等点校整理。陈旭霞、申玉山、齐瑞花、王燕霞参与了部分编校工作。

这部《李大钊全集》的编辑工作自始至终得到中共河北省委宣传部、河北省社会科学院、河北省新闻出版局的关心和指导以及河北教育出版社的鼎力支持；得到北京大学图书馆、国家图书馆、革命博物馆、上海图书馆、北京师范大学图书馆、南开大学图书馆、中国社会科学院近代史研究所图书馆、首都图书馆、中国人民大学图书馆、中央档案馆、中共中央马列著作编译局图书馆、河北省社会科学院图书馆、中共河北省委党校图书馆、中共唐山市委党史研究室、乐亭县李大钊纪念馆等单位及许多中共党史工作者、专家的热情帮助，特别是张静如、张圣洁、王世儒等先生给予我们许多具体的指导和帮助，在此，一并致以诚挚的谢意！

李大钊的著述、译述较多，且散见于当时国内外的报章杂志上，搜集起来颇为困难。我们虽然在前人的基础上尽了最大的努力，但肯定会有所遗漏，而且限于编者的水平，舛误纰缪亦在所难免，敬祈方家和广大读者不吝指正。

《李大钊全集》编辑委员会

一九九九年六月

2.题注编校样（1件）

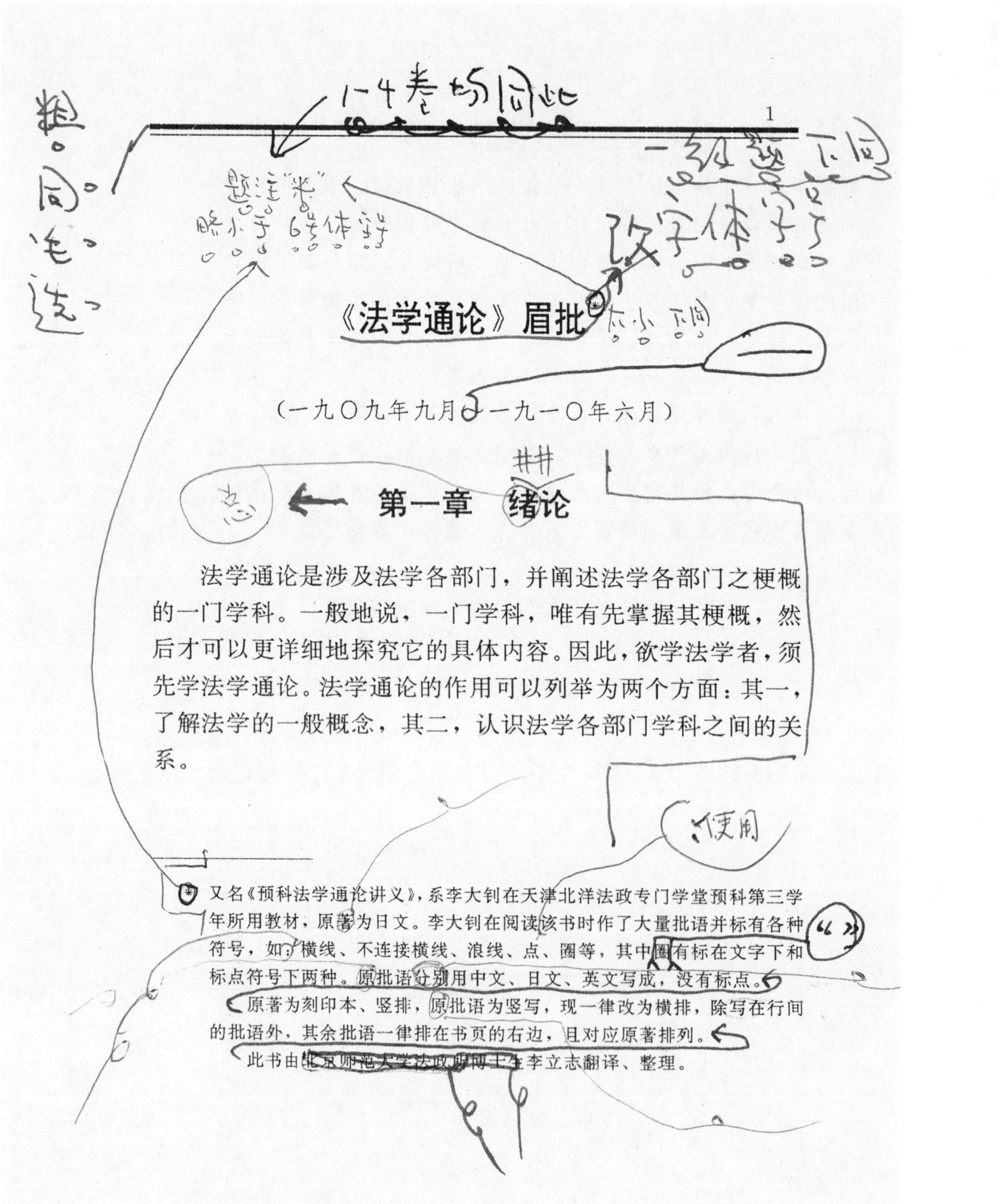

1

《法学通论》眉批*

（一九〇九年九月—一九一〇年六月）

第一章 绪论

法学通论是涉及法学各部门，并阐述法学各部门之梗概的一门学科。一般地说，一门学科，唯有先掌握其梗概，然后才可以更详细地探究它的具体内容。因此，欲学法学者，须先学法学通论。法学通论的作用可以列举为两个方面：其一，了解法学的一般概念，其二，认识法学各部门学科之间的关系。

* 又名《预科法学通论讲义》，系李大钊在天津北洋法政专门学堂预科第三学年所用教材，原著为日文。李大钊在阅读该书时作了大量批语并标有各种符号，如：横线、不连接横线、浪线、点、圈等，其中圈有标在文字下和标点符号下两种。原批语分别用中文、日文、英文写成，没有标点。

原著为刻印本、竖排，原批语为竖写，现一律改为横排，除写在行间的批语外，其余批语一律排在书页的右边，且对应原著排列。

此书由北京师范大学法政所博士生李立志翻译、整理。

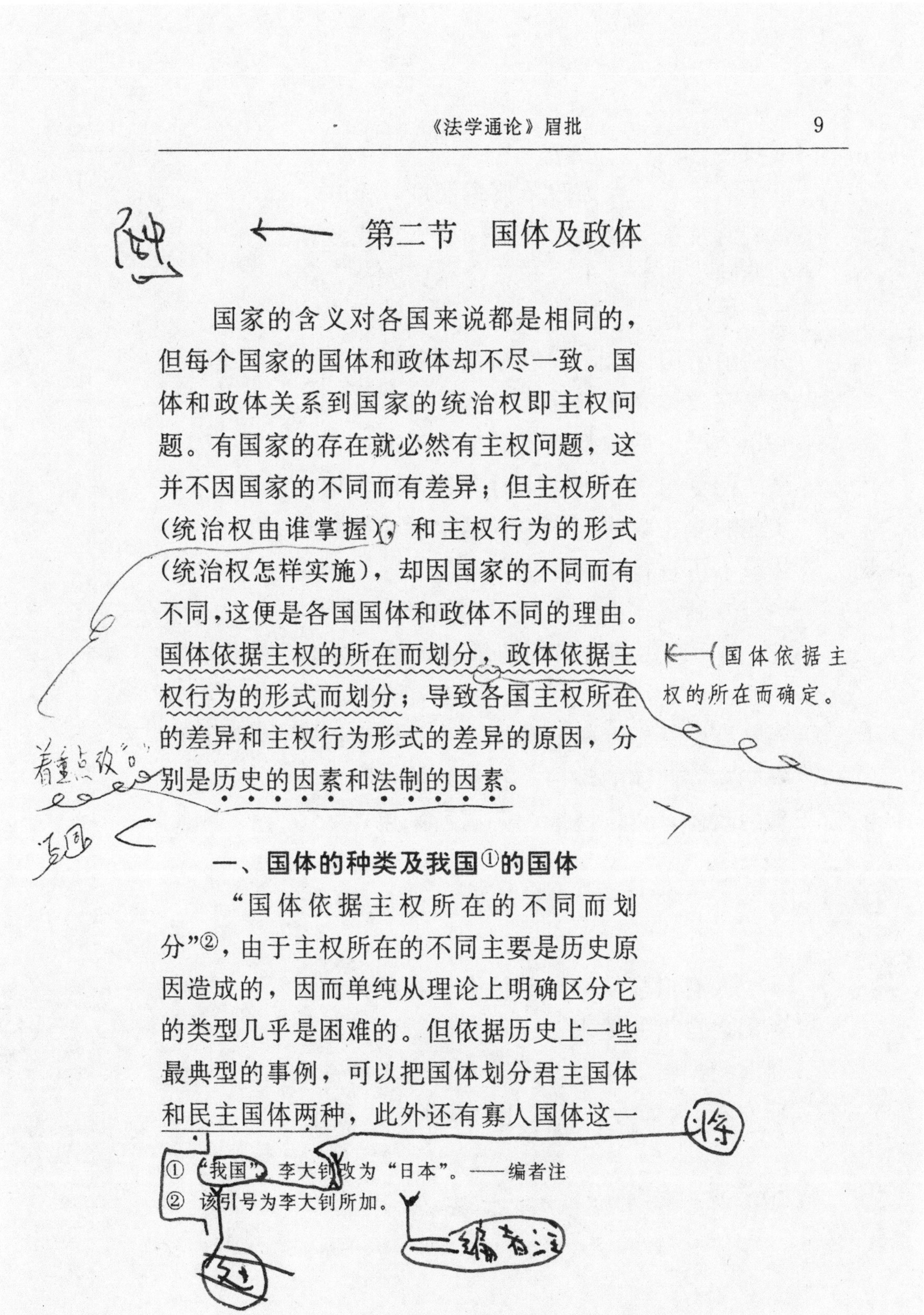

第二节　国体及政体

国家的含义对各国来说都是相同的，但每个国家的国体和政体却不尽一致。国体和政体关系到国家的统治权即主权问题。有国家的存在就必然有主权问题，这并不因国家的不同而有差异；但主权所在(统治权由谁掌握)，和主权行为的形式(统治权怎样实施)，却因国家的不同而有不同，这便是各国国体和政体不同的理由。国体依据主权的所在而划分，政体依据主权行为的形式而划分；导致各国主权所在的差异和主权行为形式的差异的原因，分别是历史的因素和法制的因素。

国体依据主权的所在而确定。

一、国体的种类及我国①的国体

“国体依据主权所在的不同而划分”②，由于主权所在的不同主要是历史原因造成的，因而单纯从理论上明确区分它的类型几乎是困难的。但依据历史上一些最典型的事例，可以把国体划分君主国体和民主国体两种，此外还有寡人国体这一

① “我国”，李大钊改为“日本”。——编者注

② 该引号为李大钊所加。

陛下的圣意，大力改革典章制度，设立了裁判所及各类议会，逐渐确立了立宪政体的基础。明治二十二年钦定帝国宪法，第二年颁布施行。自此，立法、行政和司法，分别由帝国议会、政府和裁判所担当，宣告立宪政体完全确立。天皇陛下钦定宪法，并诏令陛下后嗣及臣民子孙永远遵循，天皇的诏令与帝国宪法同时存在，这种诏令实施的立宪政体，作为我国永远实施的政体，不可进行些微变更。

专制政体由于主权实施的形式较为单纯，因而政治的推行简便敏捷，多有益处。然而，全权专制必导致政治施行的随意性，容易滋生暴虐专权的弊端，这是天皇陛下确立立宪政体的理由。这种政体是最为完善的政体，可广泛地为各国所采用。

具体的形而下
直接消极
抽象的形而上
间接积极

第三节　法的概念

人有追求精神与肉体上无拘无束独立不羁之自由的欲求。于己，希望不受理性是非的拘束、于他，渴求不为他人的欲求所左右。为善为恶应依凭自我意志去决定，

外部责务法与内部责务通互为补充。①

①② 批语原文为日文。

与此相反，希望自己思想行为受他人强制逼迫，这种想法恐怕是没有的。

人有与他人交往的本性，人们相依相辅从而构成社会。按一般通行的道理，国民作为国家的一员，有服从的责职，我们称之为“责务”。所谓责务，就是应该做和不应该做的行为规范，是对人内外两方面自由欲求的限制，由此又有了内部责务和外部责务的划分。内部责务谓之为“道”，外部责务谓之为“法”。如此，对于人内在的自由欲求可以治之以内部责务即道，对于人外在的自由欲求可以治之以外部责务即法，法和道内外相辅以制限人的自由，使人们遵循原合的行为规范。但道与法二者之间又有着极大的区别。道只关系到人的内心意念，心存仁慈，不思恶行，不希冀他人发生不幸，皆属于道。因此，一人如不守道，也不会受到他人的强迫，如不尽行仁布慈的责务。对于贫人贱者，则更无他法要求他遵守道德，唯有以国家权威强其遵循，但这不是道所能做到的。法与道则相反。法尊重人们在交往上的自由，在适当的范围内强行，使人们不致相互侵扰。因此，法不论人内心的意念如何，都必须遵守，否则则以政府力量强制遵循。有格

所谓责务，就是“应该做”和“不应做”。①

理

① 批语原文为日文。——编者注（译者注）

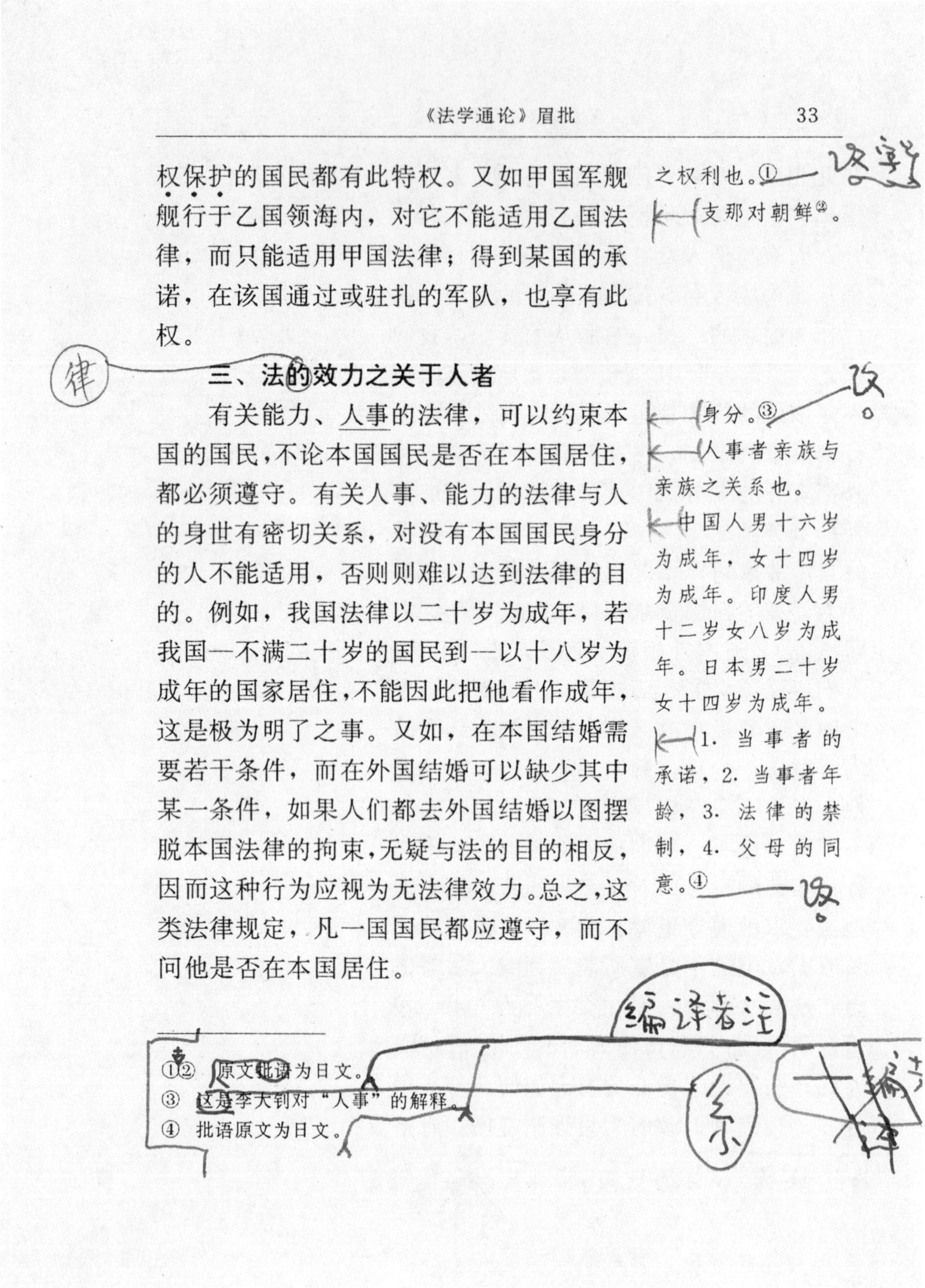

权保护的国民都有此特权。又如甲国军舰舰行于乙国领海内，对它不能适用乙国法律，而只能适用甲国法律；得到某国的承诺，在该国通过或驻扎的军队，也享有此权。

之权利也。①

支那对朝鲜②。

三、法的效力之关于人者

有关能力、人事的法律，可以约束本国的国民，不论本国国民是否在本国居住，都必须遵守。有关人事、能力的法律与人的身世有密切关系，对没有本国国民身分的人不能适用，否则则难以达到法律的目的。例如，我国法律以二十岁为成年，若我国一不满二十岁的国民到一以十八岁为成年的国家居住，不能因此把他看作成年，这是极为明了之事。又如，在本国结婚需要若干条件，而在外国结婚可以缺少其中某一条件，如果人们都去外国结婚以图摆脱本国法律的拘束，无疑与法的目的相反，因而这种行为应视为无法律效力。总之，这类法律规定，凡一国国民都应遵守，而不问他是否在本国居住。

身分。③

人事者亲族与亲族之关系也。

中国人男十六岁为成年，女十四岁为成年。印度人男十二岁女八岁为成年。日本男二十岁女十四岁为成年。

1. 当事者的承诺，2. 当事者年龄，3. 法律的禁制，4. 父母的同意。④

①② 原文批语为日文。

③ 这是李大钊对“人事”的解释。

④ 批语原文为日文。

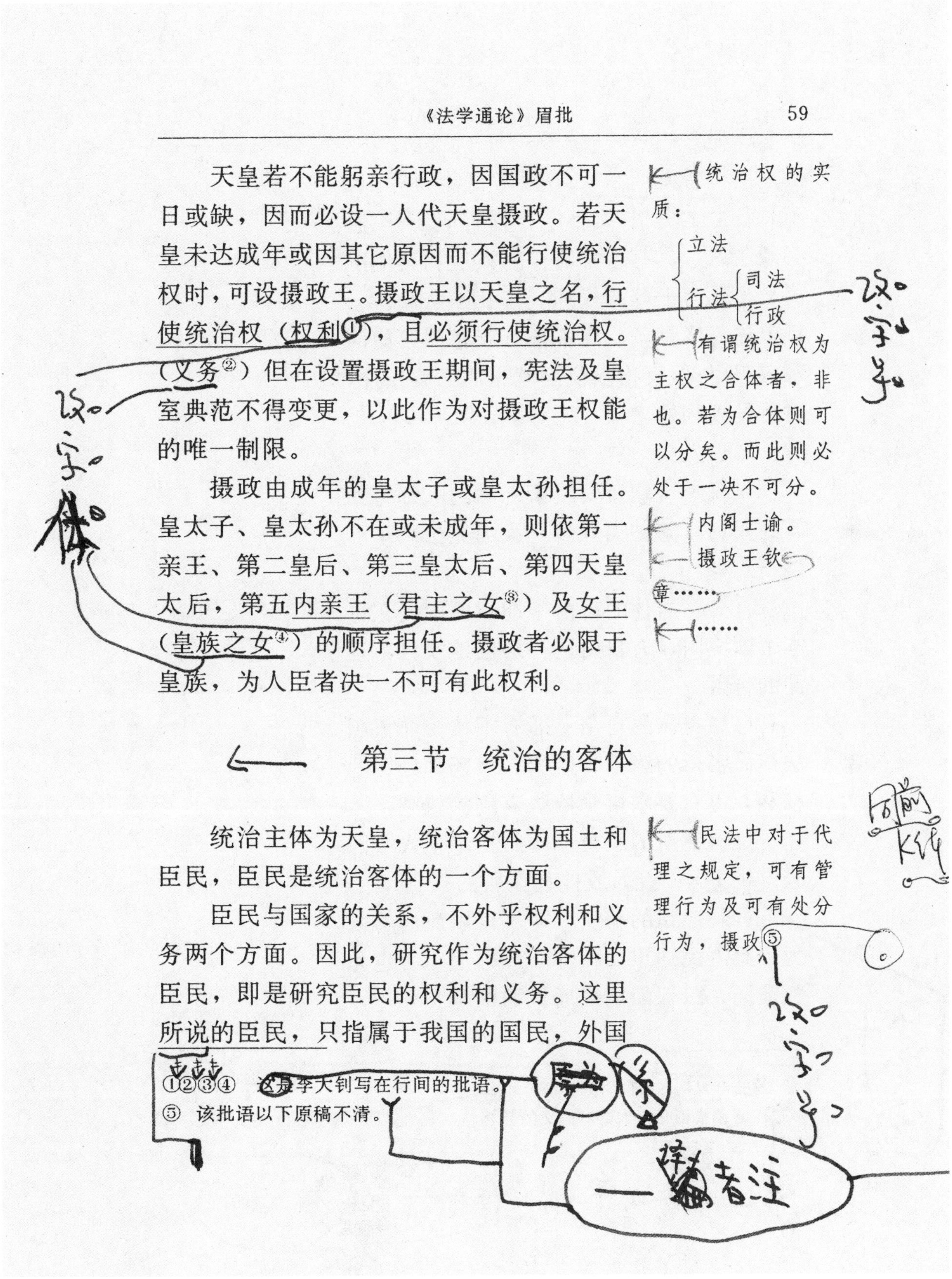

天皇若不能躬亲行政，因国政不可一日或缺，因而必设一人代天皇摄政。若天皇未达成年或因其它原因而不能行使统治权时，可设摄政王。摄政王以天皇之名，行使统治权（权利①），且必须行使统治权。（义务②）但在设置摄政王期间，宪法及皇室典范不得变更，以此作为对摄政王权能的唯一制限。

摄政由成年的皇太子或皇太孙担任。皇太子、皇太孙不在或未成年，则依第一亲王、第二皇后、第三皇太后、第四天皇太后，第五内亲王（君主之女③）及女王（皇族之女④）的顺序担任。摄政者必限于皇族，为人臣者决一不可有此权利。

统治权的实质：

立法

行法 { 司法 / 行政 }

有谓统治权为主权之合体者，非也。若为合体则可以分矣。而此则必处于一决不可分。

内阁士谕。

摄政王钦章……

……

第三节　统治的客体

统治主体为天皇，统治客体为国土和臣民，臣民是统治客体的一个方面。

臣民与国家的关系，不外乎权利和义务两个方面。因此，研究作为统治客体的臣民，即是研究臣民的权利和义务。这里所说的臣民，只指属于我国的国民，外国

民法中对于代理之规定，可有管理行为及可有处分行为，摄政⑤

①②③④　这是李大钊写在行间的批语。

⑤　该批语以下原稿不清。

上之纳税者无选举权①）及考试能力等。若不具备上上资格，则不堪担任官职公务。但必须注意，具有这种资格的人应和其他臣民一样享有平等的权利。按我国法律，一旦上述资格具备，则不任其族籍门第如何都应起用；但资格仅仅是就官的必要条件，对臣民权利的增损并无影响。

二、人权

人权是一切接受国家统治的人都可拥有的权利，其种类颇多，我国宪法列举了以下八种：

（一）居住的自由　即我国国民在日本帝国境内，有自由选择居住地及自由迁徙的自由。

（二）身体的自由　即有不接受非依照法律而实行的逮捕、监禁、审问和处罚的权利，也有要求接受依法审判的权利。

（三）住所的安全　即有拒绝他人或国家（机关）②侵入或搜查住所的权利。

（四）通讯的秘密　即不得以政府的威力侵犯臣民通讯的秘密，经办通讯者也无权泄漏，以保障臣民通讯的权利。

① 这是李大钊在行间写的批语。

② 这条批语是李大钊对原文的补充。

（五）财产的安全　即对拥有所有权的财产，有保护它不受他人或国家（机关）侵占的权利。

（六）信教的自由　即国民有信教布教不受任何强迫制裁的权利。

（七）言论集会的自由　即国民有发表思想、交流思想的自由，包括言论自由、著作印行的自由和结社的自由。

（八）请愿的自由　即国民有向国家就某事请愿的权利。

以上八种权利，在宪法上或记有“依照法律”字样，或记有“在法律范围内”字样，二者的含义并不完全相同。要而言之，“依照法律”的规定，多少有些限制自由的意思。如果一人有绝对的自由，则必侵害他人的自由，而且也会妨碍国家之秩序和公共利益，因此臣民有遵守这种限制自由的义务。无论是臣民还是国家，都应依照法律行事。国家权利与臣民的权利以法律为其限界，臣民固然不能超出些限界行使权利，国家亦不得超出限界以限制臣民的权利。不过这个原则也有例外，即国家有限制、约束臣民权利的权利，这大致有以下两种情形：一为非常时期即战时或国家发生重大事件时限制国民的权力，一为在

“信教自由”惟日本载于宪法，其它各国皆限制。

宗教中惟回教不能在日本传教，以其一夫多妻违犯故也。

① 该批语是李大钊对原文的补充。编者注

但在这方面又必须接国务大臣的监督。

台湾总督拥有如此广大的权限，皆因为它受到天皇的特别委任。从其本来的性质上看，它不过是一种行政机关。

四、地方长官[①]

所谓地方长官，即指北海道厅长官，及各府县知事。如前所述，它们既为中央行政机关，同时又为地方共同体的机关。作为中央行政机关，地方长官在其行政区域内实行行政事务，依照其职权或特别委任发布命令，行使各种行政处分，监督郡长、市町村长，并监督地方共同体，在有关其主管事务的契约或诉讼中，代表国家。又，地方长官作为各省大臣的辅助机关，执行各省大臣的命令，管理省内的国家行政事务，传达各省大臣的命令，向各省大臣提交意见及各类申请。

五、郡长

郡长也是中央行政机关之一，拥有如下权限：发布郡令，处理知事委任的事务，行使各种行政处分，指挥监督町村长，监督作为地方共同体的町村事务的执行，作为知事的辅助机关行上行下达的职责。

① 此标题系编者据目录及此处内容所加。

《刑法讲义》眉批*

（一九一〇年九月—一九一一年六月）

前　言②

然而，国家行刑不可流之于宽疏，也不可过于严酷。刑罚权的理论根据是什么呢？世上学者有种种观点，要而言之为进化的法则。依照此法则（刑罚权之根据）③我们营造社会活，由此形成国家存立的条件。为维护国家的存立，淘汰危害其存立

（刑法权之根据）赔偿刑主义、必要刑主义。

正义主义、

有要主义、

折衷主义、

---

* 又名《正科刑法讲义》、《刑法总则》，系李大钊在天津北洋法政专门学堂正科第一学年所用教材，原著为日文。李大钊在阅读该书时作了大量批语并标有各种符号，如横线、不连续横线、浪线、圈、双圈等，其中圈有标在文字下标点符号下两种。原批语没有标点。

原著为刻印本、竖排，原批语为竖写，现一律改为横排。除写在行间和对原文补充的批语外，其余批语一律排在书页的右边，且对应原著排列。

此书由北京师范大学法政所博士生李立志翻译整理。

② 原著“前言”共3页，未见第1页。

③ 这是李大钊对原文的补充。

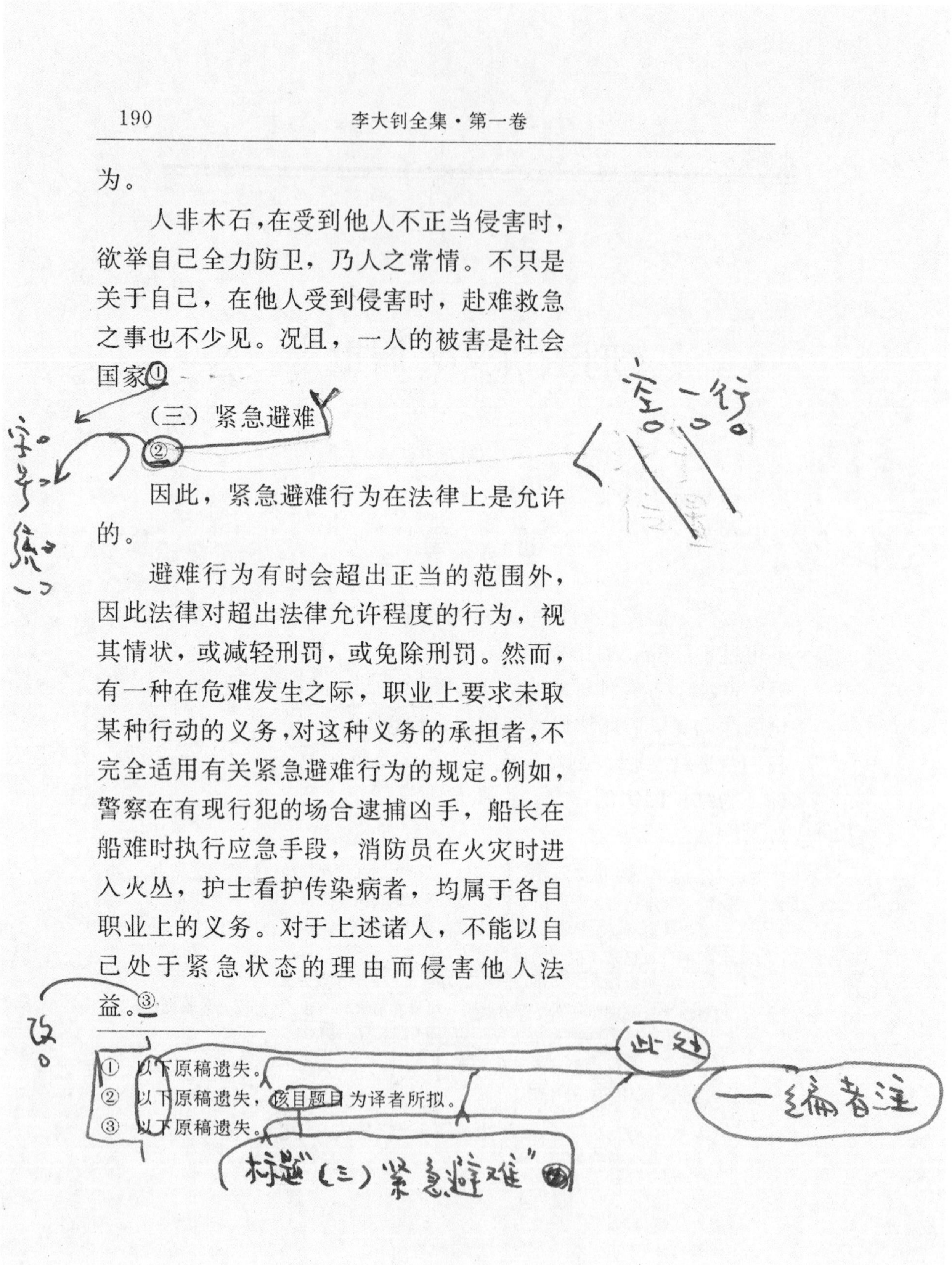

190　　李大钊全集·第一卷

为。

人非木石，在受到他人不正当侵害时，欲举自己全力防卫，乃人之常情。不只是关于自己，在他人受到侵害时，赴难救急之事也不少见。况且，一人的被害是社会国家①

（三）紧急避难

②

因此，紧急避难行为在法律上是允许的。

避难行为有时会超出正当的范围外，因此法律对超出法律允许程度的行为，视其情状，或减轻刑罚，或免除刑罚。然而，有一种在危难发生之际，职业上要求未取某种行动的义务，对这种义务的承担者，不完全适用有关紧急避难行为的规定。例如，警察在有现行犯的场合逮捕凶手，船长在船难时执行应急手段，消防员在火灾时进入火丛，护士看护传染病者，均属于各自职业上的义务。对于上述诸人，不能以自己处于紧急状态的理由而侵害他人法益。③

① 以下原稿遗失。
② 以下原稿遗失，该目题目为译者所拟。
③ 以下原稿遗失。

能使其作为从犯承担法律责任。

这里想论述的是共犯和身分的关系。首先，某种犯罪以一定的身分作为其特别构成要件，没有身分的人，不得单独地实行需要有身分的犯罪。在这种情况下，有身分的人和没有身分的人可以构成共犯。其次，一定的犯罪一旦成立，应依照身分之有无科以不同刑罚，身分的有无可以成为刑罚之加重减轻的理由。相应地，没有某种身分的人应科以常刑。

日本新刑法特设明文，加功于始因犯人之身分而构成之犯罪行为者，虽为无其身分之人仍为共犯。其因身分而刑有轻重者，则无其身分之人科以常刑（六十五条）。

二、[2]

三、共犯的种类

共犯可以分为三种：共同实行犯即共同正犯，教唆犯、帮助犯即从犯。

（一）共同正犯

共同正犯是指二人以上的人共同实行同一犯罪，共同实行者，各自作为共同正犯。

共同正犯的成立需要有共同实行的意识。因此，在协同者的一方缺乏共同的认识时，不可能存在共同正犯。然而，共同的认识不一定需要存在于犯罪的实行以

---

① 此处原稿缺页，故原稿第二目、第一目内容不全。

② 未见原稿第二目及内容。

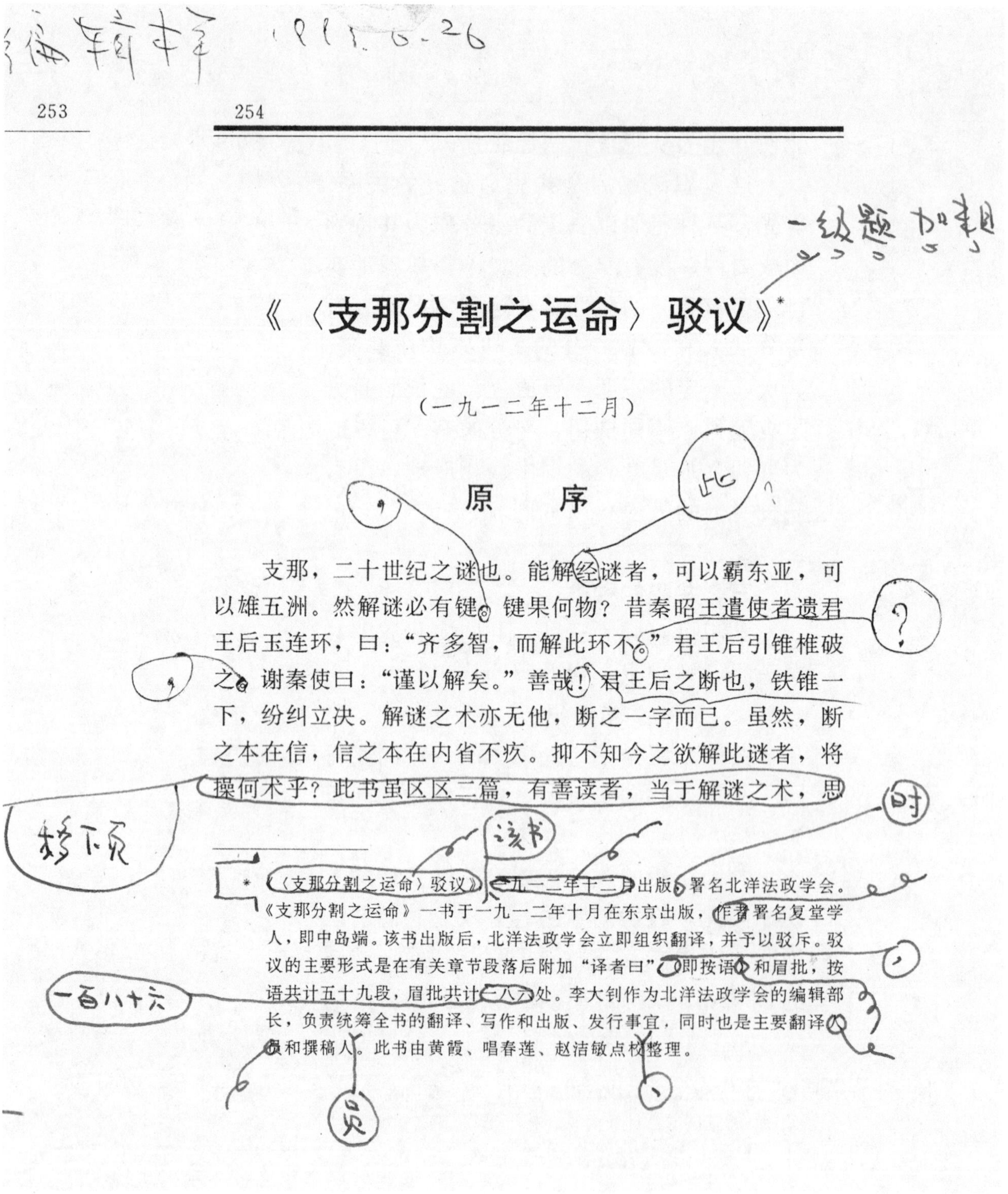

253　　254

《〈支那分割之运命〉驳议》*

（一九一二年十二月）

原　序

支那，二十世纪之谜也。能解经谜者，可以霸东亚，可以雄五洲。然解谜必有键。键果何物？昔秦昭王遣使者遗君王后玉连环，曰：“齐多智，而解此环不？”君王后引锥椎破之，谢秦使曰：“谨以解矣。”善哉！君王后之断也，铁锥一下，纷纠立决。解谜之术亦无他，断之一字而已。虽然，断之本在信，信之本在内省不疚。抑不知今之欲解此谜者，将操何术乎？此书虽区区二篇，有善读者，当于解谜之术，思

* 《〈支那分割之运命〉驳议》一九一二年十二月出版，署名北洋法政学会。《支那分割之运命》一书于一九一二年十月在东京出版，作者署名复堂学人，即中岛端。该书出版后，北洋法政学会立即组织翻译，并予以驳斥。驳议的主要形式是在有关章节段落后附加“译者曰”（即按语）和眉批，按语共计五十九段，眉批共计一八六处。李大钊作为北洋法政学会的编辑部长，负责统筹全书的翻译、写作和出版、发行事宜，同时也是主要翻译人和撰稿人。此书由黄霞、唱春莲、赵洁敏点校整理。

致霍例白*

（一九一六年五月）

濒行蒙惠佳作，但对此好山好水，诗句却迟迟不来，盖由心绪恶劣所致。昨对泽民言："古人爱屋及乌，今则憎人及物，此心绪所以恶劣也。"俟抵沪后当再奉酬。

---

* 一九一六年初夏，李大钊由日本回国参加反袁斗争。临行前夕，霍例白赠他一首诗："当年相遇即相知，抵掌谈心恨见迟。今夕离别却无语，独吟风雨一楼诗。"李大钊途经长崎时，给霍寄了这张明信片。

这封信是 在 曾

写在明信片上，寄给霍例白的。

元宵痛史*

（一九一七年二月八日）

洪宪时代，禁人说“元宵”二字，恶其发音与“袁消”相同也。此段痛史，都人士当尚忆之。

日前为元宵佳节，偶与朋俦散步街衢，仰见明月，人影在地，而烟花爆竹，灯火万家，欢欣之声，达于户巷。风景依稀似去年，而人民之心理迥异矣。

使洪宪帝业竟成者，则此庆祝元宵之乐，亦遭剥夺。曾几何时，元宵二字昔曾禁人偶语，今则都成谶言。吾人可以自由享用于谈笑间，无复曩者之禁令矣。噫！是皆共和复活之所赐也。

永叔词云：“去年元夜时，花市灯如昼；今年元夜时，月和灯依旧。”从兹岁岁年年，吾人之春宵永在，而此禁说元宵之去年人，新华一梦，久已雾散烟消，不复知人间尚有今年元宵之盛。洪宪劫后，吾人尚有此新纪元。抚今思昔，感慨何如矣！

---

* 发表于一九一七年二月八日《甲寅》日刊“时评”栏目，署名守常。在“洪宪”时期，北洋政府禁止人民群众过元宵节，因为元宵与“袁消”同音，触犯了袁世凯的名讳。一九一六年袁世凯死后，人们又开始欢度元宵节，李大钊有感写成此文。

朱舜水之海天鸿爪

（筑声剑影楼纪丛）

（一九一三年四月一日）

舜水先生名之瑜，字鲁018，余姚诸生，从朱永祐、张肯堂、吴023峦学。崇祯十七年，特征不就；弘光十一年，复征不就；授江西按察使司副使兼兵部职方清司郎中、监国安军，复不拜。被劾，避于舟山。永历五年，满兵屠城，肯堂等死之。先生知事既去，豫〔欲〕避日本，移交趾，复还舟山。寻将之越南，而风不利，再至日本，又还舟山。其指欲乞外援以图光复，乃三至日本，而援兵竟不可得，于是复至越南。十二年，郑成功将大举，招至厦门，先生见其将吏寓绅，皆佻达屏礼，知大事难成，居其营中，舳舻日接，避不相见。事后，寄书规之，书中愤惜金陵之役，责备延平，词志甚为悲峻。当是时，满清入主中原，先生义不媚清，四至日本，遂终身焉。永历十三年也，先生怆怀故国，痛哭天涯，血泪余痕，有足纪者，惟拾零存轶，杂次无纪，序

· 发表于《言治》月刊第一年第一期，一九一三年四月一日出版，实际出版拖期，署名李钊。《言治》原刊目录上此文标题为《筑声剑影楼纪丛（未完）》。“筑声剑影楼”，是李大钊留学日本之前所用斋名；“筑声”，出于战国末期燕国人高渐离以筑击秦始皇的故事。朱舜水（一六〇〇—一九二八），名之瑜，字鲁018，号舜水，余姚（今属浙江）人，明清之际思想家。

东瀛人士关于舜水事迹之争讼

（筑声剑影楼纪丛）

（一九一三年五月一日）

当日本举行舜水祭典之际，一时考古学者，颇有所辩质，以研究舜水之真价。考据驳难，则有菊池仙湖、稻叶君山二君。仙湖固稔知彰考馆之藏物，君山亦为编辑舜水全集者。吾人远在大陆，弗克躬往蓬瀛，以寻先哲遗徽。虽见其片言只字之关系先哲者，亦且珍若百朋，而遗言遗籍，坐令其零散于海天万里，不一事搜求，斯其罪憾卒无穷期也。

仙湖与君山相辩诘者数端，兹要辑于下，冗杂之所，略之弗著也。

（一）凑川之碑阴记　菊池氏之言曰："朱舜水纪念会趣意书有曰：'先生没后，光国之建碑于凑川也，镌以先生所撰之《楠公论赞》，于是尊王大义，炳乎明于天下。'是语也，余甚疑之。余以为德川时代，义公为其幕府三家之一，大书特书，题足

* 发表于《言治》月刊第一年第二期，一九一三年五月一日出版，署名李钊。《言治》月刊目录上此文标题为《筑声剑影楼纪丛（续）》，文内标题为《东瀛人士关于舜水事迹之争讼（筑声剑影楼纪丛）》，未署名。文末有"未完"字样，但未发现续篇。

嗟夫！舜水先生抱种族大痛，流离颠沛，而安南，而日本，投荒万里，泣血天涯，未尝一日忘中原之恢复也。旷世哲儒，天益于艰难险阻中成之，此其学为何如者，夫岂勤王一事，所足征其蕴而扬其光耶？然日本得其学之一体，已足巩其邦家，蔚成维新之治，吾人而笃念前哲者，则所以挽人心颓丧之风，励操心持节之气，其必在先生之学矣！然则二氏之论，岂足以荣辱先生者，矧二氏之辩意，又非在荣辱先生也欤！①

（二）舜水乃明室遗民　此次纪念会趣意书中，有“自舜水归化而入江户之水户，第于今适二百有五十年矣”字样，颇惹起极强之抗议，卒易为“自立于日本保护之下”字样。厥后二氏于此亦有所争辩，而菊池氏以先生为明室遗民，乃持之尤力者也。菊池氏之言曰：“外交志稿抔记有舜水归化。夫归化云者，虽有种种解释。今则移籍他国者，谓之归化。舜水固非移籍日本者，且非仕水户义公者，盖亡国之遗民也。今人遽称之为归化，岂舜水之志哉！舜水居我日本，书札文牍必冠‘明’字于其姓字，自见招于水户义公以来，其于致日本人书中，称日本必曰贵国，述自己必曰漂零异域，托踪外国，读舜水文集及舜水行述者，类能见之，而义公且题其墓曰：‘明征君子朱子墓’。呜呼！此岂归化者哉？称舜水以归化人，甚非所以敬舜水也。”稻叶氏则辩之曰：“归化法未定以前之归化人，多为大陆之亡人，古者阿智使臣，都加使主率七十县之民归化日本，弓月君率百二十县之民归化日本，皆被驱于大陆之亡人，由半岛越海而来者也。镰仓之时，圣一国师、佛光禅师，同为宋之亡人；而林和

① 此段与上段原刊物发表时未分段。

登楼杂感（戊申）*

（筑声剑影楼剩稿）

（一九一三年九月一日）

一

荆天棘地寄蜉蝣，
青鬓无端欲白头。
拊髀未提三尺剑，
逃形思放五湖舟。
久居燕市伤屠狗，
数觅郑商学贩牛。
一事无成嗟半老，
沈沈梦里度春秋。

---

* 发表于《言治》月刊第一年第四期，一九一三年九月一日出版，署名李大钊。《言治》原刊目录上以《筑声剑影楼剩稿》为总题，发表了《登楼杂感》（戊申）、《哭蒋卫平》（辛亥）。《登楼杂感》从诗题后，从作者所"戊申"，可知此诗作于1908年。

加粗

哭蒋卫平（辛亥）下

（筑声剑影楼剩稿）

（一九一三年九月一日）

一　空两行

国殇满地都堪哭，
泪眼乾坤涕未收。
半世英灵沈漠北，
经年骸骨冷江头。
辽东化鹤归来日，
燕市屠牛漂泊秋。
万里招魂竟何处？
断肠风雨上高楼。

---

* 发表于《言治》月刊第一年第四期，一九一三年九月一日出版，署名李大钊。

《哭蒋卫平》从诗题后标注"辛亥"，可知此诗作于一九一一年。

致郁宪章

（一九一三年九月）

入山以来，晨莫呼吸烟霞，日必攀松披榛，寻登绝巘，白云从足下飞去飞来。梨树正值果熟，一枝低压，盈千累百，所至憩息，园主辄赠十数颗，坐石磴食之。泉自高山流下，激动碎石，声响清越，举手仰吸，翛然有羽化登仙之概矣。深泉濯足，长歌采薇，回山去也。此中佳趣正多，不敢向人间泄漏，恐山灵见怪，且惧兄等羡煞也。名山挚友，不得作一时胜游，孤灯石室，颇有所忆，成长歌一首，盖怀兄及天问兄也。诗肃天问函中，馀不白。此致宪章兄

弟　钊顿首

原信未署日期，从内容推断，此信当写于一九一三年九月，参见朱文通、王小梅《关于李大钊研究的几个问题》（《北京党史研究》一九九七年第五期）一文。郁究章即郁嶷（一八九〇-?），又名祖述，字宪章，湖南省澧县人，李大钊在北洋法政专门学校读书时的同学，二人曾同任北洋法政

论宪法公布权当属宪法会议*

（一九一三年十月一日）

自顷以来，宪法将次制成，其一部已由宪法会议议决、宣布矣。则宪法公布权，已灼然有攸归属；而行政部以不满意于此宪法，横起波澜，以与宪法会议争此柄，时贤亦多所倡论于其后，辄曲诠法理以就事实。深思研学之士，所不取也。余不敏，亦僭从时贤后，就此问题一论析之。

今欲论宪法公布权之究当何属，不可不首事研索者，有三要点：

（一）宪法与法律　以广义法律言，宪法自赅括于众法之内而为其一种；以狭义法律言，宪法实超轶乎其上，而确然有形式上之殊异。试图以明之（如甲图），此虽不适用于英伦，而自余各国，要皆有如是之区分。宪法之与法律所以异者，以

---

* 发表于《言治》月刊第一年第五期，标明的出版日期是一九一三年十月一日，署名李大钊。该期《国内纪事》栏记有一九一三年11月4日袁世凯下令解散国民党之事，并且还发表了白坚武的《送国民党议员出都》一文；《国外纪事》栏报道“巴拿马运河告成”，此系一九一四年一月之事。因此，《言治》月刊第五期出版日期当在一九一四年一月之后。本文写作时间约在一九一三年十月底十一月初。

文　豪

（一九一三年十一月一日）

洒一滴墨，使天地改观，山河易色者，文豪之本领也。盖文之入人者深，而人之读其文者，展卷吟哦，辄神凝目炫于其文境。潜移默化，观感旋殊，虽旷世异域，有千秋万里之遥，而如置身其间，俨然其时其境也者。文字感化之伟，充其量可以化魔于道，化俗于雅，化厉于和，化凄切为幽闲，化犷恶为壮伟。三寸毛锥力，能造光明世界于人生阨运之中。则夫文豪者，诚人类之福星也矣。

长天一碧，万木葱森，人影在山，樵歌出谷，科学家视之，僵石枯木之类耳；而一经文豪之点缀，则觉清风习习，透人肌骨焉。枫叶萧萧，江滨渔火，钟声夜半，月落乌啼，科学家视之，声光变动之象耳；而一经文豪之绚绘，则幽深潇

· 发表于《言治》月刊第一年第六期，一九一三年一月一日出版，署名李大钊。该期《国外纪事》栏内有《日新内阁之组织》一文，介绍了一九一四年四月大隈重信第二次组阁的有关情况，内称："四月十六日东文《远东新报》对于日本组织内阁有如下之记载，由此可以初步判断《言治》月刊第六期出版时间不会早于一九一四年四月底（日本报纸或信件，由东京到天津最少需要十二天），其出版拖期至少半年以上。

欧洲各国选举制考*

（一九一三年十一月一日）

立宪政治之精神，权舆于选举制度，故从立宪政治之进运，而选举权界赋之范围亦日益扩张以达于均普。世运之所趋，匪可以权势遏者。今岁已来，比利时同盟罢业（strike）之大风潮，蔓延及于全国，社会党、工党积累年之运筹，以图一逞，其所要乃在选举权之一人一票。而东邻三岛乘大正政变之新运，选举权扩张之声，亦复嚣嚣盈耳。苟为立宪国家选举制之适宜与否，其国治乱安危之枢也，又乌容忽。顾选举权扩张之准的，因国而异。而一般议者，亦言人人殊，或则谓选举权为伴租税之义务，或则谓选举权宜以义务为权衡，甚或持"天赋人权说"而为极端之主张。英伦《评论之评

* 发表于《言治》月刊第一年第五期，一九一三年十一月一日出版，署名李大钊。文内有"今年已来，比利时同盟罢业（Strike）之大风潮，蔓延及于全国，社会党、工党积累年之运筹，以图一逞，其所要乃在选举权之一人一票"。据《东方杂志》第十卷第二号许家庆《比利时之同盟罢工》（一九一三年八月一日出版）："比利时之社会党，因争取普通选举制度，于本年四月中旬，起大同盟罢工。"《言治》月刊第三期（一九一三年六月一日出版）《国外纪事》栏以《比人罢工争选举》为题，也报道了此事。由此可知，该文应写于一九一三年六月以后，李大钊赴日留学以前。

游碣石山杂记*

（一九一三年十一月一日）

予家渤海之滨，北望辄见碣石，高峰隐峙天际，盖相越仅八十里许。予性乐山，遇崇丘峻岭，每流连弗忍去。而于童年昕夕遥见之碣石，尤为神往。曩者与二三友辈归自津门，卸装昌黎，游兴勃发，时适溽夏，虽盛炎不以尼斯志，相率竟至西五峰韩昌黎祠一憩。是日零雨不止，山中浓雾荡胸，途次所经半石径，崎岖不易行，惟奇花异卉，铺地参天，骤见惊为大外桃源，故不以为苦。犹忆五峰前马家山湾，树林蓊郁接云际，层层碧叶，青透重霄，虽暴雨行其下不知也。初入山，不识路径，牧童樵子，又以雨不出，陟一峰巅，徘徊不知何往，乃于无意中大呼："何处为五峰？"而云树缥渺间，竟有声应者曰："此处即是五峰"。遂欣然往，相讶为人间奇境。至则守祠人欢迎于门外。延入祠，则用松枝烹茶，更为

---

* 发表于《言治》月刊第一年第六期，一九一三年十一月一日出版，署名李大钊。李大钊一生登临碣石山七八次之多，此文是他第二次游览以后所写。文末，李大钊地提到了日本侵华驻屯军在昌黎车站惨毙中国路警的暴行。此事件发生于一九一三年九月十一日夜。由此可知，李大钊是在一九一三年九月上中旬之交重游了碣石山。

《自然律与衡平律》识*

（一九一三年十一月一日）

吾国治法学者，类皆传译东籍。抑知东人之说，亦由西方稗贩而来者。展转之间，讹谬数见，求能读晰文而通者，凤毛麟角矣。继兹而犹不克自辟学域，尚断断以和化为荣，或虽守西籍而不克致用，汉土因有之学，非将终无以自显，不亦羞神州之士而为学术痛耶！吾友夏子竞民，青年锐志，奋学不懈。去岁初秋航海来江户，余亦与泽民、凝修相继至。残冬风雪，海外相逢，感朋友之私，则相与欣喜；谈祖国政俗之衰，则相与唏嘘感慨。至若居诸共勉，昕夕相聚以励于学，

---

* 发表于《言治》月刊第一年第六期，一九一三年十一月一日出版，署名钊。本文原无标题，而是附在英汉对照之《自然律与衡平律》一文的末尾，《自然律与衡平律》一文译者为夏勤（一八九二—一九五〇），字敬民，又字竞民，江苏泰州人。一九〇八年入国立京师法政大学，一九一二年毕业。一九一三年初秋赴日本留学，入东京帝国大学学习法律。文内称“吾友夏子竞民，……去岁初秋航海来江户，余亦与泽民、凝修相继至。残冬风雪，海外相逢”。这说明夏勤赴日留学时间是在一九一三年初秋，李大钊等也是一九一三年到达日本的。两人会面是一九一四年“残冬风雪”之时，约在一九一四年二月，此后不久，李大钊写了此文。因而可初步断定该文写作时间应在一九一四年二月下旬或三月初。

3. 图书编校质量检查记录（1件）

图书编校质量检查记录

书名：李大钊全集　　出版者：河北教育出版社

字数：192.7万　　检查字数：46.10 万　　差错率：万分之 0.0055

页	行	误	正	计错数
三卷 558	10		加"）"	0.25

审读人签字：[illegible]　　社领导签字：　　出版社盖章：

（此页不够可复印）

四、宣传评论（17种17件，其中存目15件）

1.河北省纪念李大钊诞辰110周年学术讨论会邀请信（1件）

河北省纪念李大钊诞辰110周年学术讨论会邀请信

张书芝同志：您好！

河北省纪念李大钊诞辰110周年学术讨论会，于1999年10月25日至27日在河北省唐山市唐山宾馆举行，同时举行《李大钊全集》首发式。这次讨论会由中共河北省委宣传部、中共河北省委党史研究室、河北省社会科学院、河北省社科联、河北省李大钊研究会、中共唐山市委共同主办。

经河北省纪念李大钊诞辰110周年学术讨论会学术小组评审，大作已入选。请论文作者（限1人）及特邀代表持本邀请信和单位介绍信于10月24日到唐山宾馆报到。

10月24日8时至18时会务组将在唐山火车站设接站处，或自行到唐山宾馆报到。

河北省纪念李大钊诞辰110周年
学术讨论会会务组
（河北省李大钊研究会代章）

1999年10月8日

2.《李大钊全集》宣传品文字材料（1件）

《李大钊全集》

宣传品

文字材料

先驱者的遗产，革命史上的丰碑

河北教育出版社隆重推出《李大钊全集》！

李大钊（1889——1927），字守常，河北省乐亭县人。中国共产主义运动的先驱、伟大的马克思主义者、杰出的无产阶级革命家、中国共产党的主要创始人之一。1905年入永平府中学读书。1907～1913年在北洋法政专门学校读书。期间曾任北洋法政学会编辑部长，主编《言治》杂志。1913年底到1916年5月，在日本早稻田大学读书。他组织了神州学会，积极参加反袁斗争。此时，他开始接触社会主义思想和马克思主义学说。1916年回国后，积极参加正在兴起的新文化运动。曾在北京主持编辑《晨钟报》等报刊。1918年任北京大学图书馆主任。其后曾兼任北京大学经济学教授、历史学教授。曾参加《新青年》杂志编辑部，并与陈独秀创办《每周评论》。1919年他和陈独秀领导了五四爱国运动，此后马克思主义的影响日益扩大。1920年3月，发起组织马克思学说研究会和共产主义小组。1921年他与陈独秀等一起创建了中国共产党。此后，在党的二大、三大、四大上都当选为中央委员。1924年任党的北方区执行委员会书记。在他的领导下，北方地区掀起了轰轰烈烈的反帝反军阀斗争高潮。同时，他努力促成了第一次国共合作。1927年4月被奉系军阀张作霖杀害。

李大钊率先在中国大地上高举起马克思主义的伟大旗帜，为中国昭示了新的社会主义的发展方向，而且还初步提示了马克思主义必须同中国实际相结合这一光辉的思想原则。作为中国共产党早期的卓越领导人和具有高尚情操的学者，他遵循马克思主义理论，对中国革命问题进行了富有成效的探索，作出了重大的贡献。他以壮烈的牺牲，延长了生命的光华和音响，谱写了壮丽的人生。他的伟大和不朽，还在于他崇高的精神境界和高尚的道德情操。他的伟大人格及宝贵的理论遗产，永远值得我们学习、研究。江泽民总书记曾经指出：李大钊的“伟大人格，永远是一切信仰马克思主义、立志为中华民族的兴旺发达而献身的共产党人和人民群众学习的楷模。”他的“思想理论遗产，是中国共产党和中国各族人民的宝贵精神财富，对于推动我国社会主义现代化建设，具有重要的现实意义。”诚然，正如鲁迅先生所指出的，他的某些观点，“在现在看起来，当然未必精当的”，但是，“他的遗文却将永住，因为这是先驱者的遗产，革命史上的丰碑。”

1

为了进一步研究李大钊的思想，弘扬大钊精神，河北省社会科学院和河北省李大钊研究会共同编辑出版了《李大钊全集》。编辑出版《李大钊全集》是一项具有重要学术价值和深远社会影响的举措。在国内李大钊研究权威、著名学者张静如、彭明、刘桂生、朱成甲等先生的指导和帮助下，该书严格遵守学术规范，本着存真求实的原则，完整、准确、系统、全面地反映了李大钊的思想理论遗产和伟大人格，保证了科学性、学术性和权威性的统一。全书共分为四卷，近 200 万字，收录了目前所发现的李大钊的所有文稿 577 篇，其中新刊印的有 61 篇。每篇文稿均加题注，言简意赅地说明该文的背景和有关问题。本书的出版，必将有力地促进李大钊研究工作的深入开展。本书是学习李大钊、研究李大钊、宣传李大钊，进行爱国主义教育的生动教材。

2

3.中共河北省委办公厅转发省委宣传部《关于举办李大钊同志诞辰110周年纪念活动的安排意见》的通知（存目1件）

4.中共河北省委宣传部关于举办李大钊同志诞辰纪念活动的安排意见（存目1件）

5.会议有关注意事项及回执（存目1件）

6.学习大钊思想　弘扬大钊精神　进一步推进全省两个文明建设——在《李大钊全集》首发式暨河北省纪念李大钊110周年诞辰学术讨论会开幕式上的讲话（1999年12月25日叶连松讲话）（存目1件）

7.《李大钊全集》首发式暨纪念李大钊诞辰110周年学术讨论会在唐召开（《河北日报》1999年10月26日报道）（存目1件）

8.河北教育出版社隆重推出《李大钊全集》（《河北日报》1999年10月26日报道）（存目1件）

9.《李大钊全集》出版　纪途　《人民日报》1999年10月28日（存目1件）

10.先驱者的遗产　革命史的丰碑——《李大钊全集》出版面世　《中国社会科学院通讯》报道　1999年（存目1件）

11.遗产和丰碑——读《李大钊全集》　邓文峰　《中国文化报》1999年12月18日（存目1件）

12.先哲华章　革命遗产——写在《李大钊全集》出版之际　瞿林东　《人民日报》（海外版）2000年1月3日（存目1件）

13.李大钊研究的新起点　郭贵儒　《中华读书报》2000年7月5日（存目1件）

14.遗产·丰碑·典范　石仲泉　《光明日报》2000年7月6日（存目1件）

15.全面展示李大钊精神——《李大钊全集》出版感言　孙继民　《新闻出版报》2000年7月26日（存目1件）

16.简论《李大钊全集》出版的时代意义　王彦坤　《大时代》2000年第4期（存目1件）

17.党史丰碑　学界典范——读《李大钊全集》　胡子达　杨大忠　王志强　《大时代》2000年第4期（存目1件）

五、往来信函（14种14件）

1.王世儒致张惠芝（1995年4月28日，附：《李大钊研究丛书》编写计划）（1件）

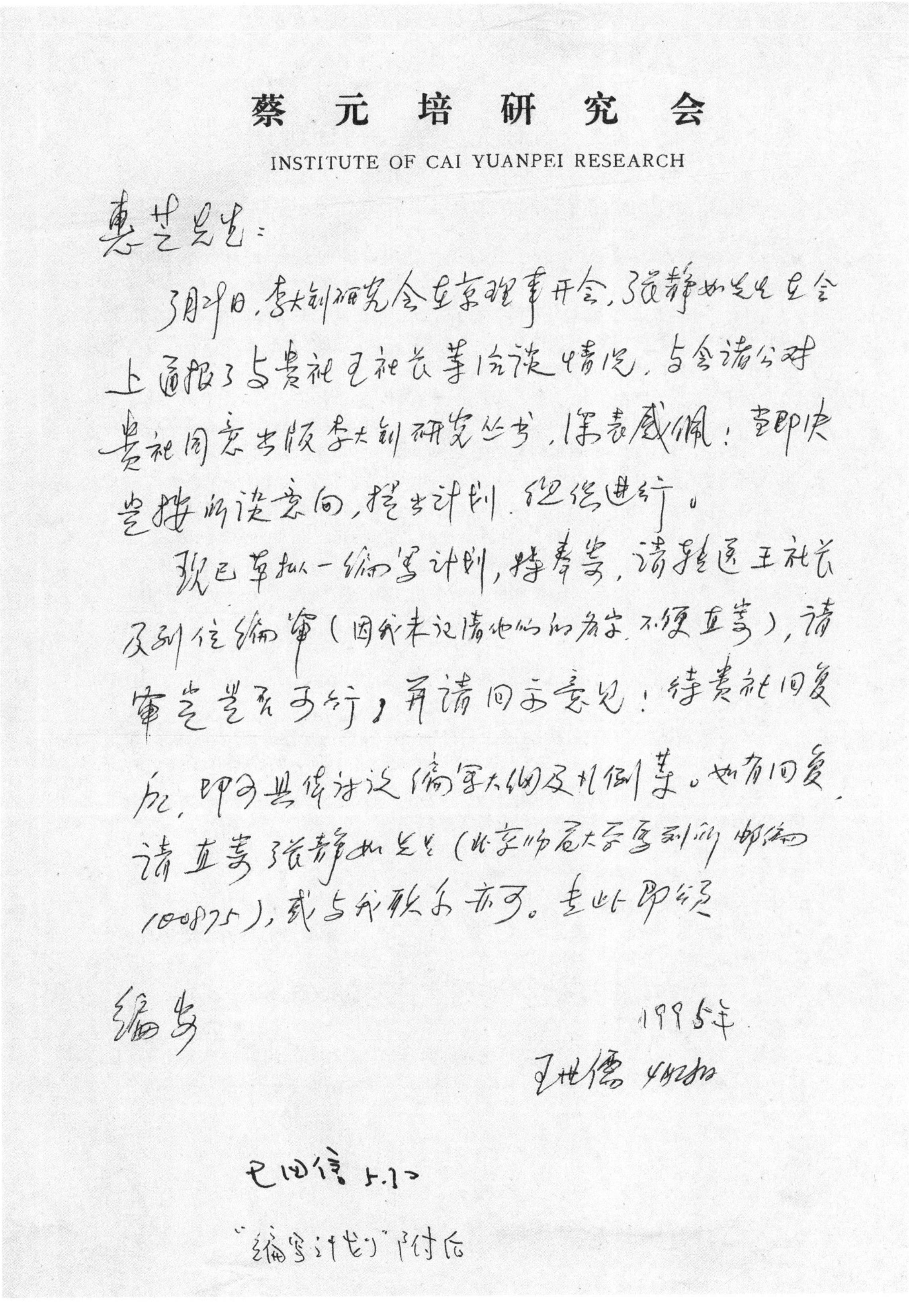

蔡元培研究会

INSTITUTE OF CAI YUANPEI RESEARCH

惠芝先生：

3月24日，李大钊研究会在京理事开会，张静如先生在会上通报了与贵社王社长等洽谈情况，与会诸公对贵社同意出版李大钊研究丛书，深表感佩！并即决定按所谈意向，提出计划，组织进行。

现已草拟一编写计划，特奉寄，请转送王社长及各位编审（因我未记清他们的名字，不便直寄），请审定是否可行，并请回示意见！待贵社回复后，即可共同讨论编写大纲及凡例等。如有回复，请直寄张静如先生（北京师范大学马列所 邮编100875），或与我联系亦可。专此即颂

编安

1995年

王世儒 4.28

已回信 5.30

"编写计划"附后

《李大钊研究丛书》编写计划

近年来，海内外学术界对于李大钊的研究，日益活跃。仅从国内的研究团体和队伍来看，除有中国李大钊研究会之外，并有北京、河北、天津等六省市的李大钊研究会，会员的总数已逾一千二百多人。李大钊研究，现已形成了有组织、有计划进行的状况，正在广泛深入地开展。

研究工作的深入开展，对所必需依据的李大钊著述及有关参考资料，提出了更多的需求。然而在目前，有关李大钊研究的参考资料，在市场上久已缺售。对此，海内外研究工作者一再发出呼吁，强烈要求应予编纂，出版。

中国李大钊研究会是组织、联系海内外研究工作者，开展李大钊研究的学术团体，担负着搜集与整理李大钊著述，撰写李大钊传记，编选与交流海内外学者研究成果的任务。因此，深感有责任会同景仰革命先驱，有识繁荣学术事业的出版家，共襄学术盛举，编纂出版《李大钊研究丛书》，以满足海内外学术界的迫切需求。经研究会讨论决定，由副会长张静如教授牵头，组织、邀请一批多年来从事李大钊研究，并具有相当成就的学者专家，以科学严谨的精神，认真负责的态度，承担《丛书》的编纂任务，使之成为一套具有准确性、权威性的《李大钊研究丛书》。本套《丛书》包括有《李大钊传》、《论李大钊》、《李大钊全集》等三种，要求自 1995 年 5 月起，以两年多的时间，分工合作，完成全部书稿，以供出版。具体进行计划，暂定如下：

一、重新撰写《李大钊传》

1979 年，人民出版社曾出版过《李大钊传》一书。该书为朱乔森、黄真等编写，凡九章，约计 18 万字。书稿实际成于六十年代初，因当时《李大钊文集》及有关参考资料尚未出版，编写工作必然会受到很多限制，一些史事的记述及某些观点，现在看来，不免有缺漏与失当之处，已不适应深入研究参考的需要。

现拟在原有基础上，注意补充近十余年来发现的新史料，并广泛吸收近十余年来研究的新成果，重新进行编写，力求全面翔实地记述李大钊的生平实践和思想，客观公正地评价他的历史地位与作用等问题。初步计划，全书分为十五章，约达 55 万－60 万字。负责编写者为张静如、朱成甲、朱乔森、吴家林等。暂定最迟于 1997 年 12 月完稿。

二、编选《论李大钊》（李大钊研究论文选集）

1984 年，河北人民出版社曾出版《李大钊研究论文集》上、下两册。书中辑有选自 1927 年至 1983 年的研究论文、考订文章、回忆录等八十余篇，计有 80 余万字。是书早已缺售。

现拟根据深入研究的参考需要，重新进行编选。决定从解放后至现在的海内外研究论文中，精选其中水平较高，具有一定参考价值的文章，重点在于选收言之成理，持之有故，在某一问题或方面具有新颖见解的文章。文章主要选自国内学者所作，同时也选辑一定数量的外国研究者的译文。全书拟分为三册，初定辑录文章120—150篇，计130万—150万字。负责编选工作者为侯且岸，谢荫明等。暂定最晚于1996年9月完稿。

三、编辑《李大钊全集》（注释本）

《李大钊文集》上、下两卷，人民出版社曾于1984年出版，1989年又曾出版《续篇》，总计120余万字。书已缺售。

“文集”是李大钊研究中所必需依据的文献，为适应研究工作深入进行的需要，拟在原有基础上重新编辑，名为《李大钊全集》，并且是有注释的新版本。重新编辑，计划从三个方面进行：（一）增加新发现的文稿（约十余件）；（二）勘正原“文集”中的错漏字；（三）对原著酌加题注及注释。《全集》拟分为一、二、三卷，约计150万字左右。负责编注工作者为刘桂生，王世儒等。暂定最晚于1997年9月完稿。

本套《丛书》的编、写工作，已经中国李大钊研究会95年3月29日会长、理事会议讨论，决定列为本会重点研究项目，积极组织并筹措必要经费，分组同时进行。为便于推动工作，拟成立“李大钊研究丛书编写工作委员会”，每两个月召开一次工作委员会例会，必要时可召集临时会议，及时通报工作进度，研究解决工作中遇到的困难和问题，以保证编写工作有组织按计划顺利进行。

中国李大钊研究会
1995年4月

编、校、点、注、释、解、索引

2.方行致河北教育出版社负责同志（1999年7月11日）（1件）

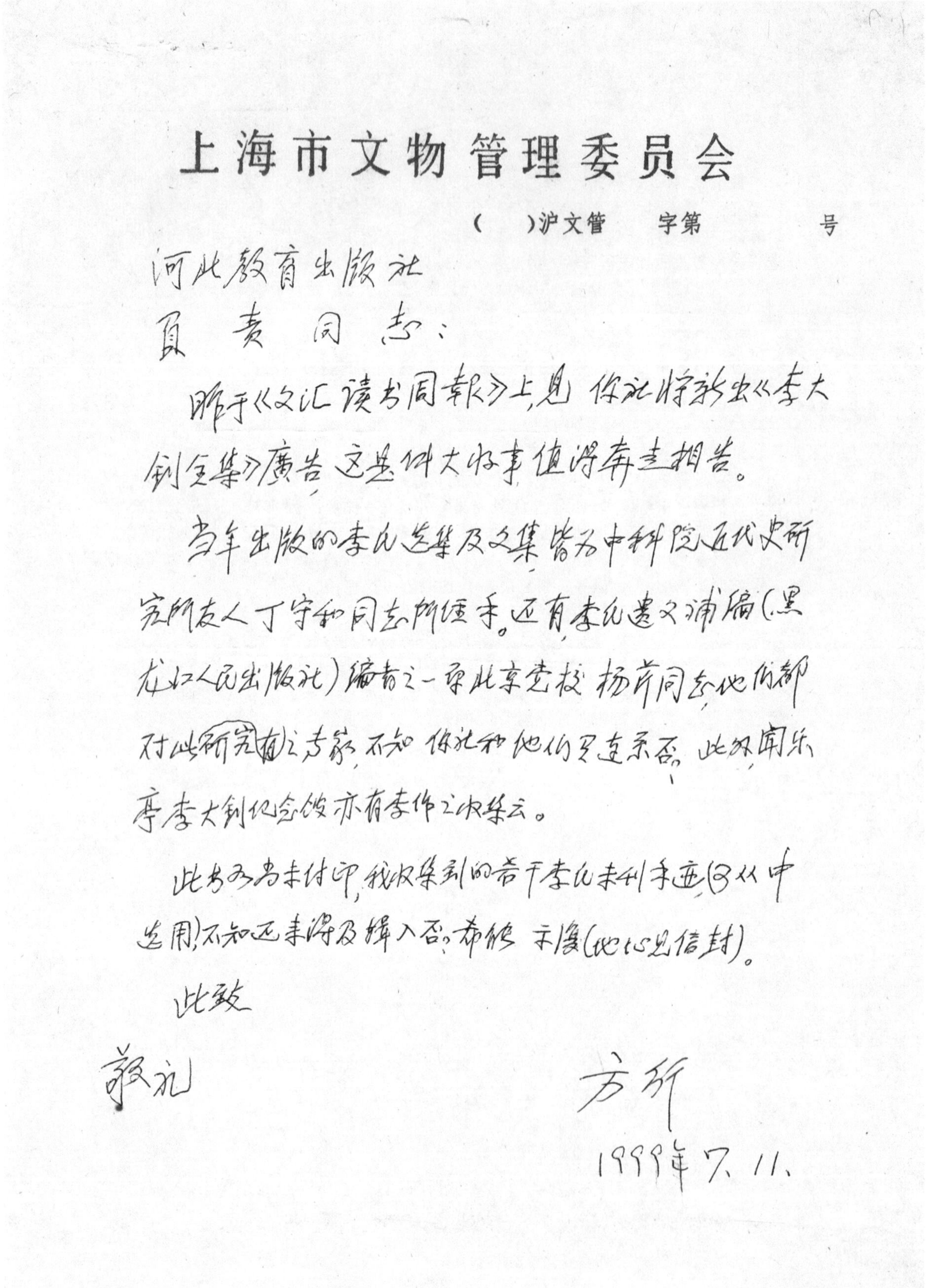

上海市文物管理委员会

（　）沪文管　字第　号

河北教育出版社
负责同志：

昨于《文汇读书周报》上见你社将新出《李大钊全集》广告，这是件大好事，值得奔走相告。

当年出版的李氏选集及文集皆为中科院近代史研究所友人丁守和同志所经手。还有李氏遗文补编（黑龙江人民出版社）编者之一系北京党校杨芹同志，他们都对此研究有素之专家。不知你社和他们可有联系否？此外，闻乐亭李大钊纪念馆亦有李作之收集云。

此书如尚未付印，我收集到的若干李氏未刊手迹，可以从中选用，不知还来得及辑入否？希能示复（附回邮信封）。

此致

敬礼

方行

1999年7.11.

3.张静如致张惠芝（1999年7月13日）（1件）

北京大学

惠芝同志：

你好！

材料收到。没有什么意见，只是学术指导应该加上朱乔森、郭一德。朱是李大钊传的作者，在研究李大钊的学者中影响较大，而且编了全集。我曾同他交换过意见（朱是朱自清之子）。郭对李大钊研究贡献极大，只是因此得意见，我主时上。此两人放在王世儒前边即可。出版说明中提到杨芹，可以拿掉，因为不够档次，与前边一些人放在一起不合适。另外，出版说明前边一段话还可斟酌一下，我已向小朱说过。

夏安

张静如

七月十三日

（一九九九年）

年　月　日

4.张惠芝致方行（1999年8月12日）及委托书（1999年8月5日）（1件）

河北教育出版社

方行先生：

您好！

非常感谢您对我社出版工作的极大关注和大力支持，特别是给予《李大钊全集》的出版以实际的具体帮助，深表谢忱！

今寄回李大钊三封信件，及您亲笔补遗。

另寄"委托书"一份，若无什么意见，请签字后寄我。望珍重身体。

余不赘述。问夫人好！

秋安

张惠芝敬拜

1999年8月12日

社址：石家庄市城乡街44号　　电话：7756500

委　托　书

为纪念李大钊同志诞辰 110 周年，今委托河北教育出版社于 1999 年 10 月底前，印制出版线装本《先烈李大钊遗墨》。届时需赠送样书 20 册。

委托人：方行

1999 年 8 月 5 日

5.张惠芝致方行（1999年8月25日）（1件）

方先生：

您好！

前些天给您寄去的李大钊给二哥、给存哥的两封信的复印件和为您打印的委托书不知收到否？

遵嘱，仅出版《先烈李大钊遗墨》一书，今将《李大钊同志遗墨》（家英装藏）一书，挂号寄还您，请查收。

另外，给启明的一封信，正在请人设计版式（连同《先烈李大钊遗墨》一起设计的，遵嘱这封信不再同时出版），待设计、印制用后，我们负责将《先烈李大钊遗墨》一书送还给您。勿念。

您写的《按语》可直接寄给我，并告我您计划放在《遗墨》的什么位置。关于署名变更一事，您与单位商量的结果及排名先后，请用文字形式通知我。

再次感谢您对李大钊研究工作的热情支持和给予的许多具体帮助。

余不赘述。

致以

敬礼

张惠芝 拜

1999. 8. 25

6.方行致张惠芝（1999年8月27日）（1件）

上海市文物管理委员会

（　）沪文管　字第　　号

惠芝同志：

今天收到十二日来信所说寄回三封信，其实只有两封致周起明的亲笔信还有四五份的手录抄件。

遗墨出版，请勿缩勿减，要保持原有规格以体现是文献本。在"后记"之后应加一段短文已写了草稿奉上请正。（发排时要比"后记"低两格，请勿误）

余候面详，即致

敬礼

方行

朱杨同志均此

1999年8.27.

委托书随附请收。又及。

7.方行致张惠芝（1999年9月8日）（1件）

上海市文物管理委员会

（　）沪文管　字第　号

惠芝同志：

廿七日函及随笔短文、委托书，想均收到？

翌日觉短文有几处需修改，现将修改稿寄奉请正（前稿作废）。记得你在电话里讲三日来沪，此稿便想面交，不意至今未到，恐误时间，只好邮寄，可及时付排。关于此文排法，我想：

1.“后记”后署的两单位删去一九××年等字样保留

2.“后记”后已无余地，短文可在此后另加一页，字体与“后记”相同，但每行要较“后记”低两格，希注意。

以上妥否，请酌定。

还有致起明信及田兰影印本，至今尚未收到，希即寄沪。你何时来沪，盼之。

此致

敬礼

方行

1999.9.8.

朱杨同志均此

8.方行致张惠芝（1999年9月15日）（1件）

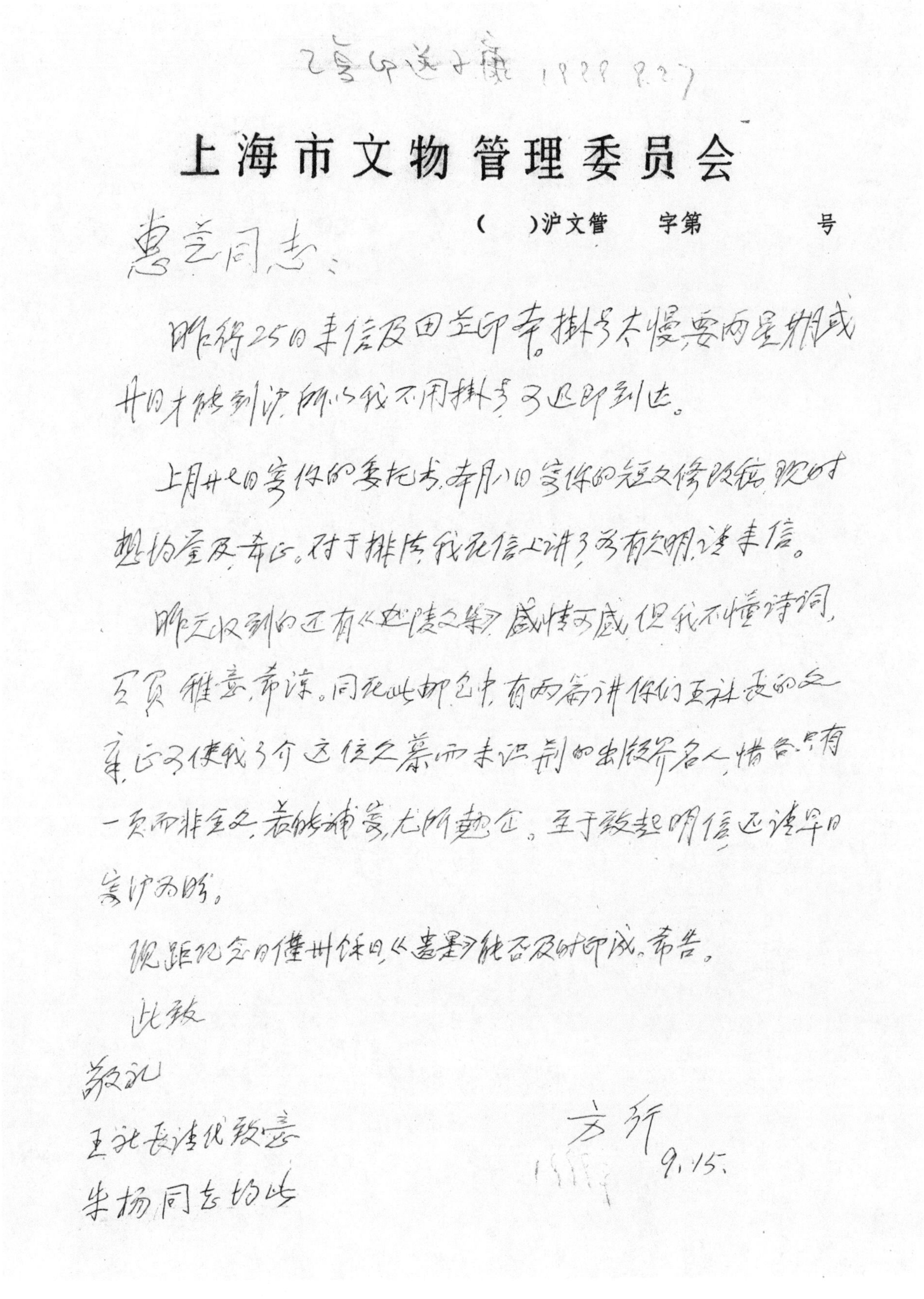

已复印送子康 1999.9.27

上海市文物管理委员会

（　）沪文管　字第　号

惠芝同志：

昨得25日来信及田苦印本。挂号太慢要两星期或廿日才能到沪，所以我不用挂号可迅即到达。

上月廿七日寄你的委托书，本月八日寄你的短文修改稿，盼时想均达及，希正。对于排除我在信上讲了，如有不明请来信。

昨天收到的还有《燕陵文集》，盛情可感，但我不懂诗词，有负雅意，希谅。同在此邮包中有两篇讲你们王社长的文章，正可使我了介这位久慕而未识荆的出版界名人，惜仅只有一页而非全文，若能补寄，尤所盼企。至于致赵明信还请早日寄沪为盼。

现距纪念日仅廿余日，《遗墨》能否及时印成，希告。

此致

敬礼

王社长请代致意

朱杨同志均此

方行

9.15.

9.方行致张惠芝（1999年10月17日）（1件）

上海市文物管理委员会

（　）沪文管　字第　　号

惠芝同志：

收到河北省委宣传部、北京大学等单位举办的李大钊诞辰110周年学术讨论会的邀请信，本拟赴京参加，不意日前旧病復发，刻正在治疗，医嘱不宜远行，致碍难成行。想来您是定会去出席的，失此再叙的机会，甚感可惜。对于你社出版的《全集》等书以及李氏研究会出版的书刊，均希早日寄沪为盼。

手此即颂

著安

方行

1999年10.17.

王社长及朱杨同志均请代候，

10.方行致张惠芝（2000年5月5日）（1件）

张惠芝先生：

你好！

阴历新年期间之来信收悉，托杨子江同志所汇的款千元也已收到。

《李书》现如何？如遇困难，请退我。

我自新年以来，卧病在床，已两月余，一时难以痊愈，未致函候。请谅！

诸同志均此。

方行

2000年5.5.

11.陈祖武致张惠芝（1999年11月12日）（1件）

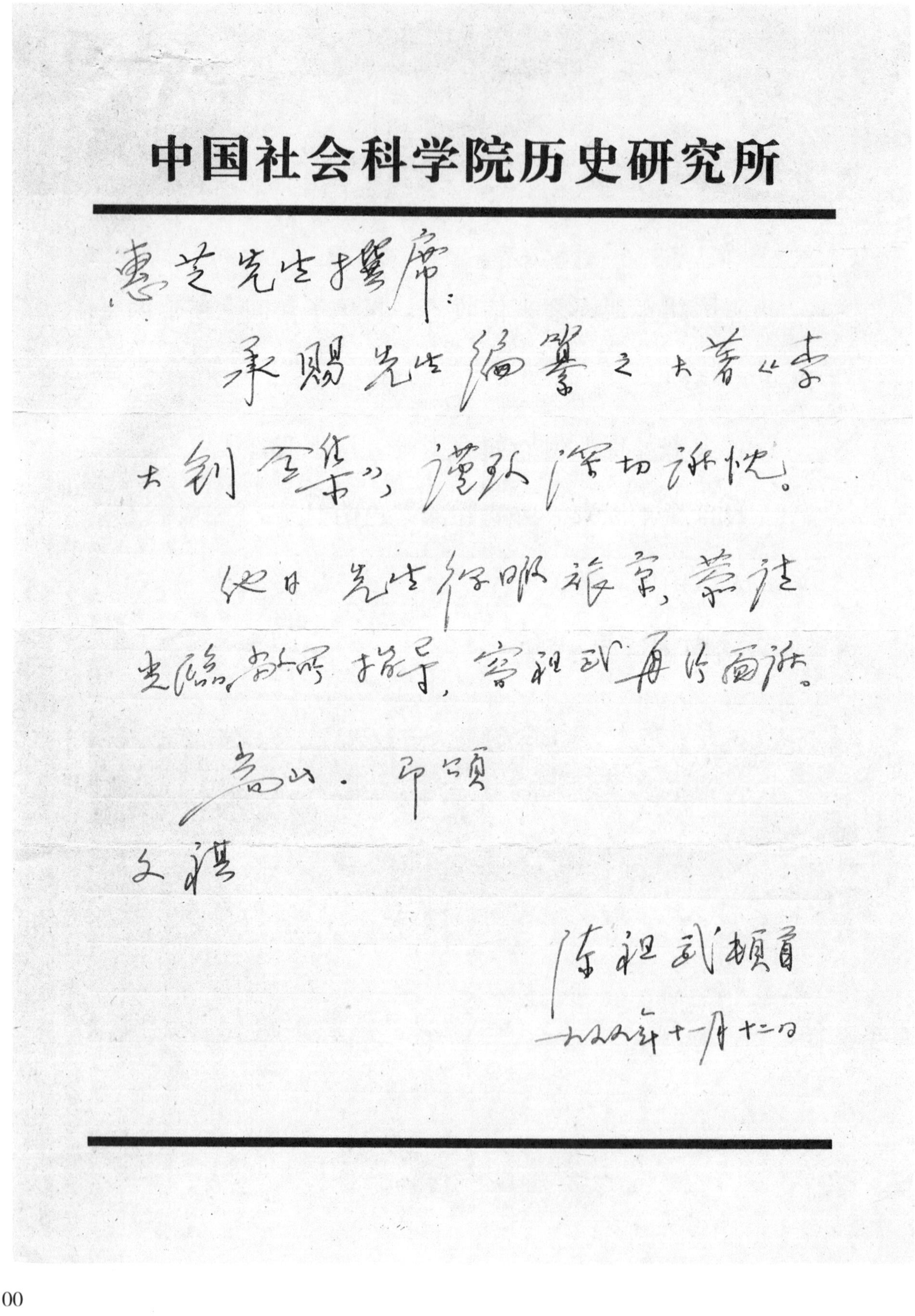

中国社会科学院历史研究所

惠芝先生撰席：

承赐先生编纂之大著《李大钊全集》，谨致深切谢忱。

他日先生行脚旅京，恭请光临敝所指导，容祖武再行面谢。

耑此，即颂

文祺

陈祖武顿首

一九九九年十一月十二日

12.韩一德致张惠芝（2000年4月24日）（1件）

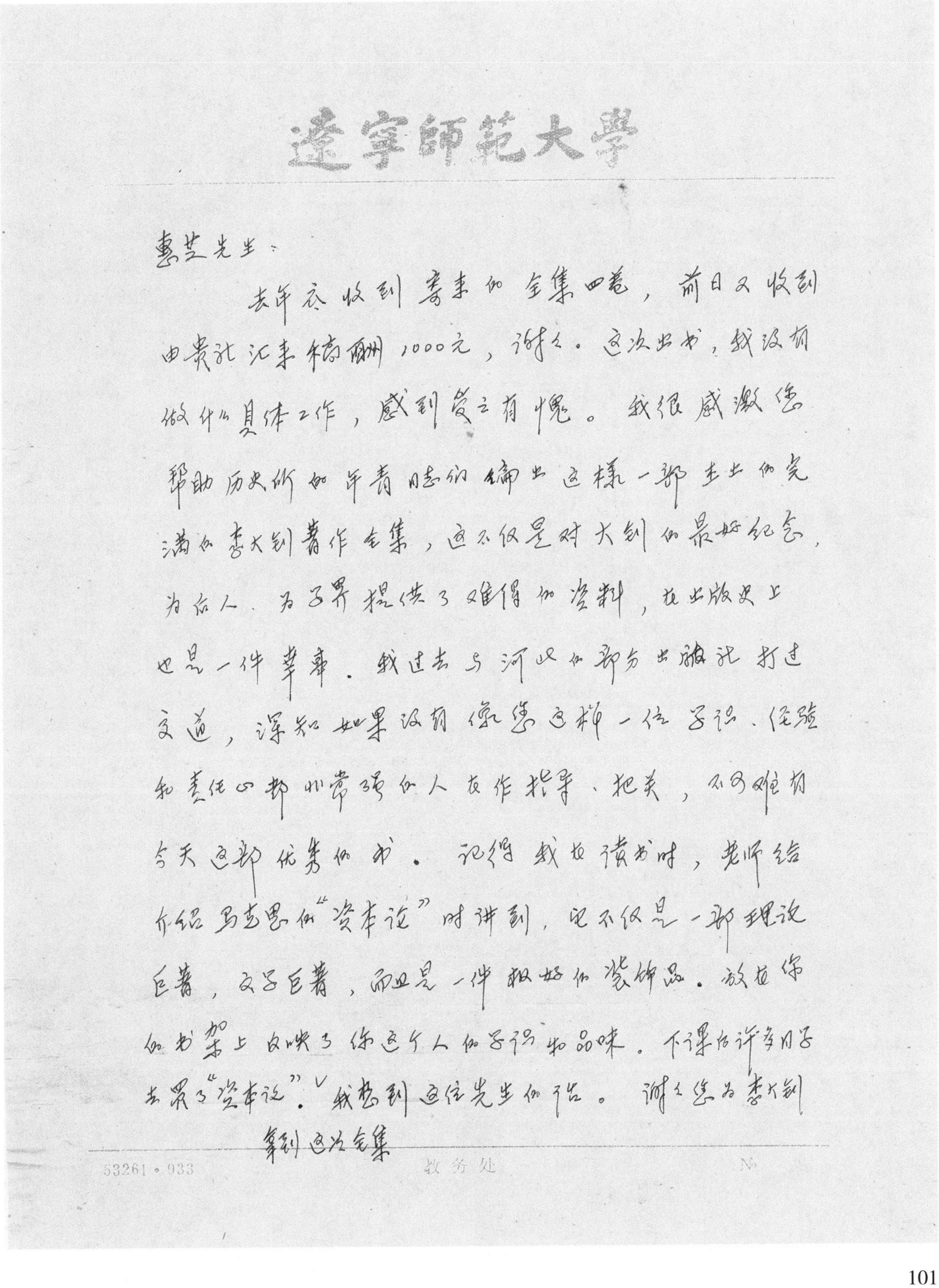

遼寧師範大學

惠芝先生：

去年曾收到寄来的全集四卷，前日又收到由贵社汇来稿酬1000元，谢谢。这次出书，我没有做什么具体工作，感到受之有愧。我很感激您帮助历史所的年青同志们编出这样一部杰出的完满的李大钊著作全集，这不仅是对大钊的最好纪念，为后人、为学界提供了难得的资料，在出版史上也是一件幸事。我过去与河北的部分出版社打过交道，深知如果没有像您这样一位学识、经验和责任心都非常强的人在作指导、把关，不可能有今天这部优秀的书。记得我在读书时，老师给介绍马克思的“资本论”时讲到，它不仅是一部理论巨著，文学巨著，而且是一件极好的装饰品。放在你的书架上反映了你这个人的学识和品味。下课后许多同学去买了“资本论”。拿到这次全集我想到这位先生的话。谢谢您为李大钊

53261·933 教务处 №

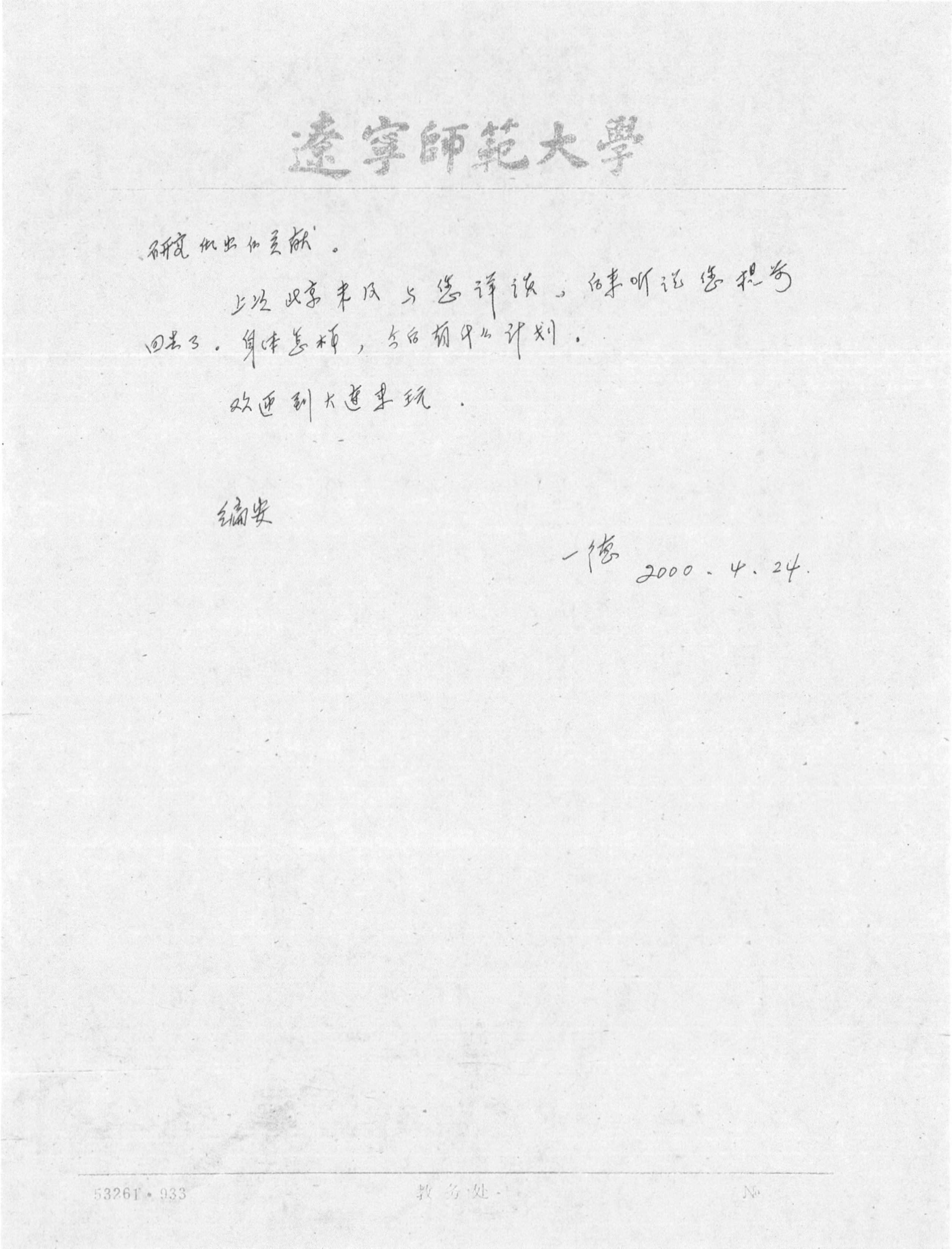

遼寧師範大學

研究做出自己贡献。

上次北京未及与您详谈，后来听说您想要回去了。具体怎样，今后有什么计划。

欢迎到大连来玩。

编安

一德 2000.4.24

53261·933 教务处 №

13.陈祖武致张惠芝（2008年3月14日）（1件）

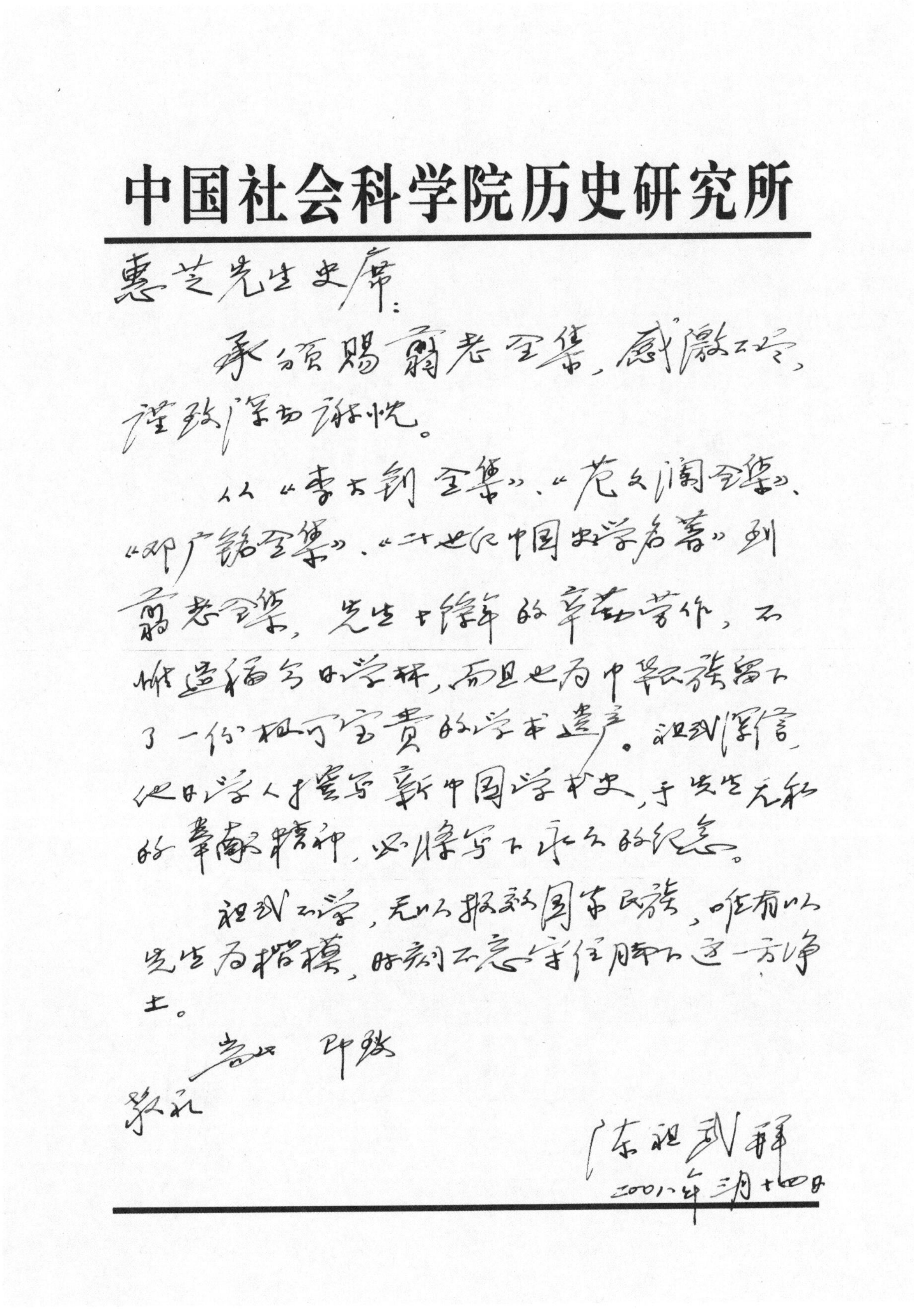

中国社会科学院历史研究所

惠芝先生史席：

承颁赐翦老全集，感激不已，谨致深切谢忱。

从《李大钊全集》、《范文澜全集》、《邓广铭全集》、《二十世纪中国史学名著》到翦老全集，先生十余年的辛勤劳作，不惟造福今日学林，而且也为中华民族留下了一份极可宝贵的学术遗产。祖武深信，他日学人撰写新中国学术史，于先生无私的奉献精神，必将写下永久的纪念。

祖武不学，无以报效国家民族，唯有以先生为楷模，时刻不忘守住脚下这一方净土。

专此 即致

敬礼

陈祖武拜

2008年三月十四日

14.张惠芝致朱文通、王小梅、裴赞芬（2011年2月10日）（1件）

文通、小梅、赞芬：

你们好！

文通去年十二月二十八日信及贺卡，漂来墨香，漂来情谊，漂来信息。一页纸，二十几行字，沉甸甸的质地带来欲盖弥彰的珍贵。

近二十年来，亲历了你们研究李大钊的诸多成果。继续研究下去，困难是会有的，但研究水平的提高，研究环境的改善，要靠个人的努力和营造。研究的进程是任何人都阻挡不了的。

我对你们研究的勇气，执着的精神

河北人民出版社　17×12=204（D82.4.8）

旺盛的精力，羡慕至极，自愧不如。我相信坚持一步步走下去，出现骄人成绩的成果是迟早的事儿。

《翦伯赞全集》不知社里是否还有？我已电告韩新保，请他帮忙解决。可用电话（[redacted]）跟他联系。

余不赘述。

希望你们的孩子茁壮成长！

希望你们的家庭幸福美满！

希望你们的研究成果卓著！

想念你们的大朋友

张惠芝

2011年2月10日

正月初八

能否将你们近期文章复印寄我，很想看看！

张又及

河北人民出版社　17×12=204（D82.4.8）

六、工作留影（12种12件）

1.《李大钊全集》书影（1件）

2.2001年，《李大钊全集》荣获第五届国家图书奖荣誉奖获奖证书（1件）

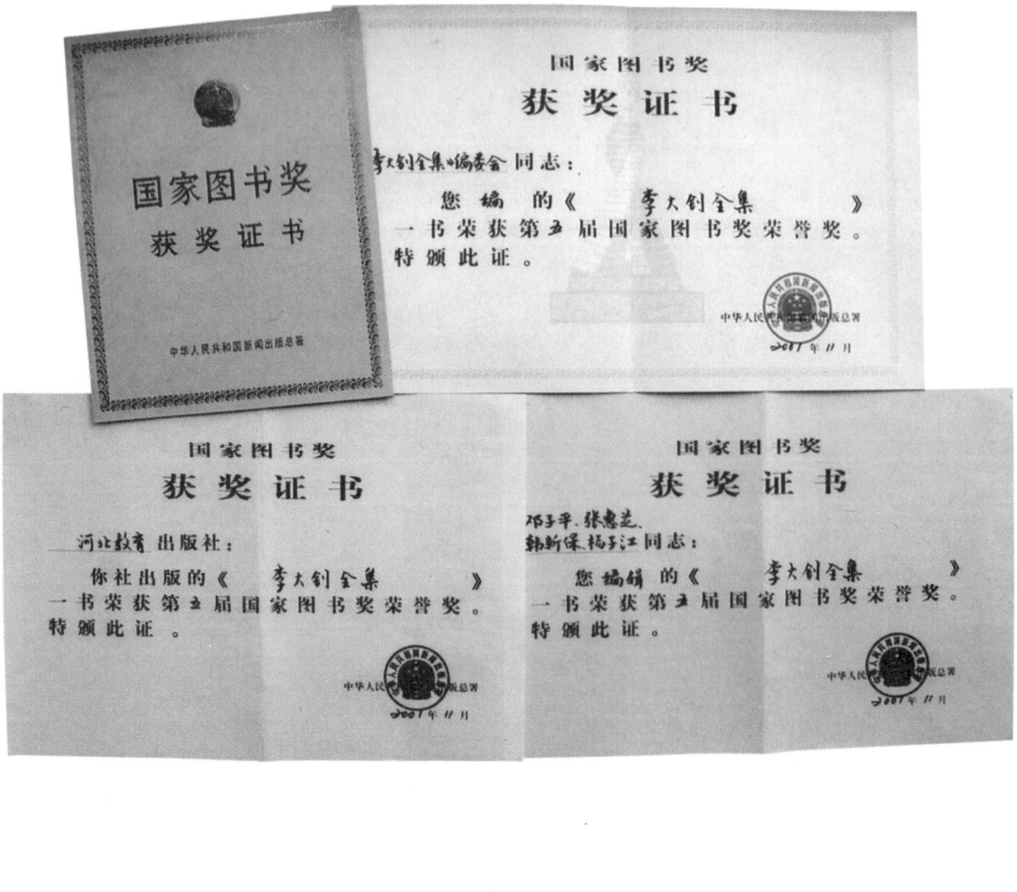

3.1995年春，著名历史学家、中国近现代史专家彭明（左一）、张静如（左二）在编纂《李大钊全集》座谈会上（1件）

4.1995年春，河北省社会科学院《李大钊全集》编辑部成员裴赞芬（左一）、编辑部主任朱文通（左二）、河北教育出版社责编韩新保（左三）在编纂《李大钊全集》座谈会上（1件）

5.1995年夏，张惠芝（左二）等专赴著名学者、研究李大钊专家、上海文物保管委员会顾问方行先生（左一）上海居所，聆听编辑《李大钊全集》的意见（1件）

6.1998年夏，河北教育出版社编辑在校勘初始阶段，认真听取提升编校《李大钊全集》质量的意见。左一研究员杜荣泉，左二教授王明信，左三教授张文，左四责任编辑张惠芝（1件）

7.1998年夏，河北省社会科学院历史所所长杜荣泉（左三）亲自参与《李大钊全集》审校工作，与编辑部主任朱文通（左一）、责编杨子江（左二）、编辑部副主任王小梅（左四）、教授王明信（左五），就校对中发现的问题，交换意见（1件）

8.1998年酷暑，正值《李大钊全集》校勘工作进入最后阶段，编辑部主任朱文通（左一）与年近古稀的教授、研究员魏连科（左二）、杜荣泉（左三）、王明信（左四）、张文（左五）等亲临校对现场，边研究，边讨论，逐一解决遗留问题（1件）

9.2001年10月，《李大钊全集》出版后，张惠芝（左二）等造访李大钊长子李葆华听取意见（1件）

10.李大钊长子李葆华贺卡（1件）

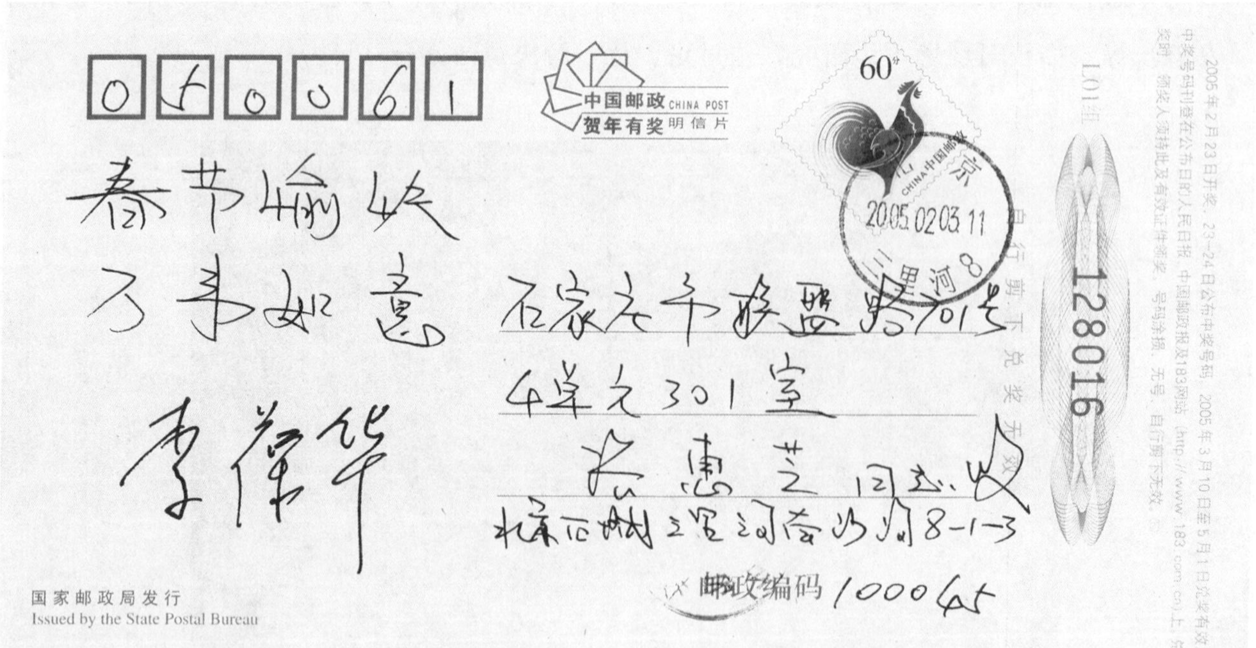

11.《李大钊全集》荣获河北省第七届社会科学优秀成果奖一等奖获奖证书（1件）

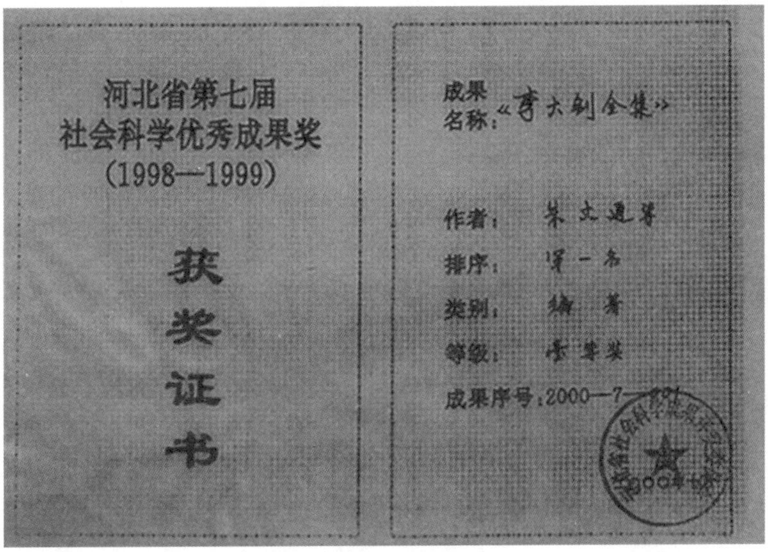
河北省第七届
社会科学优秀成果奖
(1998—1999)
获奖证书

成果名称：《李大钊全集》
作者：朱文通等
排序：第一名
类别：编著
等级：壹等奖
成果序号：2000—7—

12.《李大钊全集》荣获河北省第七届社会科学优秀成果奖社科优秀图书编辑奖（1件）

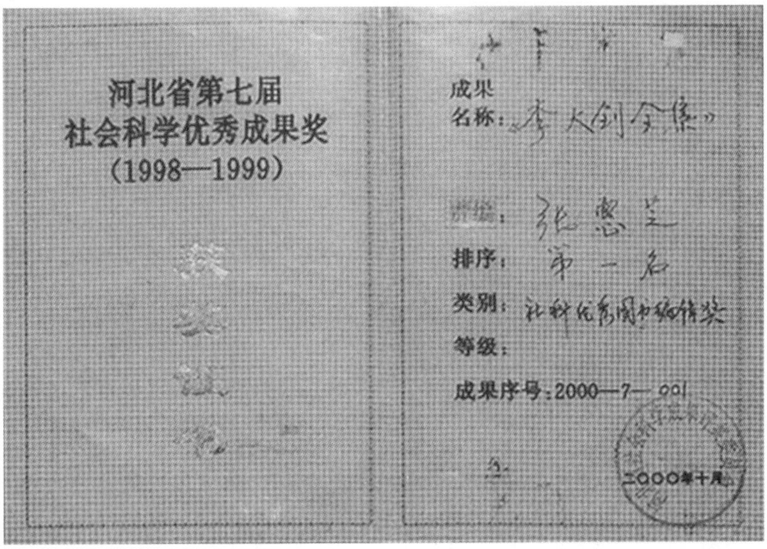
河北省第七届
社会科学优秀成果奖
(1998—1999)

成果名称：《李大钊全集》
排序：第一名
类别：社科优秀图书编辑奖
等级：
成果序号：2000—7—001

七、稿酬通知单（存目11种11件）

《二十世纪中国史学名著》文档

该书文档，收存9个系列、95种、733件相关资料。“整体设计”系列，是对57种名著的全面观照。当时在关键节点上要处理解决的问题，纷繁复杂，都几经讨论，几易其稿。“审校”系列，收存了1000多页原始记录，既保存了学术史料、语言文字的真实风貌，同时又留下了可借鉴、查阅的资料。“往来信函”系列，保存书信200多件，凝聚着编辑、作者、学者和读者的心血，且大多具有一定的学术文化价值。“图书评介”系列，像与《光明日报》理论部联合推出的18篇书评，每篇都是当代史学家研究前辈史学家著作带有独特见地的新作，所起到的引领、导读、推介之功是无可比拟的。《二十世纪中国史学名著》这套书的分量，不仅体现在史学家的自身学养，而且有赖于当代人的编纂之功。敬畏先贤，不敢稍有懈怠，才能实现使当今出版物能与前辈之出版物比肩而立的愿望。该书荣获第六届国家图书奖。

目　录

一、图书出版合同（存目15种80件）

二、申报、审批列表（9种69件，其中存目61件）

三、整体设计（20种37件，其中存目9件）

四、审校(13种49件,其中存目36件)

五、编纂纪要（1种6件）

六、往来信函（4种235件，其中存目164件）

七、图书评介（1种28件，其中存目24件）

八、工作留影（27种31件）

九、稿酬通知单（存目5种198件）

一、图书出版合同（存目15种80件）

1.《二十世纪中国史学名著》收到合同记录（封）（存目1件）

2.《二十世纪中国史学名著》图书出版合同复印件（存目22件）

3.《二十世纪中国史学名著》与编纂工作委员会的图书出版合同（存目1件）

4.《二十世纪中国史学名著》图书整理合同（存目2件）

5.《二十世纪中国史学名著》图书整理、校对合同（存目1件）

6.《二十世纪中国史学名著》图书校对合同（存目2件）

7.商务印书馆关于《中国史学史》商编著字73–B号授权协议等（存目6件）

8.关于《二十世纪中国史学名著》·《世界通史》授予商务印书馆的图书出版合同等（存目10件）

9.关于白寿彝《民族宗教论集》版权使用许可协议书（存目1件）

10.关于陈寅恪《隋唐制度渊源略论稿》《唐代政治史述论稿》《元白诗笺证稿》三书使用许可的协议书等（存目5件）

11.关于《朱元璋传》一书的补签协议书（与岳硕）（存目8件）

12.吴晗之子吴彰否定岳硕的代理权的信函、本人证件、公证书等（存目6件）

13.提供吴彰委托代理人曾学明：岳硕曾给出版社的证件、吴彰委托书（存目8件）

14.张惠芝于2001年7月至2008年11月存留有关吴晗著作《朱元璋传》版权代理的“备忘”10页（存目1件）

15.关于《光明日报》理论部与河北教育出版社联合开辟《二十世纪中国史学名著》栏目的协议（存目6件）

二、申报、审批列表（9种69件，其中存目61件）

1.河北教育出版社图书选题审批登记表（1件）

（19 ） 字第 号

河北教育出版社

图书选题审批登记表

责任编辑 韩新保 孟保青 张惠[illegible] 杨子江

填报日期：1996年11月16日

选题名称	二十世纪中国史学名著选					是否重点书	重点	
						是否自费、赞助、委托、合作出版		
估计篇幅	开本	大32	字数			装帧		
	线条图		彩图			照片		
读者对象	史学研究、史学教学、史学爱好者	发行范围	全国	作者交稿	1996年底	预计发稿	1997年1季度	

提出选题的主要依据

20世纪的中国史学，在中国史学发展史上具有重要意义。传统史学步入20世纪之后，受现实社会和西学东渐的影响，在理论指导、研究方法和研究对象等方面都呈现出了明显的变化和崭新的内容。在本世纪末，重新出版这些论著中的杰出之作，是对20世纪中国史学研究成果的一次大回顾、大总结，对于人们进一步认识20世纪中国史学的发展，借鉴前人的成果和方法，对于人们展望和开拓21世纪中国史学的前景，具有重要的社会意义和学术价值。

内容概要及主要特点

收选有关1919年"五四"以前的中国历史研究著作；有关史学理论和史学方法论的研究著作；史学史、思想史名著；具有代表意义的考古学名著。

主要特点是所收名著均在20世纪史学发展进程中的某个方面产生过比较突出的影响，在今天看来依然具有较高学术价值和一定学术价值。

对编写大纲及样稿的评价

此书的出版，既可为当代中国史学界提供珍贵的传世之作，又能为后人留下20世纪中国史学系统的参考书，是一项有功于前人、惠及于后人，受益于当代的中国历史文化积累的系统工程。

书稿进展情况

现已确定编辑宗旨、编选原则、整理细则、组织机构，并已落实了学术顾问（刘大年、周一良）、学术委员（戴逸、李学勤等8人）、编纂工作委员会工作人员和第一辑（30册）的目录。本年底交稿。

著译者简况

姓名	戴逸	性别	男	年龄	70	职务	中国史学会会长	职称	教授

工作单位或通讯处：中国人民大学 清史所

主要著述：《清代人物传稿》、《乾隆及其时代》、《中国近代史》等

李学勤 男 60岁 中国社科院历史所所长 研究员

著作：《东周和秦代文明》、《古文字初阶》等

同类书比较分析

书名	作者	出版者	版次	印数	备注

评述

社会需求分析

出版预测

社会效果预测

再版可能性		出口可能性	
编书单位需量		其他发行途径	
印数预测		盈亏预测	

选题审批意见

编辑意见　此书所收论著均为20世纪史学传世之作，是一项有功于前人、惠及于后人、受益于当代的历史文化积累的系统工程，定会为促进中国史学发展和进步有所裨益。

责编 张惠芝　　年 11 月 16 日

编辑室意见

韩新保
孟保青
杨子江

室主任　　年　月　日

主管总编意见

主管总编　　年　月　日

社长意见

社长　　年　月　日

备注

年　月　日

说明　1、作者提出的编写大纲、样稿等，可另附。

2、著译者简况，可填写主编或主要作者，其余名单另附。

2.河北教育出版社局级重点图书选题推荐意见表（1件）

局级重点图书选题推荐意见表

河北教育出版社　　　　1996年12月5日填报

书　　名	二十世纪中国史学名著选(30卷)	字(幅)数	900万字
编著者	戴逸、李学勤等	交稿日期	1996年12月
责任编辑	张惠芝等	分管社领导	邓子平
发稿日期	1997年3月	见书日期	1997年12月
预计投资	80万	预计盈亏	万元

一、内容简介、读者对象：

20世纪的中国史学，在中国史学发展史上具有重要意义。在本世纪末，重新出版这些论著中的杰出之作，是对20世纪中国史学研究成果的总结和回顾。主要收选中国历史研究、史学理论、史学方法、史学史、思想史、考古学名著等30部书。供史学研究、史学教学和史学爱好者使用。

二、选题的价值、编著特点：

20世纪中国史学界硕果累累，名家辈出，名作如林。在本世纪末，重新出版其中杰出之作，对于人们进一步认识和总结20世纪中国史学的发展，借鉴前人的治学成果和方法，对于人们展望和开拓21世纪中国史学的前景，具有重要的社会意义和学术价值。此书的出版，既可为当代中国史学界提供珍贵的传世之作，又能给后人留下20世纪中国史学的系统参考书，是一项有功于前人、惠及于后人、受益于当代的中国历史文化积累的系统工程。特点是所收名著均在20世纪史学发展过程中的某个方面产生过重大影响，在今天看来依然具有较高学术价值和一定学术地位。

三、编著者专业造诣、编著水平： 戴逸　著名史学家、中国史学会会长，主要著作：《清代人物传稿》、《乾隆及其时代》、《中国近代史》等。 李学勤　著名史学家、中国社科院历史所所长，主要著作：《东周和秦代文明》、《古文字初阶》等。
四、同类图书出版情况及海内外市场需求预测： 国内外均无此类书出版。
五、拟采取的宣传和发行措施： 充分利用报纸、电台、电视台等各种宣传媒介进行广泛的宣传。
六、评审意见：

3.第六届国家图书奖参评图书申报表（2件）

2003年5月20日

第六届国家图书奖参评图书申报表

书　名	二十世纪中国史学名著（共三十三卷）				
出版单位	河北教育出版社				
作　者	梁启超、王国维、郭沫若等				
责任编辑	张惠芝、韩新保、孟保青、杨子江				
图书分类	K	出版时间	2001～2002年		
图书开本	大32	装　帧	平	字（幅）数	1500千字
印　数	3000+2000套	发行量	5000套		

内容介绍

20世纪中国史学界硕果累累，名家辈出，名著如林。在20世纪末重新出版孟森、梁启超、王国维、陈垣、陈寅恪、郭沫若、顾颉刚、范文澜、傅斯年、李济、翦伯赞、吕振羽、侯外庐、白寿彝、谭其骧、唐长孺、陈梦家等三十三位已故著名史学家的《明清史论著集刊正续编》、《中国历史研究法》、《观堂集林》、《明季滇黔佛教考》、《隋唐制度渊源略论稿》、《中国古代社会研究》、《古史辨自序》、《中国通史简编》、《民族与古代社会研究》、《安阳》、《历史哲学教程》、《史前期中国社会研究》、《中国古代社会史论》、《民族宗教论集》、《长水粹编》、《魏晋南北朝史论丛》、《尚书通论》等五十七种著作，对于学术界和广大读者进一步认识和总结20世纪中国史学的发展与成就，借鉴前人的治学经验和方法，展望和开拓21世纪中国史学的前进道路，具有重要的学术价值和社会意义。这套书的出版，既为当代中国史学界提供珍贵的传世之作，又给后人留下了研究20世纪中国史学成就的系统参考书，是一项有功于前人、裨益于今人、惠及于后人的中国历史文化积累的系统工程。这套书的特点是，所收名著均在20世纪史学发展过程中的不同方面产生过重大影响，在今天看来依然具有较高学术价值和重要学术地位。

社会反映

这套书出版后，学术界普遍认为：《二十世纪史学名著》的出版，是为学术界做了一件大好事，犹如20世纪史学的丰碑，屹立在中国的学术沃土上。出版者有眼光、有魄力，编出了特点，编出了水平，是大手笔，是功德无量之举。既是对20世纪优秀史学遗产的总结，又是献给21世纪的珍贵礼物；既适应了社会的要求，又符合了文化积累的需要。《光明日报》发表18篇评介文章，另有6篇书评发表于《人民日报》、《光明日报》、《中华读书报》、《中国文化报》、《新闻出版报》、《河北学刊》等报刊。各方面来函询问购书有关事宜，多达三四十件。目前，第一次印刷和第二次重印已经售完，第三次重印正在启动，这说明这套书具有旺盛的生命力，取得了良好的效益。

填表人：张惠芝　　联系电话：[redacted]　　（加盖公章）

注：1.“图书分类”，请按中国图书馆图书分类法填写。

2.“发行量”，截止日期为填表时间。

05-21-2003 16:53 FROM: TO:003117722647 P:01

第六届国家图书奖参评图书申报表

书名：二十世纪中国史学名著（凡三十三卷）

出版单位：河北教育出版社

作者：梁启超、王国维、郭沫若等

责任编辑：张惠芝、韩新保、孟保青、杨子江

图书分类：K　出版时间：2001~2002 年

图书开本：大 32　装帧：平　字数：1500 万

印数：3000+2000　发行量：5000

内容介绍：

20 世纪中国史学界硕果累累，名家辈出，名著如林。在 20 世纪末重新出版孟森、梁启超、王国维、陈寅恪、郭沫若、顾颉刚、范文澜、傅斯年、李济、翦伯赞、吕振羽、侯外庐、白寿彝、谭其骧、唐长孺、陈梦家等三十三位已故著名史学家的《明清史论著集刊正续编》、《中国历史研究法》、《观堂集林》、《明季滇黔佛教考》、《隋唐制度渊源略论稿》、《中国古代社会研究》、《古史辨自序》、《中国通史简编》、《民族与古代中国史》、《安阳》、《历史哲学教程》、《史前期中国社会研究》、《民族宗教论集》、《长水粹编》、《魏晋南北朝史论丛》、《尚书通论》等五十七种著作，对于学术界和广大读者进一步认识和总结 20 世纪中国史学的发展与成就，借鉴前人的治学经验和方法，展望和开拓 21 世纪中国史学的前进道路，具有重要的学术价值和社

会意义。这套书的出版，既为当代中国史学界提供珍贵的传世之作，又给后人留下了研究20世纪中国史学成就的系统参考书，是一项有功于前人、裨益于今人、惠及于后人的中国历史文化积累的系统工程。这套书的特点是，所收名著均在20世纪史学发展过程中的不同方面产生过重大影响，在今天看来依然具有较高学术价值和重要学术地位。

社会反映：

这套书出版后，学术界普遍认为：《二十世纪中国史学名著》的出版，是为学术界做了一件大好事，犹如20世纪史学的丰碑，屹立在中国的学术沃土上。出版者有眼光、有气度，编出了特点，编出了水平，是大手笔，是功德无量之举。既是对20世纪优秀史学遗产的总结，又是献给21世纪的珍贵礼物；既适应了社会的要求，又符合了文化积累的需要。《光明日报》发表18篇评介文章，另有6篇书评发表于《人民日报》、《光明日报》、《中华读书报》、《中国文化报》、《新闻出版报》、《河北学刊》等报刊。各方面来函询问购书有关事宜，多达三四十件。目前，第一次印刷和第二次重印已经售完，第三次重印正在启动，这说明这套书具有旺盛的生命力，取得了良好的效益。

（魄力）

填表人：张憲芝　　联系电话：

2003年5月21日

4. 图书在版编目（CIP）数据工作单（存目33件）

5.《二十世纪中国史学名著》责任编辑一览表（1件）

二十世纪中国史学名著

责任编辑一览表：1999.10.16

著 作	作 者	评价者	联系人	责 编
中国古代史	夏曾佑	吴怀祺	周文玖	张惠芝 杨子江
明清史论著集刊正续编	孟 森	王钟翰	张 越	张惠芝 杨子江
中国历史研究法（外二种） 中国历史研究法补编 清代学术概论	梁启超	陈其泰	周文玖	张惠芝 孟保青
观堂集林 （上、下卷）	王国维	李学勤	徐 勇	张惠芝 韩新保
元也里可温教考（外宗教史论著八种） 开封一赐乐业教考 （上、下卷） 火祆教入中国考 摩尼教入中国考 回回教入中国史略 明季滇黔佛教考 清初僧诤记 南宋初河北新道教考 中国佛教史籍概论	陈 垣	刘乃和	徐 勇	张惠芝 杨子江
隋唐史	岑仲勉	姜伯勤	秦进才	张惠芝 孟保青
中国史学史	金毓黻	瞿林东	周文玖	张惠芝 韩新保
史学要论	李守常	瞿林东	周文玖	张惠芝 杨子江
隋唐制度渊源略论稿（外二种） 唐代政治史述论稿 元白诗笺证稿	陈寅恪		秦进才 张惠芝	张惠芝
中国哲学史大纲（外一种） 章实斋先生年谱	胡 适	耿云志	张惠芝	张惠芝
中国古代社会研究（外二种）（上、下卷） 青铜时代 十批判书	郭沫若	黄 烈	周文玖	张惠芝
古史辨自序 （上、下卷）	顾颉刚	王煦华	徐 勇	张惠芝 孟保青
中国通史简编 （上、下卷）	范文澜	蔡美彪	周文玖 张惠芝	张惠芝

先秦诸子系年（外一种） 刘向歆父子年谱	钱　穆	郭齐勇	秦进才 张惠芝	张惠芝　杨子江
民族与古代中国史	傅斯年	何兹全	张惠芝	张惠芝
安阳	李　济	李光谟	徐　勇	张惠芝　韩新保
历史哲学教程	翦伯赞	张传玺	张　越	张惠芝
世界通史　（上、下卷）	周谷城	姜义华 姜　玢	徐　勇	张惠芝　韩新保
史前期中国社会研究(外一种)(上、下卷) 殷周时代的中国社会	吕振羽	桂遵义	张　越	张惠芝　孟保青
唐代长安与西域文明	向　达	荣新江	秦进才	张惠芝
中国古代社会史论	侯外庐	张岂之 刘宝才	张　越	张惠芝　韩新保
穹庐集	韩儒林	陈得芝	秦进才	张惠芝　韩新保
中国历史纲要	尚　钺	毛佩琦	周文玖	张惠芝　韩新保
中国史探研	齐思和	齐文颖	徐　勇	张惠芝　韩新保
北宋政治改革家王安石	邓广铭	漆　侠	张惠芝	张惠芝　杨子江
朱元璋传	吴　晗	苏双碧	周文玖	张惠芝
民族宗教论集	白寿彝	陈连开	张惠芝	张惠芝
中法越南关系始末	邵循正	张寄谦	张　越	张惠芝
考古学论文集（外一种）　（上、下卷） 考古学和科技史	夏　鼐	王世民	张　越	张惠芝　杨子江
长水粹编	谭其骧	葛剑雄	秦进才	张惠芝　孟保青
魏晋南北朝史论丛（外一种） 魏晋南北朝史论丛续编	唐长孺	朱　雷	秦进才	张惠芝　孟保青
尚书通论（外二种） 六国纪年 西周年代考	陈梦家	王世民	张　越	张惠芝　孟保青
甲骨学商史论丛初集(外一种)(上、下卷) 甲骨学商史论丛二集	胡厚宣	胡振宇	张　越	张惠芝

6.《二十世纪中国史学名著》学术顾问、学术委员、编纂工作委员会工作人员一览表（1件）

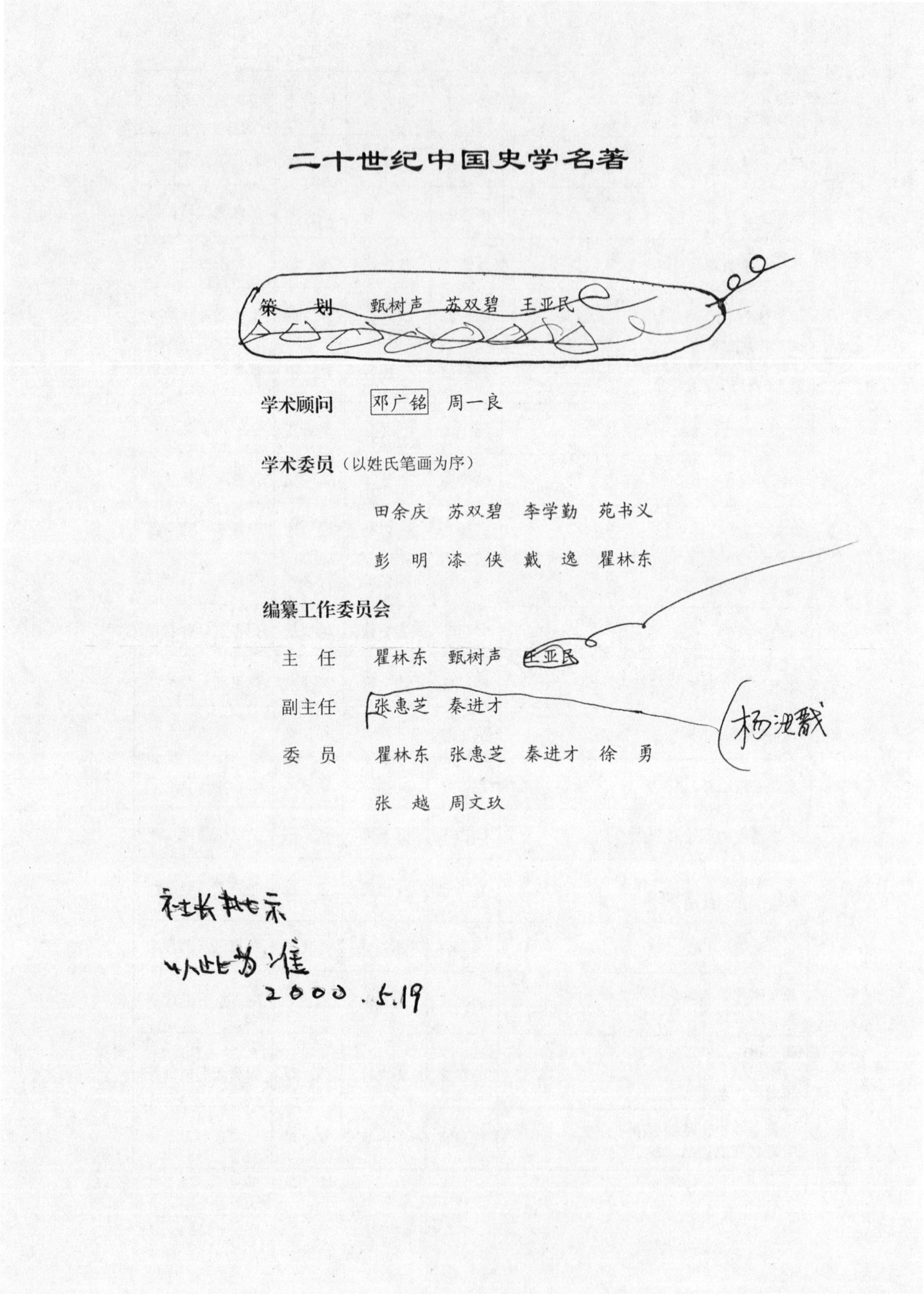

二十世纪中国史学名著

策　划　甄树声　苏双碧　王亚民

学术顾问　邓广铭　周一良

学术委员（以姓氏笔画为序）

田余庆　苏双碧　李学勤　苑书义

彭　明　漆　侠　戴　逸　瞿林东

编纂工作委员会

主　任　瞿林东　甄树声　王亚民

副主任　张惠芝　秦进才

委　员　瞿林东　张惠芝　秦进才　徐　勇

张　越　周文玖

社长批示

以此为准

2000.5.19

7.《二十世纪中国史学名著》书目分类一览表（1件）

☆ 中国史 20
○ 外国史 1
✓ 考古 5
△ 史学史、史学评论 4

为准

二十世纪中国史学名著

书目分类一览表

1998.3.26

	著　作	作　者	评价者	联系人	责编
☆	中国古代史 （1933年商务，1955年三联，35万字）	夏曾佑 （1863—1924）	吴怀祺	周文玖	
☆	明清史论著集刊 正续编 （1959年中华书局，1984年重印40万字）	孟　森 （1869—1937）	王钟翰	张　越	
△	中国历史研究法（外二种） （1924年上海商务，1996年东方出版社，8万字） 中国历史研究法补编 （1930年上海商务，1996年东方出版社，12万字） 清代学术概论 （1924年上海商务，1996年东方出版社，6万字）	梁启超 （1873—1929）	陈其泰	周文玖	
✓	观堂集林 （1985年中华书局影印本，60万字）	王国维 （1877—1927）	李学勤	徐　勇	
☆	古教四考 明季滇黔佛教考（外宗教史论著八种） 宗教三书 回回教入中国史略 中国佛教史籍概论 （1955年科学出版社，1977年中华书局，8万字）	陈　垣 （1880—1971）	刘乃和	徐　勇	
☆	隋唐史（上下册） （1982年中华书局，48万字）	岑仲勉 （1886—1961）	姜伯勤	秦进才	
△	中国史学史 （1944年重庆商务，1957年上海商务，1962年中华书局，23万字）	金毓黻 （1887—1962）	瞿林东	周文玖	韩新保

· 1 ·

著 作	作 者	评价者	联系人	备 注
△ 史学要论 （1924 年上海商务，1984 河北人民，4 万字） 附录 史学理论文选（15—20 万字）	李大钊（守常） （1889—1927）	瞿林东	周文玖	
隋唐制度渊源略论稿（外二种） （1945 年重庆商务，1982 年上海古籍，10 万字） 唐代政治史述论稿 （1946 年上海商务，1982 年上海古籍，11 万字） 元白诗笺证稿	陈寅恪 （1890—1969）		秦进才 张惠芝	
中国古代社会研究（外二种） （1930 年上海联合书店，1982 年人民出版社，19 万字） 青铜时代 （1945 年重庆文治出版社，1982 年人民出版社，19 万字） 十批判书 （1945 年重庆群益书社，1982 年人民出版社，30 万字） 附录 甲申三百年祭 （1944 年 3 月新华日报，1972 年人民出版社，1.8 万字）	郭沫若 （1892—1978）	黄 烈	周文玖	
古史论文选	顾颉刚 （1893—1980）	刘起釪（王煦华）	徐 勇	
中国通史简编（60 万字）	范文澜 （1893—1969）	蔡美彪	周文玖 张惠芝	
先秦诸子系年（外一种） 刘向歆父子年谱 （1930 年燕京学报第七期）	钱 穆 （1895—1990）	郭济勇	秦进才 张惠芝	
✓ 安阳 （1990 年中国社会科学出版社 15 万字） 附录 论文（约 15 万字）	李 济 （1896—1979）	李光谟	徐 勇	

·2·

著　作	作　者	评价者	联系人	备　注
△ 历史哲学教程 （1947年新知书店，1990年北大出版社，14万字） 附录　史学理论文选（约15万字）	翦伯赞 （1898—1968）	张传玺	张　越	
○ 世界通史	周谷城 （1898—1996）	姜义华 姜玢	徐　勇	
史前期中国社会研究 （1934年北平人文书店，1980年三联再版） 殷周时代的中国社会 （1936年南京文化印刷社，1979年三联再版）	吕振羽 （1900—1980）	桂遵义	张　越	
唐代长安与西域文明 （1933年北京哈佛燕京学社，1957年三联书店，全书43万字）	向　达 （1900—1966）	张广达 荣新江	秦进才	
中国古代社会史论 （1949年上海三联，1955年人民出版社26万字） 附录　论文（约10万字）	侯外庐 （1903—1987）	张岂之 刘宝才	张　越	
穹庐集 （1982年上海人民，32万字）	韩儒林 （1903—1983）	陈得芝	秦进才	
中国历史纲要（40万字）	尚　钺	毛佩琦	周文玖	
中国史探研 （1981年中华书局，46万字）	齐思和 （1907—1981）	齐文颖 吴荣曾	徐　勇	
北宋政治改革家王安石（23万字） 附录　论文（10万字）	邓广铭 （(1907—1998）	漆　侠	张惠芝	

· 3 ·

著　作	作　者	评价者	联系人	备　注
朱元璋传(初版、三版) (1949 年北京三联初版, 1965 年三联书店三版, 1979 年重印, 21 万字)	吴　晗 (1909—1969)	苏双碧	周文玖	
中法越南交涉始末 (1935 年清华大学, 20 万字) 附录　论文(10 万字)	邵循正 (1909—1972)	张寄谦	张　越	
中国文明的起源 (1985 年文物出版社, 插图 27, 图版 32.8 万字) 考古学和科技史 (1979 年科学出版社, 图版 30、20 万字)	夏　鼐 (1910—1985)	王世民	张　越	
长水粹编	谭其骧 (1911—1992)	葛剑雄	秦进才	整理者：葛剑雄
魏晋南北朝史论丛 (1955 年三联书店, 31 万字) 魏晋南北朝史论丛续编 (1959 年三联书店, 1978 年重印 13 万字)	唐长孺 (1911—1994)	朱　雷	秦进才	
尚书通论 (1957 年商务印书馆, 1958 年中华书局, 25 万字) 六国纪年 (1957 年上海人民, 10 万字) 西周年代考 (1945 年重庆商务, 1955 年重印)	陈梦家 (1911—1966)	王世民	张　越	
甲骨学商史论丛初集 甲骨学商史论丛二集 (1944 年齐鲁大学国学研究所石印本, 30 万字)	胡厚宣 (1911—1996)	胡振宇	张　越	
中国哲学史大纲(补一种)	胡适	耿云志		
民族与古代中国史	傅斯年	何兹全		
民族宗教论集	白寿彝	陈连开		

· 4 ·

8.《二十世纪中国史学名著》封面通知单发送一览表（1件）

○ 第一批封面 1种 5.12 （1）交封（木版编目）

✓ 第二批封面 22种 5.22、6.16 （2）交封

△ 第三批 2种 6.16 （3）交封

第四批 8种 12.11

二十世纪中国史学名著（第一辑33种）

封面通知单发送一览表（1999年5月12日～12月11日）

著作	作者	评价者	联系人	责编
中国古代史	夏曾佑	吴怀祺	周文玖	张惠芝 杨子江
明清史论著集刊正续编	孟森	王钟翰	张越	张惠芝 杨子江
中国历史研究法（外二种） 中国历史研究法补编 清代学术概论	梁启超	陈其泰	周文玖	张惠芝 孟保青
观堂集林（上、下卷）	王国维	李学勤	徐勇	张惠芝 韩新保
元也里可温教考（外宗教史论著八种） 开封一赐乐业教考（上、下卷） 火祆教入中国考 摩尼教入中国考 回回教入中国史略 明季滇黔佛教考 清初僧诤记 南宋初河北新道教考 中国佛教史籍概论	陈垣	刘乃和	徐勇	张惠芝 杨子江
隋唐史	岑仲勉	姜伯勤	秦进才	张惠芝 杨子江
中国史学史	金毓黻	瞿林东	周文玖	张惠芝 韩新保
史学要论	李守常	瞿林东	周文玖	张惠芝 杨子江
隋唐制度渊源略论稿（外二种） 唐代政治史述论稿 元白诗笺证稿	陈寅恪		秦进才 张惠芝	张惠芝
中国哲学史大纲（外一种） 章实斋先生年谱	胡适	耿云志	张惠芝	张惠芝
中国古代社会研究（外二种）（上、下卷） 青铜时代 上：总序41+598 十批判书 下：599－1075	郭沫若	黄烈	周文玖	张惠芝
古史辨自序（上、下卷） 上：总序42+429 下：430－886	顾颉刚	王煦华	徐勇	张惠芝 孟保青
中国通史简编（上、下卷） 上：总序44+384 下：385－885	范文澜	蔡美彪	周文玖 张惠芝	张惠芝

先秦诸子系年（外一种） 刘向歆父子年谱	钱　穆	郭齐勇	秦进才 张惠芝	张惠芝　孟保青
民族与古代中国史	傅斯年	何兹全	张惠芝	张惠芝
安阳	李　济	李光谟	徐　勇	张惠芝　韩新保
历史哲学教程	翦伯赞	张传玺	张　越	张惠芝
世界通史　　（上、下卷）	周谷城	姜义华 姜　玢	徐　勇	张惠芝　韩新保
史前期中国社会研究(外一种)(上、下卷) 殷周时代的中国社会	吕振羽	桂遵义	张　越	张惠芝　孟保青
唐代长安与西域文明	向　达	张广达	秦进才	张惠芝
中国古代社会史论	侯外庐	张岂之 刘宝才	张　越	张惠芝　韩新保
弩庐集	韩儒林	陈得芝	秦进才	张惠芝　韩新保
中国历史纲要	尚　钺	毛佩琦	周文玖	张惠芝　韩新保
中国史探研	齐思和	齐文颖	徐　勇	张惠芝　韩新保
北宋政治改革家王安石	邓广铭	漆　侠	张惠芝	张惠芝　杨子江
朱元璋传	吴　晗	苏双碧	周文玖	张惠芝
民族宗教论集	白寿彝	陈连开	张惠芝	张惠芝
中法越南关系始末	邵循正	张寄谦	张　越	张惠芝
考古学论文集（外一种）　（上、下卷） 考古学和科技史	夏　鼐	王世民	张　越	张惠芝　杨子江
长水粹编	谭其骧	葛剑雄	秦进才	张惠芝　孟保青
魏晋南北朝史论丛（外一种） 魏晋南北朝史论丛续编	唐长孺	朱　雷	秦进才	张惠芝　孟保青
尚书通论（外二种） 六国纪年 西周年代考	陈梦家	王世民	张　越	张惠芝　孟保青
甲骨学商史论丛初集(外一种)(上、下卷) 甲骨学商史论丛二集	胡厚宣	胡振宇	张　越	张惠芝

9.河北教育出版社稿件送审单（重印）（存目28件）

三、整体设计（20种37件，其中存目9件）

1.《二十世纪中国史学名著》（名称待定）发凡（初稿）（1件）

《二十世纪中国史学名著》（名称待定）发凡（初稿）

一　宗旨

二十世纪的中国历史学，在中国史学发展史上具有重要意义。传统史学步入二十世纪之后，受到现实社会的直接影响，在理论指导、研究方法、研究对象等各个方面都呈现出了明显的变化和崭新的内容。一百年来，中国史学经历了从传统史学向“新史学”、从实证史学向马克思主义史学发展变化的历程，在近现代史上展示了自己的社会价值和学术价值。“新史学”的出现，标志着持续了三千多年的传统史学开始向近代史学转变；传统考史学派与近代实证史学相结合，产生了丰富的著述；马克思主义史学的产生和发展，标志着中国史学走上了科学的道路。考古学领域取得的成就以及不断被发现的各种新材料，也都促使二十世纪中国史学取得了辉煌的新进展。

回顾百年间中国史学的发展，硕果累累，名著迭出。重新出版这些论著，对于人们进一步认识和总结二十世纪中国史学的发展，对于人们展望和开拓二十一世纪中国史学的前景，是很有意义的。为此，我们编辑、出版《二十世纪中国史学名著》这一系列著作，希望它对促进中国史学的发展和进步，有所裨益。

二　选书标准

1.在二十世纪史学发展过程中的某个方面产生了比较突出的影响，在今天看来依然具有较高学术价值的著作。

2.在史学发展过程中产生过重大影响，今天看来虽在学术上存在某些不足，但依然具有一定的学术价值的著作。

三　选书范围

1.有关1919年“五四”以前的中国史研究著作。

2.有关历史理论、史学理论及史学方法论的独立的研究著作（译著与译述不在此例）。

3.各类专史原则上不在入选范围之内，而有关史学史、思想史的名作，可以入选。

4.少数具有代表性意义的考古学论著。

5.现代史、革命史、党史方面的有关著作，因许多问题尚在讨论之中，不便入选。

6.世界史研究方面的著作暂缓入选。

7.篇幅太长或多卷本著作因与本书体例不符而不考虑入选。

四　编纂体例

1.每本书30万字左右，原则上以入选论著原题命名。

2.入选著作在30万字以下，可酌收该著作作者的有关重要论文作为附录。

3.书前冠以总序及对于入选著作的评介文章，以便于读者阅读、研究。

4.每本书的勒口处印出该论著之作者的生平简介。

5.书后附该论著之作者的著述年表。

五　出版次第

全书分三批出版，其顺序依次为：已故著名史学家而其入选论著容易取得共识者；已故著名史学家而其入选论著尚需斟酌者；健在著名史学家的论著。

1996年6月上旬

2.编辑《二十世纪中国史学名著》（暂定）计划（征求意见稿）（1件）

编辑《二十世纪中国史学名著》（暂定）计划

（征求意见稿）

一、缘起与宗旨

二十世纪的中国史学，在中国史学发展史上具有重要意义。传统史学步入二十世纪之后，受现实社会和西学东渐的影响，在理论指导、研究方法和研究对象等方面都呈现出了明显的变化和崭新的内容。以政治、人物为中心的传统史学，注重皇朝的兴衰隆替、人物的兴亡成败，实际上成为帝王将相的家谱。新史学，突破传统史学的狭窄框架，以整个人类社会生活为其历史研究的对象，促进了中国史学的转化和发展。唯物史观，从经济结构入手，把社会发展的最后动因归结于生产力的发展和生产力与生产关系的相互作用等因素，从而使古老的历史研究成为探讨人类社会发展法则和规律的科学。历史从传统的经学附属地位，逐渐发展成为门类众多、与多种学科纵横交织、而又独具特色的学术研究领域、重要基础学科。与之相适应，研究方法也在传统的考据、注释等方法的基础上，与考古学、社会学、政治学等众多学科的研究方法相结合，先后出现了二重证法、历史与古器物古文字结合法等一系列的新的方法。史书体裁也由纪传、编年、纪事本末体等，发展成便于表现人类社会历史发展的章节体等新的史学著述体裁。诸如此类，标志着本世纪以来，中国史学经历了从传统史学向新史学、从实证史学向马克思主义史学发展变化的历程，

1

在中国近现代史上展示了自己的社会价值和学术价值。新史学的出现，标志着传统史学向近代史学的转变；马克思主义史学的产生和发展，标志着中国史学走上了科学的道路。商周甲骨、秦汉简牍、敦煌书卷、明清档案等不断被发现的新材料和考古成果，也都为二十世纪中国史学发展取得辉煌成就，提供了有益条件。

回顾百年间中国史学的发展，不仅理论指导、研究方法、对象等发生了重大的变化，而且史坛上的盟主，也在不断变换。由乾嘉殿军，转换为王国维、梁启超等新史学大师，再转化为郭沫若、范文澜等马克思主义史学大师执掌牛耳。史学代表之作，既有纪传体的殿军之作《清史稿》等，又有富有开拓性的《观堂集林》等，还有开创性的《中国古代社会研究》等不断涌现，令人耳目一新。名家辈出，名作如林，二十世纪中国史学界硕果累累。在本世纪末，重新出版这些论著中的杰出之作，是对二十世纪中国史学界研究成果的一次大回顾、大总结，对于人们进一步认识和总结二十世纪中国史学的发展，借鉴前人的治学成果和方法，对于人们展望和开拓二十一世纪中国史学的前景，具有重要的社会意义和学术价值。此书的出版，既可为当代中国史学界提供珍贵的传世之作，又能为后人留下二十世纪中国史学的系统参考书，是一项有功于前人、惠及于后人、受益于当代的中国历史文化积累的系统工程。为此，我们编辑、出版《二十世纪中国史学名著》，希望它对促进中国史学发展和进步，有所裨益。

二、编选原则

1．选书标准：

①．在二十世纪史学发展过程中的某个方面产生过比较突出的影响，在今天看来依然具有较高学术价值的论著。

②．在史学发展过程中产生过重大影响，在今天看来虽然在学术上存在着某些不足，但依然具有一定学术价值的论著。

2．选书范围：

①．有关1919年“五四”以前的中国历史研究著作。

②．有关史学理论及史学方法论的独立的研究著作（译著与译述不在其内）。

③．原则上不选各类专史，而有关史学史、思想史等方面的名著，可以入选。

④．具有代表意义的考古学名著。⑤．篇幅太长或多卷本著作，因与本书体例不符而不选。

3．编纂体例：

①．入选的名家，原则上每人出一部，每部篇幅在30-40 万之间，以入选名著原书名命名。

②．入选名著一部不够30万字者，可选多部或酌收其作者的有关重要论文。如某位名家的史学名著部头较小时，也可两人或多人合编为一部。

③．书前冠以总序，并刊载由整理者撰写的介绍名著作者生

3

平、学术贡献等方面的3000-5000字的文章， 或者选录对入选名著的评介文章，以便于读者阅读、研究。

④．在书后附录名著作者的重要论著简目或著述年表。

⑤．在每部书的勒口处印出该名著作者的生平简历及主要著述。

4．**出版次第**：全书分三辑出版。第一辑选录已故著名史学家所撰写的已经取得共识的名著30卷（本）。第二辑收录已故著名史学家所撰写的而其论著尚需斟酌者。第三辑，选录健在史学家的名著。

三、整理细则

1．**统一规格**：不论横排、竖排，不论简体、繁体字，一律整理成横排规范字本。

2．**标点符号**：一律按《标点符号用法》处理。

3．**数字**：一律按《出版物上数字用法》处理。（同引用1911年以前的文献，其数字书写依旧。）

4．**字形字体**：原则上以《简化字总表》、《第一批异体字整理表》为准，凡属简化字与繁体字、异体字与正体字属于一对一者，均以简化字、正体字为准；如果一对二或一对三以上者，则需根据情况，区别对待。对于姓名、地名、官名等专用名词，如简化字、正体字，容易产生歧义者，则应保留原来的字形字体。

5．**重要论著简目或著述年表著录的内容**：主要有书（篇）名，

4

出版处或报刊名称，出版时间或报刊卷、期等。

6．**注释格式**：名著或重要论文的引文出处，均采用页下（脚）注，以便读者参考阅读。

7．**编校承担者**：一般由名著作者的亲属、弟子、研究者承担选编，并写出或选录评介文章。校对者一般应与选编者由同一人承担，以保证其质量。如选编者不能或不愿承担校对任务者，由出版社负责组织他人完成校对任务。

四、组织机构

1．**学术顾问**：请选德高望重的学者来担任，为本书名著的确定提供指导、咨询意见，并在学术上把关。

2．**学术委员会**：由研究中国古代史、近代史等方面的学者多人组成，负责筹划本书的论证、选定名著篇目等工作。

3．**编纂委员会**：具体负责本书的筹划设计，实施学术委员会的决议，组织好编辑、校对工作。

4．**策划**：负责总体构思、设计工作。

以上四个方面，各有侧重，各负其责，互相配合，共同完成本书的编辑、出版工作。

5

3.《二十世纪中国史学名著》收选意见记录（1件）

《二十世纪中国史学名著》

收选意见记录

1996年～1999年

1．梁启超：中国历史研究法、中国历史研究法补编、新史学、清代学术概论？中国近三百年学术史

2．王国维：观堂集林？古史新证　人间词话

3．陈　垣：史讳举例、通鉴胡注表微

4．岑仲勉：金石论丛（不收）隋唐史　认同隋唐史

5．向　达：唐代长安与西域文明　认同此目

6．陈寅恪：隋唐制度渊源略论稿、唐代政治史述论稿

7．郭沫若：中国古代社会研究、甲申三百年祭　青铜时代　人民出了

8．翦伯赞：历史哲学教程（再编选部分重要论文）　中国史纲二卷　先秦史（一卷）

9．顾颉刚：古史辨（仅选顾著文章及序言）秦汉的方士与儒生

10．吕振羽：中国政治思想史

11．陈梦家：殷墟卜辞综述

12．钱　穆：国史大纲

13．李大钊：史学要论

柳诒徵：国史要义

吴玉章：辛亥革命（三人可编一部）

14．吴　晗：朱元璋传

15．孟　森：明清史论著集刊

16．唐长孺：魏晋南北朝隋唐史三论　魏晋南北朝论丛

17．郑天挺：探微集　名声大，人也好，著述少，不精，不选；清史探微

不以人为纲，以名著为纲

注意：①老一辈史学家的地位问题（份量）
②应有断代专史
③应有民族史
④不能选一般学术地位的不选

18. 韩儒林：穹庐集
19. 谭其骧：长水集
20. 孙毓棠：抗戈集
21. 梁方仲：中国历代户口田地田赋统计
22. 傅衣凌：福建佃农经济丛考、明清社会经济变迁论
23. 马　雍：西域文物丛考
24. 陈旭麓：近代中国社会的新陈代谢
25. 严中平：中国棉纺织史稿
26. 杨东莼：中国学术史讲话
27. 于省吾：甲骨文字释林
28. 章太炎：訄书（重印本）
29. 夏　鼐：考古学与科技史
30. 董作宾：甲骨文断代研究例
31. 尹　达：新石器时代

除上述名家名著外，还有些著名史学家，他们的论著或篇幅太大，或数量很多，或影响很大但著述又少等不同情况，因此，先列出名单，请大家确定其代表作问题。

1. 吕思勉
2. 范文澜
3. 李　济
4. 侯外庐
5. 王仲荦
6. 徐中舒
7. 胡厚宣
8. 尚　钺
9. 傅斯年
10. 胡　适
11. 罗振玉
12. 邓　拓
13. 黎　澍

4.《二十世纪中国史学名著》编选说明（1件）

《二十世纪中国史学名著选》
编选说明

一、二十世纪中国史学，是中国史学发展最显著、变革最深刻的时期，新时代、新史观、新史料、新方法、新的学术文化氛围等等，造就了、促成了新的百年史学。

二、二十世纪中国史学，史才众多，学派林立，名家辈出，名著累累，异彩纷呈，各领风骚，在百年史学发展中均有不可磨灭的贡献；现在的中国史学和未来的中国史学都得力于并将继续得力于这些贡献。

三、二十世纪中国史学，特别是唯物主义历史观指导下的马克思主义史学的产生和发展，在多种学派齐流并进中逐渐成为史学前进的主流，代表了中国史学发展的正确方向。

四、二十世纪中国史学，作为二十世纪中国历史进程在学术文化上的一个重要的反映，在促进社会变革与革命、增强爱国主义、加强民族团结、推动社会进步、提高民族素质、增益人们智慧等方面，发挥了积极的作用。

五、在世纪之交，出版《二十世纪中国史学名著选》，是对百年史学名著的荟萃和总结，是尊重它们在史学上和历史上的地位，也是为后人学习、研究二十世纪中国史学优秀遗产提供方便，是学术文化积累工作的重要方面。

六、本社有志于这一尊重前人、裨益今人、嘉惠后人的工作，为推动中国史学事业的发展、繁荣，以尽绵薄之力，并在史学界诸多学者的支持下，乃决定编选、出版《二十世纪中国史学名著选》。

5.《二十世纪中国史学名著》编选凡例（1件）

《二十世纪中国史学名著选》
编选凡例

一、凡名著，或在当时史学发展中有重大作用，或在后世史学发展上有重大影响，即在二十世纪中国史学发展的整体上占有重要地位者。

二、凡名著，都带有时代的特点，后人对它们都应作历史的看待，解说、评价，都应做到使人们容易理解，并从中汲取养料和教益。

三、凡名著，或为专著，或为论文，不因其表现形式不同而有所轩轾，均在编选范围之内。

四、凡名著，有鸿编巨制，有精粹之作，部帙悬殊是客观存在，未可随意增删，为便于编选，亦为便利读者，所编选者一般在 30 万字左右，特殊情况，可超出此数。

五、凡名著，其作者，百年之中，或已辞世，或尚健在，编选次第，不宜混淆，且已故史家之名作有的已难以寻觅，故拟首先编选已故史家名作，继之编选健在史家名作。

六、凡名著，当经受时间的检验和学界的基本认同，故编选范围，以 1900 年至 1989 年的公开出版的史著为限。

七、凡名著，在编选、出版过程中，除版式与必要的技术处理外，一仍其旧，以保存名著的原貌。

八、凡名著，其统一版式为：

1、以规范字横排；

2、书首有总序，其次是名著评价文章，以下依次是著者照片、小传、书影、手迹、目录、正文、著者主要论著目录；

3、个别无法排印者，作特殊处理。

6.《二十世纪中国史学名著》整理细则（1件）

《二十世纪中国史学名著选》
整理细则

一、原著的内容、观点、结构一仍其旧，不作任何改动。

二、为统一版式，凡竖排、繁体字、旧式标点符号或无标点符号者，一律改为横排、规范字、新式标点，原有的专名号（如人名号、地名号等）均省略。

三、原著未分段或按旧式提行分段者，当依其内容酌情分段，或改为新式规范的分段形式。

四、注释格式及其位置、数字书写，一仍其旧，保持原貌。

五、规范化用字，原则上以《简化字总表》、《第一批异体字整理表》为准，此二表以 1986 年 10 月 10 日及 1988 年 3 月 25 日重新颁布及规定者为准。凡属繁体字与简化字和异体字与正体字一对一者，均用简化字、正体字，如：趙与赵、冊与册等。如一对二或一对三以上者，则需要根据情况，区别对待，如：干与乾、幹，升与昇、陞等。对于姓名、地名、官名等专用名词，如简化字、正体字容易产生歧义者，则应保留原来的字形字体，如：魏徵不作魏征、钱锺书不作钱钟书、历史上的鄠县不改为户县、和阗不改为和田、越巂不改为越嶲等。每个时代都有其独特语言，每个人都有其习惯用语或字词，只要有根据就不要改为今天通行的字词，如：乡原不改为乡愿、筹画不改为筹划、马头不改为码头等。

六、对实属错讹者，在所当改。别有依据的，不改。义可两存者，不能遽改。一般笔画小误、日曰淆舛，显系误写、误排者，径改不出校记。前人引书，常有省约，凡节引他书不失原意者，不用他书改原著。确实需要改正者，加注号①②③……，并于页下脚注中说明校改理由、根据后，用“----校者注”与原著注释区分开来。

七、关于论著简目或著述年表：论著应选择有代表性而影响较大者，而不求全责备。著录次序是：书（篇）名，出版处或报刊名称，出版时间或刊出的日期与卷、期，同一著述有不同版本或发表处者，可在一处详细著录。

八、以上整理细则，有未能涉及到的情况，请向编纂委员会反映，讨论决定具体解决办法。请勿改动整理细则，以保证丛书体例上的基本一致。

河北教育出版社

1996 年 12 月 19 日 初稿

1997 年 1 月 21 日 二稿

7.《二十世纪中国史学名著》入选书目（1—12稿）（11件）

（1）二十世纪中国史学名著（30种）入选书目（初拟书目）（初稿）（1件）

二十世纪中国史学名著选（30种）入选书目

（初拟书目）

初稿

书　　目	著作者
中国历史研究法　中国历史研究法补编、清代学术概论	梁启超
观堂集林	王国维
史讳举例、通鉴胡注表微	陈　垣
隋唐史	岑仲勉
唐代长安与西域文明	向　达
隋唐制度渊源略论稿　唐代政治史述论稿	陈寅恪
中国古代社会研究	郭沫若
历史哲学教程	翦伯赞
古史辨	顾颉刚
殷墟卜辞综述	陈梦家
中国近三百年学术史	钱　穆
史学要论、唯物史观在现代史学上的价值	李大钊
辛亥革命、历史文集	吴玉章

1

朱元璋传	吴晗
明清史论著集刊	孟森
魏晋南北朝史论丛	唐长孺
清史探微	郑天挺
近代中国社会的新陈代谢	陈旭麓
考古学与科技史	夏鼐
新石器时代	尹达
历史论文选集	范文澜
殷墟考古发掘报告集	李济
中国古代社会史论	侯外庐
史学论著辑存	徐中舒
尚氏中国古代史	尚钺
中国哲学史大纲	胡适
殷商书契考释	罗振玉
论中国历史的几个问题	邓拓
邵循正历史论文集	邵循正
甲骨学商史论丛初集	胡厚宣

可用中国近代史（戴）

收金毓黻：中国史学史

缓收

缓收

不偏，不得读解，可以操作了。

2

小传——小照——评介——著述要目；前有总序

（2）二十世纪中国史学名著（第一辑）编选书目征求意见稿（二稿）（1件）

二十世纪中国史学名著选（第一辑）

（编选书目征求意见稿） 二稿

著　　作	著作者
中国古代史 （1933年商务，1955年三联，35万字）	夏曾佑（1863—1924）　增
殷虚书契考释 （1914年影印王国维手写本，1927年东方学会增订本，3卷）	罗振玉（1864—1940）
明清史论著集刊 （1959年中华书局，1984年重印，40万字）	孟　森（1869—1937）
中国历史研究法 （1924年上海商务，1996年东方出版社，8万字） 中国历史研究法补编 （1930年上海商务，1996年东方出版社，12万字） 清代学术概论 （1924年上海商务，1996年东方出版社，6万字）	梁启超（1873—1929）
观堂集林（1985年中华书局影印本，60万字）	王国维（1877—1927）
古教四考　宗教三书　回回教入中国史略　中国佛教史籍概论 （1955年科学出版社，1977年中华书局，8万字）	陈　垣（1880—1971）
隋唐史（上下册）（1982年中华，48万字）	岑仲勉（1886—1961）
中国史学史 （1944年重庆商务，1957年上海商务，1962年中华，23万字）	金毓黻（1887—1962）　增
史学要论（1924年上海商务，1984年河北人民，4万字） 史学理论文选（15—20万字）	李大钊（1889—1927）
隋唐制度渊源略论稿 （1945年重庆商务，1982年上海古籍，10万字） 唐代政治史述论稿 （1946年上海商务，1982年上海古籍，11万字） 附录　（论文若干篇，约10万字）	陈寅恪（1890—1969）

此稿去：吴玉章、郑天挺、陈旭麓、徐中舒、邓拓、尚钺、胡适（7人）

增：金毓黻、夏曾佑、周谷城、吕振羽、韩儒林、齐思和、谭其骧（7人）

著　　　　　作	著 作 者
中国古代社会研究 (1930 年上海联合书店,1982 年人民出版社,19 万字) 青铜时代(1945 年重庆文治出版社,1982 年人民出版社,19 万字) 十批判书(1945 年重庆群益书社,1982 年人民出版社,30 万字) 附录　甲申三百年祭 (1944 年 3 月新华日报,1972 年人民出版社,1.8 万字)	郭沫若(1892—1978)
古史论文选(暂定名)	顾颉刚(1893—1980)
中国通史简编(修订本)(三卷四册,近 60 万字) 中国近代史(上册)(1947 年新华晋绥分店,1955 年人民出版社,1979 年第二次印刷,29 万字) 附录　关于中国历史上的一些问题 中国近代史的分期问题(一)　中国近代史的分期问题(二)	范文澜(1893—1969)
先秦诸子系年　刘向歆父子年谱 (1930 年燕京学报第七期)	钱　穆(1895—1990)
安阳(1990 年中国社会科学出版社,15 万字) 附录　(论文若干篇,约 15 万字)	李　济(1896—1979)
历史哲学教程(1947 年新知书店,1990 年北大出版社,14 万字) (附史学理论文选,约 15 万字)	翦伯赞(1898—1968)
中国社会史论(暂定) (1933 年上海新生命书局,1988 年齐鲁书社,60 万字)	周谷城(1898—1996)
史前期中国社会研究 (1934 年北平人文书店,1980 年三联再版) 殷周时代的中国社会 (1936 年南京文化印刷社,1979 年三联再版)	吕振羽(1900—1980)
唐代长安与西域文明 (1933 年北京哈佛燕京学社,1957 年三联书店,43 万字)	向　达(1900—1966)

· 2 ·

著　　作	著 作 者
中国古代社会史论 (1949 年上海三联,1955 年人民出版社,26 万字) 附录　(论文,约 10 万字)	侯外庐(1903—1987)
穹庐集(1982 年上海人民,32 万字)	韩儒林(1903—1983)
新石器时代 (1955 年三联书店,1979 年重印 16 万字,图版 34,插图 2)	尹　达(1906—1983)
中国史探研(1981 年中华书局,46 万字)	齐思和(1907—1981)
朱元璋传(初版、三版)(1949 年北京三联初版,1965 年三联书店三版,1979 年重印,21 万字)	吴　晗(1909—1969)
中法越南交涉始末(1935 年清华大学,20 万字) 附录　(论文约 10 万字)	邵循正(1909—1972)
中国文明的起源(1985 年文物出版社,插图 27,图版 32,8 万字) 考古学和科技史(1979 年科学出版社,图版 30,20 万字)	夏　鼐(1910—1985)
历史地理学论集(暂名)(30 万字)	谭其骧(1911—1992)
魏晋南北朝史论丛(1955 年三联书店,31 万字) 魏晋南北朝史论丛编(1959 年三联书店,1978 年重印,13 万字)	唐长孺(1911—1994)
尚书通论(1957 年商务印书馆,1958 年中华书局,25 万字) 六国纪年(1957 年上海人民,10 万字) 西周年代考(1945 年重庆商务,1955 年重印)	陈梦家(1911—1966)
甲骨学商史论丛初集　甲骨学商史论丛二集 (1944 年齐鲁大学国学研究所石印本,30 万字)	胡厚宣(1911—1996)

河北教育出版社

1997 年 10 月 26 日

· 3 ·

(3) 二十世纪中国史学名著（第一辑）编选书目征求意见稿（三稿、四稿）（1件）

二十世纪中国史学名著选（第一辑）

（编选书目征求意见稿）

三稿 四稿合

著　　作	著作者
中国古代史 （1933 年商务，1955 年三联，35 万字）	夏曾佑（1863—1924）
殷虚书契考释 （1914 年影印王国维手写本，1927 年东方学会增订本，3 卷）	罗振玉（1864—1940）
明清史论著集刊 （1959 年中华书局，1984 年重印，40 万字）	孟　森（1869—1937）
中国历史研究法 （1924 年上海商务，1996 年东方出版社，8 万字） 中国历史研究法补编 （1930 年上海商务，1996 年东方出版社，12 万字） 清代学术概论 （1924 年上海商务，1996 年东方出版社，6 万字）	梁启超（1873—1929）
观堂集林（1985 年中华书局影印本，60 万字）	王国维（1877—1927）
古教四考　宗教三书　回回教入中国史略　中国佛教史籍概论 （1955 年科学出版社，1977 年中华书局，8 万字）	陈　垣（1880—1971）
隋唐史（上下册）（1982 年中华，48 万字）	岑仲勉（1886—1961）
中国史学史 （1944 年重庆商务，1957 年上海商务，1962 年中华，23 万字）	金毓黻（1887—1962）
史学要论（1924 年上海商务，1984 年河北人民，4 万字） 史学理论文选（15—20 万字）	李大钊（1889—1927）
隋唐制度渊源略论稿 （1945 年重庆商务，1982 年上海古籍，10 万字） 唐代政治史述论稿 （1946 年上海商务，1982 年上海古籍，11 万字） ~~附录（论文若干篇，约 10 万字）~~ 元白诗笺证稿（?）	陈寅恪（1890—1969）

· 1 ·

著　　作	著作者
中国古代社会研究 （1930 年上海联合书店，1982 年人民出版社，19 万字） 青铜时代（1945 年重庆文治出版社，1982 年人民出版社，19 万字） 十批判书（1945 年重庆群益书社，1982 年人民出版社，30 万字） 附录　甲申三百年祭 （1944 年 3 月新华日报，1972 年人民出版社，1.8 万字）	郭沫若（1892—1978）
古史论文选（暂定名）	顾颉刚（1893—1980）
中国通史简编（修订本）（三卷四册，近 60 万字） 拟删： 中国近代史（上册）（1947 年新华晋绥分店，1955 年人民出版社，1979 年第二次印刷，29 万字） 附录　关于中国历史上的一些问题 中国近代史的分期问题（一）　中国近代史的分期问题（二）	范文澜（1893—1969）
先秦诸子系年　刘向歆父子年谱 （1930 年燕京学报第七期）	钱　穆（1895—1990）
安阳（1990 年中国社会科学出版社，15 万字） 附录　（论文若干篇，约 15 万字）	李　济（1896—1979）
历史哲学教程（1947 年新知书店，1990 年北大出版社，14 万字） （附史学理论文选，约 15 万字）	翦伯赞（1898—1968）
中国社会史论（暂定）　世界通史（拟换） （1933 年上海新生命书局，1988 年齐鲁书社，60 万字）	周谷城（1898—1996）
史前期中国社会研究 （1934 年北平人文书店，1980 年三联再版） 殷周时代的中国社会 （1936 年南京文化印刷社，1979 年三联再版）	吕振羽（1900—1980）
唐代长安与西域文明 （1933 年北京哈佛燕京学社，1957 年三联书店，43 万字）	向　达（1900—1966）

韩
张

·2·

著　　作	著作者
中国古代社会史论 (1949年上海三联,1955年人民出版社,26万字) 附录　(论文,约10万字)	侯外庐(1903—1987)
穹庐集(1982年上海人民,32万字)	韩儒林(1903—1983)
新石器时代 (1955年三联书店,1979年重印16万字,图版34,插图2)	尹　达(1906—1983)
中国史探研(1981年中华书局,46万字)	齐思和(1907—1981)
朱元璋传(初版、三版)(1949年北京三联初版,1965年三联书店三版,1979年重印,21万字)	吴　晗(1909—1969)
中法越南交涉始末(1935年清华大学,20万字) 附录　(论文约10万字)	邵循正(1909—1972)
中国文明的起源(1985年文物出版社,插图27,图版32,8万字) 考古学和科技史(1979年科学出版社,图版30,20万字)	夏　鼐(1910—1985)
历史地理学论集(暂名)(30万字)　(?)	谭其骧(1911—1992)
魏晋南北朝史论丛(1955年三联书店,31万字) 魏晋南北朝史论丛编(1959年三联书店,1978年重印,13万字)	唐长孺(1911—1994)
尚书通论(1957年商务印书馆,1958年中华书局,25万字) 六国纪年(1957年上海人民,10万字) 西周年代考(1945年重庆商务,1955年重印)	陈梦家(1911—1966)
甲骨学商史论丛初集　甲骨学商史论丛二集 (1944年齐鲁大学国学研究所石印本,30万字)	胡厚宣(1911—1996)

邓广铭　　+ 尚钺(?)

河北教育出版社

1997年10月28日

· 3 ·

（4）二十世纪中国史学名著（第一辑）编选书目征求意见稿（五稿）（1件）

二十世纪中国史学名著选（第一辑）

（编选书目第五稿，1997.1.15）

30人，45种

著　作	书　名	评价者	校订者	校对者	联系人	备 注
夏曾佑 1863–1924	中国古代史 （1933年商务，1955年三联，35万字）	吴怀祺教授			周文玖	
罗振玉 1864–1940	殷虚书契考释 （1914年影印王国维手写本，1927年东方学会增订本，3卷）	李学勤研究员			徐　勇	
孟　森 1869–1937	明清史论著集刊 （1959年中华书局，1984年重印40万字）	王春瑜研究员			徐　勇	
梁启超 1873–1929	中国历史研究法 （1924年上海商务，1996年东方出版社，8万字） 中国历史研究法补编 （1930年上海商务，1996年东方出版社，12万字） 清代学术概论 （1924年上海商务，1996年东方出版社，6万字）	陈其泰教授			周文玖	
王国维 1877–1927	观堂集林 （1985年中华书局影印本，60万字）	李学勤研究员			徐　勇	
陈　垣 1880–1971	古教四考 宗教三书 回回教入中国史略 中国佛教史籍概论 （1955年科学出版社，1977年中华书局，8万字）	刘乃和教授			徐　勇	

1

岑仲勉 1886–1961	隋唐史（上下册） (1982年中华,48万字)	胡如雷教授			秦晋才	进
金毓黻 1887–1962	中国史学史 (1944年重庆商务，1957年上海商务，1962年中华,23万字)	瞿林东教授			周文玖	
李大钊 1889–1927	史学要论 (1924年上海商务,1984河北人民，4万字) 史学理论文选(15–20万字)	瞿林东教授			周文玖	
陈寅恪 1890–1969	隋唐制度渊源略论稿 (1945年重庆商务，1982年上海古籍，10万字) 唐代政治史述论稿 (1946年上海商务，1982年上海古籍，11万字) ~~附录(论文若干篇,约10万字)~~ 元白诗笺证稿	胡守为教授			秦晋才	进
郭沫若 1892–1978	中国古代社会研究 (1930年上海联合书店，1982年人民出版社,19万字) 青铜时代 (1945年重庆文治出版社，1982年人民出版社,19万字) 十批判书 (1945年重庆群益书社，1982年人民出版社,30万字) [附录]甲申三百年祭 (1944年3月新华日报，1972年人民出版社,1万8千字)	林甘泉研究员			周文玖	
顾颉刚 1893–1980	古史论文选（暂定名）	刘起釪研究员			徐　勇	

2

范文澜 1893–1969	中国近代史（上册） (1947年新华晋绥分店，1955年人民出版社,1979年第二次印刷，29万字) [附录] 关于中国历史上的一些问题 中国近代史的分期问题(一) 中国近代史的分期问题(二)	蔡美彪研究员			周文玖	
钱　穆 1895–1990	先秦诸子系年 刘向歆父子年谱 (1930年东京学报第七期)	刘泽华教授			秦晋才	
李　济 1896–1979	安阳 (1990年中国社会科学出版社 15万字) 附录(论文若干篇，约15万字)	李光谟教授			徐　勇	
翦伯赞 1898–1968	历史哲学教程 (1947年新知书店，1990年北大出版社，14万字) 史学理论文选(约15万字)	张传玺教授			张　越	
周谷城 1898–1996	中国社会史论(暂定) (1933年上海新生命书局，1988年齐鲁书社，60万字)	姜义华教授			徐　勇	
吕振羽 1900–1980	史前期中国社会研究 (1934年北平人文书店，1980年三联再版) [殷周时代的中国社会(1936年南京文化印刷社,1979年三联再版)	桂遵义教授			张　越	
向　达 1900–1966	唐代长安与西域文明 (1933年北京哈佛燕京学社，1957年三联书店，全书43万字)	胡如雷教授			张　越	

3

侯外庐 1903–1987	中国古代社会史论 （1949年上海三联，1955年人民出版社26万字） 附录（论文，约10万字）	张岂之教授			张　越	
韩儒林 1903–1983	穹庐集 （1982年上海人民，32万字）	陈得芝教授			秦晋才	
尹　达 1906–1983	新石器时代 （1955年三联书店，1979年重印16万字，图版34，插图2）	石兴邦研究馆员			徐　勇	
齐思和 1907–1981	中国史探研 （1981年中华书局，46万字）	吴荣曾教授			张　越	
吴　晗 1909–1969	朱元璋传（初版、三版） （1949年北京三联初版，1965年三联书店三版，1979年重印，21万字）	苏双碧编审			张　越	
邵循正 1909–1972	邵循正历史论文集 （1985年北大出版社，30万字） 中法越南关系始末 （1935年清华大学，20万字）	张寄谦教授			张　越	
夏　鼐 1910–1985	中国文明的起源 （1985年文物出版社，插图27，图版32，8万字） 考古学和科技史 （1979年科学出版社，图版30，20万字）	王世民研究员			张　越	
谭其骧 1911–1992	历史地理学论集（暂名）	葛剑雄教授			秦晋才	

4

唐长孺 1911-1994	魏晋南北朝史论丛 (1955年三联书店，31万字) 魏晋南北朝史论丛编编 (1959年三联书店，1978年重印13万字)	朱　雷教授			秦晋才 (进)	
陈梦家 1911-1966	尚书通论 (1957年商务印书馆，1958年中华书局,25万字) 六国纪年 (1957年上海人民,10万字) 西周年代考 (1945年重庆商务，1955年重印)	赵光贤教授			徐　勇	
胡厚宣 1911-1996	甲骨学商史论丛初集 甲骨学商史论丛二集 (1944年齐鲁大学国学研究所石印本，30万字)	裘锡圭教授			张　越	

5

(5) 二十世纪中国史学名著（第一辑）编选书目征求意见稿（六稿）（1件）

二十世纪中国史学名著选（第一辑）

（编选书目第六稿,1997.1.20）

30位
53种

著　作	书　　名	评价者	校订者	校对者	联系人	备 注
夏曾佑 1863-1924	中国古代史 （1933年商务，1955年三联，35万字）	吴怀祺教授			周文玖	
罗振玉 1864-1940	殷虚书契考释 （1914年影印王国维手写本，1927年东方学会增订本，3卷）	李学勤研究员			徐　勇	
孟　森 1869-1937	明清史论著集刊 （1959年中华书局，1984年重印40万字）	王锺翰教授			张　越	
梁启超 1873-1929	中国历史研究法 （1924年上海商务，1996年东方出版社，8万字） 中国历史研究法补编 （1930年上海商务，1996年东方出版社，12万字） 清代学术概论 （1924年上海商务，1996年东方出版社，6万字）	陈其泰教授			周文玖	
王国维 1877-1927	观堂集林 （1985年中华书局影印本，60万字）	李学勤研究员			徐　勇	
陈　垣 1880-1971	古教四考 宗教三书 回回教入中国史略 中国佛教史籍概论 （1955年科学出版社，1977年中华书局，8万字）	刘乃和教授			徐　勇	

1

岑仲勉 1886-1961	隋唐史（上下册） (1982年中华,48万字)	胡如雷教授			秦晋才	进
金毓黻 1887-1962	中国史学史 (1944年重庆商务，1957年 上海商务，1962年中华,23 万字)	瞿林东教授			周文玖	
李大钊 1889-1927	史学要论 (1924年上海商务,1984河北 人民，4万字) (附史学理论文选15-20万字)	瞿林东教授			周文玖	
陈寅恪 1890-1969	隋唐制度渊源略论稿 (1945年重庆商务，1982年 上海古籍，10万字) 唐代政治史述论稿 (1946年上海商务，1982年 上海古籍，11万字) ~~附录(论文若干篇,约10万字)~~ 元白诗笺证稿	胡守为教授			秦晋才	进
郭沫若 1892-1978	中国古代社会研究 (1930年上海联合书店, 1982年人民出版社,19万字) 青铜时代 (1945年重庆文治出版社, 1982年人民出版社,19万字) 十批判书 (1945年重庆群益书社, 1982年人民出版社,30万字) [附录]甲申三百年祭 (1944年3月新华日报，1972年 人民出版社,1万8千字)	黄　烈研究员 林甘泉不依 改黄烈			周文玖	
顾颉刚 1893-1980	古史论文选（暂定名）	刘起釪研究员			徐　勇	

2

范文澜 1893-1969	中国近代史（上册） （1947年新华晋绥分店，1955年人民出版社，1979年第二次印刷，29万字） [附录] 关于中国历史上的一些问题 中国近代史的分期问题（一） 中国近代史的分期问题（二）	蔡美彪研究员			周文玖	
钱 穆 1895-1990	先秦诸子系年 刘向歆父子年谱 （1930年燕京学报第七期）	刘泽华教授			进 秦晋才	
李 济 1896-1979	安阳 （1990年中国社会科学出版社 15万字） （附录论文若干篇，约15万字）	李光谟教授			徐 勇	
翦伯赞 1898-1968	历史哲学教程 （1947年新知书店，1990年北大出版社，14万字） （附史学理论文选，约15万字）	张传玺教授			张 越	
周谷城 1898-1996	中国社会史论（暂定） （1933年上海新生命书局，1988年齐鲁书社，60万字）	姜义华教授			徐 勇	
吕振羽 1900-1980	史前期中国社会研究 （1934年北平人文书店，1980年三联再版） 殷周时代的中国社会（1936年南京文化印刷社，1979年三联再版）	桂遵义教授			张 越	
向 达 1900-1966	唐代长安与西域文明 （1933年北京哈佛燕京学社，1957年三联书店，全书43万字）	胡如雷教授			进 秦晋才	

3

侯外庐 1903–1987	中国古代社会史论 (1949年上海三联，1955年人民出版社26万字) (附录论文，约10万字)	张岂之教授			张　越	
韩儒林 1903–1983	穹庐集 (1982年上海人民，32万字)	陈得芝教授			秦晋才	
尹　达 1906–1983	新石器时代 (1955年三联书店，1979年重印16万字，图版34，插图2)	石兴邦研究馆员			秦晋才	
齐思和 1907–1981	中国史探研 (1981年中华书局，46万字)	吴荣曾教授			徐　勇	
吴　晗 1909–1969	朱元璋传(初版、三版) (1949年北京三联初版，1965年三联书店三版，1979年重印，21万字)	苏双碧编审			周久玖	
邵循正 1909–1972	中法越南交涉始末 (1935年清华大学，20万字) (附论文选约10万字)	张寄谦教授			张　越	
夏　鼐 1910–1985	中国文明的起源 (1985年文物出版社，插图27，图版32，8万字) 考古学和科技史 (1979年科学出版社，图版30，20万字)	王世民研究员			张　越	
谭其骧 1911–1992	历史地理学论集(暂名)	葛剑雄教授			秦晋才	

4

唐长孺 1911–1994	魏晋南北朝史论丛 (1955年三联书店，31万字) 魏晋南北朝史论丛编编 (1959年三联书店，1978年重印13万字)	朱 雷教授			秦晋才	进
陈梦家 1911–1966	尚书通论 (1957年商务印书馆，1958年中华书局,25万字) 六国纪年 (1957年上海人民,10万字) 西周年代考 (1945年重庆商务，1955年重印)	赵光贤教授			徐 勇	
胡厚宣 1911–1996	甲骨学商史论丛初集 甲骨学商史论丛二集 (1944年齐鲁大学国学研究所石印本，30万字)	裘锡圭教授			张 越	

5

(6) 二十世纪中国史学名著（第一辑）编选书目征求意见稿（七稿）（1件）

二十世纪中国史学名著选(第一辑)

(编选书目第七稿,1997.7.20)

著作	书名	评价者	校订者	校对者	联系人	备注
夏曾佑 1863–1924	中国古代史 (1933年商务，1955年三联，35万字)	吴怀祺教授			周文玖	
罗振玉 1864–1940	殷虚书契考释 (1914年影印王国维手写本，1927年东方学会增订本，3卷)	李学勤研究员			徐 勇	
孟 森 1869–1937	明清史论著集刊 (1959年中华书局，1984年重印40万字)	王锺翰教授			张 越	
梁启超 1873–1929	中国历史研究法 (1924年上海商务，1996年东方出版社，8万字) 中国历史研究法补编 (1930年上海商务，1996年东方出版社，12万字) 清代学术概论 (1924年上海商务，1996年东方出版社，6万字)	陈其泰教授			周文玖	
王国维 1877–1927	观堂集林 (1985年中华书局影印本，60万字)	李学勤研究员			徐 勇	
陈 垣 1880–1971	古教四考 宗教三书 回回教入中国史略 中国佛教史籍概论 (1955年科学出版社，1977年中华书局，8万字)	刘乃和教授			徐 勇	

1

岑仲勉 1886-1961	隋唐史（上下册） （1982年中华，48万字）	胡如雷教授			秦晋才	
金毓黻 1887-1962	中国史学史 （1944年重庆商务，1957年上海商务，1962年中华，23万字）	瞿林东教授			周文玖	
李大钊 1889-1927	史学要论 （1924年上海商务，1984河北人民，4万字） （附史学理论文选15-20万字）	瞿林东教授			周文玖	
陈寅恪 1890-1969	隋唐制度渊源略论稿 （1945年重庆商务，1982年上海古籍，10万字） 唐代政治史述论稿 （1946年上海商务，1982年上海古籍，11万字） ~~附录（论文若干篇，约10万字）~~ 元白诗笺证稿	胡守为教授			秦晋才	
郭沫若 1892-1978	中国古代社会研究 （1930年上海联合书店，1982年人民出版社，19万字） 青铜时代 （1945年重庆文治出版社，1982年人民出版社，19万字） 十批判书 （1945年重庆群益书社，1982年人民出版社，30万字） [附录]甲申三百年祭 （1944年3月新华日报，1972年人民出版社，1万8千字）	黄　烈研究员			周文玖	
顾颉刚 1893-1980	古史论文选（暂定名）	刘起釪研究员			徐　勇	

2

范文澜 1893–1969	中国近代史（上册） (1947年新华晋绥分店，1955年人民出版社,1979年第二次印刷，29万字) [附录] 关于中国历史上的一些问题 中国近代史的分期问题(一) 中国近代史的分期问题(二)	蔡美彪研究员			周文玖	
钱　穆 1895–1990	先秦诸子系年 刘向歆父子年谱 (1930年燕京学报第七期)	刘泽华教授			进 秦晋才	
李　济 1896–1979	安阳 (1990年中国社会科学出版社 15万字) (附录论文若干篇，约15万字)	李光谟教授			徐　勇	
翦伯赞 1898–1968	历史哲学教程 (1947年新知书店，1990年北大出版社，14万字) (附史学理论文选,约15万字)	张传玺教授			张　越	
○ 周谷城 1898–1996	中国社会史论(暂定) (1933年上海新生命书局，1988年齐鲁书社，60万字)	姜义华教授			徐　勇	
吕振羽 1900–1980	史前期中国社会研究 (1934年北平人文书店，1980年三联再版) 殷周时代的中国社会(1936年南京文化印刷社,1979年三联再版)	桂遵义教授			张　越	
向　达 1900–1966	唐代长安与西域文明 (1933年北京哈佛燕京学社，1957年三联书店，全书43万字)	胡如雷教授			进 秦晋才	

3

侯外庐 1903-1987	中国古代社会史论 （1949年上海三联，1955年人民出版社26万字） （附录论文，约10万字）	张岂之教授			张　越	
韩儒林 1903-1983	穹庐集 （1982年上海人民，32万字）	陈得芝教授			秦晋才	
尹　达 1906-1983	新石器时代 （1955年三联书店，1979年重印16万字，图版34，插图2）	石兴邦研究馆员			秦晋才	
齐思和 1907-1981	中国史探研 （1981年中华书局，46万字）	吴荣曾教授			徐　勇	
吴　晗 1909-1969	朱元璋传（初版、三版） （1949年北京三联初版，1965年三联书店三版，1979年重印，21万字）	苏双碧编审			周久玖	
邵循正 1909-1972	中法越南交涉始末 （1935年清华大学，20万字） （附论文选约10万字）	张寄谦教授			张　越	
夏　鼐 1910-1985	中国文明的起源 （1985年文物出版社，插图27，图版32，8万字） 考古学和科技史 （1979年科学出版社，图版30，20万字）	王世民研究员			张　越	
谭其骧 1911-1992	历史地理学论集（暂名）	葛剑雄教授			秦晋才	

4

唐刚卯✓
[redacted]
邮：430077
电：[redacted]

唐长孺 1911–1994	魏晋南北朝史论丛 （1955年三联书店，31万字） 魏晋南北朝史论丛编编 （1959年三联书店，1978年重印13万字）	朱　雷教授			秦晋才 →进	
陈梦家 1911–1966	尚书通论 （1957年商务印书馆，1958年中华书局，25万字） 六国纪年 （1957年上海人民，10万字） 西周年代考 （1945年重庆商务，1955年重印）	赵光贤教授			徐　勇	
胡厚宣 1911–1996	甲骨学商史论丛初集 甲骨学商史论丛二集 （1944年齐鲁大学国学研究所石印本，30万字）	裘锡圭教授			张　越	

5

(7) 二十世纪中国史学名著（第一辑）编选书目征求意见稿（八稿）（1件）

二十世纪中国史学名著(第一辑)

(编选书目第八稿，1998.1.20)

著　作	作　者	评价者	联系人	备　注
中国古代史 (1933 年商务，1955 年三联，35 万字)	夏曾佑 (1863—1924)	吴怀祺	周文玖	
明清史论著集刊 (1959 年中华书局，1984 年重印 40 万字)	孟　森 (1869—1937)	王钟翰	张　越	
中国历史研究法 (1924 年上海商务，1996 年东方出版社，8 万字) 中国历史研究法补编 (1930 年上海商务，1996 年东方出版社，12 万字) 清代学术概论 (1924 年上海商务，1996 年东方出版社，6 万字)	梁启超 (1873—1929)	陈其泰	周文玖	
观堂集林 (1985 年中华书局影印本，60 万字)	王国维 (1877—1927)	李学勤	徐　勇	
古教四考 宗教三书 回回教入中国史略 中国佛教史籍概论 (1955 年科学出版社，1977 年中华书局，8 万字)	陈　垣 (1880—1971)	刘乃和	徐　勇	
隋唐史(上下册) (1982 年中华书局，48 万字)	岑仲勉 (1886—1961)	接 姜伯勤	秦进才	胡如雷先生逝世
中国史学史 (1944 年重庆商务，1957 年上海商务，1962 年中华书局，23 万字)	金毓黻 (1887?—1962)	瞿林东	周文玖	

删：尹达著作，罗振玉著作　·1·

增：邓广铭，尚钺

著　作	作　者	评价者	联系人	备　注
史学要论 （1924 年上海商务，1984 河北人民，4 万字） 附录　史学理论文选（15—20 万字）	李大钊 （1889—1927）	瞿林东	周文玖	
隋唐制度渊源略论稿 （1945 年重庆商务，1982 年上海古籍，10 万字） 唐代政治史述论稿 （1946 年上海商务，1982 年上海古籍，11 万字） ~~附录　论文（约 10 万字）~~（元白诗笺证稿）	陈寅恪 （1890—1969）		秦进才 张惠芝	
中国古代社会研究 （1930 年上海联合书店，1982 年人民出版社，19 万字） 青铜时代 （1945 年重庆文治出版社，1982 年人民出版社，19 万字） 十批判书 （1945 年重庆群益书社，1982 年人民出版社，30 万字） 附录　甲申三百年祭 （1944 年 3 月新华日报，1972 年人民出版社，1.8 万字）	郭沫若 （1892—1978）	黄　烈	周文玖	
古史论文选（暂名）	顾颉刚 （1893—1980）	刘起釪	徐　勇	
中国通史简编（60 万字）（定稿）	范文澜 （1893—1969）	蔡美彪	周文玖 张惠芝	
先秦诸子系年 刘向歆父子年谱 （1930 年燕京学报第七期）	钱　穆 （1895—1990）	刘泽华（退出）	秦进才 张惠芝	
安阳 （1990 年中国社会科学出版社 15 万字） 附录　论文（约 15 万字）	李　济 （1896—1979）	李光谟	徐　勇	

· 2 ·

著　作	作　者	评价者	联系人	备　注
历史哲学教程 （1947 年新知书店，1990 年北大出版社，14 万字） 附录　史学理论文选（约 15 万字）	翦伯赞 （1898—1968）	张传玺	张　越	
中国社会史论（暂定） （1933 年上海新生命书局，1988 年齐鲁书社，60 万字）	周谷城 （1898—1996）	姜义华	徐　勇	
史前期中国社会研究 （1934 年北平人文书店，1980 年三联再版） 殷周时代的中国社会 （1936 年南京文化印刷社，1979 年三联再版）	吕振羽 （1900—1980）	桂遵义	张　越	
唐代长安与西域文明 （1933 年北京哈佛燕京学社，1957 年三联书店，全书 43 万字）	向　达 （1900—1966）	张广达	秦进才	胡如雷先生逝世，故换张广达先生。
中国古代社会史论 （1949 年上海三联，1955 年人民出版社 26 万字） 附录　论文（约 10 万字）	侯外庐 （1903—1987）	张岂之	张　越	
穹庐集 （1982 年上海人民，32 万字）	韩儒林 （1903—1983）	陈得芝	秦进才	
新增　尚氏中国通史（60 万字）	尚　钺	毛佩琦	周文玖	
中国史探研 （1981 年中华书局，46 万字）	齐思和 （1907—1981）	吴荣曾	徐　勇	
新增　北宋政治改革家王安石（23 万字） 附录　论文（10 万字）	邓广铭 ((1907—1998)	漆　侠	张惠芝	

· 3 ·

著　作	作　者	评价者	联系人	备　注
朱元璋传(初版、三版) (1949 年北京三联初版,1965 年三联书店三版,1979 年重印,21 万字)	吴　晗 (1909—1969)	苏双碧	周文玖	
中法越南交涉始末 (1935 年清华大学,20 万字) 附录　论文(10 万字)	邵循正 (1909—1972)	张寄谦	张　越	
中国文明的起源 (1985 年文物出版社,插图 27,图版 32.8 万字) 考古学和科技史 (1979 年科学出版社,图版 30、20 万字)	夏　鼐 (1910—1985)	王世民	张　越	
长水粹编	谭其骧 (1911—1992)	葛剑雄	秦进才	
魏晋南北朝史论丛 (1955 年三联书店,31 万字) 魏晋南北朝史论丛续编 (1959 年三联书店,1978 年重印 13 万字)	唐长孺 (1911—1994)	朱　雷	秦进才	
尚书通论 (1957 年商务印书馆,1958 年中华书局,25 万字) 六国纪年 (1957 年上海人民,10 万字) 西周年代考 (1945 年重庆商务,1955 年重印)	陈梦家 (1911—1966)	赵光贤	徐　勇	
甲骨学商史论丛初集 甲骨学商史论丛二集 (1944 年齐鲁大学国学研究所石印本,30 万字)	胡厚宣 (1911—1996)	裘锡圭	张　越	

· 4 ·

(8) 二十世纪中国史学名著（第一辑）编选书目征求意见稿（九稿）（1件）

二十世纪中国史学名著(第一辑)

（编选书目第九稿，1998.3.26）

著　作	作　者	评价者	联系人	备　注
中国古代史（1933年商务，1955年三联，35万字）	夏曾佑（1863—1924）	吴怀祺	周文玖	
明清史论著集刊（1959年中华书局，1984年重印40万字）	孟　森（1869—1937）	王钟翰	张　越	
中国历史研究法（1924年上海商务，1996年东方出版社，8万字） 中国历史研究法补编（1930年上海商务，1996年东方出版社，12万字） 清代学术概论（1924年上海商务，1996年东方出版社，6万字）	梁启超（1873—1929）	陈其泰	周文玖	
观堂集林（1985年中华书局影印本，60万字）	王国维（1877—1927）	李学勤	徐　勇	
古教四考 宗教三书 回回教入中国史略 中国佛教史籍概论（1955年科学出版社，1977年中华书局，8万字）	陈　垣（1880—1971）	刘乃和	徐　勇	
隋唐史（上下册）（1982年中华书局，48万字）	岑仲勉（1886—1961）	姜伯勤	秦进才	
中国史学史（1944年重庆商务，1957年上海商务，1962年中华书局，23万字）	金毓黻（1887—1962）	瞿林东	周文玖	

（手写批注：定名 ← 明季滇黔佛教考（对宗教史论著八种））

· 1 ·

著　作	作　者	评价者	联系人	备　注
史学要论 （1924 年上海商务，1984 河北人民，4 万字） 附录　史学理论文选（15—20 万字）	李大钊 （1889—1927）	瞿林东	周文玖	
隋唐制度渊源略论稿 （1945 年重庆商务，1982 年上海古籍，10 万字） 唐代政治史述论稿 （1946 年上海商务，1982 年上海古籍，11 万字） 元白诗笺证稿	陈寅恪 （1890—1969）		秦进才 张惠芝	
中国古代社会研究 （1930 年上海联合书店，1982 年人民出版社，19 万字） 青铜时代 （1945 年重庆文治出版社，1982 年人民出版社，19 万字） 十批判书 （1945 年重庆群益书社，1982 年人民出版社，30 万字） 附录　甲申三百年祭 （1944 年 3 月新华日报，1972 年人民出版社，1.8 万字）	郭沫若 （1892—1978）	黄　烈	周文玖	
古史论文选	顾颉刚 （1893—1980）	刘起釪	徐　勇	
中国通史简编（60 万字）	范文澜 （1893—1969）	蔡美彪	周文玖 张惠芝	
先秦诸子系年 刘向歆父子年谱 （1930 年燕京学报第七期）	钱　穆 （1895—1990）	? 郭齐勇	秦进才 张惠芝	
安阳 （1990 年中国社会科学出版社 15 万字） 附录　论文（约 15 万字）	李　济 （1896—1979）	李光谟	徐　勇	

最后由
郭齐勇完成

· 2 ·

著　　作	作　　者	评价者	联系人	备　注
历史哲学教程 （1947 年新知书店，1990 年北大出版社，14 万字） 附录　史学理论文选（约 15 万字）	翦伯赞 （1898—1968）	张传玺	张　越	
定书题 世界通史	周谷城 （1898—1996）	姜义华	徐　勇	
史前期中国社会研究 （1934 年北平人文书店，1980 年三联再版） 殷周时代的中国社会 （1936 年南京文化印刷社，1979 年三联再版）	吕振羽 （1900—1980）	桂遵义	张　越	
唐代长安与西域文明 （1933 年北京哈佛燕京学社，1957 年三联书店，全书 43 万字）	向　达 （1900—1966）	张广达	秦进才	
中国古代社会史论 （1949 年上海三联，1955 年人民出版社 26 万字） 附录　论文（约 10 万字）	侯外庐 （1903—1987）	张岂之	张　越	
穹庐集 （1982 年上海人民，32 万字）	韩儒林 （1903—1983）	陈得芝	秦进才	
新定书名→中国历史纲要（40 万字）	尚　钺	毛佩琦	周文玖	
中国史探研 （1981 年中华书局，46 万字）	齐思和 （1907—1981）	吴荣曾	徐　勇	
北宋政治改革家王安石（23 万字） 附录　论文（10 万字）	邓广铭 （（1907—1998）	漆　侠	张惠芝	

· 3 ·

著　作	作　者	评价者	联系人	备注
朱元璋传(初版、三版) (1949 年北京三联初版,1965 年三联书店三版,1979 年重印,21 万字)	吴　晗 (1909—1969)	苏双碧	周文玖	
中法越南交涉始末 (1935 年清华大学,20 万字) 附录　论文(10 万字)	邵循正 (1909—1972)	张寄谦	张　越	
中国文明的起源 (1985 年文物出版社,插图 27,图版 32.8 万字) 考古学和科技史 (1979 年科学出版社,图版 30、20 万字)	夏　鼐 (1910—1985)	王世民	张　越	
长水粹编	谭其骧 (1911—1992)	葛剑雄	秦进才	
魏晋南北朝史论丛 (1955 年三联书店,31 万字) 魏晋南北朝史论丛续编 (1959 年三联书店,1978 年重印 13 万字)	唐长孺 (1911—1994)	朱　雷	秦进才	
尚书通论 (1957 年商务印书馆,1958 年中华书局,25 万字) 六国纪年 (1957 年上海人民,10 万字) 西周年代考 (1945 年重庆商务,1955 年重印)	陈梦家 (1911—1966)	王世民	张　越	
甲骨学商史论丛初集 甲骨学商史论丛二集 (1944 年齐鲁大学国学研究所石印本,30 万字)	胡厚宣 (1911—1996)	胡振羽	张　越	

· 4 ·

(9) 二十世纪中国史学名著（第一辑）编选书目征求意见稿（十稿）（1件）

二十世纪中国史学名著（第一辑 30 种）

（编选书目第十稿，1999.6.26）

著　　作	作　者	评价者	联系人	责　编
中国古代史	夏曾佑	吴怀祺	周文玖	张惠芝　杨子江
明清史论著集刊正续编	孟　森	王钟翰	张　越	张惠芝　杨子江
中国历史研究法（外二种） 中国历史研究法补编 清代学术概论	梁启超	陈其泰	周文玖	张惠芝　孟保青
观堂集林　（上、下卷）	王国维	李学勤	徐　勇	张惠芝　韩新保
明季滇黔佛教考（外宗教史论著八种） 古教四考　（上、下卷） 宗教三书 回回教入中国史略 中国佛教史籍概论	陈　垣	刘乃和	徐　勇	张惠芝　杨子江
隋唐史	岑仲勉	姜伯勤	秦进才	张惠芝　孟保青
中国史学史	金毓黻	瞿林东	周文玖	张惠芝　韩新保
史学要论	李守常	瞿林东	周文玖	张惠芝　杨子江
隋唐制度渊源略论稿（外二种） 唐代政治史述论稿 元白诗笺证稿	陈寅恪		秦进才 张惠芝	张惠芝
中国古代社会研究（外二种）(上、下卷) 青铜时代 十批判书	郭沫若	黄　烈	周文玖	张惠芝
古史论文选（古史辨自序）（上、下卷）	顾颉刚	王煦华	徐　勇	张惠芝　孟保青
中国通史简编　（上、下卷）	范文澜	蔡美彪	周文玖 张惠芝	张惠芝

改用发表时姓名

删：《甲申三百年祭》

拟用《古史辨自序》

最后由王煦华先生完成

先秦诸子系年（外一种） 刘向歆父子年谱	钱　穆	郭齐勇	秦进才 张惠芝	张惠芝　杨子江	?
安阳	李　济	李光谟	徐　勇	张惠芝　韩新保	
历史哲学教程	翦伯赞	张传玺	张　越	张惠芝	
世界通史　分为→（上、下卷）	周谷城	姜义华 姜　玢	徐　勇	张惠芝　韩新保	此稿照二人合
史前期中国社会研究（外一种）上、下卷 殷周时代的中国社会	吕振羽	桂遵义	张　越	张惠芝　孟保青	
唐代长安与西域文明	向　达	张广达	秦进才	张惠芝	
中国古代社会史论	侯外庐	张岂之 刘宝才	张　越	张惠芝　韩新保	此稿改为两人合作。
穹庐集	韩儒林	陈得芝	秦进才	张惠芝　韩新保	
中国历史纲要	尚　钺	毛佩琦	周文玖	张惠芝　韩新保	
中国史探研	齐思和	齐文颖	徐　勇	张惠芝　韩新保	改为齐文颖接稿；（吴荣曾先生退出）
北宋政治改革家王安石	邓广铭	漆　侠	张惠芝	张惠芝　杨子江	
朱元璋传	吴　晗	苏双碧	周文玖	张惠芝	
中法越南关系始末	邵循正	张寄谦	张　越	张惠芝	
考古学论文集（外一种）（上、下卷） 考古学和科技史	夏　鼐	王世民	张　越	张惠芝　杨子江	
长水粹编	谭其骧	葛剑雄	秦进才	张惠芝　孟保青	
魏晋南北朝史论丛（外一种） 魏晋南北朝史论丛续编	唐长孺	朱　雷	秦进才	张惠芝　孟保青	
尚书通论（外二种） 六国纪年 西周年代考	陈梦家	王世民	张　越	张惠芝　孟保青	
甲骨学商史论丛初集(外一种)(上、下卷) 甲骨学商史论丛二集	胡厚宣	胡振宇	张　越	张惠芝	

(10) 二十世纪中国史学名著（第一辑）编选书目征求意见稿（十一稿）（1件）

二十世纪中国史学名著（第一辑 33 种）

（编选书目第十一稿，1999.10.16）

33位
55种

著　　作	作　者	评价者	联系人	责　　编
中国古代史	夏曾佑	吴怀祺	周文玖	张惠芝　杨子江
明清史论著集刊正续编	孟　森	王钟翰	张　越	张惠芝　杨子江
中国历史研究法（外二种） 中国历史研究法补编 清代学术概论	梁启超	陈其泰	周文玖	张惠芝　孟保青
观堂集林（外二种）　（上、下卷）	王国维	李学勤	徐　勇	张惠芝　韩新保
元也里可温教考（外宗教史论著八种）（上、下卷） 开封一赐乐业教考 火祆教入中国考 摩尼教入中国考 回回教入中国史略 明季滇黔佛教考 清初僧诤记 南宋初河北新道教考 中国佛教史籍概论	陈　垣	刘乃和	徐　勇	张惠芝　杨子江
隋唐史	岑仲勉	姜伯勤	秦进才	张惠芝　孟保青
中国史学史	金毓黻	瞿林东	周文玖	张惠芝　韩新保
史学要论	李守常	瞿林东	周文玖	张惠芝　杨子江
隋唐制度渊源略论稿（外二种） 唐代政治史述论稿 元白诗笺证稿	陈寅恪		秦进才 张惠芝	张惠芝
中国哲学史大纲（外一种） 章实斋先生年谱	胡　适	耿云志	张惠芝	张惠芝
中国古代社会研究（外二种）(上、下卷) 青铜时代 十批判书	郭沫若	黄　烈	周文玖	张惠芝
古史辨自序　（上、下卷）	顾颉刚	王煦华	徐　勇	张惠芝　孟保青
中国通史简编　（上、下卷）	范文澜	蔡美彪	周文玖 张惠芝	张惠芝

最后定名（元也里可温教考…明季滇黔佛教考）
新增（中国哲学史大纲、章实斋先生年谱）
最后定名（古史辨自序）

先秦诸子系年（外一种） 刘向歆父子年谱	钱 穆	郭齐勇	秦进才 张惠芝	张惠芝 杨子江
民族与古代中国史	傅斯年	何兹全	张惠芝	张惠芝
安阳	李 济	李光谟	徐 勇	张惠芝 韩新保
历史哲学教程	翦伯赞	张传玺	张 越	张惠芝
世界通史 （上、下卷）	周谷城	姜义华 姜 玢	徐 勇	张惠芝 韩新保
史前期中国社会研究(外一种)(上、下卷) 殷周时代的中国社会	吕振羽	桂遵义	张 越	张惠芝 孟保青
唐代长安与西域文明	向 达	张广达	秦进才	张惠芝
中国古代社会史论	侯外庐	张岂之 刘宝才	张 越	张惠芝 韩新保
穹庐集	韩儒林	陈得芝	秦进才	张惠芝 韩新保
中国历史纲要	尚 钺	毛佩琦	周文玖	张惠芝 韩新保
中国史探研	齐思和	齐文颖	徐 勇	张惠芝 韩新保
北宋政治改革家王安石	邓广铭	漆 侠	张惠芝	张惠芝 杨子江
朱元璋传	吴 晗	苏双碧	周文玖	张惠芝
民族宗教论集	白寿彝	陈连开	张惠芝	张惠芝
中法越南关系始末	邵循正	张寄谦	张 越	张惠芝
考古学论文集（外一种） （上、下卷） 考古学和科技史	夏 鼐	王世民	张 越	张惠芝 杨子江
长水粹编	谭其骧	葛剑雄	秦进才	张惠芝 孟保青
魏晋南北朝史论丛（外一种） 魏晋南北朝史论丛续编	唐长孺	朱 雷	秦进才	张惠芝 孟保青
尚书通论（外二种） 六国纪年 西周年代考	陈梦家	王世民	张 越	张惠芝 孟保青
甲骨学商史论丛初集(外一种)(上、下卷) 甲骨学商史论丛二集	胡厚宣	胡振宇	张 越	张惠芝

（11）二十世纪中国史学名著（第一辑）编选书目征求意见稿（十二稿）（1件）

二十世纪中国史学名著（第一辑 33 种）

（编选书目第十二稿，1999.12.16）

著　　作	作　者	评价者	联系人	责　　编
中国古代史	夏曾佑	吴怀祺	周文玖	张惠芝　杨子江
明清史论著集刊正续编	孟　森	王钟翰	张　越	张惠芝　杨子江
中国历史研究法（外二种） 中国历史研究法补编 清代学术概论	梁启超	陈其泰	周文玖	张惠芝　孟保青
观堂集林　　（上、下）	王国维	李学勤	徐　勇	张惠芝　韩新保
明季滇黔佛教考（外宗教史论著八种）（上、下） 开封一赐乐业教考 火祆教入中国考 摩尼教入中国考 回回教入中国史略 元也里可温教考 清初僧诤记 南宋初河北新道教考 中国佛教史籍概论	陈　垣	刘乃和	徐　勇	张惠芝　杨子江
隋唐史	岑仲勉	姜伯勤	秦进才	张惠芝　孟保青
中国史学史	金毓黻	瞿林东	周文玖	张惠芝　韩新保
史学要论	李守常	瞿林东	周文玖	张惠芝　杨子江
隋唐制度渊源略论稿（外二种） 唐代政治史述论稿 元白诗笺证稿	陈寅恪		秦进才 张惠芝	张惠芝
中国哲学史大纲（外一种） 章实斋先生年谱	胡　适	耿云志	张惠芝	张惠芝
中国古代社会研究（外二种）(上、下) 青铜时代 十批判书	郭沫若	黄　烈	周文玖	张惠芝
古史辨自序　　（上、下）	顾颉刚	王煦华	徐　勇	张惠芝　孟保青
中国通史简编　　（上、下）	范文澜	蔡美彪	周文玖 张惠芝	张惠芝

先秦诸子系年（外一种） 刘向歆父子年谱	钱　穆	郭齐勇	秦进才 张惠芝	张惠芝　杨子江
民族与古代中国史	傅斯年	何兹全	张惠芝	张惠芝
安阳	李　济	李光谟	徐　勇	张惠芝　韩新保
历史哲学教程	翦伯赞	张传玺	张　越	张惠芝
世界通史　　　　（上、下）	周谷城	姜义华 姜　玢	徐　勇	张惠芝　韩新保
史前期中国社会研究(外一种)(上、下) 殷周时代的中国社会	吕振羽	桂遵义	张　越	张惠芝　孟保青
唐代长安与西域文明	向　达	荣新江 张广达	秦进才	张惠芝
中国古代社会史论	侯外庐	张岂之 刘宝才	张　越	张惠芝　韩新保
穹庐集	韩儒林	陈得芝	秦进才	张惠芝　韩新保
中国历史纲要	尚　钺	毛佩琦	周文玖	张惠芝　韩新保
中国史探研	齐思和	齐文颖	徐　勇	张惠芝　韩新保
北宋政治改革家王安石	邓广铭	漆　侠	张惠芝	张惠芝　杨子江
朱元璋传	吴　晗	苏双碧	周文玖	张惠芝
民族宗教论集	白寿彝	陈连开	张惠芝	张惠芝
中法越南关系始末	邵循正	张寄谦	张　越	张惠芝
考古学论文集（外一种）　（上、下） 考古学和科技史	夏　鼐	王世民	张　越	张惠芝　杨子江
长水粹编	谭其骧	葛剑雄	秦进才	张惠芝　孟保青
魏晋南北朝史论丛（外一种） 魏晋南北朝史论丛续编	唐长孺	朱　雷	秦进才	张惠芝　孟保青
尚书通论（外二种） 六国纪年 西周年代考	陈梦家	王世民	张　越	张惠芝　孟保青
甲骨学商史论丛初集(外一种)(上、下) 甲骨学商史论丛二集	胡厚宣	胡振宇	张　越	张惠芝

（手写批注）改"济"为"齐"已改。

（手写批注）胡如雷先生去世，由张广达接手，而张先生迟迟未能交稿，由荣新江作。实由第三撰稿人完成。

8.戴逸先生谈：二十世纪中国历史学（录音整理）（存目1件）

9.《二十世纪中国史学名著》总序初稿、定稿（存目2件）

10.《二十世纪中国史学名著》前言作者通讯录（1件）

请将整理者（指确系经过整理）作要目者的通讯处分别另纸列出。

二十世纪中国史学名著

前言作者通讯录

整理者	著　作	前言作者 要目作者	通讯地址	邮　编	电　话	联系人	作要目者
罗炳良	中国古代史	吴怀祺 整理	北京市 北京师范大学 史学所 罗炳良 北师大史学所	100875 100875	[redacted]	周文玖	无
邱居里	明清史论著集刊正续编	王钟翰 ①要目 ②整理	北京中央民族大学历史系 邱居里 北师大古籍所 100875		[redacted]	张　越	邱居里
	中国历史研究法（外二种） 中国历史研究法补编 清代学术概论	陈其泰	北京市 北京师范大学 史学所	100875	[redacted]	周文玖	陈其泰
彭林	观堂集林（上、下）（已开）	李学勤	清华大学思想文化研究所	100084	[redacted]	徐　勇	
X	~~明季滇黔佛教考（外宗教史论著八种）~~ 开封一赐乐业教考　（上、下） 火祆教入中国考 摩尼教入中国考 回回教入中国史略 元也里可温教考 清初僧诤记 南宋初河北新道教考 中国佛教史籍概论	刘乃和	北京师范大学古籍所 （注：刘乃和先生已去世） 请寄：北京师范大学古籍所 周少川教授转 刘乃和教授亲属收	100875 100875		徐　勇	刘乃和
	隋唐史　要目 秦进才	姜伯勤	广州市　中山大学历史系	510275		秦进才	
周文玖	中国史学史　要目 周文玖	瞿林东	北京师范大学史学研究所	100875	[redacted]	周文玖	周文玖
	史学要论	瞿林东	北京师范大学史学研究所	100875	[redacted]	周文玖	瞿林东
	隋唐制度渊源略论稿（外二种） 唐代政治史述论稿 元白诗笺证稿					秦进才 张惠芝	

又及：前言、要目又是一人者请注明

戴

						作者回音：
中国哲学史大纲（外一种） 章实斋先生年谱	耿云志	北京朝阳西坝河北里社科院宿舍[redacted]	100028	[redacted]	张惠芝	
中国古代社会研究（外二种）（上、下） 青铜时代 十批判书 要回 周之校	黄　烈	北京、王府井大街东厂 胡同北巷[redacted] 北师大史学所	100006		周文玖	周文玖
古史辨自序　（上、下）	←王煦华	北京东城干面胡同[redacted]	100000	[redacted]	徐　勇	王煦华
中国通史简编　（上、下）	蔡美彪	北京王府井大街东厂胡同[redacted] 近代史所	100006	[redacted]	周文玖 张惠芝	
先秦诸子系年（外一种） 刘向歆父子年谱　要回：秦进才	郭齐勇	武汉市珞珈山 武汉大学人文学院哲学系	430072		秦进才 张惠芝	
民族与古代中国史	何兹全	北京师范大学历史系	100875	[redacted]	张惠芝	
安阳　（已开）	李光谟	北京人民大学静园[redacted]	100872	[redacted]	徐　勇	李光谟
历史哲学教程	张传玺	北京大学[redacted]燕东园	100871	[redacted]	张　越	张传玺
世界通史　（上、下）	姜义华 姜　玢	上海国定路[redacted]	200433	[redacted]	徐　勇	姜义华
史前期中国社会研究（外一种）（上、下） 殷周时代的中国社会	桂遵义	上海华东师范大学 一村[redacted]	200062		张　越	桂遵义
唐代长安与西域文明　要回向达先生	荣新江	北京大学历史系	100871	[redacted]	秦进才	
中国古代社会史论 西北大学文博学院 710000	张岂之 刘宝才	北京清华大学西北小区 [redacted]	100084	[redacted]	张　越	张岂之
穹庐集	陈得芝	南京市汉口路[redacted] 南京大学历史系	210093		秦进才	
中国历史纲要	毛佩琦	北京东城德胜门戏楼胡同1号国际友谊博物馆	100007	[redacted]	徐勇	毛佩琦
中国史探研	齐文颖	北京大学燕北园[redacted]	100090	[redacted]	徐　勇	齐文颖
北宋政治改革家王安石　要回邓广铭	漆　侠	河北大学历史系	071002	[redacted]	张惠芝	
朱元璋传	苏双碧	北京《求是》杂志社 沙滩北街2号	100009	[redacted]	周文玖	苏双碧

王国维
李　济
谭其骧　）已直付个人（校勘费）

作者签名：

民族宗教论集	陈连开	北京 中央民族大学历史系	100081	[redacted]	张惠芝	[illegible]
中法越南关系始末 +整理	张寄谦	北京大学中关园[redacted]	100871	[redacted]	张　越	张寄谦
考古学论文集（外一种）（上、下） 考古学和科技史	王世民	北京王府井大街东厂胡同[redacted]	100006	[redacted]	张　越	王世民
长水粹编	葛剑雄	上海市邯郸路[redacted] 复旦大学中国历史地理研究所 上海交通西路[redacted]	200433		秦进才	
魏晋南北朝史论丛（外一种） 魏晋南北朝史论丛续编	朱　雷	武汉市珞珈山 武汉大学历史系	430072		秦进才	
尚书通论（外二种） 六国纪年 西周年代考	王世民	北京王府井大街东厂胡同[redacted] 中国社科院考古所	100006	[redacted]	张　越	王世民
甲骨学商史论丛初集(外一种)上、下 甲骨学商史论丛二集	胡振宇	北京东城干面胡同东罗圈[redacted]	100000	[redacted]	张　越	胡振宇

张寄谦

11.《二十世纪中国史学名著》作者传略（第一辑）（征求意见稿）（1件）

《二十世纪中国史学名著选》作者传略

（征求意见稿）

夏曾佑（1863—1924）字穗生，号穗卿。浙江杭州人。光绪十六年（1890）进士，授礼部主事。戊戌时期，与严复在天津创办《国闻报》，宣传西学，鼓吹变法，并支持严复的翻译工作。1899年任祁门知县。1906年随五大臣出国考察宪政，归国后任泗洲知府。辛亥革命后，任中华民国临时政府教育部普通教育司司长，1916年调任京师图书馆馆长。著有《最新中学中国历史教科书》（重版时改名《中国古代史》）。

罗振玉（1866—1940）字叔言、叔蕴，号雪堂、贞松老人、守残老人。浙江上虞人。戊戌时期，在上海创办农学会、《农学报》以及东方学社，介绍西方科技知识，反对变法。1906年被调入京，任职学部。辛亥革命后，流寓日本，1919年回国，组织东方学会。1924年受清废帝溥仪召，入值南书房。九一八事变后，参与策划成立伪满州国，并任伪监察院长。学术活动以研究古器物和古文献为主，著述达一百二十多种。其中以《殷虚书契考释》、《三代吉金文存》、《贞松堂集古遗文》、《鸣沙石室佚书》、《永丰乡人稿》、《辽居杂著》及《贞松老人遗稿》等影响较大。

孟　森（1869—1937）字莼孙，号心史。江苏武进人。年少时为应科举之试，曾师从周载帆习八股文。嗣后，留学日本期间，翻译并撰写有关法学和经济学的著作。中年时，作幕广西龙江兵备道。又曾为张謇的幕友，参与清末的立宪运动。清末民初，渐离政治活动，专心明清史研究，著有《明史讲义》、《清史讲义》、《心史丛刊》、《明清史论著集刊》及《续刊》等。

梁启超（1873—1929）字卓如，号任公，又号饮冰室主人。广东新会人。1895年，协助康有为发动"公车上书"，组织强学会；次年任《时务报》主笔，鼓吹变法。1898年入京参予维新运动，失败后流亡日本，创办《清议报》，宣传保皇。1902年创办《新民丛报》，主张开明专制，反对革命。1912年回国后，曾任袁世凯政府司法总长、段祺瑞政府财政总长。1918—1920年赴欧洲考察。1925年，任清华研究院教授。一生撰著多达千余万字，大都收录在《饮冰室合集》中。

王国维（1877—1927）字伯隅，又字静安，号观堂。浙江海宁人。1898年，任上海《时务报》书记，入东文学社学习外文及近代科学知识。1901年赴日本留学，旋因病归，先后任通州、苏州师范学堂教习，并编译《农学报》与《教育世界》杂志。1906年赴京，任学部总务司行走，

1

并潜心研究哲学和词曲。辛亥革命后到日本，专事甲骨文、金文、汉简和古器物的研究。１９１６年回国，任上海《学术丛编》编辑，继续致力于殷周汉魏金石文及古史的研究，后又兼及敦煌文献、西北史地及唐宋尺度的研究。１９２３年，任清废帝溥仪南书房行走。１９２５年被聘为清华国学研究院导师。１９２７年６月２日，自沉于颐和园昆明湖。一生著述甚富，大都辑录在《海宁王静安先生遗书》中。

陈　垣（１８８０—１９７１）字援庵。广东新会人。自幼自学，曾习医，并创办光华医学校。辛亥革命后弃医从政，创办《震旦日报》，1912年民国成立，当选为众议院议员。１９１４年袁世凯解散国会后，定居北京，专意治史。曾任国立北京大学、北平师范大学、辅仁大学教授、导师。１９２６—１９５２年任辅仁大学校长，１９５２—１９７１年任北京师范大学校长，并曾兼任京师图书馆馆长、故宫博物院图书馆馆长、中国科学院历史研究所第二所所长等职。主要著述有《元西域人华化考》、《校勘学释例》、《史讳举例》、《南宋河北新道教考》、《明季滇黔佛教考》、《清初僧诤记》、《中国佛教史籍概论》及《通鉴胡注表微》等，主要论文结集为《陈垣学术论文集》。

岑仲勉（１８８６—１９６１）名汝樊，学名铭恕，以字行。广东顺德人。１９０３年进人两广大学堂，后考人两广游学预备科，１９０８年转读北京高等专门税务学校。１９１２年毕业后在上海、广东等处任职员，业余研读中外交通史。１９３７年人中央研究院历史语言研究所任研究员，１９４８年后任中山大学历史系教授。主要著述有《佛游天竺记考释》、《汉书西域传地理校释》、《隋书求是》、《唐史余审》、《通鉴隋唐纪比事质疑》、《唐人行第录》、《黄河变迁史》、《隋唐史》、《府兵制度研究》、《西周社会制度问题》、《两周文史论丛》、《金石论丛》、《墨子城守各篇简注》、《西突厥史料补阙及考证》、《突厥集史》和《中外史地考证》等。主要论文收录在《岑仲勉学术论文集》中。

金毓黻（１８８７—１９６２）别号静庵。辽宁辽西人。１９１３后毕业于北京大学国文系，先在奉天省立一中学堂、沈阳文学专门学校任教，后转人政界，曾任东北政务委员会秘书、辽宁省政府秘书长、教育厅厅长等职。1936年自日本逃至南京，先后在中央大学、四川东北大学任教，任国史馆修纂、沈阳博物馆筹备委员会主任、国史馆驻平办事处主任等职。１９４９年后，先在北京大学、辅仁大学任教，后调任中国科学院历史研究所第三所研究员。著辑有《渤海国志长编》、《辽海丛书》、《奉天通志》、《东北文献拾零》及《东北通史》上编、《中国史》、《中国史学史》等。

2

李大钊（１８８９—１９２７）字守常．河北乐亭人．１９１３年考入早稻田大学政治本科．１９１６年回国，参加了由《新青年》发起的新文化运动．１９１８年，被聘为北京大学经济学教授兼图书馆主任，并参加《新青年》杂志的编辑工作，组织“少年中国学会”，创办《每周评论》．十月革命后，最早接受和传播马克思主义．１９２０年，发起组织“马克思主义研究会”和北京共产主义小组．中国共产党成立后，负责北方区党的工作．1923年起，致力于统一战线的工作，帮助孙中山确立三大政策，改组国民党．1927年４月遭军阀逮捕并被杀害．遗著被辑为《李大钊文集》，有关史学的论著被编为《李大钊史学论集》．

陈寅恪（１８９０—１９６９）江西修水人．幼承家学，１９０２年赴日本求学．１９１０年后，负笈欧美，先后在德国柏林大学、瑞士苏黎世大学、法国巴黎高等政治学校、美国哈佛大学学习比较语言学和佛学．１９２５年回国，被聘为清华国学研究院导师．１９２９年后，相继任清华大学、西南联合大学、岭南大学教授，并曾兼任中央研究院历史语言研究所研究员及历史组主任，一度就任英国牛津大学中国学教授之职，并获英国皇家科学院外籍院士称号．１９５２年后，任中山大学教授．主要著作有《隋唐制度渊源略论稿》、《唐代政治史述论稿》、《元白诗笺证稿》、《柳如是别传》，学术论文辑为《寒柳堂集》和《金明馆丛稿》初编、二编．

郭沫若（１８９２—１９７８）原名开贞，曾名鼎堂，号尚武．四川乐山人．１９２３年毕业于日本九洲帝国大学医科．１９２６年任广东大学文学院院长，并参加北伐战争，任国民革命军总政治部副主任．次年参加南昌起义，并加入中国共产党．１９２８年旅居日本，研究甲骨文、金文和中国古史．抗日战争爆发后回国，组织和团结进步文化人士，从事救亡运动．中华人民共和国成立后，历任政务院副总理兼文化教育委员会主任、中国科学院院长兼哲学社会科学部主任、历史研究所第一所所长、中国科技大学校长、中国文联主席、中国人民保卫世界和平委员会主席等职，并任一至五届全国人民代表大会常务委员会副委员长、全国政协二、三、五届副主席．一生著作被辑为《郭沫若全集》三十八卷，其中《文学编》二十卷、《历史编》八卷、《考古编》十卷．

范文澜（１８９３—１９６９）初字芸台，后改仲 云．浙江绍兴人．１９１７于年国立北京大学国学门毕业后，在南开大学等校任教．１９２６年在天津加入中国共产党．此后在北京大学、北京师范大学、女子文理学院、河南大学等校任教．１９３９年到延安，任马列学院历史研究室主任、中央研究院副院长兼历史研究室主任．１９４６年后，任北方大学校长、华北大学副校长，并兼历史研究室主任．１９４９年后，任中国科学院近代史研究所所长、

3

中国史学会副会长、中共中央历史问题研究委员会委员等职。著有《诸正略义》、《正史考略》、《群经概论》、《文心雕龙注》、《中国通史简编》及《中国近代史》（上册）等。

顾颉刚（１８９３—１９８０）原名诵坤，字铭坚。江苏苏洲人。出生于书香世家，１９２０年国立北京大学哲学门毕业。先后在厦门、中山、燕京、北京、云南、齐鲁、中央、兰州、复旦等十八所大学任教授，并曾兼任北平研究院历史学组主任、交通书局编辑所所长、中央研究院院士，创办朴社、民俗学会、风谣学会、禹贡学会、边疆研究会，主编《燕京学报》、《禹贡半月刊》、《边疆周刊》、《责善》半月刊、《文史杂志》等，提出了“层累地造成的中国古史”说，并把他和别人研讨争论的文章编为《古史辨》八册。1949年后，先后任中国科学院、中国社会科学院历史研究所研究员，主持点校《资治通鉴》和《二十四史》。著有《秦汉的方士与儒生》（原名《汉代学术史略》）、《史林杂识》（初编）、《中国上古史研究讲义》、《顾颉刚古史论文集》等。

钱　穆（１８９５—１９９０）字宾四。江苏无锡人。１９１２年辍学后自学。１９３０年因发表《刘向歆父子年谱》被聘为燕京大学国文讲师，后历任燕京大学、北京大学、清华大学、北平师范大学教授。抗日战争时期，先后在西南联合大学、华西大学、四川大学、齐鲁大学任教。抗日战争胜利后，先后任昆明五华学院文史研究所所长、无锡江南大学文学院院长兼历史系主任。１９４９年后去香港，创办新亚书院。１９６７年移居台北，任中国文化书院博士生班首任班主任、“中央研究院”院士、故宫博物院特聘研究员。著作辑为《钱宾四先生全集》，凡甲、乙、丙三编，计５６种５４册约１５００万字。

李　济（１８９６—１９７９）字济之。湖北钟祥人。１９１１年考人清华留美预备学校，１９１８年毕业后赴美国，次年获心理学学士学位，1920年获社会学硕士学位。１９２３年在哈佛大学获博士学位。回国后，先任南开大学文科主任，旋应清华研究院国学研究所特约讲师之聘。１９２８年，任中央研究院历史语言研究所研究员，并兼考古组主任，曾先后主持夏县西阴村、安阳殷墟、济南龙山镇的考古发掘。１９４８年赴台湾，任台湾大学考古人类学系主任，１９５５—１９７２年任台湾“中央研究院”历史语言研究所所长，并两度任该院院长。主要著作有《中国民族的形成》、《西阴村史前的遗存》、《中国文明的开始》、《安阳》、《中国考古报告集新编》及《李济考古学论文选集》等。

翦伯赞（1898—1968）原名象时。湖南桃源人。维吾尔族。1919年武昌商业专门学校毕业，1924年赴美国，入加利福尼亚大学专攻经济学。从1930年开始，参加有关中国社会性质和社会史问题论战。1937年加入中国共产党，并曾任南迁的北平民国大学教授。1940年至重庆，在周恩来的领导下，从事统一战线和理论宣传工作。1946年到上海，主编《大学》月刊，兼任大夏大学教授。1947年到香港，任达德学院教授。1949年后，任北京大学历史系教授、系主任、副校长，并任中国史学会常务理事兼秘书长。除主编《戊戌变法》、《义和团》、《中国通史参考资料》、《中国史纲要》之外，著作尚有《历史哲学教程》、《先秦史》、《秦汉史》、《中国史论集》、《历史问题论丛》、《翦伯赞历史论文选集》、《史料与史学》。

周谷城（1898—1996）湖南益阳人。1921年北京高等师范英语部毕业后，先在湖南第一师范任英文及伦理学教员，后又在上海暨南大学附中、中国公学任教。1930—1942年间，先任中山大学教授兼社会学系主任，继任暨南大学教授兼史社系主任。1942年后，一直执教于复旦大学，任历史系教授、系主任、教务长。并曾任中国史学会主席团执行主席、上海历史学会会长、上海市哲学社会科学联合会副主席以及上海市人大常委会副主任、上海市政协副主席、中国农工民主党中央主席、全国人大副委员长兼科教文卫委员会主任委员等职。主要著作有《中国社会史论》、《中国通史》、《中国政治史》、《世界通史》、《形式逻辑与辩证法》、《史学与美学》、《周谷城史学论文选集》等。

向　达（1900—1966）字觉明。湖南溆浦人。土家族。1924年于东南大学毕业后，入上海商务印书馆编译所任编辑。1930年，任北平图书馆编纂委员会委员，致力于中西交通史研究。1935年赴欧洲，先后在伦敦、巴黎、柏林、慕尼黑等地检阅抄录敦煌卷子及其它汉文资料。1938年返国后，任西南联大历史系教授兼北京大学文科研究所导师。1941年后，多次参加国立中央研究院组织的西北史地考察团到敦煌等地考察。1949年后，任北京大学教授、图书馆馆长及中国科学院历史研究所第二所副所长。主要著作有《唐代长安与西域文明》、《中西交通史》、《蛮书校注》等。

吕振羽（1900—1980）名典爱，字行仁，学名振羽。湖南邵阳人。1926年湖南大学电机工程专业毕业。1928年至北平，任教于民国大学和中国大学，并参加中国社会性质和社会史问题论战。1936年加入中国共产党。1939年至重庆，从事历史研究和统战工作。1949年以后，历任大连大学校长兼党委书记、东北人民政府文教委员会副主任、东北人民大学校长兼党委书记、中国科学院哲学社会科学部学部委员、中央高级党校兼任教授等职。“文化大革命”中被投入监狱达八年之久，冤案平反后任中国社会

5

科学院顾问．主要著作有《史前期中国社会研究》、《殷周时代的中国社会》、《中国政治思想史》、《中国民族简史》、《简明中国通史》、《中国社会史诸问题》及《吕振羽史论选集》等．

韩儒林（１９０３—１９８３）字鸿庵．河南舞阳人．１９３０年毕业于北京大学哲学系，１９３３年赴欧洲，先后在比利时鲁文大学、巴黎大学、柏林大学从伯希和等研读蒙、藏、突厥、波斯、拉丁等语言文字及历史．1936年回国后，先后在燕京大学、辅仁大学、昆明北平研究院、华西大学、中央大学从事历史教学及研究工作．１９４９年后，任南京大学历史系主任，其间曾任内蒙古大学副校长兼蒙古史研究所所长、中国蒙古史学会副理事长、中国元史研究会会长、江苏史学会会长等职．著有《穹庐集》，主编有《元朝史》．

侯外庐（１９０３—１９８７）原名兆麟，又名玉枢，自号外庐．山西平遥人．１９２２年分别考入北京法政大学和北京师范大学，同时攻读法律和历史专业．１９２７年赴法国留学，入巴黎大学．１９３０年回国后，先后任哈尔滨法政大学、北平大学、北平师范大学教授，并在太原和上海从事《资本论》的翻译及中国思想史的研究工作．１９４９年后，历任北京师范大学历史系主任、西北大学校长、中国科学院历史研究所第一所副所长、中国社会科学院历史研究所所长、名誉所长等职．主要著作有《中国古代社会史论》、《中国封建社会史论》、《中国古代思想学说史》、《中国近世思想学说史》及《中国思想通史》等．

尹　达（１９０６—１９８３）原名刘耀，又名虚谷，字照林．河南滑县人．１９３２年河南大学毕业后，到中央研究院历史语言研究所考古组工作，曾参与安阳殷墟及山东日照龙山遗址的考古发掘．１９３７年到延安，先后在陕北公学、马列学院、中共中央出版局工作．解放战争时期任北方大学图书馆馆长、华北大学教务处处长．１９４９年后，历任中国人民大学研究部副部长、北京大学副教务长、中国科学院历史研究所第一所研究员、副所长、并兼考古研究所研究员、副所长、中国考古学会副理事长、中国史学会常务理事等职．著有《新石器时代》，主编有《中国史学发展史》．

齐思和（１９０７—１９８０）山东宁津人．１９３１年于燕京大学历史系毕业后赴美国留学，入哈佛大学研究院学习，１９３５年获博士学位后回国．先后在北平师范大学、燕京大学、私立中国大学等校的历史系任教授，并兼任中国大学历史系主任、燕京大学历史系主任及文学院院长等职．１９５２年后，任北京大学历史系主任．曾主编《中国近代史资料丛刊》中的《鸦片战争》、《第二次鸦片战争》及《世界通史》第一卷，主持编译有《中世纪初期的西欧》、《中世纪晚期的西欧》及《新史学》，著有《中国史探研》．

6

吴　晗（1909—1969）原名吴春晗，字伯辰。浙江义乌人。1931年，因胡适举荐人清华大学史学系。1935年毕业后，先后在清华大学、云南大学、西南联大任教。1949年后，历任清华大学历史系主任、文学院院长、北京市副市长、北京市历史学会会长等职。1969年10月因受迫害而死。除主持改绘《历代舆地图》及标点《资治通鉴》、主编《中国历史小丛书》和《外国历史小丛书》，著有《朱元璋传》、《读史札记》以及《投枪集》、《灯下集》、《春天集》、《学习集》等。

邵循正（1909—1973）字心恒。福建福州人。1930年毕业于清华大学政治学系，同年人清华大学研究院专攻中国近代史。1934年赴欧洲留学，先后在法国巴黎法兰西学院、德国柏林大学研究蒙古史。1936年回国后，先后在清华大学、卡沙临时大学、西南联合大学任教。1945年应聘为英国牛津大学访问教授，并赴比利时短期讲学。1946年回国后，任清华大学历史系教授。1949年后，先后任清华大学历史系主任、北京大学历史系教授，并兼任中国科学院历史研究所第三所研究员。主持编辑了《中国近代史资料丛刊》中的《中法战争》、《中日战争》，著有《中法越南交涉始末》、《邵循正历史论文集》等。

夏　鼐（1910—1985）字作铭。浙江温州人。1934年清华大学历史系毕业，1939年获英国伦敦大学埃及考古博士学位。1940年在埃及开罗博物馆从事研究工作。1941年回国后，先在中央博物院筹备处任专门委员，后为中央研究院历史语言研究所副研究员、研究员。1950年后，任中国科学院考古研究所研究员、副所长、所长。曾兼任中国考古学会理事长、中国社会科学院副院长、文化部国家文物委员会主任委员等职，曾获美国全国科学院外籍院士、第三世界科学院士等荣誉职务。主编《辉县发掘报告》、《长沙发掘报告》、《新中国的考古收获》、《新中国的考古发现和研究》，著有《考古学论文集》、《考古学与科技史》、《中国考古学研究》、《中国文明的起源》等。

陈梦家（1911—1978）浙江上虞人，生于南京。1931年毕业于中央大学法律系，致力于诗歌创作，为新月派成员。1934年人燕京大学为研究生，师从容庚学习古文字学。1937年起任教于西南联合大学。1944年后，先后赴美国和欧洲，教授古文字学。搜集流散的中国青铜器资料。回国后任清华大学教授。1952年后，任中国科学院考古研究所研究员。编著有《中国青铜器综录》、《殷墟卜辞综述》、《西周铜器断代》、《西周年代考》、《六国纪年》、《尚书通论》、《武威汉简》和《汉简缀述》等。

7

谭其骧（１９１１—１９９２）字季龙。浙江嘉兴人。１９３０年毕业于上海暨南大学，１９３２年在燕京大学研究生院毕业后，任北平图书馆馆员，并兼任辅仁大学、北京大学、燕京大学的教职。１９３５年南下广州，任学海书院导师，次年回到北平，在清华大学、燕京大学任教。从１９４０年起，先后任浙江大学副教授、教授。１９５０年后，任复旦大学教授、历史系主任、中国历史地理研究所所长。主编有《中国历史地图集》、《辞海》历史地理分册等，著有《长水集》。

唐长孺（１９１１～１９９４）江苏吴县人。１９３２年在上海大同大学文科毕业后，先后在多所中学任教。１９４０年任上海光华大学讲师，1942年任湖南国立师范学院副教授。１９４４年后，任武汉大学历史系副教授、教授、历史系主任、中国三至九世纪研究所所长，曾兼任中国科学院历史研究所研究员、国家文物局古文献研究室主任。其他社会兼职有中国唐史学会会长、中国敦煌吐鲁番学会副会长、湖北省史学会会长、湖北省考古学会理事长等。主持点校北朝四史、主编《吐鲁番出土文书》，著有《魏晋南北朝史论丛》及《续编》、《拾遗》、《唐书兵志笺正》、《山居存稿》、《魏晋南北朝隋唐史三论》等。

胡厚宣（１９１１～１９９６）幼名福林。河北望都人。１９３４年北京大学史学系毕业后，在中央研究院历史语言研究所工作。１９４０年后在成都齐鲁大学国学研究所任研究员，并兼中文系、历史系主任、教授，１９４７年后为复旦大学教授。１９５６年后任中国科学院历史研究所第一所研究员，并兼任中国先秦史学会副理长及中国史学会、中国古文字研究会、中国考古学会理事。主编《甲骨文合集》、《甲骨文与殷商史》，著有《甲骨学商史论丛》（三集）、《古代研究的史料问题》、《五十年甲骨文发现的总结》、《五十年甲骨学论著目》、《甲骨探史录》（合著）等。

（徐　勇）

１９９７年４月

8

胡　适（1891～1962）原名洪×，字适之，安徽绩溪人。1910年赴美国留学，1914年毕业于康奈尔大学，次年进入哥伦比亚大学研究院，师从著名实用主义哲学家杜威。1917年完成博士论文后回国，受聘为北京大学教授，参与《新青年》的编辑工作。1926年赴英国，参加中英庚款谘询委员会会议，并在伦敦、巴黎查阅敦煌写本。翌年回国后，先后任光华大学教授、中国公学校长。1930年回北京大学任教，1932～1937年任北大文学院院长，1938--1942年任中国驻美国大使，1945--1948年任北京大学校长，1949年后旅居美国。1958年回台北，任台湾"中央研究院"院长。治学广泛，著述繁富，主要有《中国哲学史大纲》、《白话文学史》、《胡适文存》（三集）、《胡适论学近著》等。

傅斯年（1896～1950）字孟真，山东聊城人。1913年考入北京大学预科，1916年升入本科。在校期间，组织新潮社，创办《新潮》月刊，提倡新文化，并担任五四运动的游行总指挥。1919年大学毕业后，赴英国伦敦大学，学习心理和生理学，兼治数学。1923年由英赴德，进入柏林大学哲学院学习。1926年冬回国，次年春任广州中山大学教授并兼文学院院长和历史系、中文系主任。从1928年11月起，长期担任中央研究院历史语言研究所所长，1929年春，史语所从广州迁到北平后，又兼任北京大学教授。1937年春，兼代中央研究院总干事。抗日战争胜利后，一度代理北京大学校长。1949年初，随史语所迁至台北，又兼台湾大学校长。主要著作有《民族与古代中国史》（未完稿）、《性命古训辨证》、《东北史纲》第一卷等。

尚　钺（1902～1982）原名仲吾、宗武，字健庵，河南罗山人。1921年入北京大学预科，后转入本科英国文学系，追随鲁迅先生从事新文学创作。1927年南下，在开封加入中国共产党，先后在河南、吉林、上海、宁夏等地从事革命工作。1938年开始研究历史。1942年到云南大学，先后任讲师、副教授。1947年任山东大学教授，1948年任华北大学教授，并兼二部史地系主任。1950年后，一直在中国人民大学任教，先后任中国历史和中国革命史教研室主任、清史研究小组副组长、历史系主任等职。主要著作有《中国历史纲要》、《中国通史讲义》、《尚钺史学论文选集》等。

邓广铭（1907～1998）字恭三，山东临邑人。1932年考入北京大学史学系，1936年毕业后留校，任文科研究所和史学系的助理员及助教。1943--1946年间，任复旦大学史地系副教授、教授。1946年回北京大学史学系任副教授，1950年升任教授，并先后任中国古代史教研室主任、历史系主任、中国中古史研究中心主任。1980年当选为中国史学会主席团成员，同年被推举为中国宋史研究会会长。主要著作有《宋史职官志考正》、《稼轩词编年笺注》、《岳飞传》、《北宋政治改革家王安石》、《邓广铭治史丛稿》等。

陈垣（1880～1971）字援庵，广东新会人。1905年在广州参与创办《

1

时事画报》，进行革命宣传，后加入同盟会。又曾学习西医。民国二年当选为众议员，从此定居北京。先后任北京大学、北平师范大学、燕京大学教授，辅仁大学校长。并曾兼任京师图书馆馆长，当选中央研究院院士。建国后，1952年起任北京师范大学校长，直至逝世。并兼任中国科学院历史研究二所所长。当选中国科学院哲学社会科学部学部委员。主要著作有《元西域人华化考》、《中西回史日历》、《史讳举例》、《校勘学释例》、《明季滇黔佛教考》、《通鉴胡注表微》等十余种，主要论文结集为《陈垣学术论文集》。

顾颉刚（1893～1980）原名诵坤，字铭坚。江苏苏州人。出生于书香世家，1920年国立北京大学哲学门毕业。先后在厦门、云南、齐鲁、中央、兰州、复旦等十八所大学任教，并兼任北平研究院史学组主任、中央研究院院士，创办朴社、民俗学会、风谣学会、禹贡学会、边疆研究会、通俗读物编刊社，主编《燕京学报》、《禹贡半月刊》、《边疆周刊》、《责善》半月刊、《文史杂志》等，提出了“层累地造成的中国古史”说，并把他和别人研讨争论古史的文章编为《古史辨》七册。1949后，先后任中国社会科学院、中国社会科学院历史研究所研究员，主持点校《资治通鉴》和《二十四史》。著有《秦汉的方士与儒生》（原名《汉代学术史略》、《史林杂识》（初编）、《中国上古史研究讲义》、《顾颉刚古史论文集》等。

李 济（1896～1979）字济之，湖北钟祥人。1911年入清华学堂，1918年毕业后留学美国。先后获心理学学士、社会学硕士学位，1923年在哈佛大学获得人类学博士学位。回国后先任南开大学教授兼文科主任，旋应清华大学国学研究院之聘为特约讲师。1928年起任中央研究院历史语言研究所专任研究员兼考古组主任，曾先后主持夏县西阴村、安阳殷墟、济南龙山镇等遗址的考古发掘。1940年受聘为英国皇家人类学会荣誉会员（院士），1948年当选中研院首届院士。赴台湾后，于1949年创办台湾大学考古人类系；1955～1972年任中研院历史语言研究所所长，并两度代理该院院长。主要著作有《中国民族的形成》、《西阴村史前的遗存》、《中国文明的开始》、《安阳》、《中国考古报告集新编》和《李济考古论学文选集》等。

周谷城（1898～1996）湖南益阳人。1917～1921年在北京高等师范英语部学习，后在湖南第一师范任英文及伦理学教员，在船山学社教授心理学。大革命失败后，在上海暨南大学附中、劳动大学、中国公学任教。1930～1942年间，先后任中山大学教授兼社会学系主任、暨南大学教授兼史地系主任。1942年后，一直执教于复旦大学，任历史系教授、系主任、教务长。曾任中国史学会主席团执行主席、上海历史学会会长、上海市哲学社会科学联合会副主席以及上海市人大常委会副主任、上海市政协副主席、中国农工民主党中央主席、全国人大常委会副委员长兼教科文卫委员会主任委员等职。主要著作有《生活系统》、《中国社会史论》、《中国通史》、《中国政治史》、《世界通史》、《形式逻辑与辩证法》、《史学与美学》、《周谷城史学论文选集》。

白寿彝 小传

张惠芝同志收。

白寿彝（1909—2000）字肇伦，又名哲玛鲁丁，回族，河南开封人。1932 年毕业于燕京大学国学研究所。先后创办过《伊斯兰》半月刊、《大河杂志》、《云南清真铎报》和《益世报》的《边疆》半月刊等。1938 年至 1949 年，先后执教于云南大学、重庆中央大学、南京中央大学。1949 年后，历任北京师范大学历史系教授、系主任、史学研究所所长。主编《中国通史纲要》、《史学概论》、《回族人物志》（共 4 卷本）等书，著有《中国交通史》、《学步集》、《史记新论》、《历史教育和史学遗产》、《中国伊斯兰教史存稿》、《中国史学史》（第 1 册）、《白寿彝民族宗教论集》、《白寿彝史学论集》、《中国史学史论集》等。1999 年，他任总主编的《中国通史》（12 卷 22 册，1400 万字）全部出版。

惠芝同志：

此小传是张越同志所撰。请照此付排。

谢谢！

瞿林东

2001.2.16

北京師範大學 办公用纸

小传改定意见（三辑）

第三辑 改定 意见

侯外庐小传 （白寿彝先生改定）

已会 5.9

侯外庐（1903～1987）原名兆麟，又名玉枢，自号外庐。山西平遥人。1922年分别考入北京法政大学和北京师范大学，同时攻读法律和历史专业。1927年赴法国留学，入巴黎大学。1930年回国后，先后任哈尔滨法政大学、北平大学、北平师范大学教授，并在太原和上海从事《资本论》的翻译及中国思想史的研究工作。1949年后，历任北京师范大学历史系主任、西北大学校长、中国科学院历史研究所第二所副所长、中国社会科学院历史研究所所长、名誉所长等职。主要著作有《中国古代社会史论》、《中国封建社会史论》、《中国古代思想学说史》、《中国近世思想学说史》及《中国思想通史》等。

（社会史和）

（并试译《资本论》。）

（注意：如"中国社会科学院历史研究所所长"不删。）

第 页

北京師範大學 办公用纸

邵循正小传（张寄谦先生改定）

邵循正（1909—1973）字心恒，福建福州人。1930年毕业于清华大学政治学系，同年入清华大学研究院专攻中国近代史。1934年赴欧洲留学，先后在法国巴黎法兰西学院、德国柏林大学研究蒙古史。1936年回国后，先后在清华大学、长沙临时大学、西南联合大学任教。1945年应聘为英国牛津大学访问教授，并赴比利时短期讲学。1946年回国后，任清华大学历史系教授。1949年后，先后任清华大学历史系主任，北京大学历史系教授，并兼任中国科学院历史研究所第三所研究员。主持编辑了《中国近代史资料丛刊》中的《中法战争》、《中日战争》，著有《中法越南交涉始末》、《邵循正历史论文集》等。

（这已是我第二次发现这个错误。贵社与光明日报理论部在1999年9月3日出版的"20世纪史学名著专刊"所用标题以及图书都是"中法越南交涉始末"，请检查贵社这本书的书名。）

第　　页

翦伯赞（1898—1968）原名象时，湖南桃源人，维吾尔族。1919年武昌商业专门学校毕业，1924年赴美国，入加利福尼亚大学专攻经济学。从1930年开始，参加有关中国社会性质和社会史问题论战。1937年加入中国共产党，并曾任南迁的北平民国大学教授。1940年至重庆，在周恩来的领导下，从事统一战线和理论宣传工作。1946年到上海，主编《大学》月刊，兼任大夏大学教授。1947年到香港，任达德学院教授。1949年后，任北京大学历史系教授、系主任、副校长，并任中国史学会常务理事兼秘书长。除主编《戊戌变法》、《义和团》、《中国通史参考资料》、《中国史纲要》之外，著作尚有《历史哲学教程》、《先秦史》、《秦汉史》、《中国史论集》、《历史问题论丛》、《翦伯赞历史论文选集》、《史料与史学》。

梁启超（1873—1929）字卓如，号任公，又号饮冰室主人。广东新会人。1895年，协助康有为发动“公车上书”，组织强学会；次年任《时务报》主笔，鼓吹变法。1898年入京参予维新运动，失败后流亡日本，创办《清议报》，宣传保皇。1902年创办《新民丛报》，主张开明专制，反对革命。1912年回国后，曾任袁世凯政府司法总长、段祺瑞政府财政总长。1918—1920年赴欧洲考察，1925年，任清华研究院教授。一生撰著多达千余万字，大都收录在《饮冰室合集》中。

郭沫若（1892—1978）原名开贞，曾名鼎堂，号尚武，四川乐山人。1923年毕业于日本九州帝国大学医科。1926年任广东大学文学院院长，并参加北伐战争，任国民革命军总政治部副主任。次年参加南昌起义，并加入中国共产党。1928年旅居日本，研究甲骨文、金文和中国古史。抗日战争爆发后回国，组织和团结进步文化人士，从事救亡运动。中华人民共和国成立后，历任政务院副总理兼文化教育委员会主任、中国科学院院长兼哲学社会科学部主任、历史研究所第一所所长、中国科技大学校长、中国文联主席、中国人民保卫世界和平委员会主席等职，并任一至五届全国人民代表大会常务委员会副委员长、全国政协二、三、五届副主席。一生著作被辑为《郭沫若全集》三十八卷，其中《文学编》二十卷、《历史编》八卷、《考古编》十卷。

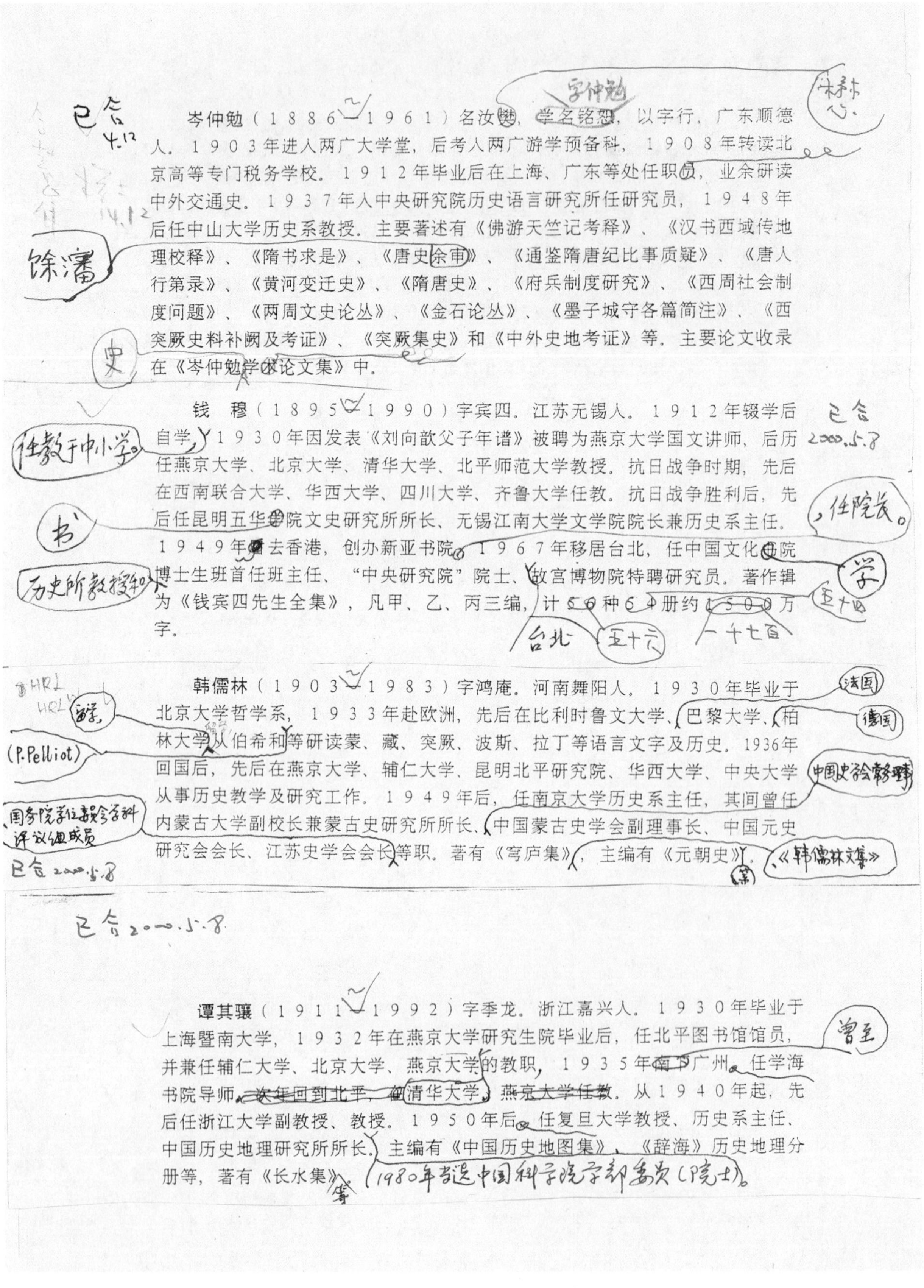

岑仲勉（1886—1961）名汝懋，学名铭恕，以字行，广东顺德人．1903年进人两广大学堂，后考人两广游学预备科，1908年转读北京高等专门税务学校．1912年毕业后在上海、广东等处任职，业余研读中外交通史．1937年人中央研究院历史语言研究所任研究员，1948年后任中山大学历史系教授．主要著述有《佛游天竺记考释》、《汉书西域传地理校释》、《隋书求是》、《唐史余审》、《通鉴隋唐纪比事质疑》、《唐人行第录》、《黄河变迁史》、《隋唐史》、《府兵制度研究》、《西周社会制度问题》、《两周文史论丛》、《金石论丛》、《墨子城守各篇简注》、《西突厥史料补阙及考证》、《突厥集史》和《中外史地考证》等．主要论文收录在《岑仲勉学术论文集》中．

钱　穆（1895—1990）字宾四．江苏无锡人．1912年辍学后自学，1930年因发表《刘向歆父子年谱》被聘为燕京大学国文讲师，后历任燕京大学、北京大学、清华大学、北平师范大学教授．抗日战争时期，先后在西南联合大学、华西大学、四川大学、齐鲁大学任教．抗日战争胜利后，先后任昆明五华书院文史研究所所长、无锡江南大学文学院院长兼历史系主任．1949年去香港，创办新亚书院．1967年移居台北，任中国文化学院博士生班首任班主任、“中央研究院”院士、故宫博物院特聘研究员．著作辑为《钱宾四先生全集》，凡甲、乙、丙三编，计56种64册约1500万字．

韩儒林（1903—1983）字鸿庵．河南舞阳人．1930年毕业于北京大学哲学系，1933年赴欧洲，先后在比利时鲁文大学、巴黎大学、柏林大学从伯希和等研读蒙、藏、突厥、波斯、拉丁等语言文字及历史．1936年回国后，先后在燕京大学、辅仁大学、昆明北平研究院、华西大学、中央大学从事历史教学及研究工作．1949年后，任南京大学历史系主任，其间曾任内蒙古大学副校长兼蒙古史研究所所长、中国蒙古史学会副理事长、中国元史研究会会长、江苏史学会会长等职．著有《穹庐集》，主编有《元朝史》．

谭其骧（1911—1992）字季龙．浙江嘉兴人．1930年毕业于上海暨南大学，1932年在燕京大学研究生院毕业后，任北平图书馆馆员，并兼任辅仁大学、北京大学、燕京大学的教职，1935年南下广州，任学海书院导师，次年回到北平，在清华大学、燕京大学任教．从1940年起，先后任浙江大学副教授、教授．1950年后，任复旦大学教授、历史系主任、中国历史地理研究所所长．主编有《中国历史地图集》、《辞海》历史地理分册等，著有《长水集》．

吴　晗（1909—1969）原名吴春晗，字伯辰．浙江义乌人．1931年，因胡适鉴荐入清华大学史学系．1935年毕业后，先后在清华大学、云南大学、西南联大任教．1949年后，历任清华大学历史系主任、文学院院长、北京市副市长、北京市历史学会会长等职．1969年10月因受迫害而死．除主持改绘《历代舆地图》及标点《资治通鉴》、主编《中国历史小丛书》和《外国历史小丛书》，著有《朱元璋传》、《读史札记》以及《投枪集》、《灯下集》、《春天集》、《学习集》等．

邓广铭（1907—1998）字恭三，山东临邑人。1932年考入北京大学史学系，1936年毕业后留校，任文科研究所和史学系的助理员及助教。1943—1946年间，任复旦大学史地系副教授、教授。1946年回北京大学史学系任副教授，1950年升任教授，并先后任中国古代史教研室主任、历史系主任、中国中古史研究中心主任。1980年当选为中国史学会主席团成员，同年被推举为中国宋史研究会会长。主要著作有《宋史职官志考正》、《稼轩词编年笺注》、《岳飞传》、《北宋政治改革家王安石》、《邓广铭治史丛稿》等。

12.《二十世纪中国史学名著》各书简介（1件）

二十世纪中国史学名著
各书简介

中国古代史

夏曾佑著，原名《最新中学中国历史教科书》，简称《中国历史教科书》。1933 年列入商务印书馆出版的大学丛书时，改名为《中国古代史》。系第一部用近代史观分阶段地，以上古、中古、近古三大时期来叙述中国历史的著作。

明清史论著集刊正续编

作者孟森是中国近代清史学科的杰出奠基人。所著《明清史论著集刊正续编》代表近代清史学科研究的第一代最高水平，研究的主要问题是：清之先世、满洲名称、八旗制度、清初三大疑案、清初史事人物等。

中国历史研究法（外二种）

梁启超撰著的《中国历史研究法》和《中国历史研究法补编》两书，主要论述了五项重要理论问题：史的目的、范围和旧史的改造；历史的因果和动力；史料的搜集和鉴别；史家的修养；专史的做法。《清代学术概论》总结自明清之际至本世纪初年学术思想的嬗变，是一部历来备爱赞誉的名著。

观堂集林

王国维撰。全书 24 卷。艺林 8 卷，为古史、古文字、古音韵、经字等方面的研究。史林 14 卷，为殷周史事、秦汉地理、西北史地、汉魏碑刻、两汉简牍、敦煌文书等方面的研究。别集 2 卷，亦是有关古代史地器物的论文。全书内容精深，是王国维学术精华所在。

明季滇黔佛教考(外八种)

该书收入陈垣论述宗教史方面著作九种, 如下：一、元也里可温教考；二、开封一赐乐业教考；三、火祆教入中国考；四、摩尼教入中国考；五、回回教入中国考；六、明季滇黔佛教考；七、清初僧诤记；八、南宋初河北新道教考；九、中国佛教史籍概论。以上各书均有重要学术价值。

隋唐史

该书主要反映了岑仲勉在隋唐史考据方面的成就：对黄巢大起义贡献的研究；关于陈子昂在唐文改革中的地位；推倒《通鉴》对李德裕的不实之词；关于四镇始末的通考；关于均田制与租庸调有关系的证定等。

1

中国史学史

金毓黼是 20 世纪上半叶很有成就的史学家。他的《中国史学史》是中国史学史在开创时期的代表性著作，主要论述史官、史家、史籍的产生及官史、私史之区别；史学之重点在撰史、论史两个方面；撰史途径中的两个转折；史料在史学发展中的重要地位等。

史学要论

该书是李大钊系统地阐述史学思想的一部精粹之作。全书凡六章，论述“什么是历史”、“什么是历史学”、“历史学的系统”、“史学在科学中的位置”、“史学与其相关学问的关系”、“现代史学的研究及于人生态度的影响”等重大理论问题。

隋唐制度渊源略论稿（外二种）

该书共收入陈寅恪著作三种：《隋唐制度渊源略论稿》、《唐代政治史述论稿》、《元白诗笺证稿》。系隋唐经济政治制度史方面研究成果，并有重要突破。

中国哲学史大纲（外一种）

该书共收入胡适两种著作：《中国哲学史大纲》、《章实斋先生年谱》。前者系胡适研究中国哲学史的成果；后者系用编年体记载章实斋生平事迹的著作。

中国古代社会研究（外二种）

该书收入郭沫若三种著作。《中国古代社会研究》提出了中国社会历史发展的四个阶段和三次社会革命；《青铜时代》、《十批判书》是研究先秦思想史的姊妹篇。

古史辨自序

该书收入顾颉刚研究古史的重要成果。这些成果主要提示战国、秦、汉以来的古书，特别是“经书”上所载的古史，大多出于神话传说的演变，是由不同时代的神话传说积累起来的，从而把古书中一些虚妄的伪史料清除出去，为进一步科学地研究中国古代史开辟了道路。

中国通史简编

该书系范文澜以马克思主义观点为指导编写的第一部中国通史。该书“肯定历史的主人是劳动人民”；“按照一般社会历史发展的规律，划分中国历史段落”；“把封建社会分成三个时期，说明它的发展过程”；“写阶级斗争”，“肯定农民起义的作用”，同时指出“它只能起着有限的推动作用”；“注意收集生产斗争的材料”，写入不少古代科学发明、农业、手工业等方面的知识。

2

先秦诸子系年（外一种）

该书共收入钱穆两种著作：《先秦诸子系年》、《刘向歆父子年谱》。前者系对先秦诸子纪年的研究成果；后者用编年体裁记载刘向歆父子生平事迹。

民族与中国古代史

该书系傅斯年研究古代各民族与各朝相关联等方面的著作。

安　阳

李济一生主持多项考古发掘，如夏县西阴村、安阳殷墟、济南龙山镇的考古发掘等。《安阳》一书即李济在安阳殷墟的发掘考古报告。

历史哲学教程

翦伯赞在书中论述了历史唯物主义基本原理及其在中国历史上的具体反映、关于中国社会形势发展史等方面的问题。

世界通史

该书系周谷城撰写的一部自古至今，含亚、欧、美各洲各国的政治、经济、军事、文化通史。

史前期中国社会研究（外一种）

该书收入吕振羽《史前期中国社会研究》、《殷周时代的中国社会》两部著作，是 20 世纪 30 年代出版的论述中国先秦古代社会历史的代表作。前者从史学理论方面对当时流行的“商业资本论”、“亚细亚生产方式”论等历史观进行分析和批判，并依据马克思主义形态学说对中国社会发展进程及其规律作了系统的探索。后者是研究殷周社会性质的专著。

唐代长安与西域文明

该书收入向达 23 篇论文，论文性质大多与中西交通有关，系在唐代中外文化关系史、西南少数民族史、敦煌学、目录学方面的研究成果。

中国古代社会史论

侯外庐所撰《中国古代社会史论》凡 14 章，重点研究亚细亚生产方式理论、中国古代文明起源、中国古代的“城市国家”、中国古代社会阶级结构、中国古代社会形态意识、中国古代秦国文明的源流、中国古代的变法运动等。

3

穹庐集

韩儒林研究蒙、藏、突厥、波斯、拉丁等语言文字和历史，成就卓著。该书系韩儒林晚年亲自编定的学术论文集。收入 1940 年至 1981 年间发表的 34 篇论文，反映了对蒙古史、元史、突厥诸族史、西藏史、西域、西夏、女真以及中俄关系方面的研究成果。

中国历史纲要

尚钺主编的《中国历史纲要》是解放后一部简明畅晓的中国通史，数千年的政治经济文化一脉贯穿，眉目清楚、繁简适中，有日、俄、波兰文译本。

中国史探研

该书是齐思和生前亲自从过去所写的大量关于中国历史的论文中选录出来的一部分，计 28 篇。包括中国古代史方面的 20 篇、中国近代史方面的 5 篇、中西交通史方面的 3 篇，可说篇篇均是学术研究上的精品。

北宋政治改革家王安石

邓广铭在该书中论述了北宋政治改革家王安石的改革生涯，独特风貌和一代改革家的高大形象：体现王安石的“‘三不足’精神”；对于“吞灭西夏、契丹统一中国的战略设想”和“摧制豪强兼并”与“欲富天下则资之天地的主张和实践”。

朱元璋传

吴晗在该书中对传主元末农民战争的杰出领袖、明王朝开国皇帝朱元璋作出了实事求是的科学评价。

民族宗教论集

该书精选白寿彝研究民族、宗教等方面的论文多篇，有重要学术价值。

中法越南关系始末

该书系邵循正尽可能地利用中国自己的档案资料、写成的第一部中国人自己的中外关系史。

考古学论文集（外一种）

该书所收夏鼐《考古学论文集》，集结的是他四五十年代的主要论著。内容包括中国史前考古学和汉唐时代考古研究两个方面。《考古学和科学史》一书集结了他从60年代初期开始，利用考古学资料，运用考古学方法，创造性地研讨中国古代科学技术成就的重要论著。

4

13.《二十世纪中国史学名著》版式说明（1—7稿）（7件，其中存目6件）

13—⑦《二十世纪中国史学名著》

七稿（定稿）

版式说明（定稿）

2000.7.31

应有具体版式样张

一、版心：26×26，小四对开，大32开本

二、总序：1 题用2”H，占12行，上空7行顶格，下加反线；

2 作者名5H，占2行，居右空2字；

3 二级题用4XBS，文用5K，26×26字；

4 文尾署名及日期用5”SS；

5 书眉：首页文武线，以下反线。

三、前言：同总序（略）

四、目录：1 题用2”XBS，居中占5行，上空4行；

2 “出版说明”“总序”“凡例”用4”DBS；

3 “前言”用4”DBS，与上述三项空一行；

4 总书名用5，4DBS，居中占2行；

5 著述要目用4”K，与上空一行；

6 篇（章）名用5XBS，副题用5F，回行空2格；章名用5SS；节用5K；

全书的“跋语”“后记”等用4”K；

7 插图目录（另附）：4”K，居左；其下内容：5SS，前空一格；

8 标点一律用半角符号；页码均加圆括号；

9 上下卷的“上”、“下”：4”准圆，居中，占2行。

五、正文：1 正文用5SS，26行×26字；

2 编（总书名）题用0,1 XBS，居中，上空4行，占一页，背白；暗码；

篇题（BT1）用2”XBS，居中占5行，上空4行；其副题用3F；

全书的“跋语”“后记”用2”F，居中占5行，上空4行；

章题（BT2）用4XBS，居中占3行，其副题用4F；紧随题文字用5”KSS；

篇下的“附录”（题），4XBS，居左占3行；

节题（BT3）用5XBS，居中占2行；随题文字5”SS，

节下（BT4）用5H，居中占2行；

图说：5”SS或5”F；　“上、下卷”字样不在正文出现，在分卷处加“内封页；

插图需折页的，可不排页码；如占了页码的，暗码，从单页排起。

3 著述要目：题用2”XBS，居中占5行，上空4行；

著作、论文：3SS，居中占7行；随后的文字，用5K；

书名：5H，副题用5F，前顶格；说明文字：5SS，前空2字，回行与上齐；

排序：书名（译著）、资料出处、时间，各项之间空一字；

年月标示：1971~1973年　　1971年1月~1973年1月

标点一律用半角符号。

4 随文注（括号内的），不变体；

5 文末出处及日期用5”SS，居右空两字，不加句号；

6 引文：5K；首行空4字，回行空2字；引文尾注释：6SS；随文注，不变体；

7 注中数字标示：两位、三位均为汉字单字（期刊号除外），如“二二”、“一

三六”等；两页码之间连接用“～”；
8 注文用 6SS，文中《 》、（ ）均排半角符号；
9 小传：作者名用 5H，前空 2 字；生卒年月连接用“～”号，与文空半字；
10 期刊号均用整位表示：如“二十二”。

六、书眉：1 总书题页无眉线；
2 篇题页用文武线，无眉说；
3 以下各级题页均为反线，眉说上书名（篇题）、章题（单页）；
4 眉说用 5”SS；
5 眉题除“总序”用“二十世纪中国史学名著”（双）、“总序”（单）外，其他用书名(双页)，章名(单页)；
~~6 目录书眉：总书题（外×种）（双页），目录（单页）；~~
6 “前言”“目录”“著述要目”书眉不论单、双页，均用自题（对称）。

七、插页：1 照片：上加虚线、书名（5，6K）撑满行；高 55mm，虚边；
2 小传：作者名：5，6H；紧跟生卒年月：5，6BZ；正文 5，6F，与前空半字；
3 页末：居右排书名，6H，下加虚线；（外几种）：6F；
4 书影、手迹：左上角，竖排丛书名，6H，下加虚线；
图片下说明文字：5”K；

二 十 世 纪 中 国 史 学 名 著　　⊙××××××（外×种）

7.31

14.《二十世纪中国史学名著》版式样张（1件）

《二十世纪中国史学名著》版式样张

目　　录

小2号小标宋
占5行，上空4行

小4号大标宋

5号宋体

青铜时代

5，4号大标宋·居中占2行

5号小标宋

4　二十世纪中国史学名著

十批判书

5，4号大标宋，居中占2行

郭沫若先生著作要目

5，4号大标宋，居中占2行

《中国古代社会研究》 5号黑体，下同

上海联合书店影印　1930年3月。

《甲骨文字研究》

上海大东书局影印　1931年5月。

《殷周青铜器铭文研究》

海大东书局影印　1931年6月。

《两周金文辞大系图录考释》

日本东京文求堂影印　1932 年 1 月

《金文丛考》

日本东京文求堂影印　1932 年 8 月。

《〈卜辞通纂〉附考释索引》

日本东应该文求堂影印　1933 年 5 月。

《古代铭刻汇考》

日本东应该文求堂影印　1933 年 12 月。

《古代铭刻汇考续编》

日本东应该文求堂影印　1934 年 5 月。

《两周金文辞大系图录》

日本东应该文求堂影印　1935 年 3 月。

《两周金文辞大系考释》

日本东应该文求堂影印　1935 年 8 月。

《殷契粹编附考释索引》

日本东应该文求堂影印　1937 年 5 月。

《石鼓文研究》

长沙商务印书馆　1939 年 7 月。

《青铜时代》

重庆文治出版社　1945 年 3 月。

《十批判书》

重庆群益出版社　1945 年 9 月。

《历史人物》

上海海燕书店印行　1947 年 8 月。

《奴隶制时代》

上海新文艺出版社　1952年6月。

《管子集校》　（整理）

科学出版社　1956年3月。

《〈盐铁论〉读本》　（点校）

科学出版社　1957年6月。

《李白与杜甫》

人民文学出入社　1971年10月。

《出土文物二三事》　（参古论文集）

人民出版社　1973年10月。

《史学论集》　（史学论文集）

载《郭沫若全集》历史编，第三卷，

人民出版社　1984年8月。

15.《二十世纪中国史学名著》版式样张举例（1件）

版式样张

1

总　　序

小2号黑体，
占12行，上空7行顶格

5号黑体，
占2行

← 戴　逸

5号楷体

二十世纪即将过去，二十一世纪即将到来。回顾过去一个世纪的中国历史学，它经历了曲折崎岖的路程，也取得了伟大丰厚的成绩。这一百年内产生了许多杰出的历史学家，像王国维、梁启超、陈垣、陈寅恪、胡适、顾颉刚、钱穆、郭沫若、范文澜、剪伯赞、吕振羽、侯外庐等等，这是中国历史上少有的情况。杰出的历史学家，一百年出不了几个。司马迁死后一百多年，产生了班固；班固死后五十多年产生了荀说；又过了八十多年产生了陈寿。十一世纪产生了欧阳修和司马光及其助手刘恕、刘邠与范祖禹，十二世纪才产生了郑樵。十八世纪历史学家比较多，像赵翼、钱大昕、王鸣盛、全祖望、章学试等等。二十世纪的历史学家就更多了，代表各卷以此为准。

2　二十世纪中国史学名著　小5号宋体　下同

作也比较多。最重要的是：在二十世纪前期，传统史学完成了向近代史学的过渡。我们这个世纪的历史学成绩很大，名家辈出，成果丰硕，对此绝不能妄自菲薄。同时，二十世纪发现的史料大大促进了本世纪史学的发展，这也是过去所没有的。汉代孔壁里发现了《古文尚书》，西晋时在战国魏墓中发现了《竹书纪年》，这在学术史上，均可大书特书。但在古代这种重大发现数量不算多，时间间隔也很长。二十世纪史料的发现是过去任何时代不能相比的，是大批的、连续的、重大的发现；从古到今都有，极为丰富。一是二十世纪初发现了甲骨文，又有金文即钟鼎文（金石文字从宋以后已有不少发现），产生了王国维、罗振玉、李济、郭沫若、董作宾、胡厚宣等一大批研究专家。如果没有甲骨文、金文的发现，他们的成绩就不会那么大。二是帛书和简牍的发现。长沙马王堆帛书和山东临沂、湖北云梦、甘肃居延等地简牍的出土；对先秦史和秦汉史研究具有重大意义，产生了劳幹等研究专家。三是敦煌文书的发现，促进了魏晋南北朝、隋唐以及宋、西夏历史研究的深入，丰富了中国历史的内容，产生出陈寅恪、常书鸿、唐长孺等一大批学者。四是外文材料以及少数民族文字如蒙文、满文等材料的发掘利用，扩大了中国史学研究范围，产生出陈垣、冯承钧、韩儒林、向达等一批蒙元史、中外交通史以及世界史研究专家。五是明清档案，这部分材料极其丰富，有上千万件，有的一件材料就能装一汽车，管理这批档案的工作人员就多达二百人；研究专家则有孟森、郑天挺、王鍾翰等。有的学者非常重视史料，例如傅斯年，说史料就是史学，这个说法不一定很合适，但是强调史料的重

郭沫若（1892—1978）原名郭开贞，曾名鼎堂，号尚武。四川乐山人。1923年毕业于日本九洲帝国大学医科。1926年任广东大学文学院院长，并参加北伐战争，任国民革命军总政治部副主任。次年参加南昌起义，并加入中国共产党。1928年旅居日本，研究甲骨文、金文和中国古史。抗日战争爆发后回国，组织和团结进步文化人士，从事救亡运动。中华人民共和国成立后，历任政务院副总理兼文化教育委员会主任、中国科学院院长兼哲学社会科学部主任、历史研究所第一所所长、中国科技大学校长、中国文联主席、中国人民保卫世界和平委员会主席等职，并任一至五居全国人民代表大会常务委员会副委员长、全国政协二、三、五届副主席。一生著作被辑为《郭沫若全集》三十八卷，其中《文学编》二十卷、《历史编》八卷、《考古编》十卷。

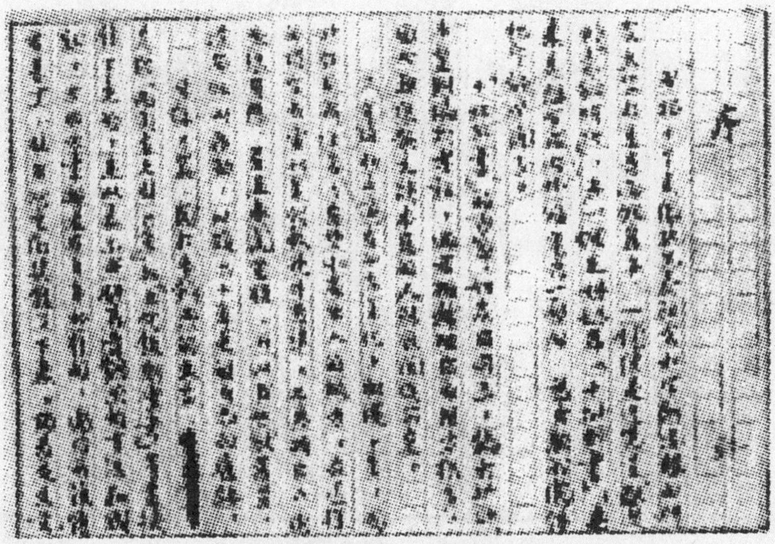

《青铜时代·序》 作者手稿

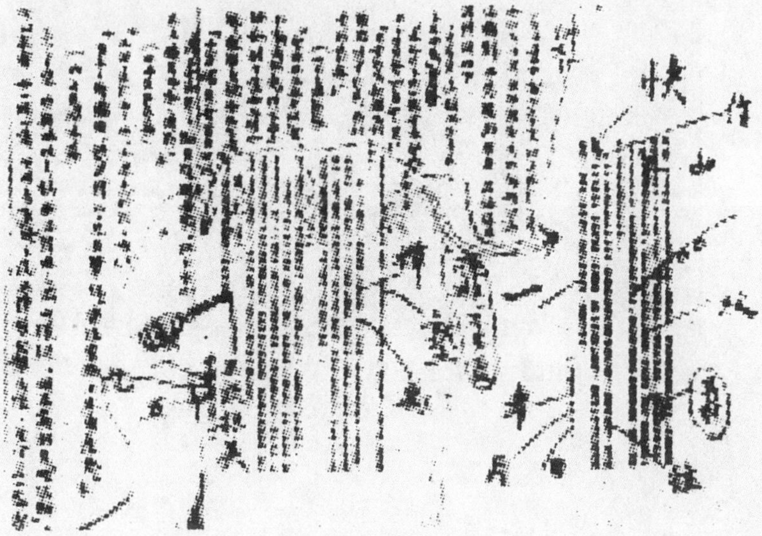

《十批判书》 校样

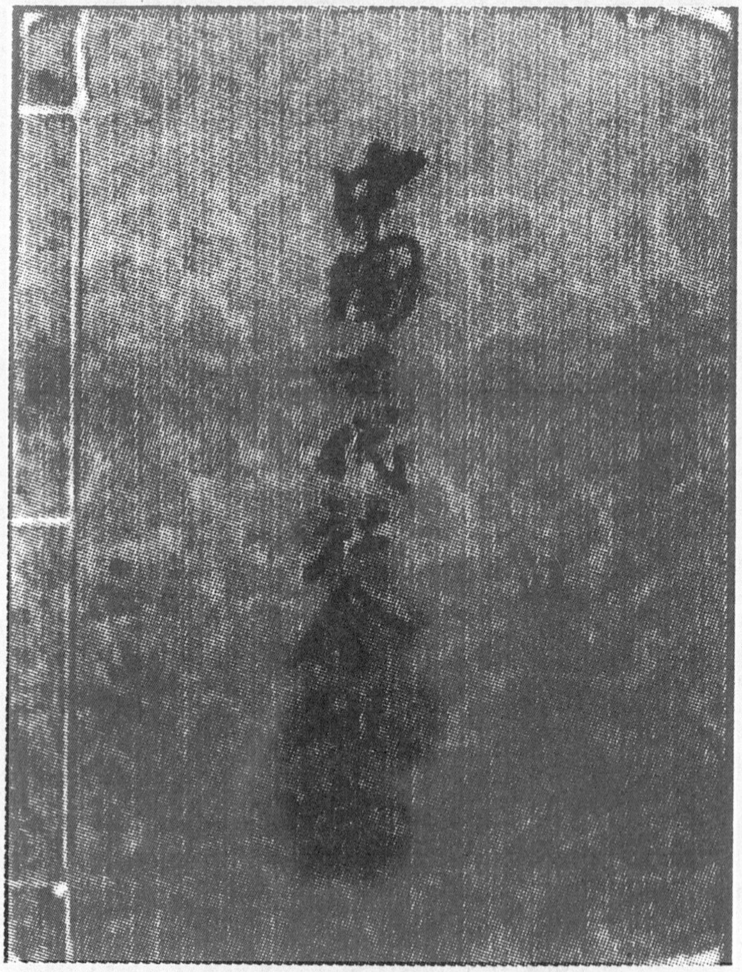

《中国古代社会研究》一九三〇年三月上海
联合书店初版本书影

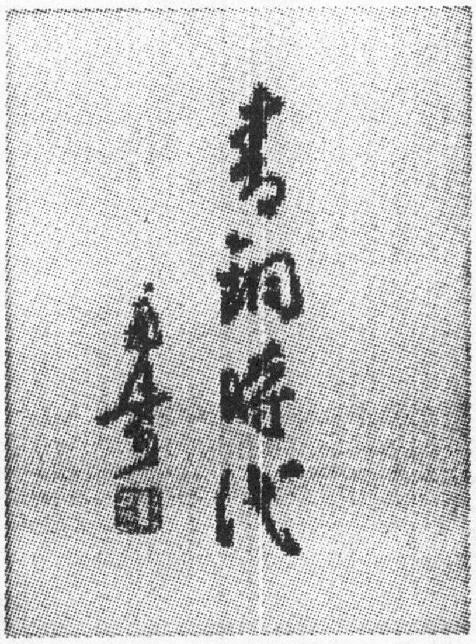

《青铜时代》 一九四五年三月重庆文治出版社初版本书影

《十批判书》 一九四五年九月重庆群益出版社初版本书影

1

前　　言　小2号黑体，占12行，上空7行顶格

黄　烈

5号黑体，占2行

一、生平　5号黑体，占2行

5号楷体　郭沫若1892年出年于四川乐山，为了求得新知识，于1914年赴日留学，习医。五四运动时期参加反帝反封建的文化活动，1919年开始发表新体诗，1921年第一部新诗集《女神》出版。1921年与成仿吾等人组成著名文学团体创造社。1924年译出河上肇《社会组织与社会革命》。在此期间郭沫若由民主主义者转变为马克思主义者。积极倡导革命文学运

动。[1]1926年南下广州参加北伐，任国民革命军总政治部副主任。1927年蒋介石发动反共清党前夕，郭沫若公开发表《请看今日之蒋介石》一文，声讨蒋介石，随即受蒋通缉。同年8月参加南昌起义，在南下途中加入中国共产党。

1928年再次东渡日本，从事中国古代史和甲骨文、金文的研究。1930年集结出版《中国古代社会研究》，为我国马克思主义史学的开山之作。并陆续推出《甲骨文字研究》、《卜辞通纂》等甲骨文著作。以及《两周金文辞大系》等金文著作。

1932年，抗战开始，郭沫若回到国内。1938年任军事委员会政治部第三厅厅长，在周恩来的直接领导下组织和团结在国民党统治区的爱国进步文化人士，从事抗日救亡运动。1940年政治部改组，郭沫若任文化工作委员会主任。有更多闲暇从事史学研究，历史剧创作和诗文写作。出版了《青铜时代》、《十批判书》等名著。1944年发表《甲申三百年祭》，纪念明末农民起义，被中共定为整风文件。他所编著的历史剧《屈原》、《虎符》等，以及大量诗文，对鼓舞人民革命斗志产生了巨大影响。抗战胜利后，他对蒋介石独裁统治及其发动内战的图谋进行了尖锐的斗争，团结了一大批文化界的爱国民主人士为新中国的诞生而奋斗。

1949年北平解放后被选为全国文联主席。新中国成立后，历任中央人民政府委员、政务院副总理兼文化教育委员

[1]《革命文学》作于1926年4月13日，原载1926年《创造月刊》1卷3期，收入《郭沫若全集·文学编》第16卷。

会主任、中国科学院院长兼哲学社会科学部主任、全国人民代表大会常务委员会副委员长、政协全国委员会副主席等，以及诸多社会职务。他在政繁忙、社会活动频仍的情况下，继续进行史学研究和文学创作，1952 年出版《奴隶制时代》，1954 年出版《管子集校》。[①] 他还编著了历史剧《蔡文姬》等，并写出大量诗歌散文。"文化大革命"期间受到四人帮的迫害。1978 年 3 月抱病出席全国科学大会，闭幕式上，发表书面讲话，欢呼"科学的春天到来了"。同年 6 月 12 日郭沫若心脏停止了跳动，享年 83 岁。

郭沫若是我国学术界的一代宗师，才华横溢，著作等身。在历史学、考古学、古文字学、文学上都作出了杰出贡献。本文仅就他的几部史学著作，略作评介。

二、《中国古代社会研究》及其后续研究

5号黑体，占2行

梁起超曾经说："中国在各种学科中，唯史学最为发达；史学在世界各国中，唯中国最为发达。[②] 在过去的时代确实如此。甲骨文中的支干纪事，[③] 可以说是中国文学史的开端，说明中国史学源远流长。

近入现代，人们知识面扩大，视野展开，更重要的是我国处在大变革的时代，有识之士 纷指出旧史学的种种弊端，追求史学的革新。大致有三个方面，一探索新的方向；二搜

6号宋体

① 系根据许维遹、闻一多旧稿，大量扩充整理而成。

② 《中国历史研究法》，《饮冰室合集・专集》第 16 册。

③ 《甲骨文字研究・释支干》，《郭沫若全集・考古篇》第 1 卷。

罗新的史料；三寻求新的方法。

前者以梁启超为代表。他提出过史学的三层次，最高层次为："历史者，叙述人群进代之现象而求得其公理公例者也"。[1] 他的这一思路，为新史学提出了一个正确的目标。但他以社会达尔文主义为武器自然难以达到。

后二者以王国维为代表，他对甲骨文、汉晋简牍等史料的发掘和研究，二重证据法的提出和应用作出了卓越贡献。但在探求人类进化的历史法则中则无能为力。

引导中国史学进行全面革新，吸收一切有益的新史学成果的是马克思主义史学。革命先驱者李大钊1924年出版的《史学要论》是第一部系统阐释唯物史观的史学理论著作，但他还没来得及把唯物史观运用于中国历史的具体研究就牺牲了。在马克思主义指导下研究中国古代社会、中国古代史而作出了创造性贡献的，郭沫若应是第一人。他1928年开始写作、1930年汇集出版的《中国古代社会研究》[2]是第一部应用唯物史观写出的中国古代支著作。

在作为《古社》导论的《中国社会之历史的发展阶段》一文中，郭沫若提出了中国社会历史发展的四个阶段：

西周前为原始公社制；西周时代为奴隶制；春秋以后为封建制；最近百年为资本制。与此相应中国有三次社会革命：

第一次奴隶制革命在殷周之际；第二次封建制革命在周秦之际，第三次资本制革命在清代末年。

---

① 《饮冰室合集·文集》第4册。

② 为节省篇幅，以下《中国古代社会史研究》在文中一律称为《古社》。

对立之外又析出"国家本位"[①]"个人本位。"[②]按照以上标准，郭沫若说："大体上说来，孔孟之徒是以人民为本位的，墨子之徒是以帝王为本位的，老、庄之徒是以个人为本位的"[③]法家则有前后期之分，前期法家大体上为"国家单位"，后期法家则为"君主本位"。这些区分是就各家各派的基本立场而言。这样就把先秦诸子从源流、渗透、融汇中所出现的复杂变化，和混杂状况，理出一些清淅的不同顷向。例如在儒墨两家的研究中，郭沫若说："我之所以比较推崇孔子和孟柯，是因为他们的思想在各家中比较富于人民本位的色彩"[④]。相反，昌子之徒是以帝王为本位的。郭沫若褒儒贬墨，在当时曾引起很大争议。但他坚持己见，保持了在学术上不怕违众的风格。

早在1921年，郭沫若在《我国思想史上之澎湃城》一文中，就提出过"人民本位"[⑤]实际上是指尊重人民基本权利的民主思想。他推崇孔子、老子，贬斥墨子的基本态度也是在二十年代已基本确定。到了四十年代，他对人民本位的内容与二十年代的民主观已有不同，而与当时历史条件下人民的根本利益和社会发展的需要密切结合。这就构成了其存在的合理性。"人民本位"是郭沫若的一个创造，其大体精神是容易理解的，但在使用这个概念时也容易出现片面性和简单化

① 《前期法家的批判》，《郭沫若全集·历史篇》第22卷313页。

② 《先秦无道观之进展》，《郭沫若全集·历史篇》第1卷363页。

③ 《青铜时代·后记》，《郭沫若全集·历史篇》第1卷615页。

④ 《十批判书·后记》，《郭沫若全集·历史篇》第2卷482页。

⑤ 原载1921年5月《学艺杂志》第3卷第1号，北京农业工程大学《社会科学学报》1989年总第6期转载。

的弊端，例如对孔子和墨子的评价就多少带有一些片面性，有失公允。对秦始皇揭露其残暴的一面，理所当然，但低估了其统一全国的历史功绩，就给人留下遗憾了。进入五十年代郭沫若已不再提“人民本位”。对秦始皇也重新作了评价。所谓《十批》不是好文章，也是以偏概全，同样带有片面性。

1997 年 6 月 8 日于北京

小 5 号宋体

0，1 小标宋，
居中，上空 4 行

中国古代社会研究

一九五四年新版引言

小2号小标宋
占5行，上空4行

5号宋体

《中国古代社会研究》出版以来二十四年了。七年前曾经改排过一次，有所删改。现在改由人民出版社出版，又重新改排一次。感谢出版社的同志们，费了很大的工夫从事整理，核对引文，校勘全著，订正了不少文字上的错误。

我自己趁这个机会也仔细校阅了一遍，又在相当大的范围内，加添了好些改正。首先是我把篇目改还了原样。初版的篇目，除《导论》和《附录》外，是依据研究的先后次第排列的。上次改排时我改编了一次，依据了研究内容的时代先后。这样的改编是不很妥当的，因为只是一些初步的研究文字的汇集，不依照写作先后排列，便看不出研究路径的进展。因此，改还原样要比较合理一些。

本书的再度改排是着重在它的历史意义上。这是"用科学的历史观点研究和解释历史"的草创时期的东西，它在中国古代的社会机构和意识形态的分析和批判上虽然贡献了一些新的见解，但主要由于材料的时代性未能划分清楚，却轻率地提出了好些错误的结论。这些本质上的错误，二十几年

自　序

小2号小标宋
占5行，上空4行

对于未来社会的待望逼迫着我们不能不生出清算过往社会的要求。古人说："前事不忘，后事之师。"认清楚过往的来程也正好决定我们未来的去向。

只要是一个人体，他的发展，无论是红黄黑白，大抵相同。

由人所组织成的社会也正是一样。

中国人有一句口头禅，说是"我们的国情不同"。这种民族的偏见差不多各个民族都有。

然而中国人不是神，也不是猴子，中国人所组成的社会不应该有甚么不同。

我们的要求就是要用人的观点来观察中国的社会，但这必要的条件是需要我们跳出一切成见的圈子。

中国的社会固定在封建制度之下已经二千多年，所有中国的社会史料，特别是关于封建制度以前的古代，大抵为历来御用学者所湮没，改造，曲解。

在封建思想之下训练传统了二千多年的我们，我们的眼睛每人都成了近视。有的甚至是害了白内障，成了明盲。

已经盲了，自然无法挽回。还在近视的程度中，我们应该用近代的科学方法来及早疗治。

已经在科学发明了的时代，你难道得了眼病，还是要去找寻穷乡僻境的巫觋？

已经是科学发明了的时代，你为甚么还锢蔽在封建社会的思想的囚牢？

巫觋已经不是我们再去拜求的时候，就是在近代资本制度下新起的骗钱的医生，我们也应该要联结成一个拒疗同盟。

胡适的《中国哲学史大纲》，在中国的新学界上也支配了几年，但那对于中国古代的实际情形，几曾摸着了一些儿边际？社会的来源既未认清，思想的发生自无从说起。所以我们对于他所“整理”过的一些过程，全部都有重新“批判”的必要。

我们的“批判”有异于他们的“整理”。

“整理”的究极目标是在“实事求是”，我们的“批判”精神是要在“实事之中求其所以是”。

“整理”的方法所能做到的是“知其然”，我们的“批判”精神是要“知其所以然”。

“整理”自是“批判”过程所必经的一步，然而它不能成为我们所应该局限的一步。

在中国的文化史上实际做了一番整理工夫的要算是以清代遗臣自任的罗振玉，特别是在前两年跳水死了的王国维。

王国维一生的学业结晶在他的《观堂集林》和最近所出的名目实远不及《观堂集林》四字冠冕的《海宁王忠悫公遗

解　　题

小2号小标宋
占5行，上空4行

一　本书所集各篇均非一时之作。导论《中国社会之历史的发展阶段》在去年的《思想》四期上发表过。作时的目的原无心作为本书之导论，以其性质相近，故收于此。

二　第一第二两篇关于《诗》、《书》、《易》的研究，从去年九十月间到最近，在杜衎的化名之下蒙《东方杂志》连续地登载了出来，这是应该感谢的一件事。

三　以上三篇大率均是我在未十分研究甲骨文字及金文以前的作品，在发表当时很有一些分析错误或论证不充分的地方。错误处在本书中业已改削，论证不充分之处则别出案语以补足之，期以保存原有状态。

四　第三篇《卜辞中的古代社会》亦非一时之作，其中所引用文字有前人著书未经解释者，率见拙作《甲骨文字研究》一书。此为避烦及便于印刷起见，概未重加解释。

五　第四篇《周代彝铭中的社会史观》乃新近之作。这个命题本非本书中简单一篇文字所能了结，然以种种物质上的关系不能久作勾留。

12　二十世纪中国史学名著

六　因作者生活的不自由，参考书籍的缺乏，及其它种种纸笔所难写出的有形无形的艰难迫害，使本书的叙述每多草率粗糙的地方，作者自己亦不能认为满足。然而大概的路径自信是没有错误，希望更有时间更有自由的同志继续作详细的探求。

七　本书出版全靠李一氓兄督促斡旋，各种参考书籍的搜集也多靠他，我特别向他感谢。

一九二九年九月二十一日

小5号宋体

导论　中国社会之历史的发展阶段

小2号小标宋
占5行，上空4行

一　社会发展之一般

4号小标宋
占3行

人类社会的发展是以经济基础的发展为前提，这已经是成了众所周知的事实了。

而人类经济的发展却依他的工具的发展为前提。大抵在人类只知道利用石器或用青铜器的时候，他的产业是只能限于渔猎和牧畜，他所能加工于自然物的力量只能有这一点。当时的社会便是由动物般的群居生活进化到以母系为中心的氏族社会。

原始的人只知有母而不知有父，这在欧洲是前世纪的后半期才发现了的。但在中国是已经老早有人倡道了。《吕氏春秋》的《恃君览》上说："昔太古尝无君矣，其民聚生群处，知母不知父，无亲戚兄弟夫妻男女之别。"所以这种学说在我们中国应该是并不稀奇，并不是那样可以使人惊骇的。不过中国的古人只知道有那种生活的现象而没有人详细地去研究过那种原始社会的各种结构，在这儿我们仍然不能不多谢近代的学者，特别是美国的摩尔根（Morgan）与德国的恩格斯（Engels）了。

摩尔根费了他毕生的精力研究美洲土人的生活而成《古代社会》（“Ancient Society”，1877）一书，恩格斯更依据马克思的遗嘱把它缩写成《家庭、私有制和国家的起源》（“Der Ursprung der Familie，des Privateigentums und des Staats”，1884）。在恩格斯的书名上已经表得很明白，这几位先进是把古代社会的秘密——特别是由氏族社会转移到国家组织的变迁，已经剔发了出来。这两部书在不久的将来一定有介绍到中国来的时候，我只就在本文的前进上有几个必须知道的准备知识，把它撮录在下边。

第一，婚姻的进化是由杂交而纯粹的血族结婚而亚血族结婚而成最后的一夫一妇。在氏族社会的初期是纯粹的血族结婚。就是在同一母系之下的一切男女自然成为配偶。这种交媾的方式经过不知若干年辰的经验，知道了会发生不良的种子，于是才渐渐地加以限制——含有优生学的意义的限制。起初大约以年龄为限，就是在侪辈同一的男女彼此配合，就是同胞的兄弟姊妹自然成为混合的夫妇。更进便成了有名的亚血族结婚，这在摩尔根和恩格斯的书中是称为“彭那鲁亚家族”（Punaluan family，Punaluafami-lie）。这是摩尔根的最大的一个发现。

摩尔根在研究美洲土人的家族制度的时候，他发现出他们有一种奇怪的遗习，便是父之兄弟与母之姊妹之子皆为子，彼此间亦称为兄弟姊妹。父之姊妹与母之兄弟之子则皆为犹

第一篇　《周易》时代的社会生活

小2号小标宋
占5行，上空4行

发　　端

4号小标宋
占3行

《周易》是一座神秘的殿堂。

因为它自己是一些神秘的砖块——八卦——所砌成，同时又加以后人的三圣四圣的几尊偶像的塑造，于是这座殿堂一直到二十世纪的现代都还发着神秘的幽光。

神秘作为神秘而盲目地赞仰或规避都是所以神秘其神秘。

神秘最怕太阳，神秘最怕觌面。

把金字塔打开，你可以看见那里只是一些泰古时代的木乃伊的尸骸。

第一章　《周易》时代的社会生活

4号小标宋
占3行

《周易》相传是三圣的秘籍，就是伏羲画卦，文王重卦，周公作爻辞。更加上孔子的“十翼”便成为四圣．或者把周公挤掉．仍保存三圣的名目。

伏羲画卦在《易传》上本来是有明文的——“古者包牺氏之王天下也……于是始作八卦。”但这明明是神话性的传说。

八卦的根柢我们很鲜明地可以看出是古代生殖器崇拜的孑遗。画一以象男根，分而为二以象女阴，所以由此而演出男女、父母、阴阳、刚柔、天地的观念。

古人数字的观念以三为最多，三为最神秘（三光、三才、三纲、三宝、三元、三品、三官大帝、三身、三世、三位一体、三种神器等等)。由一阴一阳的一划错综重叠而成三，刚好可以得出八种不同的方式。这和《洛书》的由一二三四五六七八九配合而成魔术方乘一样。这种偶然的发现，而且十二分的凑巧，在古人看来是怎样的神奇，怎样的神秘哟！于是乎《河图》《洛书》的传说便一样地生了出来。八卦就这样得着二重的秘密性：一重是生殖器的秘密，二重是数学的秘密。

数学的程度渐渐进化，晓得三三相重，八八更可以得六十四种不同的方式了，于是乎数学的秘密更加浓重起来；一百九十二片的长砖（阳爻）和三百八十四片的短砖（阴爻)[1]便一片一片地都发出神秘的声音，神秘的天启来了。这便是重卦，这便是系辞，这便是《周易》之所以产生。它的父亲

[1] 六十四卦，卦各六爻，共三百八十四爻，阴阳各半，阴爻是分而为二的，故此戏称为一百九十二片长砖，三百八十四片短砖。

忠，当然是囚在羑里的时候，于是便是“文王拘而作《周易》”了。羑里《史记》作牖里。文王重卦之说固定以后，《易·坎》六四的“纳约自牖”一句，公然也就成为文王的监狱了。这牵强的程度是怎样的可笑呢？

再来说周公。

《正义序》上说：马融、陆绩等说“卦辞文王，爻辞周公”。更后的，连卦辞也说是文王做的了。重卦说都不可靠，这当然更不可靠。周公呢？大约自《左传》上得来。

> 晋侯使韩宣子来聘，……观书于太史氏，见《易象》与鲁《春秋》，曰：“周礼尽在鲁矣，吾乃今知周公之德与周之所以王也。”
>
> ——《左传》昭二年

这不必就是周公作《易象》的证据。本来《左传》自身与其认为史乘，毋宁认为小说。但这儿的见《易象》而赞美周公与周室，可以说是赞美他们晓得神道设教，或者是晓得提倡文化——因为宗教神话就是当时的文化。所以我们照文字解释，也不能就确实生出周公作《易象》的断案来。但是后人终于把它断定下去了。

周公是多材多艺的。他是孔二先生所时常“梦见”的圣人，而且又稍稍后于箕子，又有韩宣子那句话作根据，于是乎神殿中的三尊神像便完全塑造成器了。

但最奇特的是那样心醉周公、相传是《易传》作者的孔二先生，在《易传》中却没有提及周公一个字。这大约是孔老二的疏忽吧。

第一节　生活的基础

5号小标宋，占2行

《易经》是古代卜筮的底本，就跟我们现代的各种神祠佛寺的灵签符咒一样，它的作者不必是一个人，作的时期也不必是一个时代。全体六十四卦，三百八十四爻。卦有卦辞，爻有爻辞，合乾卦的用九，坤卦的用六，一共有四百五十项文句。这些文句除强半是极抽象、极简单的观念文字之外，大抵是一些现实社会的生活。这些生活在当时一定是现存着的。所以如果把这些表示现实生活的文句分门别类地划分出它们的主从出来，我们可以得到当时的一个社会生活的状况和一切精神生产的模型。让《易经》自己来讲《易经》，揭去后人所加上的一切神秘的衣裳，我们可以看出那是怎样的一个原始人在作裸体跳舞。

一　渔　猎

5号黑体，占2行

“即鹿无虞，惟入于林中。”(《屯》六三)

“田有禽，利执言。”(《师》六五)

“王用三驱，失前禽。”(《比》九五)

“履虎尾，不咥人。”(《履》彖辞)[1]

“噬干胏，得金矢。”(《噬嗑》九四)

“噬干肉，得黄金。”(同上六五)

6号宋体

肉中得矢当然是从畋猎得来，黄金当即金矢，此处所谓金即是铜。铁的发现一般在铜后，全经中并无铁字。

① 此疑死虎，故列入此项。

"贯鱼，以宫人宠。"(《剥》六五)[1]

"良马逐。"(《大畜》九三)

"虎视眈眈，其欲逐逐。"(《颐》六四)[2]

"田无禽。"(《恒》九四)

"明夷于南狩，得其大首。"(《明夷》九三)

"田获三狐，得黄矢。"(《解》九二)[3]

"公用射隼于高墉之上，获之。"(《解》上六)

"包（庖）有鱼。"(《姤》九二)

"包无鱼。"(《姤》九四)

"井谷射鲋。"(《井》九二)

"雉膏不食。"(《鼎》九三)

"鸿渐于磐。饮食衎衎。"(《渐》六二)

"鸿渐于木，或得其桷。"(《渐》六四)

"鸿渐于陆，其羽可用为仪。"(《渐》上九)

"射雉，一矢亡。"(《旅》六五)

"田获三品。"(《巽》六四)

"公弋，取彼在穴。"(《小过》六五)

象这样可以列于渔猎一项的文句最多，然猎者每言王公出马，而猎具又用着良马之类，所猎多系禽鱼狐鹿，绝少猛兽，可知渔猎已成游乐化，而牧畜已久经发明。惟此有可注

① 宫人当即家人，《困》六三："困于石，据于蒺藜，入于其宫，不见其妻，"宫不一定是王宫。——作者注

② 此项现象不是人猎虎，便是虎猎人，原始时代的人原是为猛兽所猎的。——作者注

③ 黄矢即金矢，为铜所制。——作者注

意之事项：

猎具系弓矢，矢是黄色的金属，当时还是铜器时代。

无网罟之类的文字，这与后列耕植一项相印证，疑是桑麻之业尚未发达的原故。（《大壮》九三“小人用壮，君子用罔”的罔字可训作网，此条存疑。）

二 牧 畜

5号黑体，占2行

“或系之牛，行人之得，邑人之灾。”（《无妄》六三）

“童牛之牿。”（《大畜》六四）

“■豕之牙。”（《大畜》六五）[①]

“畜牝牛。”（《离》彖辞）

“羝羊触藩，羸其角。”（《大壮》九三）

“藩决不羸，壮于大舆之■。”（《大壮》九四）

“丧羊于易。”（《大壮》六五）[②]

“羝羊触藩，不能退，不能遂。”（《大壮》上六）

“康侯用锡马蕃庶，昼日三接。”（《晋》彖辞）

“丧马勿逐，自复。”（《睽》初九）

“见豕负涂。”（《睽》上九）

“牵羊悔亡。”（《夬》九四）

“系于金柅，……羸豕孚蹢躅。”（《姤》初六）

“女承筐，……士刲羊。”（《归妹》上六）

---

① 李道平以为■豕即幼豕（据《尔雅》），牙同杙。——作者注

② 易是疆埸，《释文》云：“陆作埸，谓埸坛也。”近人则说为有易，“丧牛于易”亦同，以王亥故事解之。——作者注

16.《二十世纪中国史学名著》作者书稿整理状态一览表（1件）

二十世纪中国史学名著（第一辑）

作者书稿整理状态一览表

① ✓书题名（以×标）
② ✓整理的（系新整理的）
③ ✓半整理的（系增补整理的）

著　作	作　者	评价者	联系人	备　注
中国古代史 （1933年商务，1955年三联，35万字）	夏曾佑 （1863—1924）	吴怀祺	周文玖	
明清史论著集刊 （1959年中华书局，1984年重印40万字）	孟　森 （1869—1937）	王钟翰	张　越	缺照片
中国历史研究法 （1924年上海商务，1996年东方出版社，8万字） 中国历史研究法补编 （1930年上海商务，1996年东方出版社，12万字） 清代学术概论 （1924年上海商务，1996年东方出版社，6万字）	梁启超 （1873—1929）	陈其泰	周文玖	
观堂集林 （1985年中华书局影印本，60万字）	王国维 （1877—1927）	李学勤	徐　勇	缺序言
古教四考 ✓ 明季滇黔佛教考（以8补） 宗教三书 回回教入中国史略 中国佛教史籍概论 （1955年科学出版社，1977年中华书局，8万字）	陈　垣 （1880—1971）	刘乃和	徐　勇	
隋唐史（上下册） （1982年中华书局，48万字）	岑仲勉 （1886—1961）	姜伯勤	秦进才	
中国史学史 （1944年重庆商务，1957年上海商务，1962年中华书局，23万字）	金毓黻 （1887—1962）	瞿林东	周文玖	

整理者

·1·

著　作	作　者	评价者	联系人	备　注
史学要论 （1924 年上海商务，1984 河北人民，4 万字） 附录　史学理论文选（15—20 万字）	李大钊 （1889—1927）	瞿林东	周文玖	
隋唐制度渊源略论稿 （1945 年重庆商务，1982 年上海古籍，10 万字） 唐代政治史述论稿 （1946 年上海商务，1982 年上海古籍，11 万字） ~~附录　论文（约 10 万字）~~ 元白诗笺证稿	陈寅恪 （1890—1969）		秦进才 张惠芝	
中国古代社会研究 （1930 年上海联合书店，1982 年人民出版社，19 万字） 青铜时代 （1945 年重庆文治出版社，1982 年人民出版社，19 万字） 十批判书 （1945 年重庆群益书社，1982 年人民出版社，30 万字） 附录　甲申三百年祭 （1944 年 3 月新华日报，1972 年人民出版社，1.8 万字）	郭沫若 （1892—1978）	黄　烈	周文玖	
古史论文选（暂名）	顾颉刚 （1893—1980）	刘起~~钦~~舒	徐　勇	
中国通史简编（60 万字）	范文澜 （1893—1969）	蔡美彪	周文玖 张惠芝	
先秦诸子系年 刘向歆父子年谱 （1930 年燕京学报第七期）	钱　穆 （1895—1990）	~~刘泽华~~ 郭齐勇	秦进才 张惠芝	
安阳 （1990 年中国社会科学出版社 15 万字） 附录　论文（约 15 万字）	李　济 （1896—1979）	李光谟	徐　勇	

著　作	作　者	评价者	联系人	备　注
历史哲学教程 （1947 年新知书店，1990 年北大出版社，14 万字） 附录　史学理论文选（约 15 万字）	翦伯赞 （1898—1968）	张传玺	张　越	
世界通史 中国社会史论（暂定） （1933 年上海新生命书局，1988 年齐鲁书社，60 万字）	周谷城 （1898—1996）	姜义华	徐　勇	
史前期中国社会研究 （1934 年北平人文书店，1980 年三联再版） 殷周时代的中国社会 （1936 年南京文化印刷社，1979 年三联再版）	吕振羽 （1900—1980）	桂遵义	张　越	
唐代长安与西域文明 （1933 年北京哈佛燕京学社，1957 年三联书店，全书 43 万字）	向　达 （1900—1966）	荣新江 张广达	秦进才	
中国古代社会史论 （1949 年上海三联，1955 年人民出版社 26 万字） 附录　论文（约 10 万字）	侯外庐 （1903—1987）	张岂之	张　越	
穹庐集 （1982 年上海人民，32 万字）	韩儒林 （1903—1983）	陈得芝	秦进才	
尚氏中国通史（60 万字） （纲要）	尚　钺	毛佩琦	周文玖	
中国史探研 （1981 年中华书局，46 万字）	齐思和 （1907—1981）	齐文颖 吴荣曾	徐　勇	钱存训 以后不能用
北宋政治改革家王安石（23 万字） 附录　论文（10 万字）	邓广铭 （（1907—1998）	漆　侠	张惠芝	

· 3 ·

著　　作	作　　者	评价者	联系人	备　注
朱元璋传(初版、三版) （1949 年北京三联初版，1965 年三联书店三版，1979 年重印，21 万字）	吴　晗 （1909—1969）	苏双碧	周文玖	
中法越南~~交涉~~关系始末 （1935 年清华大学，20 万字） 附录　论文(10 万字)	邵循正 （1909—1972）	张寄谦	张　越	缺照片 缺前言 （已完成，待发）
中国文明的起源 （1985 年文物出版社，插图 27，图版 32.8 万字） 考古学和科技史 （1979 年科学出版社，图版 30、20 万字）	夏　鼐 （1910—1985）	王世民	张　越	
长水粹编	谭其骧 （1911—1992）	葛剑雄	秦进才	
魏晋南北朝史论丛 （1955 年三联书店，31 万字） 魏晋南北朝史论丛续编 （1959 年三联书店，1978 年重印 13 万字）	唐长孺 （1911—1994）	朱　雷	秦进才	
尚书通论 （1957 年商务印书馆，1958 年中华书局，25 万字） 六国纪年 （1957 年上海人民，10 万字） 西周年代考 （1945 年重庆商务，1955 年重印）	陈梦家 （1911—1966）	~~赵光贤~~ 王世民	~~徐　勇~~ 张越	
甲骨学商史论丛初集 甲骨学商史论丛二集 （1944 年齐鲁大学国学研究所石印本，30 万字）	胡厚宣 （1911—1996）	~~裘锡圭~~ 胡振羽	张　越	

17.《二十世纪中国史学名著》发排、取稿、送样登记表（1件）

二十世纪中国史学名著选（第一辑）

发排取稿送样登记表

著　作	书　名
夏曾佑 1863–1924	中国古代史 （1933年商务，1955年三联，35万字）
~~罗振玉~~ ~~1864–1940~~	殷虚书契考释 （1914年影印王国维手写本，1927年东方学会增订本，3卷）
孟　森 1869–1937	明清史论著集刊 （1959年中华书局，1984年重印40万字）
梁启超 1873–1929	中国历史研究法 （1924年上海商务，1996年东方出版社，8万字） 中国历史研究法补编 （1930年上海商务，1996年东方出版社，12万字） 清代学术概论 （1924年上海商务，1996年东方出版社，6万字）
王国维 1877–1927	观堂集林 （1985年中华书局影印本，60万字）
陈　垣 1880–1971	古教四考 宗教三书 回回教入中国史略 中国佛教史籍概论 （1955年科学出版社，1977年中华书局，8万字）

岑仲勉 1886-1961	隋唐史（上下册） (1982年中华,48万字)
金毓黻 1887-1962	中国史学史 (1944年重庆商务，1957年上海商务，1962年中华,23万字)
李大钊 1889-1927	史学要论 (1924年上海商务,1984河北人民，4万字) 史学理论文选(15-20万字)
陈寅恪 1890-1969	隋唐制度渊源略论稿 (1945年重庆商务，1982年上海古籍，10万字) 唐代政治史述论稿 (1946年上海商务，1982年上海古籍，11万字) ~~附录(论文若干篇,约10万字)~~ 元白诗笺证稿
郭沫若 1892-1978	中国古代社会研究 (1930年上海联合书店，1982年人民出版社,19万字) 青铜时代 (1945年重庆文治出版社，1982年人民出版社,19万字) 十批判书 (1945年重庆群益书社，1982年人民出版社,30万字) [附录]甲申三百年祭 (1944年3月新华日报，1972年人民出版社,1万8千字)
顾颉刚 1893-1980	古史论文选（暂定名）

2

范文澜 1893–1969	中国近代史（上册） （1947年新华晋绥分店，1955年人民出版社，1979年第2次印刷，29万字） ［附录］ 关于中国历史上的一些问题 中国近代史的分期问题（一） 中国近代史的分期问题（二）	蔡 98.11.19
钱 穆 1895–1990	先秦诸子系年 刘向歆父子年谱 （1930年东京学报第七期）	蔡 98.5.26
李 济 1896–1979	安阳 （1990年中国社会科学出版社 15万字） 附录（论文若干篇，约15万字）	蔡 97.10.23
翦伯赞 1898–1968	历史哲学教程 （1947年新知书店，1990年北大出版社，14万字） 史学理论文选（约15万字）	蔡 97.10.23
周谷城 1898–1996	中国社会史论（暂定） （1933年上海新生命书局，1988年齐鲁书社，60万字）	蔡 98.7.14
吕振羽 1900–1980	史前期中国社会研究 （1934年北平人文书店，1980年三联再版） ［殷周时代的中国社会（1936年南京文化印刷社，1979年三联再版）	97.12.16
向 达 1900–1966	唐代长安与西域文明 （1933年北京哈佛燕京学社，1957年三联书店，全书43万字）	蔡 98.3.16

3

侯外庐 1903-1987	中国古代社会史论 (1949年上海三联，1955年人民出版社26万字) 附录(论文，约10万字)	蔡 97.10.23
韩儒林 1903-1983	穹庐集 (1982年上海人民，32万字)	蔡 97.10.23 张
~~尹达 1906-1983~~ 尚钺	~~新石器时代~~ 中国历史纲要 (1955年三联书店，1979年重印16万字，图版34，插图2)	任桂淳 98.4. 含图4幅
齐思和 1907-1981	中国史探研 (1981年中华书局，46万字)	蔡继红 98.3.16
吴　晗 1909-1969	朱元璋传(初版、三版) (1949年北京三联初版，1965年三联书店三版，1979年重印，21万字)	蔡 97.10.23
邵循正 1909-1972	邵循正历史论文集 (1985年北大出版社，30万字) 中法越南交涉始末 (1935年清华大学，20万字)	张 97.12.16
夏　鼐 1910-1985	中国文明的起源 (1985年文物出版社，插图27，图版32，8万字) 考古学和科技史 (1979年科学出版社，图版30，20万字)	蔡 97.10.23
谭其骧 1911-1992	历史地理学论集（暂名） 52.3.3	蔡 97.10.23

葛剑雄 复旦大学
历史地理研究所
上海邯郸路220号
200433(邮)

4

唐长孺 1911–1994 标 选 46.4	魏晋南北朝史论丛 (1955年三联书店，31万字) 魏晋南北朝史论丛编编 (1959年三联书店，1978年重印13万字)	蔡 97.12.23
陈梦家 1911–1966 标 选 48.3	尚书通论 (1957年商务印书馆，1958年中华书局,25万字) 六国纪年 (1957年上海人民,10万字) 西周年代考 (1945年重庆商务，1955年重印)	蔡97.10.23
胡厚宣 1911–1996 改	甲骨学商史论丛初集 甲骨学商史论丛二集 (1944年齐鲁大学国学研究所石印本，30万字)	王同叔 ~~王同叔~~ ~~97.12.16~~ 97.12.16
胡适	中国哲学史大纲(外一种) 章实斋先生年谱	97.12.16 楚
傅斯年	民族与中国古代史	97.12.20 楚
白寿彝	民族宗教论集	97.12.20 楚

5

18.《二十世纪中国史学名著》审校者送回样一览表（1件）

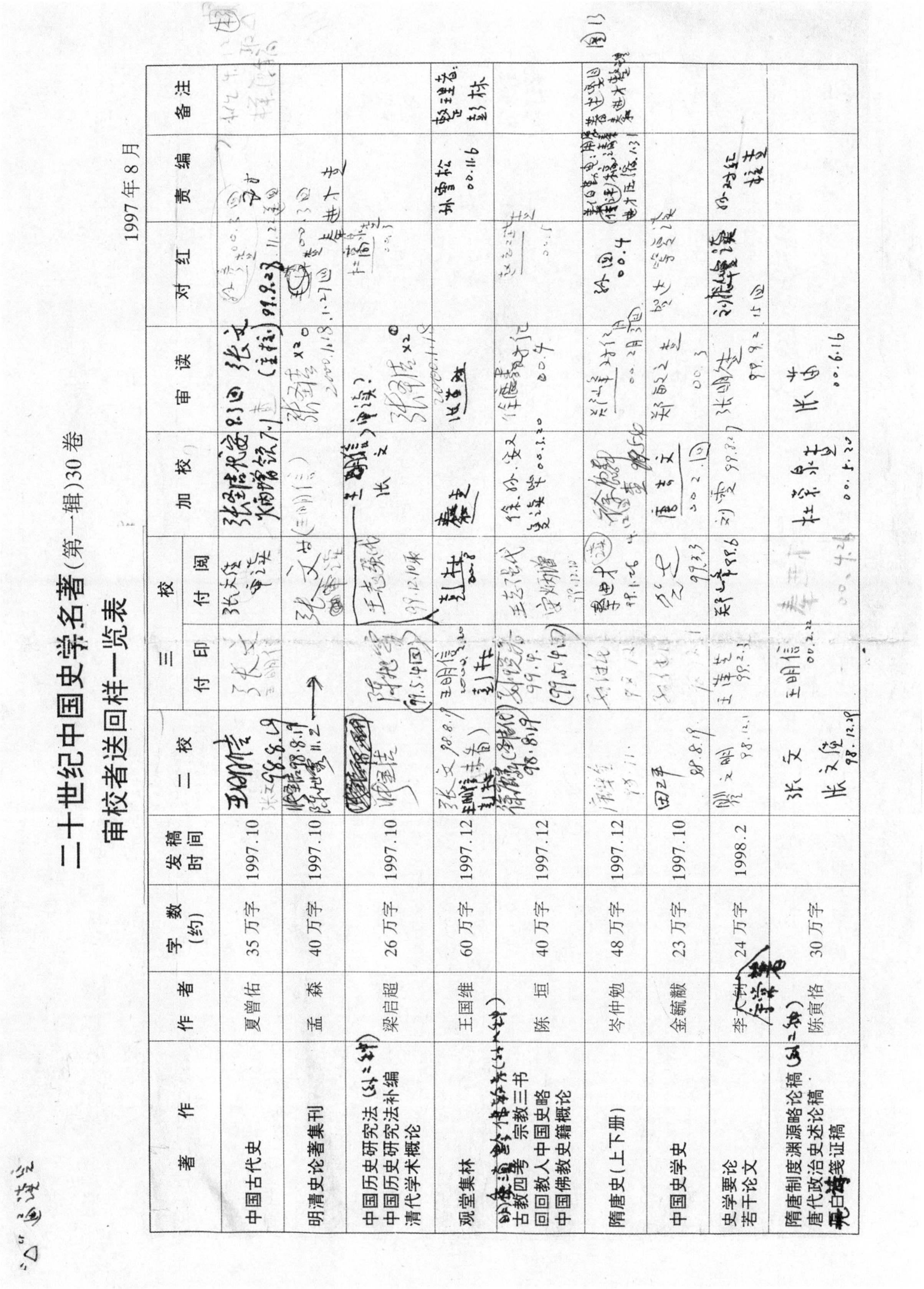

“△”通读完

二十世纪中国史学名著(第一辑)30卷

审校者送回样一览表

1997年8月

著　作	作　者	字　数（约）	发稿时间	二　校	三校 付印	三校 付阅	加　校	审　读	对　红	责　编	备注
中国古代史	夏曾佑	35万字	1997.10	王明信 98.8.19	张文	张文琏 审读	张剑清代安 8.3回 炳増録 7.1	张文（主持）99.9.28			
明清史论著集刊	孟　森	40万字	1997.10	98.8.19 陈旭霞 11.2 →		张文（王明信）审读	张剑清 ×2 2000.1.18 1.27回		秦进才		
中国历史研究法（外二种） 中国历史研究法补编 清代学术概论	梁启超	26万字	1997.10	钟宝法	陈旭霞（99.5.4回）	王志强代 99.12.10来	王明信 张文	审读？ 张剑清 ×2 2000.1.18			
观堂集林	王国维	60万字	1997.12	张文 98.8.19 王明信（未看） 彭林	王明信 2000.3.20 彭林	彭林	秦进			孙雪松 00.11.6	整理者：彭林
明季滇黔佛教考（外八种） 古教四考　宗教三书 回回教人中国史略 中国佛教史籍概论	陈　垣	40万字	1997.12	98.8.19	99.4. （99.5.4回）	王志强代 安炳增 99.12.10	徐、孙、安又复读毕 00.3.20	00.4			
隋唐史（上下册）	岑仲勉	48万字	1997.12		98.12	李世才 99.1.26		00.2月3回	00.4		
中国史学史	金毓黻	23万字	1997.10	田卫平 98.8.19		99.3.3	唐吉文 00.2.回	郑敬之 00.3			
史学要论 若干论文	李大钊［守常著］	24万字	1998.2	98.12.1	王洪生 99.2.3	98.6	刘雯 99.8.27	张明生 99.9.2	15回		
隋唐制度渊源略论稿（外二种） 唐代政治史述论稿 元白诗笺证稿	陈寅恪	30万字		张文 张文度 98.12.29	王明信 00.2.22	00.4.26	杜荣泉 00.5.20	00.6.16			

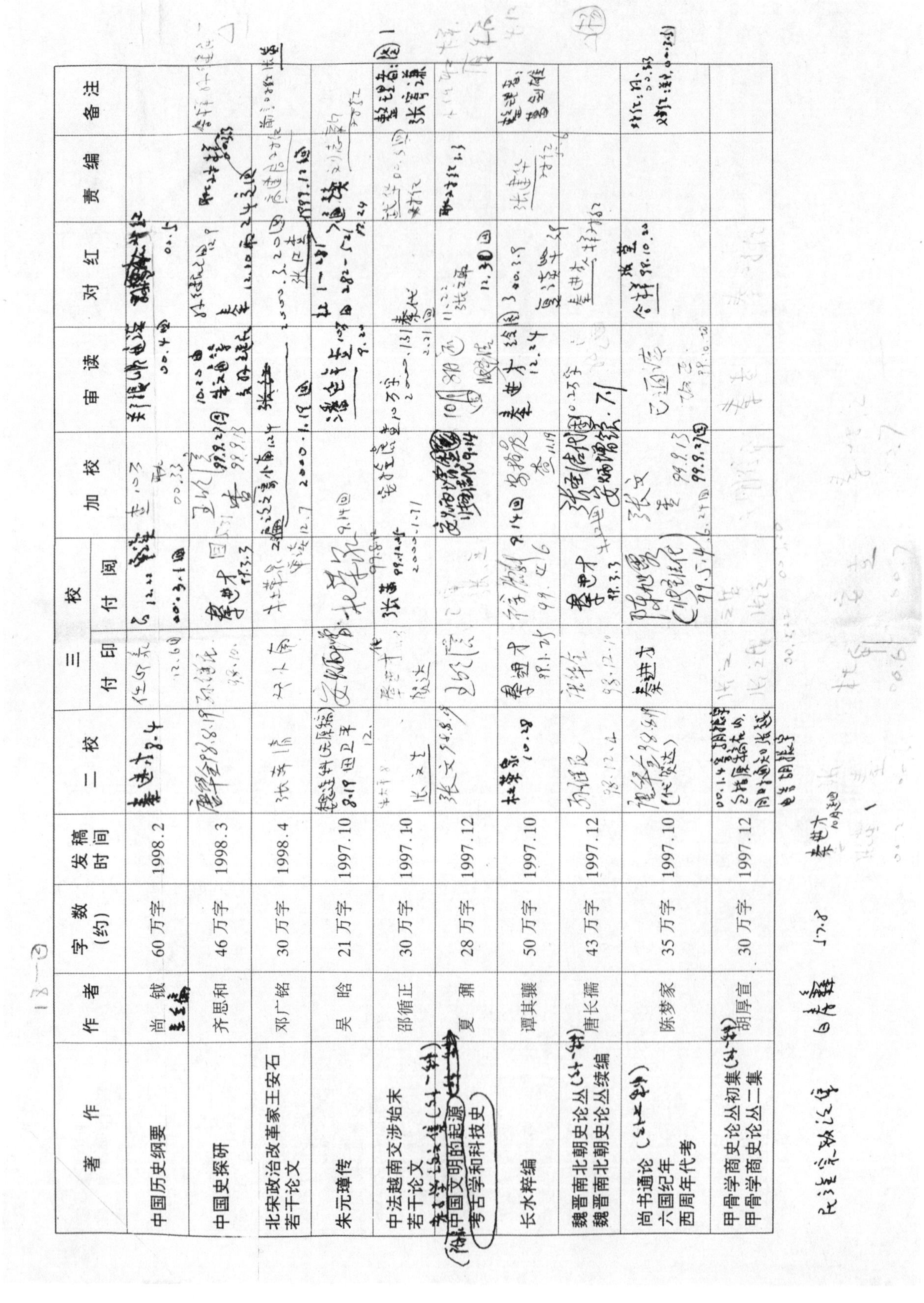

著作	作者	字数（约）	发稿时间	二校	三校 付印	三校 付阅	加校	审读	对红	责编	备注
中国历史纲要	尚钺	60 万字	1998.2								
中国史探研	齐思和	46 万字	1998.3								
北宋政治改革家王安石若干论文	邓广铭	30 万字	1998.4								
朱元璋传	吴晗	21 万字	1997.10								
中法越南交涉始末若干论文	邵循正	30 万字	1997.10								
中国文明的起源 考古学和科技史	夏鼐	28 万字	1997.12								
长水粹编	谭其骧	50 万字	1997.10								
魏晋南北朝史论丛 魏晋南北朝史论丛续编	唐长孺	43 万字	1997.12								
尚书通论 六国纪年 西周年代考	陈梦家	35 万字	1997.10								
甲骨学商史论丛初集 甲骨学商史论丛二集	胡厚宣	30 万字	1997.12								

18—③

著作	作者	字数（约）	发稿时间	二校	三校 付印	三校 付阅	加校	审读	对红	责编	备注
中国古代社会研究（外二种） 青铜时代　十批判书 甲申三百年祭	郭沫若	66 万字	1997.10	98.8.19		秦进才 1999.5.31		秦进才 12.10 2000.1.31 回			
古史论文选	顾颉刚	30 万字	1997.10	98.8.19	99.4.6	杜荣泉 00.2.28		00.4.16			
中国通史简编	范文澜	60 万字	1998.2	杜荣泉	4.6	张文	秦进才 11.19	1—264 12.19	2000.2.21 回 2000.4.6 2000.1.19		
先秦诸子系年（外一种） 刘向歆父子年谱	钱穆	40 万字	1998.2	秦进才 98.10.23 98.10.20	王明信 00.2.20 00.3.28 回						
安阳 若干论文	李济	30 万字	1997.10			秦进才 98.4.26	11.5 12.22 回	张文 王明信 （203 字）	1998.12.30 2000.2.21 回 秦进才		00.2.28
历史哲学教程 若干论文	翦伯赞	30 万字	1997.10	98.8.19 98.8.19	→	98.1.26 回	6.8 2.1 回	11.22	99.12.26 00.3.31		
世界通史	周谷城	60 万字	1998.2	98.9.24 99.4	00.1.20 回	张苗 98.8.12	秦进才 2000.1.31		秦进才 00.3.8		秦进才 4.26
史前期中国社会研究（外一种） 殷周时代的中国社会	吕振羽	40 万字	1997.12	8.20	10.6 回		秦进才 4.12	6.5 2.1	秦进才 12.10 2000.1.31 回		
唐代长安与西域文明	向达	43 万字	1998.3	1998.8.19		秦进才 98.1.26	10 万	秦 12.10	00.3.31 回		2000.1.
中国古代社会史论	侯外庐	26 万字	1997.10	1998.8.19 秦进才		99.3.3			12.10 2000.1.31 回	3.10	
穹庐集	韩儒林	32 万字	1997.10	1998.8.19		1999.8.14 回	12.29 回	2000.1.31	秦进才 对红 00.3.24		
中国哲学史大纲	胡适	42.36		00.4.5		6.14	6.10	7.6			
民族与中国古代史	傅斯年	38.3		10.30		11.6	11.16				

19.《二十世纪中国史学名著》运转进度一览表（1件）

二十世纪中国史学名著（第一辑）33卷

运转进度一览表

1999年8月

著　作	作　者	字　数	发稿时间	二　校	照片插页	总序说明	目录	要目	前言	正文	责　编	备注
中国古代史	夏曾佑	~~35万字~~ 40.5万	1997.10		2	16+4	8	0页	7 计38 4.8千	572（38.67万） 计610页（41.24万）		
明清史论著集刊正续编	孟　森	~~40万字~~ 37.8万	1997.10		2	16+5	2	12页 8112字	14 计19 9.54	529（35.76万） 计568（38.40万）	17.7	
中国历史研究法 中国历史研究法补编 清代学术概论	梁启超	~~26万字~~ 35.2万	1997.10		4	16+5	4	2页 1352字	16 计45 10.84	487（32.72万） 529（35.76万）		
观堂集林	王国维	~~60万字~~	1997.12					7页 4732字	5页 3380字			
古教四考　宗教三书 回回教人中国史略 中国佛教史籍概论	陈　垣	~~40万字~~ 56.5万	1997.12		1	16+5	1	6页 4.1千	17 计34 7.5千	841页 869（58.74万）		
隋唐史（上下册）	岑仲勉	~~48万字~~ 49.9万字	1997.12		2	16+5	5	20页 13520字	19 计47 12.9千	684（46.24万） 计731（49.42万）		706页
中国史学史	金毓黻	~~23万字~~ 32.5万	1997.10		2	16+5	6	2页 1352字	13 计42 8.8千	44（30.15万） 计48（32.98万）		505
史学要论 若干论文	李大钊	~~24万字~~ 29.4万	1998.2		4	16+4	3	5页 3380字	16 计44 10.9千	39（26.43万） 计43（29.41万）		
隋唐制度渊源略论稿 唐代政治史述论稿 元白诗笺证稿	陈寅恪	~~30万字~~								463		

二十世纪中国史学名著目录

著作	作者	字数（约）	发稿时间	二校	三校		目录加校	要目	前言审读	正文对红	责编	备注
中国古代社会研究 青铜时代　十批判书 甲申三百年祭	郭沫若	~~66 万字~~ 74.4万	1997.10	张文德	4	16+5	4	2页 1352字	12 计41　8.2千	107 (72.67万) 计1118		1157元
古史论文选　古史辨自序	顾颉刚	~~30 万字~~ 61.7万	1997.10	张全信	2	16+5	5	6页 字4.14	14 计42　9.5千	888 (59.89万) 计928 (62.73万)		968元
中国通史简编	范文澜	60 万字	1998.2	杜荣泉	4	16+5	8	2页 1352字	11 计44　7.5千	855 (57.80) 计898 (60.77万)		
先秦诸子系年 刘向歆父子年谱	钱　穆	~~40 万字~~	1998.2	秦世才	1	16+3+2	10	页	12 计44　8.2千	785 (53.2万) 829 (56.24万)		
安阳 若干论文	李　济	~~30 万字~~ 45.2万	1997.10	张全信	2	16+5	3	9页 字6.14	11 计37　7.5千	636 (42.99万) 计673 (45.49万)		
历史哲学教程 若干论文	翦伯赞	~~30 万字~~ 32.8万	1997.10	王文博 杜荣泉	2	16+2+3	5	13 8.8千	12 计40　8.2千	454 (30.69万) 计494 (33.39万)		
世界通史	周谷城	~~60 万字~~ 67.6万	1998.2	张全信	4	16+2+3		25页 16900字	20 计54　13.6千	946 (63.95万) 计996 (67.6万)		
史前期中国社会研究 殷周时代的中国社会	吕振羽	~~40 万字~~ 55.7万	1997.12		2	16+5	6	5 3.4千	12 计41　8.2千	712 (48.13万) 计753		51.1万
唐代长安与西域文明	向　达	43 万字 46.64字	1998.3		2		5	9 6.14	6.8千	660+4 45.27万		44.8万
中国古代社会史论	侯外庐	~~26 万字~~ 28.7万	1997.10	秦世才	4	16+5	3	16 10.9千	计38　6.84	393 (26.6万) 计431 (29.14万)		
穹庐集	韩儒林	~~32 万字~~ 39.8万	1997.10	李杜	2	16+5	3	7页 4732字	10 计16　6.84	561 (37.92万) 计598 (40.36万)		
中国哲学史大纲（卷一册）	胡适				4	21	3	5页 3400字	14 计42　9.54	585　597 42.38万		
民族与中国古代史	傅斯年	39.2万							26页　17.6千	38.3万		

著作	作者	字数（约）	发稿时间	二校	三校		目录加校		前言审读		正文对红	责编	备注
					照片付印	付排		翻					
中国历史纲要	尚 钺	~~60 万字~~ 48.6 万	1998.2	李勤	2	21	5	3 2.1千	13 计41	8.8千	679（45.90万） 计720（48.67万）		
中国史探研	齐思和	~~46 万字~~ 49.3 万	1998.3		2	16＋5	2	9 6.1千	15 计40	10.2千	693（46.…万） 计 73…（49.55万）		49.5
北宋政治改革家王安石若干论文	邓广铭	~~30 万字~~ 40.5 万	1998.4		2	16＋5	6＋1	9 6.1千	14 计44	9.5千	559（37.79万） 计 603（40.76万）		599页
朱元璋传	吴 晗	~~21 万字~~ 37.5 万	1997.10		4	16＋5	2	6 4.1千	14 计41	9.5千	515（34.81万） 计 556（37.5万）		598
中法越南关系始末若干论文	邵循正	~~30 万字~~ 31 万	1997.10		2	16＋5	5	3页 2028字	12 计40	8.2千	428（28.9万） 计460（31.10万）		467页
中国文明的起源考古学和科技史	夏 鼐	~~28 万字~~ 52.4 万	1997.12	张文	2	16＋5	3	7 4.8千	12 计38	8.2千	765 计 8…		887页
长水粹编	谭其骧	~~50 万字~~ 45.3 万	1997.10		4	16＋5	2	7 4.8千	11 计38	7.5千	644（43.53万） 计682（46.10万）		745页
魏晋南北朝史论丛 魏晋南北朝史论丛续编	唐长孺	~~43 万字~~ 45.9 万	1997.12		2	16＋5	4	13 8.8千	6 计33	4.1千	651（44.01万） 计 6…（46.24万）		661页
尚书通论 六国纪年 西周年代考	陈梦家	~~35 万字~~ 45.6 万	1997.10		2	16＋5	7	7 4.8千	10 计40	6.8千	640（43.06万） 计 677页（45.77万）		47.13
甲骨学商史论丛初集 甲骨学商史论丛二集	胡厚宣	~~30 万字~~	1997.12	张文				8页 5452字	12页 8200字		42万 624页		

20.《二十世纪中国史学名著》排版制片进度一览表（1件）

△ 出片 5.17
△ 出片 5.31 5种

20—①

二十世纪中国史学名著

排版制片进度一览表

1997年10月

	著作	作者	字数（约）	发稿时间	二校	目录	前言	正文	要目	小传	照片	
△	中国古代史	夏曾佑	35万字	1997.10	1998.2	✓4.12	✓4.12	✓4.12		✓4.21	✓4.21	
△	明清史论著集刊正续编	孟　森	40万字	1997.10	1998.2	✓4.21	✓4.12	✓4.12	✓4.12	✓4.21	✓4.21	
△	中国历史研究法（外二种） 中国历史研究法补编 清代学术概论	梁启超	26万字	1997.10	1998.2	✓4.12	✓4.12	✓4.12	✓	✓4.21 ✓	✓4.21 ✓	
	观堂集林（外二种）	王国维	60万字	1997.12	1998.3	✓	✓	✓	✓	✓	✓01.3	
	古教四考 明季滇黔佛教考（外八种） 宗教三书 回回教人中国史略 中国佛教史籍概论	陈　垣	宗教史论著 40万字	1997.12	1998.2	✓	✓	✓	✓	✓	✓7.10 出片	
	隋唐史（上下册）	岑仲勉	48万字	1997.12	1998.4	✓	✓	✓	✓	✓	✓6.10	
△	中国史学史	金毓黻	23万字	1997.10	1998.2	✓	✓	✓	✓	✓	✓6.16	
△	史学要论（若干论文）	李大钊 守常	24万字	1997.10	1998.3	✓5.23	✓5.23	✓5.23	✓5.23	✓5.23	✓5.23	
	隋唐制度渊源略论稿 唐代政治史述论稿、 若干论文 → 元白诗笺证稿	陈寅恪	30万字	1998.3	1998.6	✓	✓	✓	✓	✓	✓02.9	
△	中国古代社会研究（外二种） 青铜时代 十批判书 甲申三百年祭	郭沫若	66万字	1997.10	1998.2	✓4.14	✓5.9	✓4.14	✓4.14	✓4.21	✓4.21	
△	古史论文选 → 顾颉刚自序	顾颉刚	30万字	1997.10	1998.2	✓	✓	✓	✓	✓	✓4.15	
△	中国通史简编	范文澜	60万字	1997.10	1998.2	✓4.12	✓4.12	✓4.12	✓4.12	✓4.21	✓4.21	
	先秦诸子系年（外一种） 刘向歆父子年谱	钱　穆		1997.10	1998.1	✓01.12	✓01.12	✓1.12	✓1.12	✓1.12	无作者照片	
	安阳、若干论文	李　济	30万字	1997.10	1998.2	✓	✓	✓	✓	✓	✓6.16	
△	历史哲学教程、若干论文	翦伯赞	30万字	1997.10	1998.2	✓4.21	✓4.21	✓4.21	✓4.21	✓4.21	✓4.21	

20—②

著　作	作　者	字　数(约)	发稿时间	二　校	目录	前言	正文	要目	小传	照片
△ 中国社会史论(暂定)（世界通史）	周谷诚（城）	60万字	1997.10	1998.2	✓	✓	✓	✓	✓	6.26
△ 史前期中国社会研究 殷周时代的中国社会（外一种）	吕振羽	40万字	1997.12	1998.3	✓	✓5.9 ✓	✓4.12	✓	✓4.21 5.9	✓4.21 5.9
△ 唐代长安与西域文明	向　达	43万字	1998.3	1998.5	✓	✓6.16	✓	✓	✓	✓5.24
△ 中国古代社会史论	侯外庐	26万字	1997.10	1998.2	✓4.12	✓6.16	✓4.12	✓4.12	✓5.17	✓5.17
△ 穹庐集	韩儒林	32万字	1997.10	1998.2	✓4.13	✓5.9	✓4.13	✓4.13	✓5.17	✓5.17
△ 尚氏中国通史（历史纲要）	尚　钺	60万字	1997.10	1998.1	✓5.10	✓	✓	✓	✓	✓4.21 5.22
△ 中国史探研	齐思和	46万字	1998.3	1998.5	✓4.12	✓4.12	✓4.12	✓4.18 ✓	✓5.9	✓5.9
△ 北宋政治改革家王安石、若干论文	邓广铭	30万字	1998.4	1998.6	✓4.12	✓5.8	✓4.12	✓4.12	✓5.16	✓5.16
△ 朱元璋传	吴　晗	21万字	1997.10	1998.2	✓4.12	✓4.12	✓4.12	✓4.12	✓4.21 5.9	✓4.21 5.9
中法越南关系始末若干论文（交涉）	邵循正	30万字	1997.10	1998.2	✓	✓	✓	✓	✓	✓7.10
中国文明的起源 考古学和科技史（论文集）	夏　鼐	28万字	1997.12	1998.3	✓	✓	✓	✓	✓	✓8.26
△ 长水粹编	谭其骧		1997.10	1998.2	✓	✓	✓	✓	✓	✓5月
△ 魏晋南北朝史论丛（外一种） 魏晋南北朝史论丛续编	唐长孺	43万字	1997.12	1998.3	✓4.12	✓4.12	✓4.12	✓4.12	✓5.10	✓5.10
△ 尚书通论（外二种） 六国纪年 西周年代考	陈梦家	35万字	1997.10	1998.2	✓	✓	✓	✓	✓	✓5.24
甲骨学商史论丛初集（外一种） 甲骨学商史论丛二集	胡厚宣	30万字	1997.12	1998.4	✓	✓	✓	✓	✓	✓02.9
中国哲学史大纲（外一种）	胡适	42.36万	1998.6	1998.8	✓	✓	✓	✓	✓	✓
民族与中国古代史	傅斯年	38.5万	1998.6	1998.8	✓	✓	✓	✓	✓	✓
民族宗教论集	白寿彝	57.8万	1998.9	1998.10	✓	✓	✓	✓	✓	✓

四、审校（13种49件，其中存目36件）

1.《二十世纪中国史学名著》第一次审校工作会议纪要（1件）

《二十世纪中国史学名著》第一次审校工作会议纪要

1998年8月7日上午，在河北教育出版社会议室召开了《二十世纪中国史学名著》校对、审读核心小组工作会议。

会议由河北教育出版社张惠芝编审主持。

出席会议的有：河北省社会科学院原历史所所长杜荣泉研究员、燕赵文化研究所所长张圣洁副研究员，河北师范大学历史系张文教授、秦进才教授、王明信副教授。

河北教育出版社社长助理王鸿雁代表社领导到会，强调书稿的生命力在质量，图书的质量校对、审读。要根据专家学者的学术特长安排审校任务。

会议听取了张惠芝关于《二十世纪中国史学名著》第一辑收目、校对、版式设计等情况的介绍。围绕审校细则和工作步骤进行讨论。与会人员以《〈二十世纪中国史学名著选〉整理细则》为蓝本，结合自己从事校对、审读工作的经验教训，对《二十世纪中国史学名著》校对、审读工作的审校原则，标点符号用法，文中注释，用字规范，校改增补等问题，各抒己见，热烈讨论，提出了许多有益而具体的意见。并决定由秦进才综合大家意见，起草《〈二十世纪中国史学名著〉审校细则（讨论稿）》，由张圣洁进行补充修订，以便再次征求有关人员的意见，形成较为规范完善的审校细则，统一审校的体例。

初步确定了参与校对审读工作的人员名单，聘请认真、细心、有专业特长而又有时间的人员参与其事。计划分成河北师范大学历史系，河北省社会科学院燕赵文化研究所、历史所等审校小组，根据参与其事人员的学术特长，采取自愿承担和分配任务相结合的方法，明确任务。强调审校质量:二校要折校,三校与原著逐字逐句核对,审读要通读、细审,把好最后质量关。

会议还计划近期在河北教育出版社召开第二次审校工作会议,请全体参与审校工作的人员参加,进行审校细则的讨论,以便掌握细则,确保质量。同时分领任务,尽快全面展开审校工作。

2.《二十世纪中国史学名著》第二次审校工作会议议程（1件）

《二十世纪中国史学名著》
第二次审校工作会议议程

一、社长讲话

二、简介《二十世纪中国史学名著》编辑出版缘由、组织机构

三、宣读并讨论《二十世纪中国史学名著》审校细则

四、几点说明

（一）《二十世纪中国史学名著》版式说明

（二）校对符号使用方法

（三）审校运作方法

（四）各校(审)次质量要求

（五）时间进度要求

（六）校(审)酬支付标准

（七）任务分配

3.《二十世纪中国史学名著》第二次审校工作会议纪要（1件）

《二十世纪中国史学名著》第二次审校工作会议纪要

1998年8月19日，在河北教育出版社会议室召开了《二十世纪中国史学名著》审校工作第二次会议。

会议由河北教育出版社张惠芝编审主持。

出席会议的有参与审校工作的河北省社科院和河北师大的专家学者，河北教育出版社文科编辑室的同志等。

河北教育出版社社长兼总编辑王亚民同志到会讲话，他讲述了办社方针、本社的成就以及把《二十世纪中国史学名著》出好、出成精品的决心和保证措施。

张惠芝介绍了《二十世纪中国史学名著》的出版缘起、收选著作以及组织机构人员情况等。

河北师大历史系秦进才教授宣读《〈二十世纪中国史学名著〉审校细则》，河北省社科院燕赵文化研究所所长张圣洁作补充说明。与会人员对审校细则逐条逐段地进行了讨论，并根据各自的经验，提出了不少补充意见。

张惠芝对《二十世纪中国史学名著》的版式及校对符号作了说明。明确审校运作方法，即二、三校在各组内进行，审读在各组之间循环。每个校次都要在校样右下角写上姓名、校次。强调二校要折校，三校审校，审读要把好内容体例关，明确了质量要求、时间进度、报酬标准等，并把审校任务落实到人。

审校工作第二次会议，标志着《二十世纪中国史学名著》审校工作正式开始。

4.《二十世纪中国史学名著》第三次审校工作会议纪要（1件）

《二十世纪中国史学名著》第三次审校工作会议纪要

1998年9月24日上午,《二十世纪中国史学名著》第三次审校工作会议在河北教育出版社会议室举行。

会议由河北教育出版社张惠芝编审主持。

出席会议的有参与审校工作的河北省社会科学院、河北师范大学的专家学者,有负责本书编辑工作的河北教育出版社文科编辑室的同志。

河北教育出版社副总编邓子平到会指导。

在会议上,将经过第二次审校工作会议讨论后修订、补充的《〈二十世纪中国史学名著〉审校细则(第二次讨论稿)》,发给与会人员,再次进行讨论修改,以求更加完善。

与会的专家学者,汇报了各自的审校进度。已完成两次审校任务的有翦伯赞的《历史哲学教程》,完成一次审校任务的有侯外庐的《中国古代社会史论》等八部书稿,其余的进度不等。同时,提出了在审校工作中碰到的一些问题。如由竖排改为横排,原来表示顺序的"如左"、"如右"问题;由于时代变化和个人因素而产生的书名号用法问题;由于同一部书材料来源不同而产生的数字用法不一致问题等等。大家围绕着所提出的问题,进行了热烈讨论,对涉及审校工作中具有普遍性的问题,议定了解决办法。认为在尽量保持原底本面目的前提下,"如左"、"如右"不做改动,要在全书凡例中统一说明。书名号,按国家标准的《标点符号用法》处理,凡属标明年代、作者而非书名内容的字样,不放在书名号内,如康熙《镇江府志》、郑玄《毛诗笺》等。数字用法,一般保存原书的用法。如同一部书数字用法不一致,一律用汉字数字。对于个别性的具体问题,采用个别解决的办法处理。

张惠芝再次明确了质量要求、时间进度、支付报酬的标准等问题,附于纪要之后。

河北教育出版社

1998年10月6日

5.《二十世纪中国史学名著》质量、时间要求及付酬标准（1件）

《二十世纪中国史学名著》质量、时间要求及付酬标准

一、质量要求：

一审(二校)留错率不超过万分之二点五。

二审(三校)留错率不超过万分之一。

三审(审读)留错率不超过万分之零点五。

二、时间进度：

以三十万字计，一个月完成。

三、支付报酬标准与时间：

一审(二校)每万字[redacted]元，繁难者每万字[redacted]元。

二审(三校)每万字[redacted]元，繁难者每万字[redacted]元。

三审(审读)每万字[redacted]元，繁难者每万字[redacted]至[redacted]元。

对红每万字[redacted]元。

审校费在图书出版后支付。

河北教育出版社

1998年10月6日

6.《二十世纪中国史学名著》编校质量抽查内容（1件）

《二十世纪中国史学名著》

编校质量抽查内容

《二十世纪中国史学名著》大多已完成五~六次校对任务，现按原规定的《审校细则》进行编校质量抽查(各 10 万字)，请做好审查记录，并根据新闻出版署的有关规定统计差错率。

抽查内容：

1. 是否忠实原著；

2. 政治观点、知识性、科学性有无错误；

3. 有无漏段、漏句、漏字问题；

4. 正文前的作者照片、书影、手迹有无错置、图文不符现象；

5. 目录、书眉、正文标题是否一致；

6. 人名、地名、时间、事件过程有无叙述差错；

7. 字、词、标点有无错误，句法有无明显毛病；

8. 体例格式，包括目录、书眉、标题、注释、数字用法、著述要目各项内容的排序、字体、字号是否统一。

河北教育出版社

1999 年 3 月

7.《二十世纪中国史学名著》重校要求（1件）

二十世纪中国史学名著
重 校 要 求

一、严格执行《审校细则》各项规定。

二、认定、改正抽查（10万字）出的各种错误，并在全书中认真解决类似问题。

三、解决全部存疑问题，包括标点、字、词、人名、地名、书名、引文等各种问题。

四、论著要目排列次序为：

1. 书（篇）名

2. 出版社或报刊名（期）

3. 出版时间

8.《二十世纪中国史学名著》审校参考资料（1件）

《二十世纪中国史学名著》
审校参考资料

1.《二十世纪中国史学名著》审校细则

2.《二十世纪中国史学名著》版式说明

3．国家标准出版物上数字用法的规定

4．国家标准出版物标点符号用法

5．常用校对符号

6．常用词的使用要求

9.《二十世纪中国史学名著》审校参考工具书（1件）

《二十世纪中国史学名著》

审校参考工具书

1. 辞海 （1989 年版）
2. 新华词典 （1991 年版）
3. 现代汉语词典 （1996 年版）
4. 新华字典 （1998 年版）
5. 语言文字规范手册 （1997 年重排版）
6. 古汉语常用字字典 （1998 年版）
7. 现代汉语规范字典 （1998 年版）
8. 简化字总表 （1986 年 10 月）
9. 第一批异体字整理表 （1995 年 12 月）

10.《二十世纪中国史学名著》审校人员登记表（1件）

《二十世纪中国史学名著》
审校人员登记表

姓　名	单　　位	职称(职务)	电　　话
秦进才	河北师大(西院)历史系	教授	[redacted]
贺　达	河北师大(西院)历史系	副教授	
王文涛	河北师大(西院)历史系	副教授	[redacted]
李　功	河北师大(西院)历史系	副研究馆员	
王明信	河北师大(东院)历史系	教授	[redacted]
杜荣泉	河北社科院历史所	研究员	[redacted]
张　文	河北师大(东院)历史系	教授	
张文质	河北师大(东院)历史系	教授	[redacted]
孙继民	河北社科院历史所	研究员　所长	[redacted]
魏连科	河北社科院历史所	研究员	[redacted]
田卫平	河北学刊社	副编审　社长	[redacted]
唐华全	河北社科院历史所	助理研究员	
张圣洁	河北社科院燕赵文化所	副研究员　所长	[redacted]

吴雪涛	河北社科院燕赵文化所	副研究员	
孙悦春	河北社科院燕赵文化所	副研究员	
安炳增	河北社科院燕赵文化所	副研究员	
陈旭霞	河北社科院燕赵文化所	助理研究员 副所长	
徐　麟	河北社科院燕赵文化所	副研究员	
孟蓬生	河北社科院燕赵文化所	副研究员　博士	

11.《二十世纪中国史学名著》审校人员分组名单（1件）

《二十世纪中国史学名著》

审校人员分组名单

第一组　召集人　秦进才

　　　　成　员　秦进才　贺　达　王文涛　李　功

第二组　召集人　王明信

　　　　成　员　王明信　杜荣泉　张　文　张文质

第三组　召集人　孙继民

　　　　成　员　孙继民　魏连科　田卫平　唐华全

第四组　召集人　张圣洁

　　　　成　员　张圣洁　吴雪涛　孙悦春　安炳增

　　　　　　　　陈旭霞　徐　麟　孟蓬生

12.《二十世纪中国史学名著》审校细则（1—5稿）（5件，其中存目3件）

（1）《二十世纪中国史学名著》整理细则（暂定）（初稿）（1件）

《二十世纪中国史学名著选》

整理细则（暂定）

初稿，后更名为审校细则）

第一次讨论稿

二十世纪中国史学名著，是近百年来史学家的杰出之作，是前人留下来的优秀文化遗产。整理史学名著，是有功于前人、造福于后人、有益于当代的中国历史文化积累的系统工程。因此，整理工作者必须以对前人、对历史负责的精神，严肃而认真的态度，细致地做好每一个环节上的工作。为此，制定整理细则如下：

一、保持名著的本来面目：章节结构、学术观点等内容，决不允许妄加改动。我们只做技术性整理，使整套丛书在封面格调、版式设计等方面一致。

二、规格：不论横排、竖排，不论简体、繁体字的著述，一律整理成横排规范字本。适合要求者，可用租型、照相制版等方式。

三、标点符号：一律按《标点符合用法》处理。在整理竖排繁体字本为横排规范字本时，不用专名号、省略号、破折号。

四、数字：原则上按《出版物上数字用法》处理，但原书用汉字数码较多时，可以保持原状。

五、规范化用字：原则上以《简化字总表》、《第一批异体字整理表》为准，此两表以 1986 年 10 月 10 日及 1988 年 3 月 25 日重新颁布及规定者为准。凡属繁体字与简化字和异体字与正体字一对一者，均用简化字、正体字，如：趙与赵、~~冊~~与册等。如一对二或一对三以上者，则需要根据情况，区别对待，如：干与乾、幹，升与陞、昇等。对于姓名、地名、官名等专用名词，如简化字、正体字容易产生歧义者，则应保留原来的字形字体，如：魏徵不作魏征、钱鐘书不作钱钟书、历史上的鄠县不改为户县、和阗不改为和田、越嶲不改为越巂等。每个时代都有其独特语言，每个人都有其习惯用语或

1

字，只要有根据就不要改为今天通行的字词，如：乡原不改为乡愿、筹画不改为筹划、马头不改为码头等。

六、注释格式：引文出处，原则上采用页下脚注，用①②③……标明，不用文后注和文中夹注。如原著页下脚注与文中夹注并用者，则保持其原状。

七、校勘：对实属错讹者，在所当改。别有依据的，决不可妄改。义可两存者，不能遽改。一般笔画小误、日曰淆舛，显系误写、误排者，径改不出校记。前人引书，常有省约，凡节引他书不失原意者，不用他书改原著。确实需要改正者，校改处用圆括号（()）括住的字词，表示删去，方括号（[]）括住的字词，表示改正增补，校勘的数码，也用①②③……标明，放于校改处，并于页下脚注中说明校改理由、根据后，用"——校者注"来与原著注释区分开来。

八、论著简目或著述年表：论著应选择有代表性而影响较大者，而不求全责备。著录格式：书（篇）名，出版处或报刊名称，出版时间或报刊的卷、期，同一著述有不同版本或发表处者，可在一处详细登载。

以上整理细则，在讨论修改后，每个整理者都要遵照办理，有未能涉及到的情况，请向编纂委员会反映，经讨论决定具体解决办法。但不得自作主张，擅改整理细则，以保证丛书体例基本上一致。

河北教育出版社

1996年12月19日

2

(2) 《二十世纪中国史学名著》审校细则(第二次讨论稿)(二稿)(存目1件)

(3) 《二十世纪中国史学名著》审校细则(第三次讨论稿)(三稿)(存目1件)

(4) 《二十世纪中国史学名著》审校细则(试行稿)(四稿)(存目1件)

(5) 《二十世纪中国史学名著》审校细则(定稿)(五稿)(1件)

《二十世纪中国史学名著》
审校细则(定稿)(五稿)

《二十世纪中国史学名著》是一项尊重前人、裨益今人、嘉惠后人的文化工程,又是一项收书数十种、千余万字的出版工程。这项工程的生命力,就在于图书质量。校对、审读是关系图书质量的重要环节。为此特制定本细则。

一、审校原则。原著的内容及篇章结构,一般不做改动,涉及政治敏感问题(如台湾问题、边界问题、宗教问题、民族问题等),编辑处理以国家现行规定为准。

二、版式及标点。凡竖排、无标点或用旧式句读者,一律改为横排、新式标点。标点符号的使用,以1996年6月1日起实施的《中华人民共和国国家标准标点符号用法》为准。对标点符号使用中的"硬伤"(如兼语前后加标点,已有省略词"等"而又加省略号,动宾之间不该加标点而硬加等),应予删改。

原著有专名(如人名、地名、职官名、朝代名等)号者,均予省略;如专名号所标为并列关系且非集合词语者,其间须加顿号,以便区别。例:明斡朵里 秃屯河二卫,删去"____"后,须在"里"字与"秃"字之间加顿号(而集合词语如孔 孟之道、程 朱理学、老 庄思想、乾 嘉学派等,则不必在孔、程、老、乾等后加顿号)。

书名号一律用规范形式(《 》、〈 〉,外文书名排斜体)。原著无书名号或书名号不规范、不完整者,一律补加或改正。编年体史书书名加书名号,年代不加。例1:《通鉴》卷一百八十七,武德二年四月;例2:《左传》隐公元年。尊重学术界约定俗成的书名号用法,例如"新、旧《唐书》"或"两《唐书》"(即"《旧唐书》、《新唐书》")、《孟子·离娄上》等。词牌名、曲牌名一

— 1 —

律用方头括号(【 】)。

原著按旧式提行分段者，改为现在通行的分段形式。原著中另起一段排印的引文，用变换字体、左边缩二格(首行缩四格)的方式处理，且引文首尾不加引号，引文上下不空行。

三、文中注释。原著用文末注者，改为页下脚注，注释序号及内容随改。双行夹注改为单行小字。夹注首尾原用括号者，删去括号，夹注注文自成单元。凡正文姓或名后单用表字或别号而作夹注者，注文紧贴在姓或名之后，不加标点；其余夹注注文均须加句末点号。根据标点符号紧随文字的原则，夹注前的正文末字之后该用标点处，标点符号一般点在夹注之前(正文末为人名的，其后有单用表字或别号作夹注者，标点符号点在夹注之后)。例1：窃意宋祁用力既久，本有全书，欧阳则仅作纪志，《廿二史劄记》谓欧公本纪，不免草率从事。曾公亮合二人之所作以呈进。例2：先后辑出者，有张宗泰、朱右曾、王国维诸家。例3：弟子温仪、字可象，三原人。李为宪，字巨山。释覆千。例4：如上六数，恒与心俱，参考前注。故名遍行。……曰：慧、寻、伺、疑、解、具云胜解。念。例5：行而不驰此心流行，当下全真，而无杂妄纷驰。故止，……发而不散不散漫也。故敛……

四、规范用字。改繁体字为简化字，改异体字为正体字。

原著系横排、简化字本者，基本上照旧，但须注意“叠、覆、像、囉”四字和“晔、诃、雠”、“翦、邱、彷、凋”等二十六个原异体字的返改问题(如“反覆”、“覆按”改为“反复”、“复按”，“重叠”、“层叠”改为“重迭”、“层迭”，“凋谢”、“凋敝”改为“雕谢”、“雕敝”等，均须改回)。原著系繁体字本须改为简体、正体字者，原则上以1986年10月重新发表的《简化字总表》和1955年12月发布的《第一批异体字整理表》为准。但须参照《新华字典》1998年版、《现代汉语词典》1996年版、《辞海》1989年版等三部公认的权威工具书。凡其中一书收为字头或在词条中保留的繁体字或异体字，均可不改为简化字或正体字(如湧、傍、髣髴等)。

— 2 —

凡属繁体字与简化字一对一者，均用简化字，例：趙与赵、興与兴；如系二对一或三对一或多音多义字，则须根据情况区别对待，例：乾、幹（榦）与干，昇、陞与升等（徐幹、韩幹不改为徐干、韩干，洪昇、杨联陞不改为洪升、杨联升）。

人名、地名、书名等以《辞海》词条及用例为准，但译名一般用原著原字（如马克斯、史太林不改为马克思、斯大林）。对于姓名、地名、书名等专用名词，如用简化字、正体字容易产生歧义者，则应保留原来的字形字体，如：樊於期不改为樊于期，魏徵不改为魏征，不（fōu）準不改为不准，甯戚不改为宁戚等；鄠县不改为户县，和阗不改为和田等；《穀梁传》不改为《谷梁传》，《廿二史劄记》不改为《廿二史札记》，《淮南子·氾论训》不改为《淮南子·泛论训》，《云笈七籤》不改为《云笈七签》等。

通假字、古今字、省形字等均保留原貌（如蚤起不改为早起，景从不改为影从，分付不改为吩咐等）。

再则，每个时代都有其独特语言，每个作者都有其惯用字词，因此，只要有根据就不改为现在通行的语言、字词。例：作程度副词用的“狠”不改为“很”，绍介、单简不改为介绍、简单等；表章不改为表彰，马头不改为码头。

同时，在使用《简化字总表》时，除注意第一、二、三表各自不同的用法外，尚须特别注意类推简化与页下脚注的提示等问题（如藉与借、馀与余的用法区别等）。还要注意1977年12月20日发表的《第二次汉字简化方案（草案）》已于1986年6月24日宣布废止，凡以之为根据所改的简化字，均须改回。

五、校改增补。原著多为流传已久的名著，一般不得草率改动。但对原著中确属错讹者，在所当改；别有依据者，不可妄改；义可两存者，不能遽改。一般笔画小误、日曰淆舛，显系误写、错排者，径改不出校记。

前人引书，常有省略约减或个别词语的更动，只要不失原意，则不用所

— 3 —

引书改引文。确需改正者，校改处用尖括号(<　>)括住的字词，表示删去；用方括号([　])括住的字词，表示改正；用六角括号(〔　〕)括住的字词，表示增补。校改增补处，如行文中没有说明所据出处，则须加注号①②③……，并在同页脚注中说明校改增补理由及根据，其后用"——校者注"字样与原著注释区分开来。例：南直隶27。江苏20，安徽<5>[4]①，上海3。页下注：①"5"，据《明宰辅考略》改为"4"。——校者注

六、虚缺处理。原著中因字迹模糊或纸页残缺而致无法辨认，又无其他版本核查的，根据所缺字数代以相应的虚缺号(□)表示，所缺字数无法确定者，用"(下缺)"表示。

七、数字用法。一般保留原来的用法。如同一部书数字用法不一致，一律用汉字表示。

河北教育出版社

1999年3月26日

— 4 —

13.《二十世纪中国史学名著》审校记录（存目33件）

(1) 中国古代史 校记 45页（存目1件）

(2) 明清史论著集刊 正续编 校记 29页（存目1件）

(3) 中国历史研究法 校记 31页 (存目1件)

(4) 观堂林集 校记 159页 (存目1件)

(5) 明季滇黔佛教考 校记 12页 (存目1件)

(6) 隋唐史 校记 14页 (存目1件)

(7) 中国史学史 校记 75页 (存目1件)

(8) 史学要论 校记 7页 (存目1件)

(9) 隋唐制度渊源略论考 校记 31页 (存目1件)

(10) 中国哲学史大纲 校记 47页 (存目1件)

(11) 中国古代社会研究 校记 22页 (存目1件)

(12) 古史辨自序 校记 21页 (存目1件)

(13) 中国通史简编 校记 40页 (存目1件)

(14) 先秦诸子系年 校记 45页 (存目1件)

(15) 民族与中国古代史 校记 15页 (存目1件)

(16) 安阳 校记 44页 (存目1件)

(17) 历史哲学教程 校记 26页 (存目1件)

(18) 世界通史 校记 159页 (存目1件)

(19) 史前期中国社会研究 校记 83页 (存目1件)

(20) 唐代长安与西域文明 校记 14页 (存目1件)

(21) 中国古代社会史论 校记 43页 (存目1件)

(22) 穹庐集 校记 18页 (存目1件)

(23) 中国历史纲要 校记 48页 (存目1件)

(24) 中国史探研 校记 20页 (存目1件)

(25) 北宋政治改革家王安石 校记 29页 (存目1件)

(26) 朱元璋传 校记 16页 (存目1件)

(27) 民族宗教论集 校记 28页 (存目1件)

(28) 中法越南关系始末 校记 130页 (存目1件)

(29) 考古学论文集 校记 64页 (存目1件)

(30) 长水粹编 校记 28页 (存目1件)

(31) 魏晋南北朝史论丛 校记 12页 (存目1件)

(32) 尚书通论 校记 35页 (存目1件)

(33) 总序等 校记 26页 (存目1件)

五、编纂纪要（1种6件）

1.《二十世纪中国史学名著》第一次编纂工作会议纪要（1件）

《二十世纪中国史学名著(选)》

第一次编纂工作会议纪要 1996年9月26日

戴逸先生发言要点

一.入选范围。

1.中国史与世界史。二十世纪以来，史学研究的特点之一，是除了中国史研究成果之外，世界史研究也是一项重要内容。但是世界史研究成果是否符合我们所说的"经典"或"名著"的标准，就很难说了。结果很可能会使两者(中国史和世界史)比例失调。

2.现代史与党史方面的研究成果。对于现代史和党史的研究成果来说，许多内容没有定论，许多内容难以涉及。可以考虑是否收入这个时期的论著。

3.考古学的研究成果。考古学研究在本世纪取得了突出进展，所以应该酌收有代表性的考古学论著。

15×20=300　　北京师范大学史学研究所

第　页

4.专史。专史指哲学史、思想史、文学史、经济史、军事史、法律史等等。专史是否应当入选或归入我们入选历史学研究丛书中，也是一个问题。思想史至少应当归入其中，最明显的例子，侯外庐先生的中国思想史研究成就，习惯上还是属历史学领域内的成就。

5.写出了有影响的历史学论著而作者本人又不以历史学家著称的情况，是否入选？如顾准。

二.入选作者。这是一个比较棘手的问题。现在已经过世了的史家好办，而目前尚健在的史家难办。对于后者，谁入选谁不入选，将会牵涉到复杂的人事关系。

三.入选体裁。著作、论文、札记、散文等体裁如何选？如果选著作，太长、太多。论文

15×20=300　　北京师范大学史学研究所

第　页

是否在入选之列。札记、笔记性质的东西是否入选。把各种体裁的东西如何有机地编写在一起，也是一个问题。

四.入选体例。活着的人可否请其自选，或自己提出一个方案；故去的人最好请其弟子、门人来选。这样做可能既方便快捷又颇具权威性。

五.国外学者、港台学者的作品也是应当考虑的问题。

15×20=300　　北京师范大学史学研究所

第 页

苏双碧先生发言要点

一、入选论著的研究内容应界定在古代与近代时期，现代史研究论著不涉及。

二、可以考虑分批出书，至少分两批，先出已去世的史家著述。在入选人员的择定上，应尽量征求意见，减少矛盾。

三、资产阶级史家、马克思主义史家的论著，只要有价值，都应入选。

四、具体入选的论著数量，应视本书的规模而定。某些人可以选专著，专著规模太大者，可抽取其著作中的精华部分。可称得上"名著"但论著数量又不多，或主要以少量论文成名的史家著述，可以考虑将两人甚或两个以上的史家著述合在一本书中出版。（原则上当然还是一人一本）。

15×20=300　　北京师范大学史学研究所

第　页

五、思想史论著可以入选，哲学史或其他专史原则上可以不予考虑。

15×20=300　　北京师范大学史学研究所

第　页

瞿林东先生意见要点

一、入选标准。

1、入选论著应当是在二十世纪中国史学发展史中的某个方面产生了较大影响并在今天看来依然具有一定的学术价值的著作及论文。

2、入选论著的研究内容当以“五四”以前的中国史研究及有关史学理论和方法论等为主。

3、入选论著应着重于在史学发展上产生了重大作用及影响的。其中的某些内容即使在以后看来有些问题，但只要是在学术价值上有影响的，就应当考虑入选。

二、入选内容。

1、每本书当以某位史家的代表作为主要内容，并以该代表作之题目命名该书名。

2、所谓“代表作”，应指在学术界基本取

15×20=300　　北京师范大学史学研究所

第　页

得共识的论著。未取得共识或存在一定程度的分歧的论著，宜请在其学术研究领域学有所长的专家学者鉴定、决定。

3、如一本书中所收史家代表作的字数与书中额定字数尚有差距，可再酌收该史家的重要论文作为附录。如翦伯赞先生的《历史哲学教程》（14万字）可作为名著收入，同时还可附上他在五、六十年代撰写的重要论文。

三、其他建议。

1、建议考虑分三批出书。第一批，入选范围为已故史家、其论著基本取得共识。第二批，入选范围为已故史家，其论著选择比较复杂、需经斟酌的。第三批为健在史家的论著。

2、建议书前加上对所收著作的文字评介，此评介重点对著作讲评，分析其学术价值，使

15×20=300　　北京师范大学史学研究所

第　　页

读者明白为什么称其为名著。

3.可考虑在书的勒口处附印上该史家的生平小传，百余字即可。

4.建议不收长篇或多卷本著作的节录，否则破坏全套书的完整性和相应价值。但要在书的凡例中要讲清，不是这类著作不具备学术价值，而是因篇幅字数原因不附合本书体例才不得不舍弃。

5.校对问题必须给予重视。

6.建议编委会开会详细讨论入选论著篇目事宜。

（张越整理）

15×20=300　　北京师范大学史学研究所

2.《二十世纪中国史学名著》第二次编纂工作会议纪要（1件）

張

八次

《二十世纪中国史学名著选》第二次编纂工作会议纪要

（1996年12月10日）

1996年12月10日，在北京《求是》杂志社会议室举行了《二十世纪中国史学名著选》第二次编纂工作会议。会议由河北教育出版社文科编辑室主任张惠芝同志主持，《求是》杂志社苏双碧副总编，北京师范大学史学研究所瞿林东教授，河北教育出版社文科编辑室杨子江、北京师范大学史学研究所张越等同志参加了会议。

一、会议就已经拟出的《二十世纪中国史学名著选》（第一辑）30种书目的第二稿进行了认真讨论，考虑到史学名著及史学家在史学发展中的地位及作用、史著的部帙、史著内容是否与丛书体例相符等因素，对书目第二稿提出了一些修改意见，并在此基础上确定了选编书目的第三稿。

二、会议对丛书的内容结构作了比较具体的设想，大致确定每一种书依次由丛书总序、史家照片（同页下附史家生平小传）、关于史著的评介文章、史著目录、正文、该史家主要论著目录等部分组成。

三、会议还对编辑工作、操作程序、约稿合同等细节问题进行了讨论，如每种书的字数应在30万字左右，个别特殊情况可放宽字数限制；编纂工作委员会的工作职责；对负责撰写评介文章及校订史著的专家人选的确定等。

（张 越 整理）

3.《二十世纪中国史学名著》第三次编纂工作会议纪要（1件）

《二十世纪中国史学名著选》第三次编纂工作委员会会议纪要

（1996年12月20日）

《二十世纪中国史学名著选》编纂工作委员会第三次会议，于1996年12月20日在河北省人民政府驻京办事处（北京市西城区黄化门大街锥把胡同甲1号）会议室举行。会议由河北教育出版社文科编辑室主任张惠芝、编纂工作委员会主任委员瞿林东共同主持，编纂委员会委员秦进才、周文玖和徐勇参加了会议，编纂工作委员会委员张越因病请假。

张惠芝同志代表河北教育出版社向编纂工作委员会委员颁发了聘书，给丛书顾问及学术委员会委员的聘书，也将在近期送达。

会议经过近六个小时的讨论，讨论了以下问题并做出了相关决定:

一、《二十纪中国史学名著选》首批书目凡30种。选编标准是：第一，选书而不是选人，但为平衡篇幅，可在一些名著之后，附录该作者有代表性的论文若干篇。第二，人选著作，必须是在二十世纪中国史学发展史上，或提出了新的理论，或是解决了某个问题并引起学术界广泛重视、有深远社会影响的著作。

二、依据以上标准，会议对已选定的30位作者的33部著作作了细致的讨论，并结合有些学术委员的意见，对书目第三稿作了修改。

三、主任委员瞿林东教授对各位编纂委员的工作做了分工。秦进才负责与王国维、岑仲勉、陈寅恪、韩儒林、周谷城、谭其骧著作的校订人联系，周文玖负责与孟森、梁启超、陈垣、金毓黻、李大钊、郭沫若、范文澜、吕振羽著作的校订人联系，张越负责与翦伯赞、徐中舒、向达、侯外庐、吴晗、邵循正、陈旭麓著作的校订人联系，徐勇负责与罗振玉、顾颉刚、李济、尹达、夏鼐、胡厚宣、唐长孺、陈梦家著作的校订人联系。如果人选著作及作者发生变化，编纂工作委员会委员则负责与变更后人选的著作的校订人联系。

四、全套丛书卷首有插页一张，正面上方为作者照片一帧，下方是约200字左右的作者小传。为统一起见，作者小传由徐勇负责撰写。背面则为书影或作者手迹2—3帧。每位作者及著述的评介文章，由编纂委员会约请有关专家分别撰写，著述要目则由校订人负责编制。

五、编纂工作委员会同意出版社方面提出的稿费标准及相关内容。在出版过程中，如国家稿酬标准上浮，出版社的稿酬标准相应提高。

六、会议讨论了工作进度问题，并初步决定首批30种书在1998年3月30日之前一次性推出。为此，全部书稿最迟务必在1997年6月底之前交付出版社。春节之前，各编委要与所负责之著作的著作权人、评介文章撰写者以及校订者取得联系，并代出版社与著作权人和校订人签署有关合同。

编纂委员表示，一定要以高度的热情、负责的精神，在今后的一段时间内，通力合作，讲求效率，努力做好这项工作。（徐勇整理）

4.《二十世纪中国史学名著》第四次编纂工作会议纪要（1件）

《二十世纪中国史学名著选》
编纂工作委员会第四次会议纪要
（1997年1月8日）

1997年1月8日，《二十世纪中国史学名著选》编纂工作委员会在北京师范大学举行了第四次工作会议。参加会议者有瞿林东、徐勇、张越、周文玖等同志。

会议由瞿林东同志主持。主要内容有：

一、对书稿著作权代理人的约稿合同及其补充条款进行讨论；

二、对书稿整理者及校对者的合同条款进行讨论；

三、在前几次讨论的基础上，参考各方面意见，对选编书目再次进行讨论。

会议开始时，瞿林东同志转达了张惠芝同志所介绍的张传玺、孟繁星二教授对丛书选目的意见和建议。

会议经过讨论，认为：

1、对著作权代理人是否应作如下补充条款，即其因故不能按合同要求校对两遍清样，其稿酬应作相应扣除；

2、对书稿整理者，应明确规定校对一遍清样；

3、选目的个别调整，不影响大局，可尽早投人运作，个别问题徐图落实；

4、版权交涉，虽为数不多，但关系重大，出版社有这方面的经验，由出版社出面协商为宜；

5、目前存在的问题有：①个别书稿需照相制版；②有一部分拟选著作，篇幅过大；③每一部书稿涉及到著作权代理人、整理者、校对者、评论者等几个方面，应注意操作过程中理顺这些关系。

（瞿林东整理）

5.《二十世纪中国史学名著》第五次编纂工作会议纪要（缺）

6.《二十世纪中国史学名著》第六次编纂工作会议纪要（1件）

《二十世纪中国史学名著选》
编纂工作委员会第六次会议纪要

（1997 年 3 月 20 日）

《二十世纪中国史学名著选》编纂工作委员会第六次会议，于 1997 年 3 月 20 日在北京师范大学召开，瞿林东、徐勇、/张越、周文玖等同志出席会议。

会议由瞿林东先生主持，主要内容是交流目前工作情况及下一步工作的进度安排。

会议开始，瞿先生以上次会议纪要为依据，通报了春节前后的工作进展，并将出版社方面的五份文件（致著作权继承人的约稿信、评介人的约稿信，书稿整理合同、书稿校对合同、《名著选》编选说明）分发给工作委员会同志，并对各文件作了简要说明。

徐勇、张越、周文玖等同志分别汇报了目前的工作进度。总的来看，现在工作委员会成员与有关的评介人基本上都取得了联系，工作还比较顺利，有关的事项基本得到落实。因此前缺乏出版社的正式信函，还有一些事项没有最后确定，故需适当等待；与会者认为，现在有了出版社的正式信函，下一步可以加快工作速度，将工作落到实处。

瞿先生在听取汇报后，逐一分析了各名著的出版情况，确定了第一批送往出版社发稿的书目，建议 4-5 月完成第一批发稿任务。第二批在 6 月底以前完成，7 月份完全结束，以免拖至暑假，影响整个工作进度。

会议认为，为了稳妥起见，需要在著作权、版权问题上，与有关的个人和单位达成共识，以免出现纠纷。编纂工作委员会将尽其所能向河北教育出版社反映有关信息，为解决版权问题提供方便。会议达成共识；不论是否与有关同志取得联系，正式约稿信务必在一周内发出或送到。

另外，徐勇同志负责撰写的史家小传，已写出 10 篇初稿，待全部撰出后交付打印，并分送评介人或有关专家征求意见。

本丛书编纂时间紧、任务重，工作委员会同仁决心克服困难，继续努力，切实把这项工作做好。

周文玖整理

7.《二十世纪中国史学名著》第七次编纂工作会议纪要（1件）

《二十世纪中国史学名著选》编纂工作委员会第七次会议纪要
（1997年5月20日）

《二十世纪中国史学名著选》编纂工作委员会于1997年5月20日上午，在北京师大召开第七次工作会议。会议议题是交流工作进展情况，明确六、七两个月的工作任务。瞿林东教授主持会议，徐勇、张越、周文玖等同志出席。

徐勇、张越、周文玖同志分别介绍了各自负责联系的有关事宜，认为总的来看，工作还比较顺利，目前已有梁启超、李济、吴晗三位史学家的选著稿完成了全部工作；但也有少数著作的联系工作难度较大，一是原著整理十分困难（如《观堂集林》），二是评介人不易联系，三是相关资料尚需搜求，四是少数著作权继承人还要有一个考虑的过程，等等。

针对上述情况，编纂工作委员会认为：应抓紧工作，先把“大面积”抓住；个别情况，具体问题具体分析，分别对待。

会议认为：

1、6月份，是完稿高峰；

2、7月15日前，做收尾工作；

3、特殊情况者，另议。当以书稿质量为第一位，不能因赶时间而降低质量。

[附] 有关各书的进展情况

徐勇联系的情况：

罗振玉 李学勤先生作评介，六月底交稿。原文待复印。

王国维 李学勤先生作评介，七月底交稿。点校由彭林教授担作，合同已签，整理工作已开始，但工程量太大，最早也要七月底才能交稿。

顾颉刚 整理作评介由王煦华先生担任，六月底交稿，选目已商定。

陈 垣 整理作评介由刘乃和教授担任，已整理毕，待通读复印，六月中旬交稿。

齐思和 由齐文颖教授作评介，六月中旬交稿，原文待复印。

李 济 已有齐、清、定稿，合同待社方盖章。

周谷城 姜义华教授作序。

张越联系的情况：

孟 森 （明清史论著集刊）：该书没有著作权问题，版权问题应与中华书局交涉。评介由王钟翰先生撰写，整理者邱居里（王先生指定，整理合同已签），王先生提议书名为《孟森明清史论著集刊正、续辑》。计划7月份完成。

翦伯赞 （历史哲学教程）：由张传玺先生代翦老家人签出版合同，版权问题应与北大出版社打招呼。评介文章及选编文章等均由张先生负责完成。6月前交稿。

吕振羽 桂遵义教授评介，吕老家人尚待联系。

侯外庐 （中国古代社会史论）：张岂之先生撰写评介。侯老家属已联系上，待签出版合同。

邵循正 （中法越南交涉始末）：已与张寄谦先生签整理合同。邵先生女儿在美，去信无回音。7月初交稿。

夏 鼐 尚未与其家属联系。无版权问题。评介由王世民先生撰写，七月分完成。

陈梦家 尚未与其家属联系（由王先生代联系），版权应不成问题。王世民先生整理，评介由他或他与别人合写。陈先生三书字数合计约35万字。

胡厚宣 尚未联系。

周文玖联系的情况：

梁启超、吴晗的著作，分别由陈其泰先生和苏双碧先生负责整理，各项工作皆已完毕，可以交到出版社。吴晗著作的版权问题需交涉。

夏曾佑的《中国古代史》、金毓黻的《中国史学史》的整理点校进展顺利。夏氏的照片、手迹、书影、著述要目建议由罗炳良负责；金氏的照片、手迹、书影、著述要目的收集工作周文玖负责。金氏著作的著作权继承人未联系上，已与其婿邹有恒写信，但未收到回信。估计不会影响出版。

郭沫若的著作，著作权继承人已签订出版合同。评介文章黄烈先生答应6月交稿。

李大钊的著作在于选目。照片、手迹、书影可以翻拍，这些工作难度都不是太大。

秦晋才联系的情况：

（暂缺）

（瞿林东整理）

六、往来信函（4种235件，其中存目164件）

（一）致函（1种6件）

1.编辑《二十世纪中国史学名著》（暂定）计划（征求意见稿）　1996年8月26日（1件）

编辑《二十世纪中国史学名著》（暂定）计划

（征求意见稿）

一、缘起与宗旨

二十世纪的中国史学，在中国史学发展史上具有重要意义。传统史学步入二十世纪之后，受现实社会和西学东渐的影响，在理论指导、研究方法和研究对象等方面都呈现出了明显的变化和崭新的内容。以政治、人物为中心的传统史学，注重皇朝的兴衰隆替、人物的兴亡成败，实际上成为帝王将相的家谱。新史学，突破传统史学的狭窄框架，以整个人类社会生活为其历史研究的对象，促进了中国史学的转化和发展。唯物史观，从经济结构入手，把社会发展的最后动因归结于生产力的发展和生产力与生产关系的相互作用等因素，从而使古老的历史研究成为探讨人类社会发展法则和规律的科学。历史从传统的经学附属地位，逐渐发展成为门类众多、与多种学科纵横交织、而又独具特色的学术研究领域、重要基础学科。与之相适应，研究方法也在传统的考据、注释等方法的基础上，与考古学、社会学、政治学等众多学科的研究方法相结合，先后出现了二重证法、历史与古器物古文字结合法等一系列的新的方法。史书体裁，也由纪传、编年、纪事本末体等，发展成便于表现人类社会历史发展的章节体等新的史学著述体裁。诸如此类，标志着本世纪以来，中国史学经历了从传统史学向新史学、从实证史学向马克思主义史学发展变化的历程，

1

在中国近现代史上展示了自己的社会价值和学术价值。新史学的出现，标志着传统史学向近代史学的转变；马克思主义史学的产生和发展，标志着中国史学走上了科学的道路。商周甲骨、秦汉简牍、敦煌书卷、明清档案等不断被发现的新材料和考古成果，也都为二十世纪中国史学发展取得辉煌成就，提供了有益条件。

回顾百年间中国史学的发展，不仅理论指导、研究方法、对象等发生了重大的变化，而且史坛上的盟主，也在不断变换。由乾嘉殿军，转换为王国维、梁启超等新史学大师，再转化为郭沫若、范文澜等马克思主义史学大师执掌牛耳。史学代表之作，既有纪传体的殿军之作《清史稿》等，又有富有开拓性的《观堂集林》等，还有开创性的《中国古代社会研究》等不断涌现，令人耳目一新。名家辈出，名作如林，二十世纪中国史学界硕果累累。在本世纪末，重新出版这些论著中的杰出之作，是对二十世纪中国史学界研究成果的一次大回顾、大总结，对于人们进一步认识和总结二十世纪中国史学的发展，借鉴前人的治学成果和方法，对于人们展望和开拓二十一世纪中国史学的前景，具有重要的社会意义和学术价值。此书的出版，既可为当代中国史学界提供珍贵的传世之作，又能为后人留下二十世纪中国史学的系统参考书，是一项有功于前人、惠及于后人、受益于当代的中国历史文化积累的系统工程。为此，我们编辑、出版《二十世纪中国史学名著》，希望它对促进中国史学发展和进步，有所裨益。

2

二、编选原则

1．选书标准：

①．在二十世纪史学发展过程中的某个方面产生过比较突出的影响，在今天看来依然具有较高学术价值的论著。

②．在史学发展过程中产生过重大影响，在今天看来虽然在学术上存在着某些不足，但依然具有一定学术价值的论著。

2．选书范围：

①．有关1919年“五四”以前的中国历史研究著作。

②．有关史学理论及史学方法论的独立的研究著作（译著与译述不在其内）。

③．原则上不选各类专史，而有关史学史、思想史等方面的名著，可以入选。

④．具有代表意义的考古学名著。⑤．篇幅太长或多卷本著作，因与本书体例不符而不选。

3．编纂体例：

①．入选的名家，原则上每人出一部，每部篇幅在30-40万之间，以入选名著原书名命名。

②．入选名著一部不够30万字者，可选多部或酌收其作者的有关重要论文。如某位名家的史学名著部头较小时，也可两人或多人合编为一部。

③．书前冠以总序，并刊载由整理者撰写的介绍名著作者生

3

平、学术贡献等方面的3000-5000字的文章，或者选录对入选名著的评介文章，以便于读者阅读、研究。

④. 在书后附录名著作者的重要论著简目或著述年表。

⑤. 在每部书的勒口处印出该名著作者的生平简历及主要著述。

4. **出版次第**：全书分三辑出版。第一辑选录已故著名史学家所撰写的已经取得共识的名著30卷。第二辑收录已故著名史学家所撰写的而其论著尚需斟酌者。第三辑，选录健在史学家的名著。

三、整理细则

1. **统一规格**：不论横排、竖排，不论简体、繁体字，一律整理成横排规范字本。

2. **标点符号**：一律按《标点符号用法》处理。

3. **数字**：一律按《出版物上数字用法》处理。

4. **字形字体**：原则上以《简化字总表》、《第一批异体字整理表》为准，凡属简化字与繁体字、异体字与正体字属于一对一者，均以简化字、正体字为准；如果一对二或一对三以上者，则需根据情况，区别对待。对于姓名、地名、官名等专用名词，如简化字、正体字，容易产生歧义者，则应保留原来的字形字体。

5. **重要论著简目或著述年表著录的内容**：主要有书（篇）名，

4

出版处或报刊名称，出版时间或报刊卷、期等。

6．**注释格式**：名著或重要论文的引文出处，均采用页下（脚）注，以便读者参考阅读。

7．**编校承担者**：一般由名著作者的亲属、弟子、研究者承担选编，并写出或选录评介文章。校对者一般应与选编者由同一人承担，以保证其质量。如选编者不能或不愿承担校对任务者，由出版社负责组织他人完成校对任务。

四、组织机构

1．**学术顾问**：遴选德高望重的学者来担任，为本书名著的确定提供指导、咨询意见，并在学术上把关。

2．**学术委员会**：由研究中国古代史、近代史等方面的学者多人组成，负责筹划本书的论证、选定名著篇目等工作。

3．**编纂委员会**：具体负责本书的筹划设计，实施学术委员会的决议，组织好编辑、校对工作。

4．**策划**：负责总体构思、设计工作。

以上四个方面，各有侧重，各负其责，互相配合，共同完成本书的编辑、出版工作。

5

五、第一辑篇目

1．梁启超：中国历史研究法、中国历史研究法补编、新史学、清代学术概论

2．王国维：观堂集林

3．陈　垣：史讳举例、通鉴胡注表微

4．岑仲勉：金石论丛

5．向　达：唐代长安与西域文明

6．陈寅恪：隋唐制度渊源论稿、唐代政治史述论稿

7．郭沫若：中国古代社会研究、甲申三百年祭

8．翦伯赞：历史哲学教程（再编选部分重要论文）、

9．顾颉刚：古史辨（仅选顾著文章及序言）

10．吕振羽：中国政治思想史

11．陈梦家：殷墟卜辞综述

12．钱　穆：国史大纲

13．李大钊；史学要论

柳诒徵：国史要义

吴玉璋：辛亥革命（三人可编一部）

14．吴　晗：朱元璋传

15．孟　森：明清史论著集刊

16．唐长孺：魏晋南北朝隋唐史三论

17．郑天挺：探微集

6

18. 韩儒林：穹庐集
19. 谭其骧：长水集
20. 孙毓棠：抗戈集
21. 梁方仲：中国历代户口田地田赋统计
22. 傅衣凌：福建佃农经济丛考、明清社会经济变迁论
23. 马　雍：西域文物丛考
24. 陈旭麓：近代中国社会的新陈代谢
25. 严中平：中国棉纺织史稿
26. 杨东纯：中国学术史讲话
27. 于省吾：甲骨文字释林
28. 章太炎：訄书（重印本）
29. 夏　鼐：考古学与科技史
30. 董作宾：甲骨文断代研究例
31. 尹　达：新石器时代

除上述名家名著外，还有些著名史学家，他们的论著或篇幅太大，或数量很多，或影响很大但著述又少等不同情况，因此，先列出名单，请大家确定其代表作问题。

1. 吕思勉
2. 范文澜
3. 李　济
4. 侯外庐
5. 王仲荦
6. 徐中舒
7. 胡厚宣
8. 尚　钺
9. 傅斯年
10. 胡　适
11. 罗振玉
12. 邓　拓
13. 黎　澍

7

六、需要讨论的问题

1．对以上五项内容，特别是对“第一辑篇目”提出个人具体意见，请将增删内容直接改在“征求意见稿”上。

2．关于书名，有人主张叫《二十世纪中国史学经典》，有人主张称《二十世纪中国史学名著选》、《二十世纪中国史学名著》、《二十世纪中国史学名著丛书》、《二十世纪中国史学名著文库》等，请各位提出具体意见。

河北教育出版社

1996年8月26日

8

2.编辑出版《二十世纪中国史学名著》（暂定名）征求意见函　1996年8月28日（1件）

先生：

我社拟编辑出版《二十世纪史学名著》(暂定名)，敬请您就有关编辑宗旨、编选原则、整理细则、组织机构、收选编目、书名等问题，特别是对“收选编目”提出个人具体意见(同意收选的画“√”)。可将意见直接写在“征求意见稿”上，并于 9 月 15 日前寄河北教育出版社。

深深感谢您对我们工作的支持！

通讯地址： 河北省石家庄市城乡街 44 号　河北教育出版社

邮政编码： 050061

电　　话： [redacted]

联 系 人： 张惠芝　韩新保　孟保青

此致

敬礼

河北教育出版社

1996 年 8 月 28 日

3.致“前言”撰稿人　1998年3月10日，1999年1月26日（2件）

______先生:

您好!

为了推动对二十世纪中国史学成果的研究和总结，在史学界许多学者的支持和指导下，本社决定出版《二十世纪中国史学名著选》丛书（计划今年上半年发稿，明年上半年出书）。经专家推荐和我们的研究，拟将__________先生的著作____

____

列入《二十世纪中国史学名著选》（第一辑）出版。久仰您对于____________先生及其论著与思想素有研究，特请您拨冗为上述著作的重新出版撰写一篇评介性前言。如蒙俯允，请即赐示，以便当面请教。

联系人:

（1）河北省石家庄市 河北教育出版社　张惠芝

邮政编码: 050061；电话: [redacted]

（2）河北省石家庄市红旗大街 河北师范学院历史系　秦进才

邮政编码: 050091；电话: [redacted]

期待着您的回音。谢谢您的合作!

顺颂

大安

河北教育出版社

1998年3月10日

[附注] 关于前言体例及有关说明:

1、前言的文字，约在5000-7000字之间;

2、前言的内容，包括简述著者的生平、著作、在二十世纪中国史学发展上的影响，重点评介本书的主要内容及学术价值;

3、凡引文，作页下注;

4、如征引《马克思恩格斯选集》、《列宁选集》、《毛泽东选集》，请用第2版的文字和页码;

5、请提供本书著者的照片1-2帧，有关手迹、书影的图片3-4幅;

6、请提供本书著者的一份简明的著作年表（2000字以内）。

先生：

今年是本世纪的最后一年，也是各项事业总结与开拓的一年。20世纪的一百年间，中国历史学在几代史学家的共同努力下，取得了举世瞩目的成就。为了展示本世纪历史学的成果，发扬20世纪史学的优良传统，推动21世纪史学的发展，光明日报理论部与河北教育出版社拟联合开辟"二十世纪中国史学名著"专栏。您为河北教育出版社这套丛书之一所撰写的"前言"，将作为入选文章刊登在此专栏中，特此敬告。

致以

敬礼

光明日报理论部

河北教育出版社

1999年1月26日

4.致读者购书函　1999年12月6日（1件）

先生：

我社正在编校印制《二十世纪中国史学名著》，预计于2000 年上半年陆续推出，有关购书事宜请直接与我社发行科联系。

联系地址：

河北教育出版社发行科

石家庄市北马路 45 号新文里 8 号

电话：[redacted]

[redacted]

邮编：050061

河北教育出版社

责任编辑：张惠芝

1999 年 12 月 6 日

5.致著者家属和“前言”撰稿人重印函　2001年8月16日（1件）

　　　　先生：

《二十世纪中国史学名著》陆续出版以来，受到广大读者的欢迎。为满足更多读者的需要，河北教育出版社决定近期予以重印。您如发现书稿（包括总序、小传、目录、前言、正文、附录、著作要目等），有明显讹误之处，恳请尽速函告河北教育出版社张惠芝女士（地址：河北省石家庄市。邮编：050061）；或电话通知北京师范大学古籍研究所徐勇同志（电话：[redacted]）。

非常感谢您的支持与合作！

敬颂

暑安

《二十世纪中国史学名著》

编纂工作委员会

2001. 8. 16

（二）回复（1种21件）

1. 戴逸致张惠芝、韩新保、孟保青　1996年9月9日（1件）

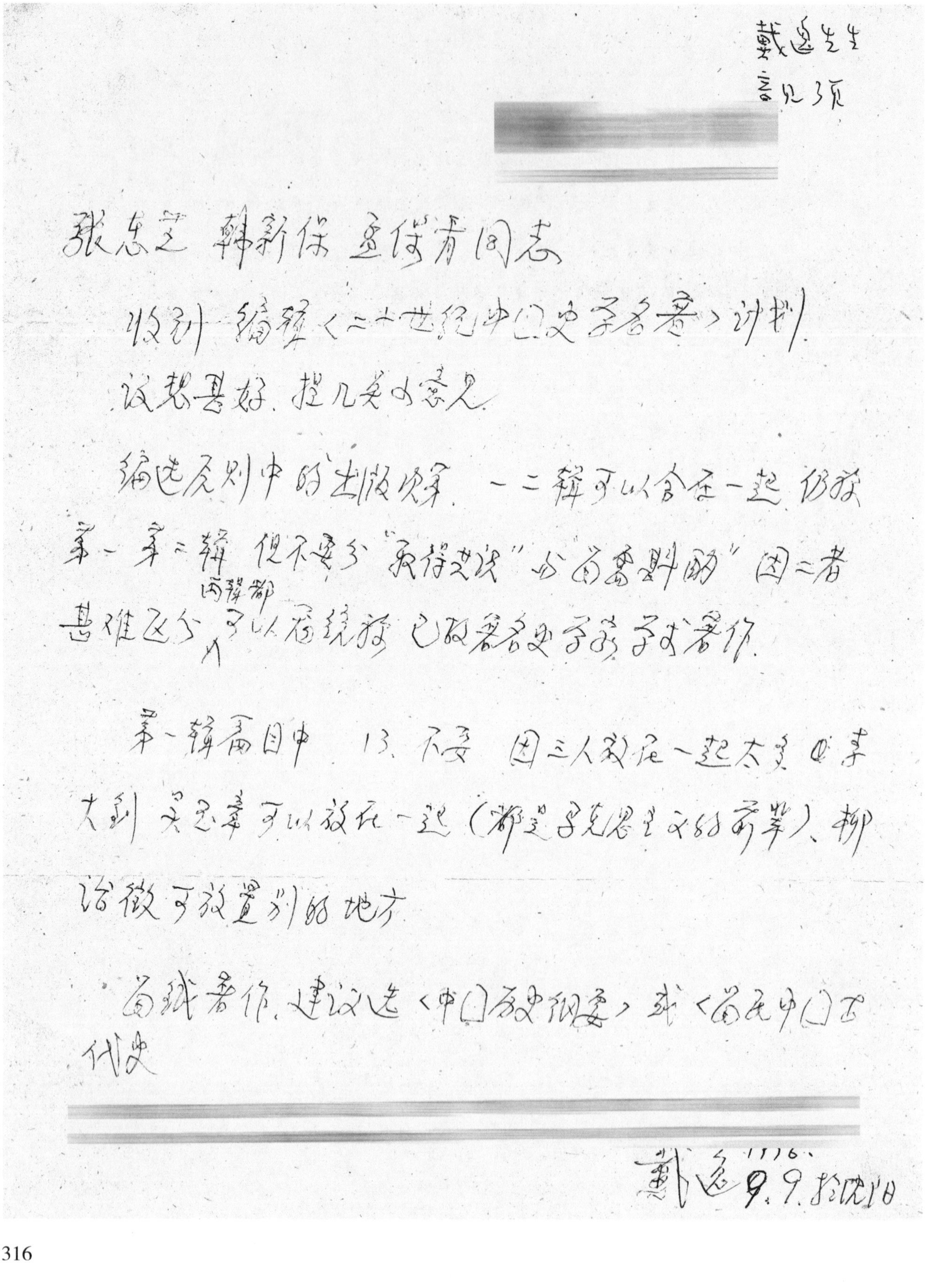

戴逸先生
意见3页

[redacted]

张惠芝 韩新保 孟保青同志

收到编辑《二十世纪中国史学名著》计划，设想甚好，提几点小意见。

编选原则中的出版次第，一二辑可以合在一起，仍按第一第二辑，但不要分"成绩卓著"和"首创新路"，因二者甚难区分，两辑都可以笼统称为已故著名史学家学术著作。

第一辑篇目中，13.不妥，因三人放在一起太乱，但李大钊、吴玉章可以放在一起（都是马克思主义的前辈），柳诒徵可放置别的地方。

当代著作，建议选《中国历史纲要》或《当代中国古代史》

[redacted]

戴逸 1996.9.9.于沈阳

二十世纪中国史学名著选（30种）

（初拟书目）

书　　　　目	著作者
中国历史研究法　中国历史研究法补编、清代学术概论	梁启超
观堂集林	王国唯
史讳举例、通鉴胡注表微	陈　垣
隋唐史	岑仲勉
唐代长安与西域文明	向　达
隋唐制度渊源略论稿　唐代政治史述论稿	陈寅恪
中国古代社会研究　加十批判书 或青铜时代 或甲申三百年祭	郭沫若
历史哲学教程　附录若干论文 如内之论古、历史科学中的若干问题	翦伯赞
古史辨	顾颉刚
殷墟卜辞综述	陈梦家
中国近三百年学术史	钱　穆
史学要论、唯物史观在现代史学上的价值	李大钊
辛亥革命、历史文集	吴玉章

郭老书似宜多精选

似应加周谷城 以上系附二人

1

戴逸

朱元璋传	吴 含
明清史论著集刊	孟 森
魏晋南北朝史论丛	唐长孺
清史探微	郑天挺
近代中国社会的新陈代谢	陈旭麓
考古学与科技史	夏 鼐
新石器时代	尹 达
历史论文选集 可用 中国近代史 附[illegible]	范文澜
殷墟考古发掘报告集	李 济
中国古代社会史论	侯外庐
史学论著辑存	徐中舒
尚氏中国古代史	尚 钺
中国哲学史大纲	胡 适
殷商书契考释	罗振玉
论中国历史的几个问题	邓 拓
邵循正历史论文集	邵循正
甲骨学商史论丛初集	胡厚宣

2.黎仁凯致张惠芝、韩新保、孟保青　1996年9月12日（1件）

五、第一辑篇目

1．梁启超：中国历史研究法、中国历史研究法补编、新史学、清代学术概论

2．王国维：观堂集林

3．陈　垣：史讳举例、通鉴胡注表微

4．岑仲勉：金石论丛

5．向　达：唐代长安与西域文明

6．陈寅恪：隋唐制度渊源论稿、唐代政治史述论稿

7．郭沫若：中国古代社会研究、甲申三百年祭

8．翦伯赞：历史哲学教程（再编选部分重要论文）

9．顾颉刚：古史辨（仅选顾著文章及序言）

10．吕振羽：中国政治思想史

11．陈梦家：殷墟卜辞综述

12．钱　穆：国史大纲

13．李大钊；史学要论

柳诒徵：国史要义

吴玉璋：辛亥革命（三人可编一部）

14．吴　晗：朱元璋传

15．孟　森：明清史论著集刊

16．唐长孺：魏晋南北朝隋唐史三论

17．郑天挺：探微集

6

18. 韩儒林：穹庐集
19. 谭其骧：长水集
20. 孙毓棠：抗戈集
21. 梁方仲：中国历代户口田地田赋统计
22. 傅衣凌：福建佃农经济丛考、明清社会经济变迁论
23. 马　雍：西域文物丛考
24. 陈旭麓：近代中国社会的新陈代谢
25. 严中平：中国棉纺织史稿
26. 杨东纯：中国学术史讲话
27. 于省吾：甲骨文字释林
28. 章太炎：訄书（重印本）
29. 夏　鼐：考古学与科技史
30. 董作宾：甲骨文断代研究例
31. 尹　达：新石器时代

除上述名家名著外，还有些著名史学家，他们的论著或篇幅太大，或数量很多，或影响很大但著述又少等不同情况，因此，先列出名单，请大家确定其代表作问题。

1．吕思勉
2．范文澜
3．李　济
4．侯外庐
5．王仲荦
6．徐中舒
7．胡厚宣
8．尚　钺
9．傅斯年
10．胡　适
11．罗振玉
12．邓　拓
13．黎　澍

7

河北大学教授
黎仁凯意见3页

春生、永信、保吉同志：

寄来编辑计划收到，感谢您们为史学界作出贡献，功德无量。

欢迎有关意见寄回，供参考。

黎仁凯 9.12

六、需要讨论的问题

1．对以上五项内容，特别是对“第一辑篇目”提出个人具体意见，请将增删内容直接改在“征求意见稿”上。

2．关于书名，有人主张叫《二十世纪中国史学经典》，有人主张称《二十世纪中国史学名著选》、《二十世纪中国史学名著》、《二十世纪中国史学名著丛书》、《二十世纪中国史学名著文库》等，请各位提出具体意见。

1. 书名用《史学经典》不如用《史学名著》或《史学名著丛书》为宜。

2. 篇目中有些史学与文学或哲学交叉的類別很难决定，需要有一个较明確的标准。

河北教育出版社
1996年8月26日

8

3.张注宏致张惠芝　1996年9月13日（1件）

張注宏 北京大學教授

五、第一辑篇目

1．梁启超：中国历史研究法、中国历史研究法补编、新史学、清代学术概论

2．王国维：观堂集林

3．陈　垣：史讳举例、通鉴胡注表微

4．岑仲勉：金石论丛（请考古学者定出价值）

5．向　达：唐代长安与西域文明

6．陈寅恪：隋唐制度渊源论稿、唐代政治史述论稿

7．郭沫若：中国古代社会研究、甲申三百年祭

8．翦伯赞：历史哲学教程（再编选部分重要论文）

9．顾颉刚：古史辨（仅选顾著文章及序言）

10．吕振羽：中国政治思想史

11．陈梦家：殷墟卜辞综述（请考古学者定出价值）

12．钱　穆：国史大纲

13．李大钊：史学要论

柳诒徵：国史要义

吴玉璋：辛亥革命（三人可编一部）

14．吴　晗：朱元璋传

15．孟　森：明清史论著集刊

16．唐长孺：魏晋南北朝隋唐史三论

17．郑天挺：探微集

6

北京大學

邮政编码：100871

✓ 18. 韩儒林：穹庐集
✓ 19. 谭其骧：长水集
✓ 20. 孙毓棠：抗戈集
✓ 21. 梁方仲：中国历代户口田地田赋统计
✓ 22. 傅衣凌：福建佃农经济丛考、明清社会经济变迁论
✓ 23. 马　雍：西域文物丛考
✓ 24. 陈旭麓：近代中国社会的新陈代谢
✓ 25. 严中平：中国棉纺织史稿
26. 杨东莼：中国学术史讲话（未读过此书，未敢表示意见）
27. 于省吾：甲骨文字释林（请考古学家定出看法）
✓ 28. 章太炎：訄书（重印本）
29. 夏　鼐：考古学与科技史（请考古学家定出看法）
30. 董作宾：甲骨文断代研究例（　〃　）
✓ 31. 尹　达：新石器时代

除上述名家名著外，还有些著名史学家，他们的论著或篇幅太大，或数量很多，或影响很大但著述又少等不同情况，因此，先列出名单，请大家确定其代表作问题。

1．吕思勉（《白话本国史》篇幅多，讲多民族国家，但因篇幅所限，代表性差）
2．范文澜　可用范文澜历史论文选集，从中酌选几篇。
3．李　济（《西阴村史前的遗存》一书太专，《中国民族的形成》又因篇幅所限，代表性不够）
4．侯外庐　中国社会古代史论．
5．王仲荦〔[illegible]太专，可从论文集选〕
6．徐中舒　史学论著辑存
7．胡厚宣　古代研究的史料问题
8．尚　钺　中国历史纲要（选用部分）
9．傅斯年〔从台湾出《傅孟真先生文集》中酌选〕
10．胡　适　中国哲学史大纲
11．罗振玉　《殷虚书契考释》（酌选）
12．邓　拓　论中国历史的几个问题
论文选 →13．黎　澍　《辛亥革命前后的中国政治》，通从论文集《再思》等中选出若干篇。（编著）

此外似可加：邵循正：邵有成书者《中法越南关系始末》，但系早年著作（研究生论文），不如用《邵循正历史论文集》。
简又文：太平天国革命运动史（选其一部分）
萧一山：清代通史
）后待商榷

六、需要讨论的问题

1．对以上五项内容，特别是对“第一辑篇目”提出个人具体意见，请将增删内容直接改在“征求意见稿”上。

2．关于书名，有人主张叫《二十世纪中国史学经典》，有人主张称《二十世纪中国史学名著选》、《二十世纪中国史学名著》、《二十世纪中国史学名著丛书》、《二十世纪中国史学名著文库》等，请各位提出具体意见。

河北教育出版社

1996年8月26日

张岂之同志：

日前我刚从[illegible]开会回来，匆匆写了以上意见。迟迟作复，尚请原谅。

张[illegible]

96.9.13.

8

4.张文、张文质致张惠芝　1996年9月16日（1件）

河北师范大学教授
张文、张文质意见稿
1996.9.16

五、第一辑篇目

1．梁启超：中国历史研究法、中国历史研究法补编、新史学、清代学术概论

2．王国维：观堂集林

3．陈　垣：史讳举例、通鉴胡注表微

4．岑仲勉：金石论丛

5．向　达：唐代长安与西域文明

6．陈寅恪：隋唐制度渊源论稿、唐代政治史述论稿

7．郭沫若：中国古代社会研究、甲申三百年祭（不如改为《奴隶制时代》

《甲申……》文章太短，不足为史学名著.

8．翦伯赞：历史哲学教程（再编选部分重要论文）

9．顾颉刚：古史辨（仅选顾著文章及序言）

10．吕振羽：中国政治思想史

11．陈梦家：殷墟卜辞综述←西周铜器断代.

12．钱　穆：国史大纲←应选入《先秦诸子系年》.

13．李大钊：史学要论

柳诒徵：国史要义

吴玉璋：辛亥革命（三人可编一部）

14．吴　晗：朱元璋传

15．孟　森：明清史论著集刊

16．唐长孺：魏晋南北朝隋唐史三论

17．郑天挺：探微集

6

?
18. 韩儒林：穹庐集
19. 谭其骧：长水集
20. 孙毓棠：抗戈集
21. 梁方仲：中国历代户口田地田赋统计
22. 傅衣凌：福建佃农经济丛考、明清社会经济变迁论
? 23. 马　雍：西域文物丛考
24. 陈旭麓：近代中国社会的新陈代谢
25. 严中平：中国棉纺织史稿
26. 杨东纯：中国学术史讲话
27. 于省吾：甲骨文字释林
28. 章太炎：訄书（重印本）
29. 夏　鼐：考古学与科技史
30. 董作宾：甲骨文断代研究例　　唐兰：古文字学导论。
31. 尹　达：新石器时代

除上述名家名著外，还有些著名史学家，他们的论著或篇幅太大，或数量很多，或影响很大但著述又少等不同情况，因此，先列出名单，请大家确定其代表作问题。

1. 吕思勉　先秦学术概论、史学四种。
2. 范文澜　范文澜历史论文选集。
3. 李　济　殷墟发掘考古报告集。
4. 侯外庐　中国古代社会史论、中国封建社会史论。
5. 王仲荦（荦）　关于中国奴隶社会的瓦解及封建关系的形成问题。
6. 徐中舒　先秦史论稿（~~[illegible]~~）（巴蜀出版社）
7. 胡厚宣　甲骨学商史论丛。
8. 尚　钺　中国资本主义发生及演变的初步研究。中国历史纲要。
9. 傅斯年
10. 胡　适　中国哲学史大纲。
11. 罗振玉　殷虚书契考释。
12. 邓　拓　论中国历史的几个问题。
13. 黎　澍　辛亥革命前后的中国政治。又出一本论文集，名字忘却了。

附：三十年代中国社会史大论战的书也应出版一些。

黄文弼。郭宝钧：中国青铜器时代

张文

六、需要讨论的问题

1．对以上五项内容，特别是对“第一辑篇目”提出个人具体意见，请将增删内容直接改在“征求意见稿”上。

2．关于书名，有人主张叫《二十世纪中国史学经典》，有人主张称《二十世纪中国史学名著选》、《二十世纪中国史学名著》、《二十世纪中国史学名著丛书》、《二十世纪中国史学名著文库》等，请各位提出具体意见。

如果循名责实，宜称《二十世纪中国史学名著选》。若据现代时尚，可称《 " 文库（或系列）》。

河北教育出版社

1996年8月26日

张文

张文质 9.16

8

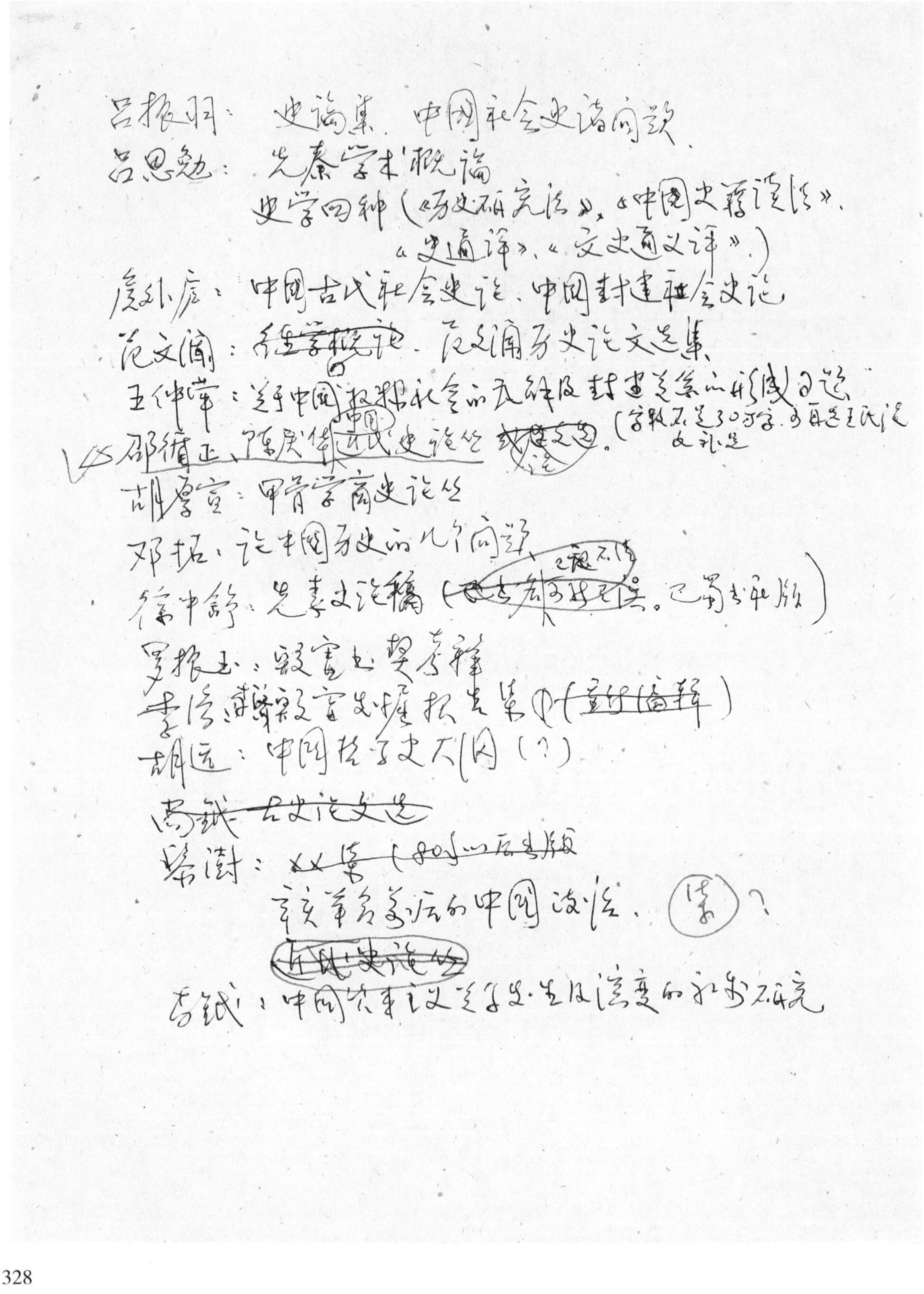
吕振羽：史论集、中国社会史诸问题
吕思勉：先秦学术概论
史学四种（《历史研究法》、《中国史籍读法》、《史通评》、《文史通义评》）
侯外庐：中国古代社会史论、中国封建社会史论
范文澜：~~经学概论~~、范文澜历史论文选集
王仲荦：关于中国奴隶社会的瓦解及封建关系的形成问题
邵循正、陈庆华：中国近代史论丛 ~~或论文选~~（字数不足30万字，可再选其他论文补足）
胡厚宣：甲骨学商史论丛
邓拓：论中国历史的几个问题
徐中舒：先秦史论稿（~~巴蜀古代研究~~ 已经不选，已有书出版）
罗振玉：殷虚书契考释
李济：殷虚发掘报告集（~~重印编辑~~）
胡适：中国哲学史大纲（？）
~~尚钺 古史论文选~~
翦伯赞：~~××集（80年以后出版~~
论辛亥革命后的中国政治。（集）？
~~历代史论丛~~
尚钺：中国资本主义关系发生及演变的初步研究

5.施丁致张惠芝　1996年9月17日（1件）

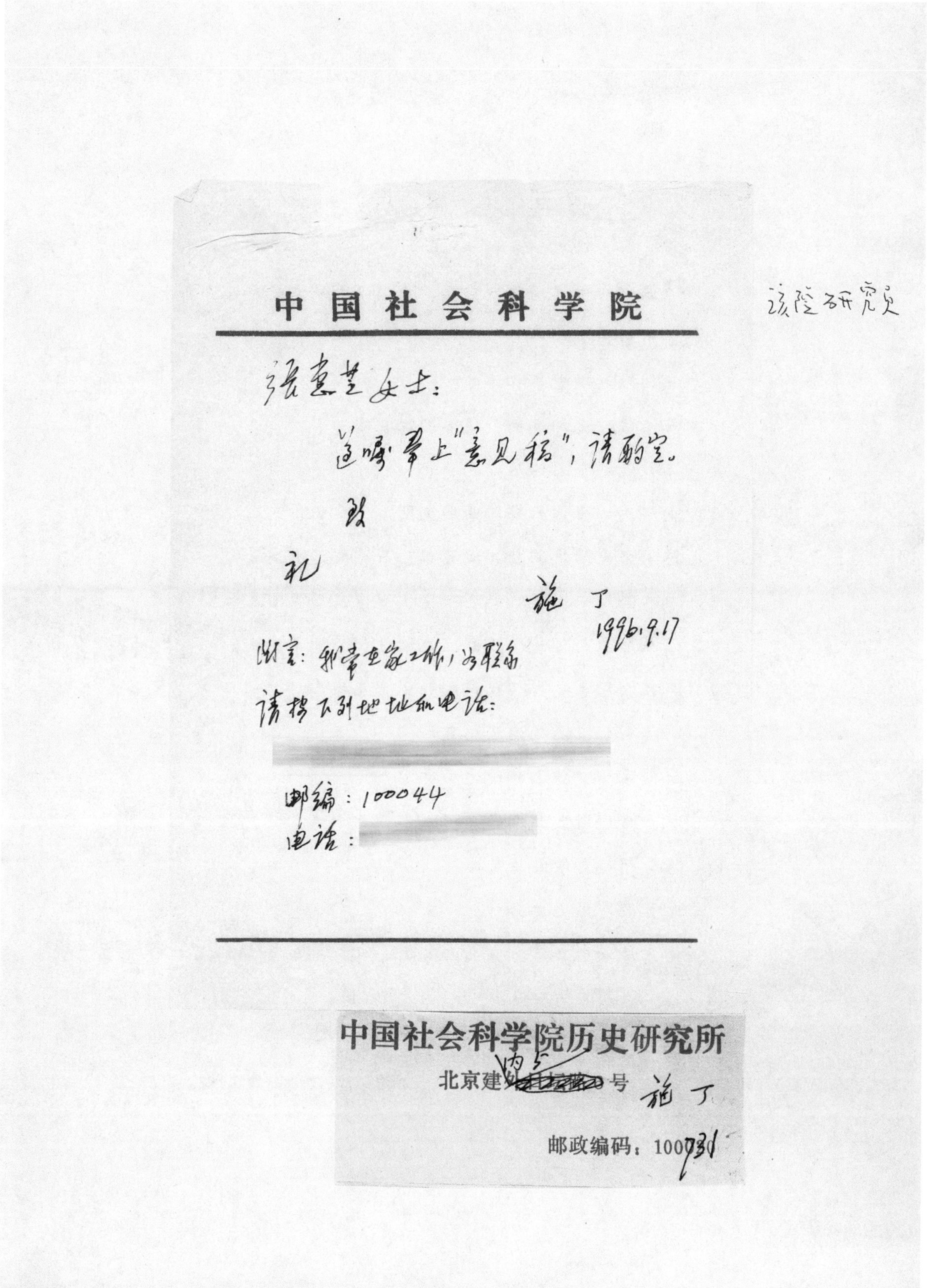
中国社会科学院

該院研究員

張惠芝女士：

遵囑帶上"意見稿"，請斟定。

致

禮

施丁

1996.9.17

附言：我常在家工作，多联系

請按下列地址和电話：

[redacted]

邮编：100044

电話：[redacted]

中国社会科学院历史研究所

北京建内5号　施丁

邮政编码：100731

中国社会科学院研究员

五、第一辑篇目

√ 1．梁启超：中国历史研究法、中国历史研究法补编、新史学、清代学术概论

√ 2．王国维：观堂集林

√ 3．陈　垣：史讳举例、通鉴胡注表微

4．岑仲勉：金石论丛

√ 5．向　达：唐代长安与西域文明

√ 6．陈寅恪：隋唐制度渊源论稿、唐代政治史述论稿　《奴隶制时代》？

7．郭沫若：中国古代社会研究、甲申三百年祭　是否加

8．翦伯赞：？历史哲学教程（再编选部分重要论文）　是否改为《历史哲学论丛》《探讨集》或是《……》

9．顾颉刚：古史辨（仅选顾著文章及序言）《秦汉的方士与儒生》

√ 10．吕振羽：中国政治思想史

√ 11．陈梦家：殷墟卜辞综述

12．钱　穆：？国史大纲？　是否改为《先秦诸子系年》？

√ 13．李大钊：史学要论

柳诒徵：国史要义

← 吴玉璋章：辛亥革命（三人可编一部）三人在一起似不妥。吴玉章单独立，加《历史文集》。

√ 14．吴　晗：朱元璋传

√ 15．孟　森：明清史论著集刊

√ 16．唐长孺：魏晋南北朝隋唐史三论

√ 17．郑天挺：探微集

6

√18. 韩儒林：穹庐集
√19. 谭其骧：长水集
√20. 孙毓棠：抗戈集
√21. 梁方仲：中国历代户口田地田赋统计
√22. 傅衣凌：福建佃农经济丛考、明清社会经济变迁论
√23. 马　雍：西域文物丛考
√24. 陈旭麓：近代中国社会的新陈代谢
√25. 严中平：中国棉纺织史稿
√26. 杨东纯：中国学术史讲话
√27. 于省吾：甲骨文字释林
√28. 章太炎：訄书（重印本）
√29. 夏　鼐：考古学与科技史
√30. 董作宾：甲骨文断代研究例
√31. 尹　达：新石器时代

除上述名家名著外，还有些著名史学家，他们的论著或篇幅太大，或数量很多，或影响很大但著述又少等不同情况，因此，先列出名单，请大家确定其代表作问题。

1．吕思勉　白话本国史
2．范文澜　中国通史简编（修订本）第三编
3．李　济
4．侯外庐　中国古代社会史论、中国古代思想学术史
5．王仲荦　魏晋南北朝史
6．徐中舒
7．胡厚宣　甲骨学商史论丛 初集、二集、三集（量太大，可选初集）
8．尚　钺　~~中国历史纲要~~ 中国资本主义关系发生及演变的初步研究（或《尚氏中国古代史》）
9．傅斯年
10．胡　适　中国哲学史大纲
11．罗振玉　殷虚书契考释、流沙坠简考释（与王国维合撰）
12．邓　拓　论中国历史的几个问题
13．黎　澍
14．皮锡瑞　经学历史（1907刊）（可选周予同注释本）

施丁

6.张岗、魏连科致张惠芝　1996年9月17日（1件）

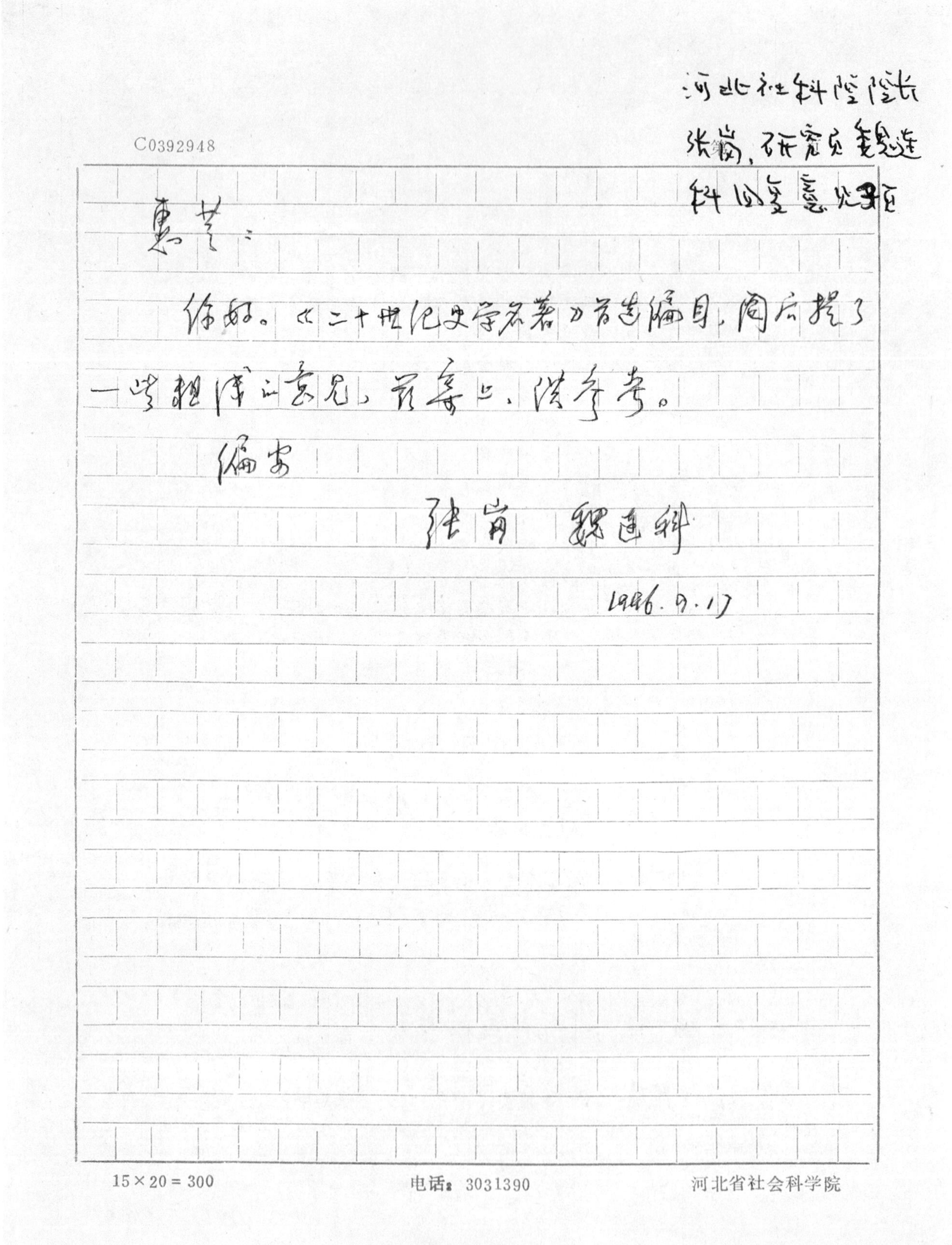

河北社科院院长
张岗，研究员魏连
科回复意见手迹

C0392948

惠芝：

你好。《二十世纪史学名著》首选编目，阅后提了一些粗浅之意见，兹寄上，供参考。

编安

张岗　魏连科

1996.9.17

15×20＝300　　电话：3031390　　河北省社会科学院

河北省社科院院长张岗、研究员魏连科复意见如下。（[illegible]）

注：甲骨文方面似乎选得少了一些。请考虑。

五、第一辑篇目

1．梁启超：中国历史研究法、中国历史研究法补编、新史学、清代学术概论

2．王国维：观堂集林

3．陈　垣：史讳举例、通鉴胡注表微

4．岑仲勉：金石论丛

5．向　达：唐代长安与西域文明

6．陈寅恪：隋唐制度渊源略论稿、唐代政治史述论稿

7．郭沫若：中国古代社会研究、甲申三百年祭　可不选！

8．翦伯赞：历史哲学教程（再编选部分重要论文）

9．顾颉刚：古史辨（仅选顾著文章及序言）

10．吕振羽：中国政治思想史

11．陈梦家：殷墟卜辞综述

12．钱　穆：国史大纲

13．李大钊：史学要论

柳诒徵：国史要义

吴玉璋（章）：辛亥革命（三人可编一部）　以不要为宜。

14．吴　晗：朱元璋传

15．孟　森：明清史论著集刊

16．唐长孺：魏晋南北朝隋唐史三论

17．郑天挺：探微集　不如收《清史探微》好！《探微集》是在《清史探微》的基础上加上一些序跋、纪念文章以及明史校勘记读后感，弄了一些。郑先生的功力之作是《清史探微》。

6

18. 韩儒林：√穹庐集
19. 谭其骧：√长水集
20. 孙毓棠：√抗戈集——孙先生学问很好，但这本论文集似乎稍弱一些。
21. 梁方仲：√中国历代户口田地田赋统计——数量可能太大了。
22. 傅衣凌：√福建佃农经济丛考、明清社会经济变迁论
23. 马　雍：西域文物丛考——可以暂不选！
24. 陈旭麓：√近代中国社会的新陈代谢
25. 严中平：√中国棉纺织史稿（范）
26. 杨东纯：中国学术史讲话——可以不选。
27. 于省吾：√甲骨文字释林
28. 章太炎：√訄书（重印本）
29. 夏　鼐：√考古学与科技史
30. 董作宾：√甲骨文断代研究例
31. 尹　达：√新石器时代

除上述名家名著外，还有些著名史学家，他们的论著或篇幅太大，或数量很多，或影响很大但著述又少等不同情况，因此，先列出名单，请大家确定其代表作问题。

1. 吕思勉　《中国制度史》
2. 范文澜　《历史论文选集》
3. 李　济　《考古学论文集》
4. 侯外庐　《中国古代社会史论》（荦）
5. 王仲荦　《魏晋南北朝史》（简本）
6. 徐中舒　《论文集》
△7. 胡厚宣　《甲骨学商史论丛》　胡厚宣先生还健在吧！
8. 尚　钺　《中国历史纲要》（主编）
9. 傅斯年　《
10. 胡　适　可以不选！
11. 罗振玉　可以不选！
12. 邓　拓　可以不选
13. 黎　澍　~~[illegible]~~《马克思主义与中国历史》

王毓铨　之《莱芜集》
张政烺　可印其主编之论文集

余嘉锡　之其《四库提要辨证》或《余嘉锡论学杂著》。

7

7. 王树民致张惠芝、韩新保、孟保青　1996年9月18日（1件）

年　月　日　　第 1 页

张惠芝
韩新保 诸位同志：
孟保青

关于编辑二十世纪中国史学名著计划，我初步考虑到下面几点意见：

一、书名似可定为《二十世纪中国史学名著辑要》。"经典"二字过于隆重，"丛书"、"文库"又比较广泛，"辑要"二字较为灵活，容易使名实保持一致。

二、第一辑篇目

1. 王国维在《观堂集林》之外，可另加《殷卜辞中所见先公先王考》与《续考》，并附吴其昌的《三考》（在《燕京学报》第十四期）。

2. 陈垣的《史讳举例》可不用，另加《史源学杂文》与《校勘学释例》，此二书都是有关治学方法的。

3. 郭沫若之《甲申三百年祭》可换用他主编的《中国史稿》。

4. 《古史辨》可取第一册和第三册二篇顾氏自序，又第一册中第36篇《与钱玄同先生论古史书》。

5. 钱穆的《国史大纲》可不用，此书编写粗率，且多谬见，如谓中

北京市电车公司印刷厂出品　八三·十二

装　订　线

(1456)

年　月　日　　　第 2 页

国抵御外侮，统一时不如分裂时有力，殊为荒唐。可代之以《中国近三百年学术史》。

6. 范文澜可取他主编的《中国通史简编》（修定本，包括近代部分）。

7. 胡适可选用《白话文学史》，虽只有上编，而是最早的一部白话文学史，颇有一定内容。

8. 罗振玉可选用《殷虚书契考释》，可附于王国维之后。

三、应增选之人与书

1. 夏曾佑，选用《中国古代史》（原名《最新中学中国历史教科书》，作于1904—06年，1933年改名《中国古代史》），这是最早打破旧的史书体裁和观点，以章节体编写的史书，有一定的代表性，也提出一些独立的见解。

2. 张荫麟，选用《中国史纲》，这是学术性、通俗性都很强的一本史书，虽然只写到东汉，因作者逝世中止，其书很有代表性。

3. 金毓黻，选用《中国史学史》，这是中国史学史方面较早的一部著作，资料丰富。

(1456)

北京市电车公司印刷厂出品　八三·十二

装　订　线

年　月　日　　第3页

4. 冯友兰，选用《中国哲学史》，这是较早而完善的哲学史书，比胡适的《中国哲学史大纲》要好一些。

5. 徐旭生，选用《中国古史的传说时代》，其书很有独到的见解。

四、其他问题

1. 集体编写的史书，惟写主编者一人之名，应介绍书中应列出主要的参加者。

2. 所选用之书，或与版权有关，宜先与原出版单位或本人作好联系，以免出书后引起纠纷。

以上是一时想到的几点意见。原通知希望在九月十五日前将意见寄还，但我接到通知和征求意见稿时已为九月十六日，说明计划工作尚欠周密，附此以期注意。

专此敬颂

撰祺

王树民
96.9.18.

北京市电车公司印刷厂出品　八三・十二　装　订　线

北京安外和平街[redacted]王树民

邮政编码100013

8.漆侠致张惠芝　1996年9月19日电（1件）

漆侠　1996年9月19日来电，告知对"史学名著"入选意见

1. 少而精

2. 约50万字，加选论文

3. 具体意见：

① 钱穆不选《国史大纲》，可收《刘向歆父子年谱》

② 王国维可选　宋元戏曲史、人间词话

③ 傅斯年　可选　殷周史方面内容

④ 胡适　对中国近代史影响大的内容

⑤ 吴晗　不一定选朱元璋传

⑥ 向达　唐代长安与西域文明

⑦ 顾颉刚　古史辨序

⑧ 梁启超　中国历史研究法

⑨ 陈寅恪　隋唐制度渊源略论稿

⑩ 郭老　中国古代社会研究　青铜时代

⑪ 范老　可考虑选论文

⑫ 翦老　历史哲学教程 + 论文、内容待定

9. 李学勤致张惠芝　1996年9月23日（1件）

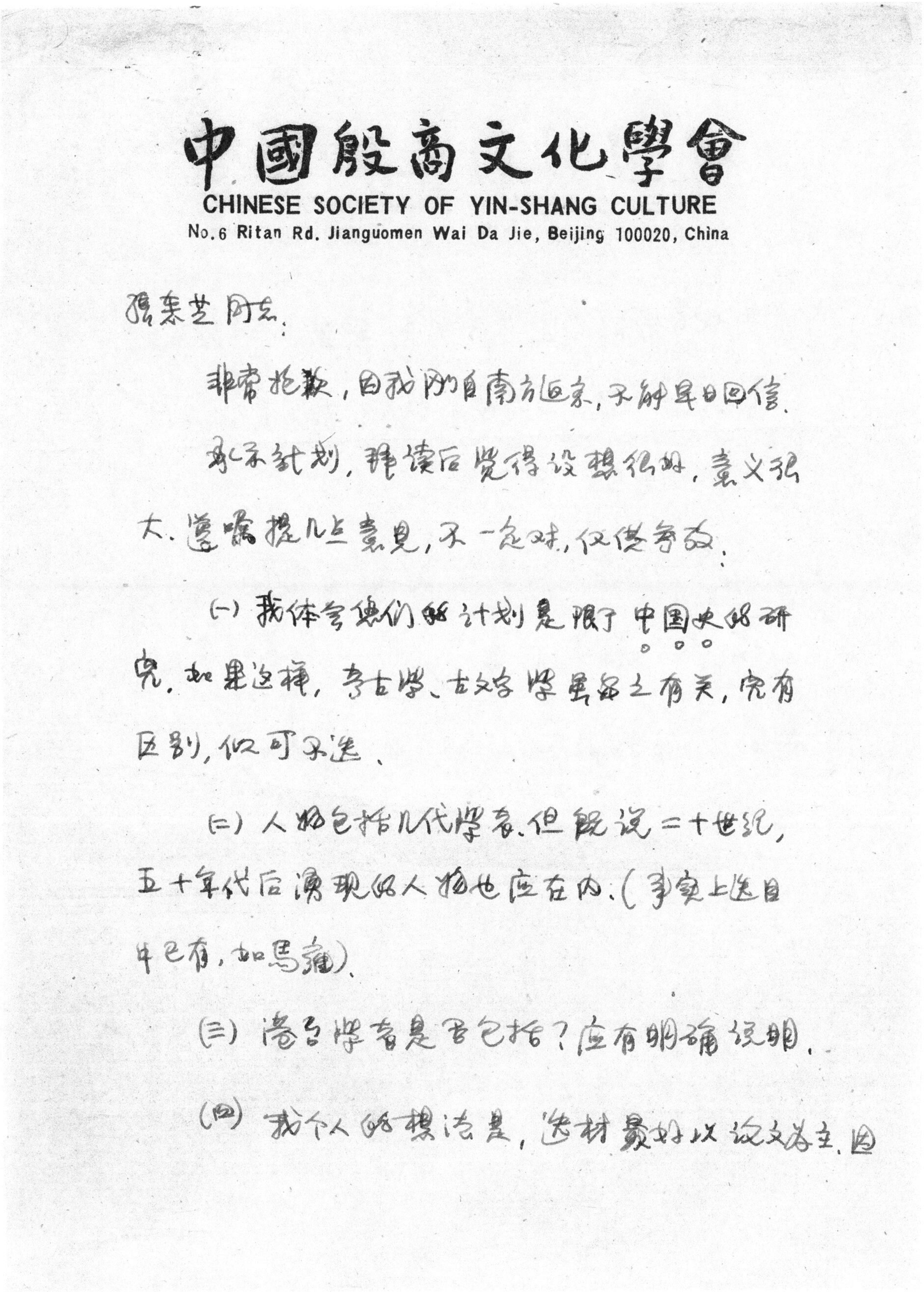

中國殷商文化學會
CHINESE SOCIETY OF YIN-SHANG CULTURE
No.6 Ritan Rd. Jianguomen Wai Da Jie, Beijing 100020, China

張惠芝同志：

非常抱歉，因我刚自南方返京，不能早日回信。

承示计划，拜读后觉得设想很好，意义很大。遵嘱提几点意见，不一定对，仅供参考：

(一) 我体会您们的计划是限于中国史的研究。如果这样，考古学、古文字学虽与之有关，究有区别，似可不选。

(二) 人物包括几代学者，但既说二十世纪，五十年代后涌现的人物也应在内。（事实上选目中已有，如马雍）。

(三) 港台学者是否包括？应有明确说明。

(四) 我个人的想法是，选材最好以论文为主，因

中國殷商文化學會

CHINESE SOCIETY OF YIN-SHANG CULTURE

No.6 Ritan Rd. Jianguomen Wai Da Jie, Beijing 100020, China

为论文最能凸显学术水平。如能以人物为单位，各选一集（专著也可收入或节选），似更适合社会需要。

以上所说，不一定妥当，敬希指教。

匆此 顺颂

安好　　有我能尽力之处，即请赐告。

李学勤 敬上

一九九六年九月廿三日

10. 林甘泉致张惠芝　1996年10月7日（1件）

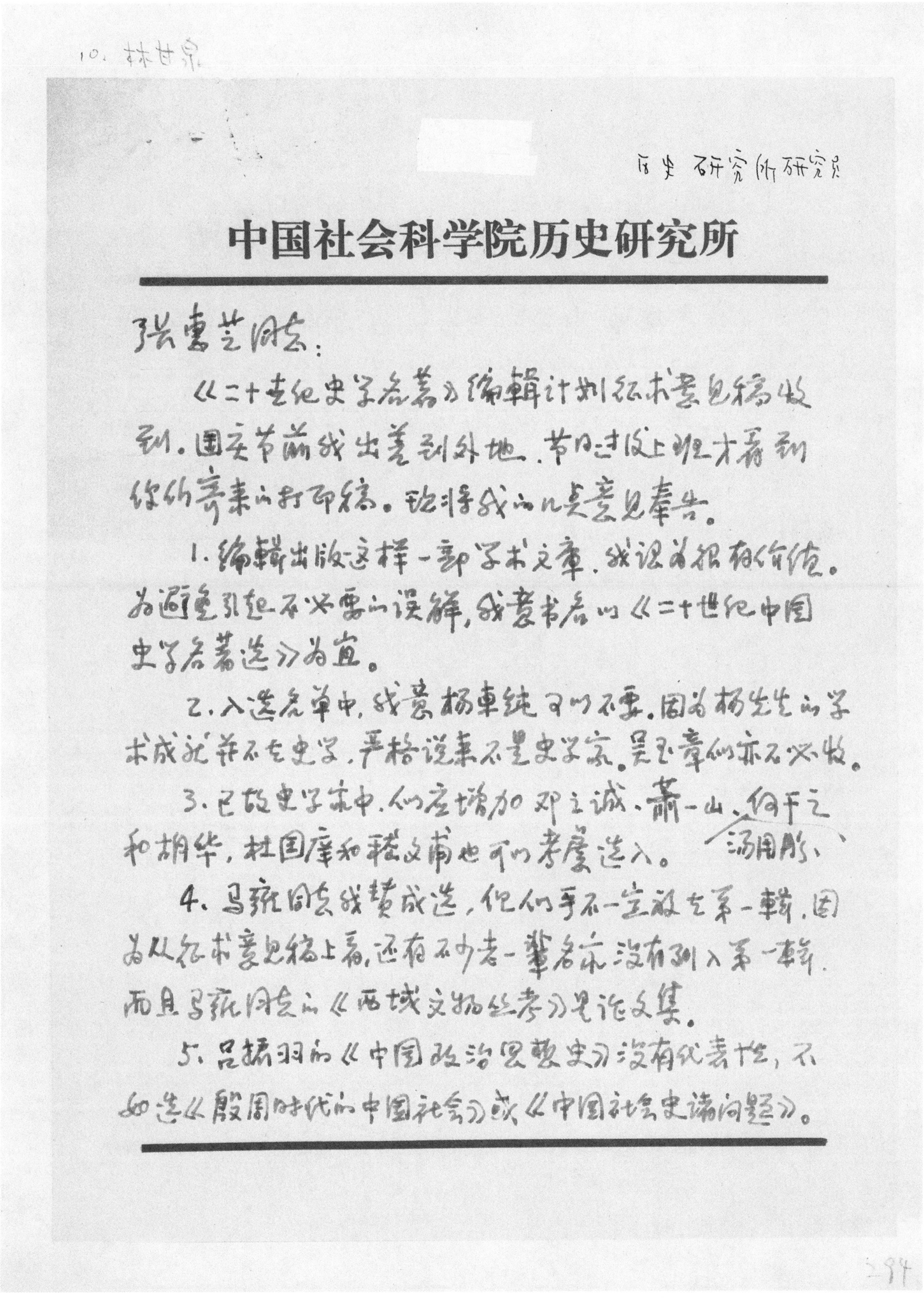

10. 林甘泉

历史研究所研究员

中国社会科学院历史研究所

张惠芝同志：

《二十世纪史学名著》编辑计划征求意见稿收到。国庆节前我出差到外地，节日过后上班才看到你们寄来的打印稿。现将我的几点意见奉告。

1. 编辑出版这样一部学术文库，我认为很有价值。为避免引起不必要的误解，我看书名以《二十世纪中国史学名著选》为宜。

2. 入选名单中，我看杨东莼可以不要。因为杨先生的学术成就并不在史学，严格说来不是史学家。吴玉章的亦不必收。

3. 已故史学家中，似应增加邓之诚、萧一山、何干之、汤用彤、和胡华，杜国庠和嵇文甫也可以考虑选入。

4. 马雍同志我赞成选，但似乎不一定放在第一辑。因为从征求意见稿上看，还有不少老一辈名家没有列入第一辑。而且马雍同志的《西域史地文物丛考》是论文集。

5. 吕振羽的《中国政治思想史》没有代表性，不如选《殷周时代的中国社会》或《中国社会史诸问题》。

-94

中国社会科学院历史研究所

6. 尚待斟酌的名单中，我意胡厚宣可选《甲骨学商史论丛》（选本），邓拓可选《论中国历史的几个问题》，尚钺可选《中国资本主义关系发生及演变的初步研究》。侯外庐在社会史和思想史两个方面都有较大影响的著作，似应兼顾。

以上意见，仅供参考。

顺颂

编安

我家中的电话是[redacted]

来信可寄[redacted]

林甘泉

96.10.7.

二95

11.仓修良致张惠芝　1996年10月10日（1件）

编辑《二十世纪中国史学名著》（暂定）计划

（征求意见稿）

文学能否称为史学名著？

一、缘起与宗旨

二十世纪的中国史学，在中国史学发展史上具有重要意义。传统史学步入二十世纪之后，受现实社会和西学东渐的影响，在理论指导、研究方法和研究对象等方面都呈现出了明显的变化和崭新的内容。以政治、人物为中心的传统史学，注重皇朝的兴衰隆替、人物的兴亡成败，实际上成为帝王将相的家谱。新史学，突破传统史学的狭窄框架，以整个人类社会生活为其历史研究的对象，促进了中国史学的转化和发展。唯物史观，从经济结构入手，把社会发展的最后动因归结于生产力的发展和生产力与生产关系的相互作用等因素，从而使古老的历史研究成为探讨人类社会发展法则和规律的科学。历史从传统的经学附属地位，逐渐发展成为门类众多、与多种学科纵横交织、而又独具特色的学术研究领域、重要基础学科。与之相适应，研究方法也在传统的考据注释等方法的基础上，与考古学、社会学、政治学等众多学科的研究方法相结合，先后出现了二重证法、历史与古器物古文字结合法等一系列的新的方法。史书体裁，也由纪传、编年、纪事本末体等，发展成便于表现人类社会历史发展的章节体等新的史学著述体裁。诸如此类，标志着本世纪以来，中国史学经历了从传统史学向新史学、从实证史学向马克思主义史学发展变化的历程，

1

中国历史文献研究会副会长、仓修良(杭州大学教授)意见3页

五、第一辑篇目

~~魏源《圣武记》、《海国图志》~~ [illegible]

1．梁启超：中国历史研究法、中国历史研究法补编、新史学、~~清代学术概论~~ 中国近三百年学术史

2．王国维：~~观堂集林~~ 古史新证　　夏曾佑《中国古代史》

3．陈　垣：史讳举例、通鉴胡注表微

4．岑仲勉：金石论丛

5．向　达：唐代长安与西域文明

6．陈寅恪：隋唐制度渊源论稿、唐代政治史述论稿

7．郭沫若：中国古代社会研究、甲申三百年祭

8．翦伯赞：历史哲学教程（再编选部分重要论文）

9．顾颉刚：古史辨（仅选顾著文章及序言）

10．吕振羽：中国政治思想史

11．陈梦家：殷墟卜辞综述

12．钱　穆：国史大纲

13．李大钊；史学要论

柳诒徵：国史要义、中国文化史

吴玉璋：辛亥革命（三人可编一部）

14．吴　晗：朱元璋传

15．孟　森：明清史论著集刊

16．唐长孺：魏晋南北朝隋唐史三论

17．郑天挺：探微集

6

中國歷史文獻研究會副會長
中國地方志協會常務理事學術委員
華中師範大學歷史文獻研究所兼職教授
華東師範大學中國史學研究所兼職教授
杭州大學歷史系教授

倉修良

工作地址：[redacted]　通訊地址：[redacted]
辦公室電話：[redacted]　宅內電話：[redacted]
郵　編：310028　郵　編：310004

18. 韩儒林：穹庐集
19. 谭其骧：长水集
20. 孙毓棠：抗戈集
21. 梁方仲：中国历代户口田地田赋统计
22. 傅衣凌：福建佃农经济丛考、明清社会经济变迁论
23. 马　雍：西域文物丛考
24. 陈旭麓：近代中国社会的新陈代谢
25. 严中平：中国棉纺织史稿
26. 杨东纯：中国学术史讲话
27. 于省吾：甲骨文字释林
28. 章太炎：訄书（重印本）
29. 夏　鼐：考古学与科技史
30. 董作宾：甲骨文断代研究例
31. 尹　达：新石器时代

除上述名家名著外，还有些著名史学家，他们的论著或篇幅太大，或数量很多，或影响很大但著述又少等不同情况，因此，先列出名单，请大家确定其代表作问题。

1. 吕思勉
2. 范文澜
3. 李　济
4. 侯外庐
5. 王仲荦
6. 徐中舒
7. 胡厚宣
8. 尚　钺
9. 傅斯年
10. 胡　适
11. 罗振玉
12. 邓　拓
13. 黎　澍
14. 张舜徽　中国古代史籍校读法，或者：清儒学记

六、需要讨论的问题

1．对以上五项内容，特别是对“第一辑篇目”提出个人具体意见，请将增删内容直接改在“征求意见稿”上。

2．关于书名，有人主张叫《二十世纪中国史学经典》，有人主张称《二十世纪中国史学名著选》、《二十世纪中国史学名著》、《二十世纪中国史学名著丛书》、√《二十世纪中国史学名著文库》等，请各位提出具体意见。

河北教育出版社

1996年8月26日

这个选题、这项工程很有意义，但如何使书名与所收著作更加贴切，如文集能否称史学名著？再者所收著作也得很好研究，因为部数、字数都有限制，因而哪一部史能体现出作者的“代表作”就得很好比较，而此件我刚收到两天，您们要9月15日寄回，仅仅看了一遍，我收到时实际上是10月8日。我觉得象这样工程，应当做得稳妥些，这些真正的名山之业，千万不要搞速成！附上名片一张。

仓修良 96.10.10

8

12.白寿彝致张惠芝　1996年10月15日电（1件）

白寿彝先生意见由刘秘书口述转达如下：

一、认为编辑《二十世纪中国史学名著》，很有意义；

二、选目份量要考虑均衡；

三、希望不要做重复劳动。

1996年10月15日

13.孟繁清致张惠芝　1996年10月16日（1件）

惠芝：

我写了点建议，供参考。孟繁清 1996.10.16

编辑《二十世纪中国史学名著》（暂定）计划

（征求意见稿）

一、缘起与宗旨

二十世纪的中国史学，在中国史学发展史上具有重要意义。传统史学步入二十世纪之后，受现实社会和西学东渐的影响，在理论指导、研究方法和研究对象等方面都呈现出了明显的变化和崭新的内容。以政治、人物为中心的传统史学，注重皇朝的兴衰隆替、人物的兴亡成败，实际上成为帝王将相的家谱。新史学，突破传统史学的狭窄框架，以整个人类社会生活为其历史研究的对象，促进了中国史学的转化和发展。唯物史观，从经济结构入手，把社会发展的最后动因归结于生产力的发展和生产力与生产关系的相互作用等因素，从而使古老的历史研究成为探讨人类社会发展法则和规律的科学。历史从传统的经学附属地位，逐渐发展成为门类众多、与多种学科纵横交织、而又独具特色的学术研究领域、重要基础学科。与之相适应，研究方法也在传统的考据、注释等方法的基础上，与考古学、社会学、政治学等众多学科的研究方法相结合，先后出现了二重证法、历史与古器物古文字结合法等一系列的新的方法。史书体裁，也由纪传、编年、纪事本末体等，发展成便于表现人类社会历史发展的章节体等新的史学著述体裁。诸如此类，标志着本世纪以来，中国史学经历了从传统史学向新史学、从实证史学向马克思主义史学发展变化的历程，

1

二、编选原则

1．选书标准：

①．在二十世纪史学发展过程中的某个方面产生过比较突出的影响，在今天看来依然具有较高学术价值的论著。

②．在史学发展过程中产生过重大影响，在今天看来虽然在学术上存在着某些不足，但依然具有一定学术价值的论著。

2．选书范围：

①．有关1919年“五四”以前的中国历史研究著作。

②．有关史学理论及史学方法论的独立的研究著作（译著与译述不在其内）。

③．原则上不选各类专史，而有关史学史、思想史等方面的名著，可以入选。（下面《编目》中，选有严中平《中国棉纺织史稿》、杨东莼《中国学术史讲话》）

本条内容建议删去，因为“不选”的内容可能不限于“专门史”。

④．具有代表意义的考古学名著。⑤．篇幅太长或多卷本著作，因与本书体例不符而不选。

3．编纂体例：

①．入选的名家，原则上每人出一部，每部篇幅在30-40万字之间，以入选名著原书名命名。

②．入选名著一部不够30万字者，可选多部或酌收其作者的有关重要论文。如某位名家的史学名著部头较小时，也可两人或多人合编为一部。

③．书前冠以总序，并刊载由整理者撰写的介绍名著作者生

3

出版处或报刊名称，出版时间或报刊卷、期等。

6．**注释格式**：名著或重要论文的引文出处，均采用页下(脚)注，以便读者参考阅读。

7．**编校承担者**：一般由名著作者的亲属、弟子、研究者承担选编，并写出或选录评介文章。校对者一般应与选编者由同一人承担，以保证其质量。如选编者不能或不愿承担校对任务者，则由出版社负责组织他人完成校对任务。

四、组织机构

1．**学术顾问**：遴选德高望重的学者来担任，为本书名著的确定提供指导、咨询意见，并在学术上把关。

2．**学术委员会**：由研究中国古代史、近代史等方面的学者多人组成，负责筹划本书的论证、选定名著篇目等工作。

3．**编纂委员会**：具体负责本书的筹划设计，实施学术委员会的决议，组织好编辑、校对工作。

4．**策划**：负责总体构思、设计工作。

以上四个方面，各有侧重，各负其责，互相配合，共同完成本书的编辑、出版工作。

5

以下篇目，未标出版本，是个缺漏。

五、第一辑篇目

出版时，请注意原著版本，尽量选好的本子。

1．梁启超：中国历史研究法、中国历史研究法补编、新史学、清代学术概论

2．王国维：观堂集林

3．陈　垣：史讳举例、通鉴胡注表微

4．岑仲勉：金石论丛

5．向　达：唐代长安与西域文明

6．陈寅恪：隋唐制度渊源论稿、唐代政治史述论稿

7．郭沫若：中国古代社会研究、甲申三百年祭

8．翦伯赞：历史哲学教程（再编选部分重要论文）

搞一本《翦伯赞历史论文选集》很有意义。

9．顾颉刚：古史辨（仅选顾著文章及序言）

10．吕振羽：中国政治思想史

11．陈梦家：殷墟卜辞综述

12．钱　穆：国史大纲

13．李大钊：史学要论

柳诒徵：国史要义

吴玉璋：辛亥革命（三人可编一部）

14．吴　晗：朱元璋传

《朱元璋传》仅有21万字，建议再增加若干论文，如《论海瑞》、《海瑞骂皇帝》等。

15．孟　森：明清史论著集刊

建议和《明清史讲义》比较一下，以决定取舍。

16．唐长孺：魏晋南北朝隋唐史三论

17．郑天挺：探微集

6

孟繁清

《韩儒林文集》内容更多些，可参考。

18. 韩儒林：穹庐集
19. 谭其骧：长水集
20. 孙毓棠：抗戈集

中华书局1995年3月出版《孙毓棠学术论文集》是否比《抗戈集》更好？

21. 梁方仲：中国历代户口田地田赋统计
22. 傅衣凌：福建佃农经济丛考、明清社会经济变迁论
23. 马　雍：西域文物丛考
24. 陈旭麓：近代中国社会的新陈代谢
25. 严中平：中国棉纺织史稿
26. 杨东纯：中国学术史讲话

是否收"专史"？

27. 于省吾：甲骨文字释林
28. 章太炎：訄书（重印本）
29. 夏　鼐：考古学与科技史
30. 董作宾：甲骨文断代研究例
31. 尹　达：新石器时代

除上述名家名著外，还有些著名史学家，他们的论著或篇幅太大，或数量很多，或影响很大但著述又少等不同情况，因此，先列出名单，请大家确定其代表作问题。

1. 吕思勉
2. 范文澜
3. 李　济
4. 侯外庐
5. 王仲荦
6. 徐中舒
7. 胡厚宣
8. 尚　钺
9. 傅斯年
10. 胡　适
11. 罗振玉
12. 邓　拓
13. 黎　澍

7

六、需要讨论的问题

1．对以上五项内容，特别是对“第一辑篇目”提出个人具体意见，请将增删内容直接改在“征求意见稿”上。

2．关于书名，有人主张叫《二十世纪中国史学经典》，有人主张称《二十世纪中国史学名著选》、《二十世纪中国史学名著》、《二十世纪中国史学名著丛书》、《二十世纪中国史学名著文库》等，请各位提出具体意见。

河北教育出版社

1996年8月26日

8

14. 袁英光致张惠芝　1996年10月22日（1件）

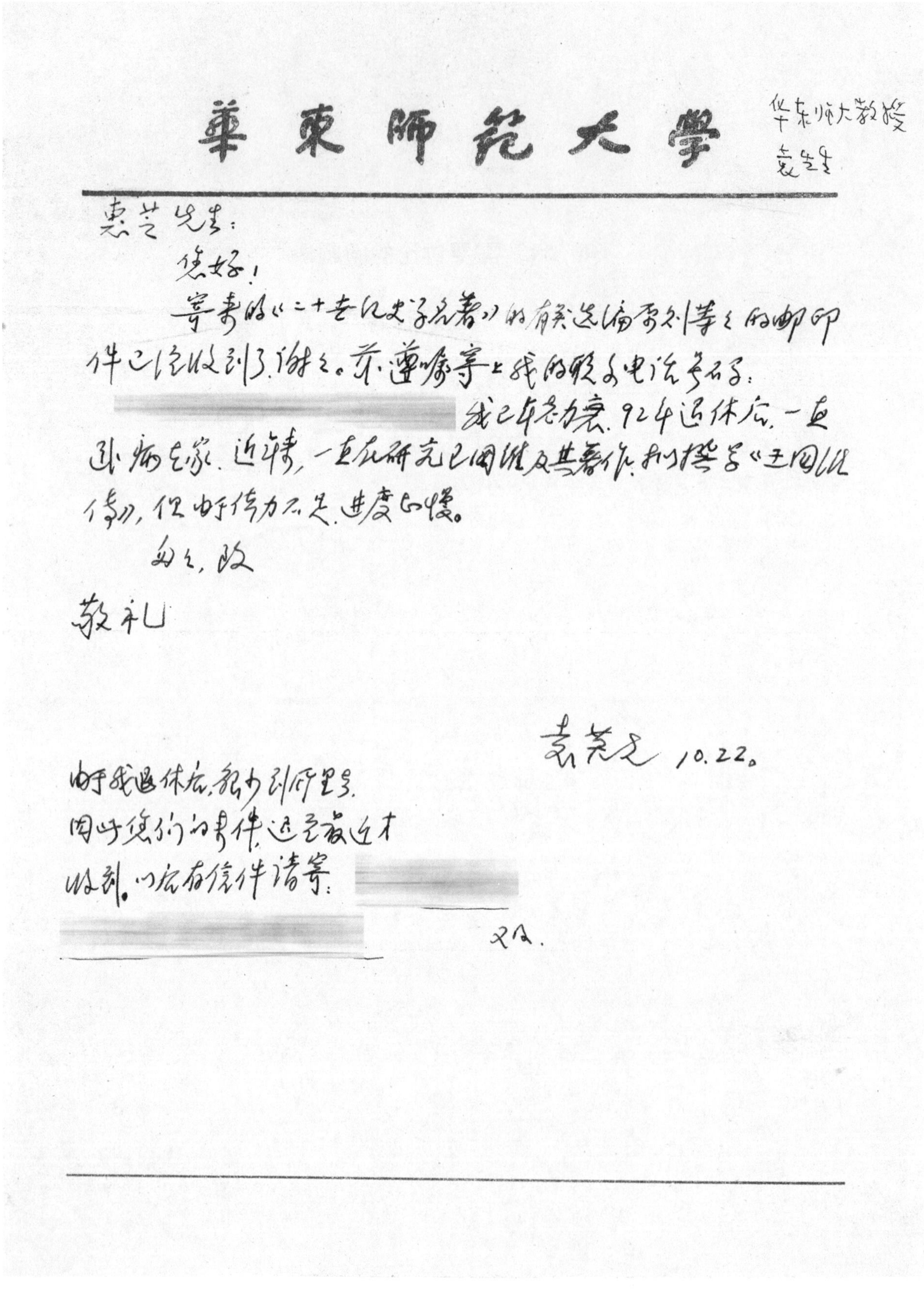

華東師範大學

华东师大教授
袁先生

惠芝先生：

您好！

寄来的《二十世纪史学名著》的有关选编要求等等的邮印件已经收到了，谢谢。兹遵嘱寄上我的联系电话号码等：

[redacted] 我已年老力衰，92年退休后，一直卧病在家。近年来，一直在研究王国维及其著作，打算写《王国维传》，但由于体力不足，进度甚慢。

匆匆，致

敬礼

袁英光 10.22。

由于我退休后，很少到所里去，因此您们的来件送到我这里才收到。以后有信件请寄：[redacted]

又及.

15.彭明致张惠芝　1996年10月28日（1件）

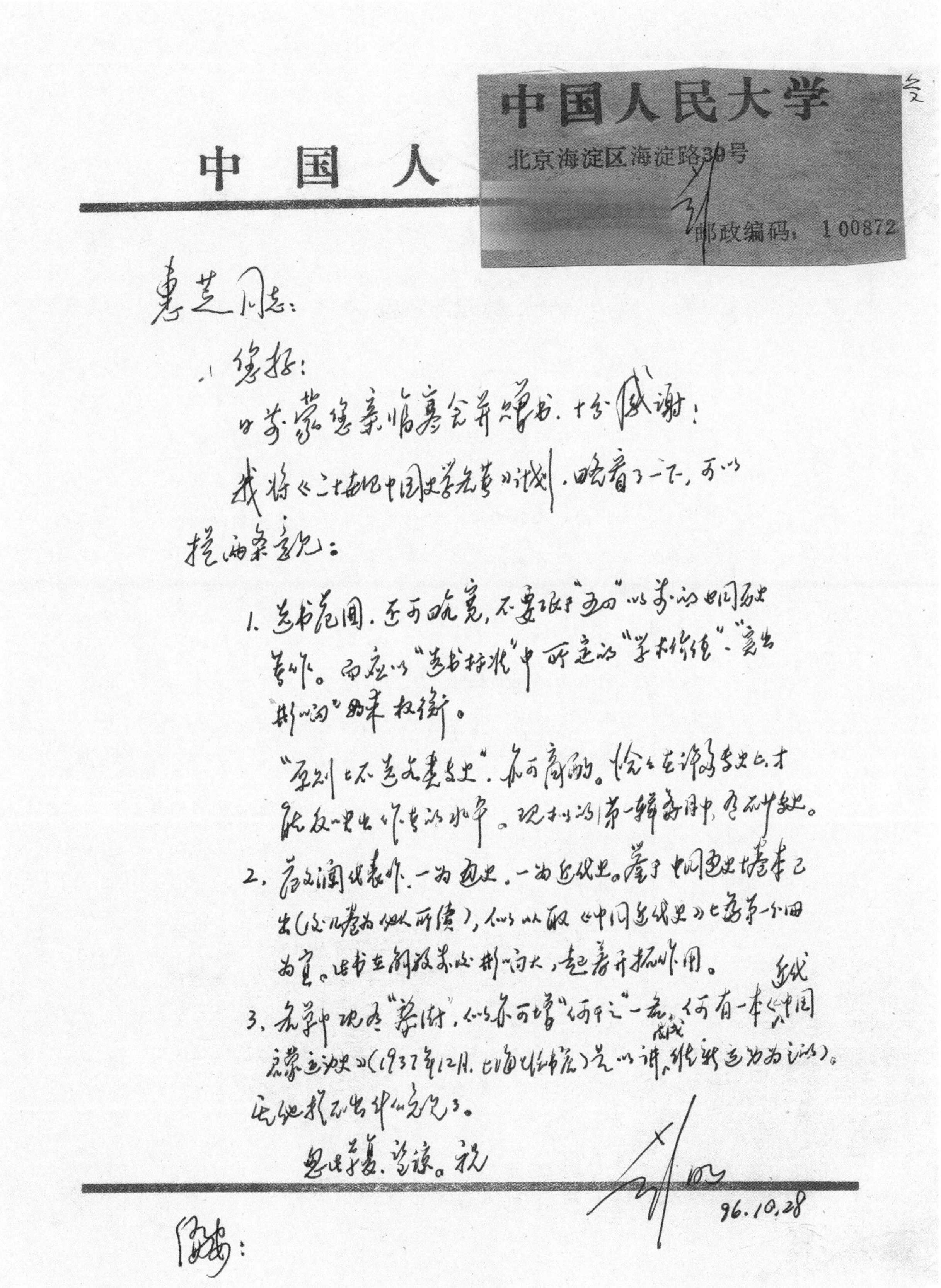

中国人民大学
北京海淀区海淀路39号
邮政编码：100872

惠芝同志：

您好：

日前蒙您亲临寒舍并赠书，十分感谢！

我将《二十世纪中国史学名著》计划，略看了一下，可以提两点意见：

1. 选书范围，还可略宽，不要限于"五四"以前的中国历史著作。而应以"选书标准"中所定的"学术价值"、"突出影响"为来权衡。

"原则上不选文艺史"，亦可商酌。像文学史评论等专史也才能反映史学作者的水平。现拟的第一辑书目中，可否加些专史。

2. 范文澜代表作，一为通史，一为近代史。鉴于《中国通史》十卷本已出（后几卷为他人所续），似以取《中国近代史》上编第一分册为宜。此书在解放前出版影响大，起着开拓作用。

3. 在学术史方面"笃博"，似亦可增"何干之"一本。何有一本《中国近代启蒙运动史》（1937年12月，上海生活书店）是以讲戊戌维新运动为主的）。

以上提出些个人意见了。

恕迟复，请谅。祝

彭明

96.10.28

16. 瞿林东致张惠芝　1996年10月29日（1件）

瞿林东 回函 1996年10月29日

编辑《二十世纪中国史学名著》（暂定）计划

（征求意见稿）

一、缘起与宗旨

二十世纪的中国史学，在中国史学发展史上具有重要意义。传统史学步入二十世纪之后，受现实社会和西学东渐的影响，在理论指导、研究方法和研究对象等方面都呈现出了明显的变化和崭新的内容。以政治、人物为中心的传统史学，注重皇朝的兴衰隆替、人物的兴亡成败，实际上成为帝王将相的家谱。新史学，突破传统史学的狭窄框架，以整个人类社会生活为其历史研究的对象，促进了中国史学的转化和发展。唯物史观，从经济结构入手，把社会发展的最后动因归结于生产力的发展和生产力与生产关系的相互作用等因素，从而使古老的历史研究成为探讨人类社会发展法则和规律的科学。历史从传统的经学附属地位，逐渐发展成为门类众多、与多种学科纵横交织、而又独具特色的学术研究领域、重要基础学科。与之相适应，研究方法也在传统的考据、注释等方法的基础上，与考古学、社会学、政治学等众多学科的研究方法相结合，先后出现了二重证法、历史与古器物古文字结合法等一系列的新的方法。史书体裁，也由纪传、编年、纪事本末体等，发展成便于表现人类社会历史发展的章节体等新的史学著述体裁。诸如此类，标志着本世纪以来，中国史学经历了从传统史学向新史学、从实证史学向马克思主义史学发展变化的历程，

传统史学并不"狭窄"。

此说不妥，宜删。

1

在中国近现代史上展示了自己的社会价值和学术价值。新史学的出现，标志着传统史学向近代史学的转变；马克思主义史学的产生和发展，标志着中国史学走上了科学的道路。商周甲骨、秦汉简牍、敦煌书卷、明清档案等不断被发现的新材料和考古成果，也都为二十世纪中国史学发展取得辉煌成就，提供了有益条件。

回顾百年间中国史学的发展，不仅理论指导、研究方法、对象等发生了重大的变化，而且史坛上的盟主，也在不断变换。由乾嘉殿军，转换为王国维、梁启超等新史学大师，再转化为郭沫若、范文澜等马克思主义史学大师执掌牛耳。史学代表之作，既有纪传体的殿军之作《清史稿》等，又有富有开拓性的《观堂集林》等，还有开创性的《中国古代社会研究》等不断涌现，令人耳目一新。名家辈出，名作如林，二十世纪中国史学界硕果累累。在本世纪末，重新出版这些论著中的杰出之作，是对二十世纪中国史学界研究成果的一次大回顾、大总结，对于人们进一步认识和总结二十世纪中国史学的发展，借鉴前人的治学成果和方法，对于人们展望和开拓二十一世纪中国史学的前景，具有重要的社会意义和学术价值。此书的出版，既可为当代中国史学界提供珍贵的传世之作，又能为后人留下二十世纪中国史学的系统参考书，是一项有功于前人、惠及于后人、受益于当代的中国历史文化积累的系统工程。为此，我们编辑、出版《二十世纪中国史学名著》，希望它对促进中国史学发展和进步，有所裨益。

2

二、编选原则

1．选书标准：

①．在二十世纪史学发展过程中的某个方面产生过比较突出的影响，在今天看来依然具有较高学术价值的论著。

②．在史学发展过程中产生过重大影响，在今天看来虽然在学术上存在着某些不足，但依然具有一定学术价值的论著。

2．选书范围：

①．有关1919年“五四”以前的中国历史的研究著作。

②．有关史学理论及史学方法论的独立的研究著作（译著与译述不在其内）。

③．原则上不选各类专史，而有关史学史、思想史等方面的名著，可以入选。

④．具有代表意义的考古学名著。⑤．篇幅太长或多卷本著作，因与本书体例不符而不选。

3．编纂体例：

①．入选的名家，原则上每人出版一部，每部篇幅在30-40万之间，以入选名著原书名命名。

②．入选名著一部不够30万字者，可选多部或酌收本书作者的有关重要论文。如某位名家的史学名著部头较小时，也可两人或多人合编为一部。

③．书前冠以总序，并刊载由整理者撰写的介绍名著作者生

3

平、学术贡献等方面的3000-5000字的文章， 或者选录对入选名著的评介文章，以便于读者阅读、研究。

④．在书后附录名著作者的重要论著简目或著述年表。

⑤．在每部书的勒口处印出该名著作者的生平简历及主要著述。

4．**出版次第**：全书分三辑出版。第一辑选录已故著名史学家所撰写的已经取得共识的名著30卷（本）。第二辑收录已故著名史学家所撰写的而其论著尚需斟酌者。第三辑，选录健在史学家的名著。

三、整理细则

1．**统一规格**：不论横排、竖排，不论简体、繁体字，一律整理成横排规范字本。

2．**标点符号**：一律按《标点符号用法》处理。

3．**数字**：一律按《出版物上数字用法》处理。凡引用1911年以前的文献，其数字书写依旧。

4．**字形字体**：原则上以《简化字总表》、《第一批异体字整理表》为准，凡属简化字与繁体字、异体字与正体字属于一对一者，均以简化字、正体字为准；如果一对二或一对三以上者，则需根据情况，区别对待。对于姓名、地名、官名等专用名词，如简化字、正体字，容易产生歧义者，则应保留原来的字形字体。

5．**重要论著简目或著述年表著录的内容**：主要有书（篇）名，

4

出版处或报刊名称，出版时间或报刊卷、期等。

6．**注释格式**：名著或重要论文的引文出处，均采用页下（脚）注，以便读者参考阅读。

7．**编校承担者**：一般由名著作者的亲属、弟子、研究者承担选编，并写出或选录评介文章。校对者一般应与选编者由同一人承担，以保证其质量。如选编者不能或不愿承担校对任务者，由出版社负责组织他人完成校对任务。

四、组织机构

1．**学术顾问**：遴选德高望重的学者来担任，为本书名著的确定提供指导、咨询意见，并在学术上把关。

2．**学术委员会**：由研究中国古代史、近代史等方面的学者多人组成，负责筹划本书的论证、选定名著篇目等工作。

3．**编纂委员会**：具体负责本书的筹划设计，实施学术委员会的决议，组织好编辑、校对工作。

4．**策划**：负责总体构思、设计工作。

以上四个方面，各有侧重，各负其责，互相配合，共同完成本书的编辑、出版工作。

5

五、第一辑篇目

1．梁启超：中国历史研究法、中国历史研究法补编、新史学、清代学术概论

2．王国维：观堂集林

3．陈　垣：史讳举例、通鉴胡注表微

4．岑仲勉：金石论丛

5．向　达：唐代长安与西域文明

6．陈寅恪：隋唐制度渊源论稿、唐代政治史述论稿

7．郭沫若：中国古代社会研究、甲申三百年祭

8．翦伯赞：历史哲学教程（再编选部分重要论文）

9．顾颉刚：古史辨（仅选顾著文章及序言）

10．吕振羽：中国政治思想史

11．陈梦家：殷墟卜辞综述

12．钱　穆：国史大纲

13．李大钊：史学要论

柳诒徵：国史要义

吴玉璋：辛亥革命（三人可编一部）

14．吴　晗：朱元璋传

15．孟　森：明清史论著集刊

16．唐长孺：魏晋南北朝隋唐史三论

17．郑天挺：探微集

6

18. 韩儒林：穹庐集

19. 谭其骧：长水集

20. 孙毓棠：抗戈集

√21. 梁方仲：中国历代户口田地田赋统计

√22. 傅衣凌：福建佃农经济丛考、√明清社会经济变迁论

23. 马　雍：西域文物丛考

24. 陈旭麓：近代中国社会的新陈代谢

25. 严中平：中国棉纺织史稿

26. 杨东纯：中国学术史讲话

√27. 于省吾：甲骨文字释林

√28. 章太炎：訄书（重印本）

√29. 夏　鼐：考古学与科技史

√30. 董作宾：甲骨文断代研究例

31. 尹　达：新石器时代

除上述名家名著外，还有些著名史学家，他们的论著或篇幅太大，或数量很多，或影响很大但著述又少等不同情况，因此，先列出名单，请大家确定其代表作问题。

1. 吕思勉

2. 范文澜

3. 李　济

√4. 侯外庐　中国古代史论、中国封建社会史论

5. 王仲荦

6. 徐中舒

7. 胡厚宣

√8. 尚　钺　尚氏中国通史

9. 傅斯年

10. 胡　适

11. 罗振玉

12. 邓　拓

13. 黎　澍

√14. 金毓黻　中国史学史

7

六、需要讨论的问题

1．对以上五项内容，特别是对“第一辑篇目”提出个人具体意见，请将增删内容直接改在“征求意见稿”上。

2．关于书名，有人主张叫《二十世纪中国史学经典》，有人主张称《二十世纪中国史学名著选》、《二十世纪中国史学名著》、《二十世纪中国史学名著丛书》、《二十世纪中国史学名著文库》等，请各位提出具体意见。

河北教育出版社

1996年8月26日

8

17.周一良致张惠芝　1996年12月12日（1件）

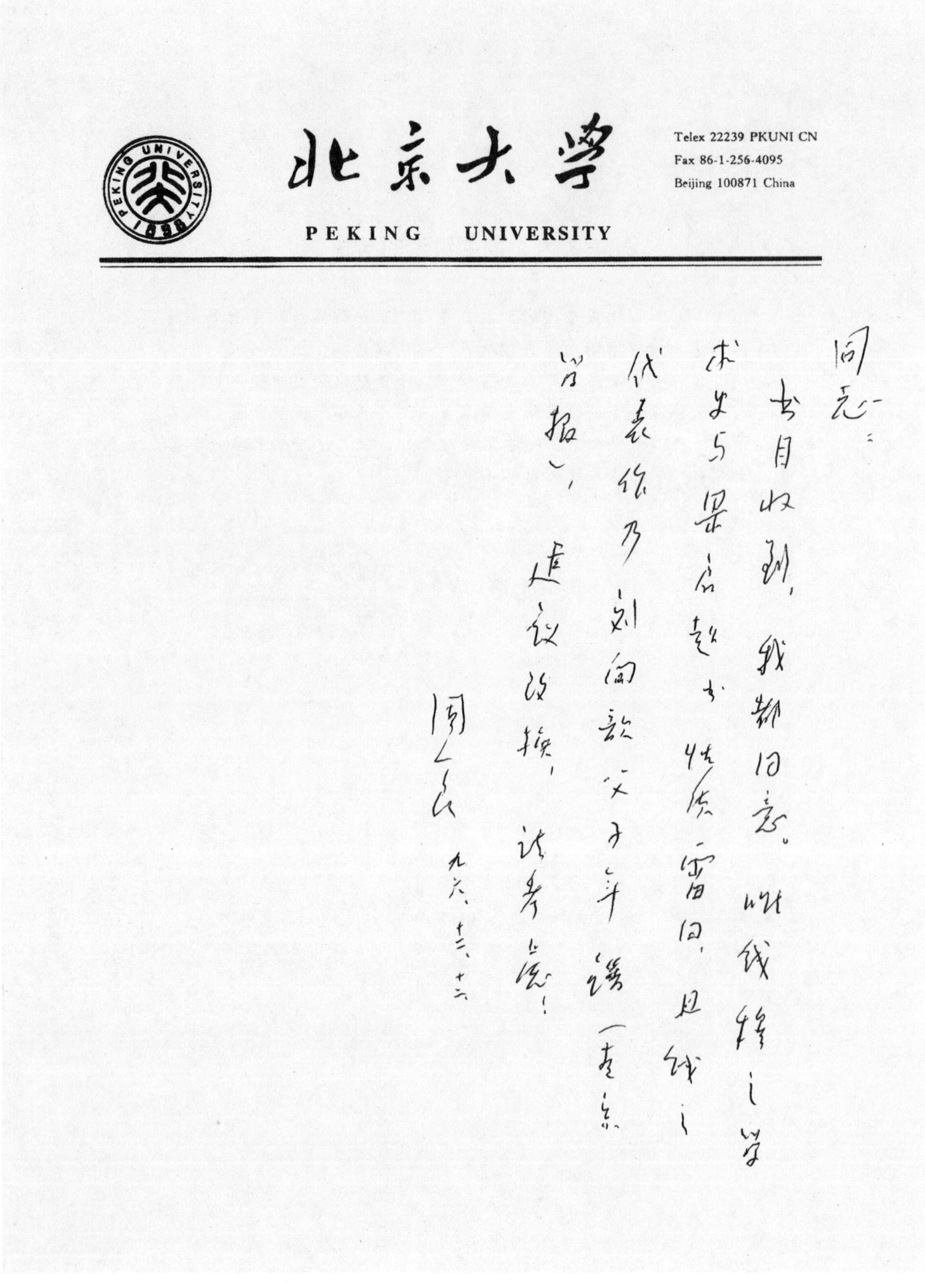

北京大學
PEKING UNIVERSITY
Telex 22239 PKUNI CN
Fax 86-1-256-4095
Beijing 100871 China

同志：

书目收到，我都同意。此钱穆之学术史与梁启超书性质雷同，且钱之代表作乃刘向歆父子年谱（燕京学报），建议改换，请考虑！

周一良
九六.十二.十二

18. 陈高华致张惠芝　1997年1月12日（1件）

中国社会科学院历史研究所

惠芝同志：

来信敬悉。《二十世纪中国史学名著选》的设计，是件大好事，衷心预祝它能早日出版、成功。选目粗粗看过，觉得不错，有几点小的建议：

①. 应有吕思勉先生的著作。（就隋唐史而言，吕先生的《隋唐史》决不亚于岑仲勉先生的同名著作）。

② 陈垣先生最有名的作品是《元西域人华化考》（已译成英文）。

③ 各书所选均为曾出版的佳著，惟版本则

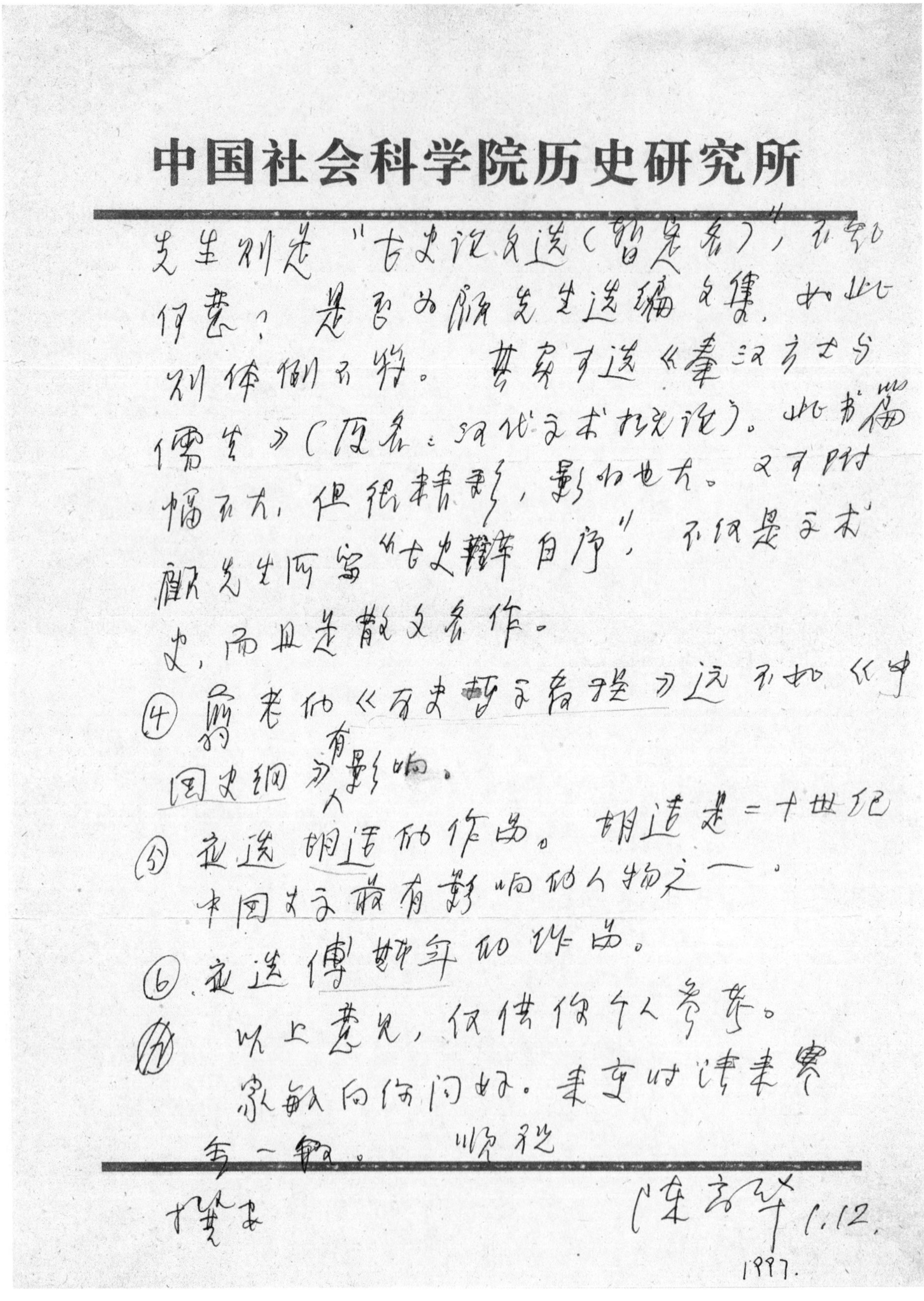
中国社会科学院历史研究所

先生则是"古史论文选(暂定名)",不知何意?是否为顾先生选编文集,如此则体例不符。其实可选《秦汉方士与儒生》(原名:汉代学术史略)。此书篇幅不大,但很精彩,影响也大。又可附颉先生所写"古史辨自序",不但是学术史,而且是散文名作。

④翦老的《历史哲学教程》选不如《中国史纲》有影响。

⑤应选胡适的作品。胡适是二十世纪中国文化最有影响的人物之一。

⑥应选傅斯年的作品。

⑦以上意见,仅供你个人参考。

家敏向你问好。来京时请来寒舍一叙。顺祝

撰安

陈高华 1.12.

1997.

19.胡如雷致张惠芝　1996年（1件）

此页"√"的，是胡如雷先生肯定下的意见

五、第一辑篇目

√ 1．梁启超：中国历史研究法、中国历史研究法补编、新史学、清代学术概论

√ 2．王国维：观堂集林

√ 3．陈　垣：史讳举例、通鉴胡注表微

√ 4．岑仲勉：金石论丛

√ 5．向　达：唐代长安与西域文明

√ 6．陈寅恪：隋唐制度渊源论稿、唐代政治史述论稿

√ 7．郭沫若：中国古代社会研究、甲申三百年祭

√ 8．翦伯赞：历史哲学教程（再编选部分重要论文）

√ 9．顾颉刚：古史辨（仅选顾著文章及序言）

10．吕振羽：中国政治思想史

√ 11．陈梦家：殷墟卜辞综述

√ 12．钱　穆：国史大纲

√ 13．李大钊：史学要论

√ 柳诒徵：国史要义

吴玉璋：辛亥革命（三人可编一部）

√ 14．吴　晗：朱元璋传

15．孟　森：明清史论著集刊

√ 16．唐长孺：魏晋南北朝隋唐史三论

√ 17．郑天挺：探微集

6

18. 韩儒林：穹庐集
19. 谭其骧：长水集
20. 孙毓棠：抗戈集
21. 梁方仲：中国历代户口田地田赋统计
22. 傅衣凌：福建佃农经济丛考、明清社会经济变迁论
23. 马　雍：西域文物丛考
24. 陈旭麓：近代中国社会的新陈代谢
25. 严中平：中国棉纺织史稿
26. 杨东纯：中国学术史讲话
27. 于省吾：甲骨文字释林
28. 章太炎：訄书（重印本）
29. 夏　鼐：考古学与科技史
30. 董作宾：甲骨文断代研究例
31. 尹　达：新石器时代

除上述名家名著外，还有些著名史学家，他们的论著或篇幅太大，或数量很多，或影响很大但著述又少等不同情况，因此，先列出名单，请大家确定其代表作问题。

1．吕思勉
2．范文澜
3．李　济
4．侯外庐
5．王仲荦
6．徐中舒
7．胡厚宣
8．尚　钺
9．傅斯年
10．胡　适
11．罗振玉
12．邓　拓
13．黎　澍

7

20.苑书义致张惠芝　1996年（1件）

河北历史学会会长、河北师范大学教授苑书义意见 3页

编辑《二十世纪中国史学名著》（暂定）计划

（征求意见稿）

一、缘起与宗旨

二十世纪的中国史学，在中国史学发展史上具有重要意义。传统史学步入二十世纪之后，受现实社会和西学东渐的影响，在理论指导、研究方法和研究对象等方面都呈现出了明显的变化和崭新的内容。以政治、人物为中心的传统史学，注重皇朝的兴衰隆替、人物的兴亡成败，实际上成为帝王将相的家谱。新史学，突破传统史学的狭窄框架，以整个人类社会生活为其历史研究的对象，促进了中国史学的转化和发展。唯物史观，从经济结构入手，把社会发展的最后动因归结于生产力~~的发展和生产力~~与生产关系的相互作用~~等因素~~，从而使古老的历史研究成为探讨人类社会发展法则和规律的科学。历史学从传统的经学附属地位，逐渐发展成为门类众多、与多种学科纵横交织、而又独具特色的学术研究领域。~~重要基础学科，~~与之相适应，研究方法也在传统的考据、注释等方法的基础上，与考古学、社会学、政治学等众多学科的研究方法相结合，先后出现了二重证法、历史与古器物古文字结合法等一系列的新的方法。史书体裁也由纪传、编年、 纪事本末体等，发展成便于表现人类社会历史发展的章节体等新的史学著述体裁。诸如此类，标志着本世纪以来，中国史学经历了从传统史学向新史学、从实证史学向马克思主义史学发展变化的历程，

1

在中国近现代史上展示了自己的社会价值和学术价值。新史学的出现，标志着传统史学向近代史学的转变；马克思主义史学的产生和发展，标志着中国史学走上了科学的道路。商周甲骨、秦汉简牍、敦煌书卷、明清档案等不断被发现的新材料和考古成果，也都为二十世纪中国史学发展取得辉煌成就，提供了有益条件。

回顾百年间中国史学的发展，不仅理论指导、研究方法、对象等发生了重大的变化，而且史坛上的盟主，也在不断变换。由乾嘉殿军，转换为王国维、梁启超等新史学大师，再转化为郭沫若、范文澜等马克思主义史学大师执掌牛耳。史学代表之作，既有纪传体的殿军之作《清史稿》等，又有富有开拓性的《观堂集林》等，还有开创性的《中国古代社会研究》等不断涌现，令人耳目一新。名家辈出，名作如林，二十世纪中国史学界硕果累累。在本世纪末，重新出版这些论著中的杰出之作，是对二十世纪中国史学界研究成果的一次大回顾、大总结，对于人们进一步认识和总结二十世纪中国史学的发展，借鉴前人的治学成果和方法，对于人们展望和开拓二十一世纪中国史学的前景，具有重要的社会意义和学术价值。此书的出版，既可为当代中国史学界提供珍贵的传世之作，又能为后人留下二十世纪中国史学的系统参考书，是一项有功于前人、惠及于后人、受益于当代的中国历史文化积累的系统工程。为此，我们编辑、出版《二十世纪中国史学名著》，希望它对促进中国史学发展和进步，有所裨益。

二、编选原则

1．**选书标准：**

①．在二十世纪史学发展过程中的某个方面产生过比较突出的影响，在今天看来依然具有较高学术价值的论著。

②．在史学发展过程中产生过重大影响，在今天看来虽然在学术上存在着某些不足，但依然具有一定学术价值的论著。

2．**选书范围：**

①．有关1919年“五四”以前的中国历史研究著作。

②．有关史学理论及史学方法论的独立的研究著作（译著与译述不在其内）。

③．原则上不选各类专史，而有关史学史、思想史等方面的名著，可以入选。

④．具有代表意义的考古学名著。⑤．篇幅太长或多卷本著作，因与本书体例不符而不选。

3．**编纂体例：**

①．入选的名家，原则上每人出一部，每部篇幅在30-40 万之间，以入选名著原书名命名。

②．入选名著一部不够30万字者，可选多部或酌收其作者的有关重要论文。如某位名家的史学名著部头较小时，也可两人或多人合编为一部。

③．书前冠以总序，并刊载由整理者撰写的介绍名著作者生

3

五、第一辑篇目

1．梁启超：~~中国历史研究法、中国历史研究法补编、新史学~~、清代学术概论

2．王国维：观堂集林

3．陈　垣：史讳举例、通鉴胡注表微

4．岑仲勉：金石论丛

5．向　达：唐代长安与西域文明

6．陈寅恪：隋唐制度渊源论稿、~~唐代政治史述论稿~~

7．郭沫若：中国古代社会研究、~~甲申三百年祭~~

8．翦伯赞：历史哲学教程（再编选部分重要论文）

9．顾颉刚：古史辨（仅选顾著文章及序言）

10．吕振羽：中国政治思想史

11．陈梦家：殷墟卜辞综述

12．钱　穆：国史大纲

13．李大钊；史学要论

柳诒徵：国史要义

吴玉璋：辛亥革命（三人可编一部）

14．吴　晗：朱元璋传

15．孟　森：明清史论著集刊

16．唐长孺：魏晋南北朝隋唐史三论

17．郑天挺：探微集

郑著分量太大，人也好，但著述亦不太精。

18. 韩儒林：穹庐集
19. 谭其骧：长水集
20. 孙毓棠：抗戈集
21. 梁方仲：中国历代户口田地田赋统计
22. 傅衣凌：福建佃农经济丛考、~~明清社会经济变迁论~~
23. 马　雍：西域文物丛考
24. 陈旭麓：近代中国社会的新陈代谢
25. 严中平：中国棉纺织史稿
26. 杨东莼：中国学术史讲话——杨东莼著述[illegible]如何？
27. 于省吾：甲骨文字释林
28. 章太炎：訄书（重印本）——章氏[illegible]史学著述，[illegible]
29. 夏　鼐：考古学与科技史
30. 董作宾：甲骨文断代研究例
31. 尹　达：新石器时代

除上述名家名著外，还有些著名史学家，他们的论著或篇幅太大，或数量很多，或影响很大但著述又少等不同情况，因此，先列出名单，请大家确定其代表作问题。

1．吕思勉
2．范文澜——范老有一部论文集，可请近代史研究所的同志整理。
3．李　济
4．侯外庐
5．王仲荦
6．徐中舒
7．胡厚宣
8．尚　钺——有一部关于中国古代[illegible]的著述，[illegible]
9．傅斯年
10．胡　适
11．罗振玉
12．邓　拓——邓拓有一部论文集。
13．黎　澍——黎澍有一部论文集，可请历史研究编辑部的同志整理。

[illegible]

六、需要讨论的问题

1．对以上五项内容，特别是对"第一辑篇目"提出个人具体意见，请将增删内容直接改在"征求意见稿"上。

2．关于书名，有人主张叫《二十世纪中国史学经典》，有人主张称《二十世纪中国史学名著选》、《二十世纪中国史学名著》、《二十世纪中国史学名著丛书》、《二十世纪中国史学名著文库》等，请各位提出具体意见。

河北教育出版社
1996年8月26日

8

21.杜荣泉致张惠芝　1996年（1件）

河北省历史所长、研究员
杜荣泉意见　7页

五、第一辑篇目

√ 1．梁启超：中国历史研究法、中国历史研究法补编、新史学、清代学术概论

√ 2．王国维：观堂集林

√ 3．陈　垣：史讳举例、通鉴胡注表微

√ 4．岑仲勉：金石论丛

√ 5．向　达：唐代长安与西域文明

√ 6．陈寅恪：隋唐制度渊源论稿、唐代政治史述论稿

√ 7．郭沫若：中国古代社会研究、甲申三百年祭

√ 8．翦伯赞：历史哲学教程（再编选部分重要论文）《先秦史》
印《中国通史》第一卷

√ 9．顾颉刚：古史辨（仅选顾著文章及序言）

√ 10．吕振羽：中国政治思想史

√ 11．陈梦家：殷墟卜辞综述

√ 12．钱　穆：国史大纲

√ 13．李大钊；史学要论　唯物史观在现代史学上的价值

柳诒徵：国史要义

√ 吴玉璋：辛亥革命（三人可编一部）

√ 14．吴　晗：朱元璋传

√ 15．孟　森：明清史论著集刊

√ 16．唐长孺：魏晋南北朝隋唐史三论

√ 17．郑天挺：探微集

6

✓ 18．韩儒林：穹庐集
✓ 19．谭其骧：长水集
✓ 20．孙毓棠：抗戈集
✓ 21．梁方仲：中国历代户口田地田赋统计
✓ 22．傅衣凌：福建佃农经济丛考、明清社会经济变迁论
✓ 23．马　雍：西域文物丛考
✓ 24．陈旭麓：近代中国社会的新陈代谢
✓ 25．严中平：中国棉纺织史稿
✓ 26．杨东纯：中国学术史讲话
✓ 27．于省吾：甲骨文字释林
✓ 28．章太炎：訄书（重印本）
✓ 29．夏　鼐：考古学与科技史
✓ 30．董作宾：甲骨文断代研究例
✓ 31．尹　达：新石器时代

苏秉琦

除上述名家名著外，还有些著名史学家，他们的论著或篇幅太大，或数量很多，或影响很大但著述又少等不同情况，因此，先列出名单，请大家确定其代表作问题。

1．吕思勉
2．范文澜　中国通史简编修订本第一编（20万字）包括绪言、全面阐述……
3．李　济
4．侯外庐
5．王仲荦
6．徐中舒
7．胡厚宣
8．尚　钺
9．傅斯年
10．胡　适
11．罗振玉
12．邓　拓
13．黎　澍

邓广铭、冯友兰
《岳飞传》

胡乔木　胡绳　胡华

7

六、需要讨论的问题

1．对以上五项内容，特别是对“第一辑篇目”提出个人具体意见，请将增删内容直接改在“征求意见稿”上。

2．关于书名，有人主张叫《二十世纪中国史学经典》，有人主张称《二十世纪中国史学名著选》、《二十世纪中国史学名著》、《二十世纪中国史学名著丛书》、《二十世纪中国史学名著文库》等，请各位提出具体意见。

河北教育出版社
1996年8月26日

我赞成用名著选的名称
1. 是名著，
2. 是选编，
此两项名符其实。
3. 在学术百家中有一家叫选家，名为选编，应体现出选家的眼光和水平。

建议 ①在名家名著上多征求意见，排除学术界的门户之见
② 在名家名著的先后次序的排列上，名家以生卒年月、名著以出版年月。
③ 二十世纪可分三段：
1. 初期（1900—1919）旧民主主义革命后期
2. 中期（1919—1949）新民主主义革命时期
3. 后期（1949—1999）中华人民共和国成立以后。并[illegible]处于指导地位的时期。

最困难的是确定：
名家名著，此事很难定。
用先出版一辑的办法较妥。

8

杜荣泉

（三）来函（1种182件，其中存目138件）

1.著者家属来函（存目67件）

（1）唐刚卯（唐长孺之子）致张惠芝

1997年6月4日（存目1件）

（2）陈美延（陈寅恪之女）致秦进才，致张惠芝

1997年11月29日，1998年7月13日（存目2件）

（3）陈流求（陈寅恪之女）致张惠芝

2002年9月4日（存目1件）

（4）邓小南（邓广铭之女）致张惠芝

1998年7月28日（存目1件）

（5）周骏羽（周谷城之子）致张惠芝

1998年4月28日，1998年7月8日，1998年8月5日，1998年11月5日（存目4件）

（6）周李冰伯（周谷城之妻）致张惠芝

1999年4月27日，2001年4月23日，2001年4月24日，2001年6月2日，2001年6月5日，2001年，2002年3月18日，2002年6月17日，2002年6月24日，2002年8月22日，2002年12月11日（存目11件）

（7）李光谟（李济之子）致张惠芝

1999年8月14日，2000年10月5日，2002年6月20日，2002年7月11日，2002年7月16日，2002年10月27日，2002年12月22日（存目7件）

（8）吕坚（吕振羽之子）致张惠芝

1999年10月26日，2000年4月10日，2001年3月20日，2001年1月20日（存目4件）

（9）王煦华（顾颉刚著作权代理者）致张惠芝电和委托书

2000年4月28日（存目1件）

（10）谭德睿（谭其骧之子）致张惠芝

2001年4月25日，2001年9月3日，2002年3月10日（存目3件）

（11）范元维（范文澜之子）致张惠芝

1998年7月1日，2002年3月22日（存目2件）

（12）陈智超（陈垣之孙）致张惠芝

1999年11月6日，2000年2月22日，2000年4月22日，2000年6月2日，2000年12月7日，2001年9月10日，2002年9月29日，2002年12月12日（存目8件）

(13) 陈克（岑仲勉之子）致张惠芝

1998年6月30日，2001年2月1日，2001年9月12日，2002年3月5日，2002年3月17日，2002年7月16日（存目6件）

(14) 向燕生（向达之子）致张惠芝

2000年1月8日，2001年9月6日，2002年3月3日（存目3件）

(15) 向燕生、李新（向达儿媳）致张惠芝

2003年3月28日（存目1件）

(16) 李新致张惠芝

2002年7月30日（存目1件）

(17) 邵瑜（邵循正之女）致张越

2000年12月28日（存目1件）

(18) 邵循恕（邵循正之弟）致张惠芝

2001年1月4日，2001年6月5日，2001年6月15日（存目3件）

(19) 刘淑玲（白寿彝所在史学所秘书）致张惠芝

2001年9月12日，2001年11月19日，2001年12月15日（存目3件）

(20) 白寿彝子女致张惠芝

2002年4月24日（存目1件）

(21) 韩朔眺（韩儒林之子）致张惠芝

2002年3月6日，2002年3月（存目2件）

(22) 金家玲（金毓黻之孙女）致张惠芝

2002年7月25日（存目1件）

2.编纂工作委员会成员来函（45件，其中存目1件）

(1) 瞿林东（编纂工作委员会主任）致张惠芝（编纂工作委员会副主任）

1996年6月6日，1996年9月13日，1996年12月9日，1997年1月18日，1997年1月22日，1997年3月3日，1997年8月22日，1997年10月9日，1998年11月14日，1999年8月21日，1999年11月1日，1999年12月25日，2000年2月10日，2000年3月20日，2000年3月31日，2000年4月26日，2000年5月11日，2000年5月19日，2000年6月17日，2000年8月30日，2001年1月27日，2001年6月，2001年8月16日，2001年9月3日，2001年12月18日，2002年4月17日，2002年6月26日（27件）

第　页

惠芝同志：

因故未能与会，请鉴谅！

会议情况，张越同志已转告我了。对于他所草成的发凡，我也补充了自己的意见，想已接到张越同志所寄出的打印件了。

这里，我想讲几点具体意见，是供你们直接操作程序的：

1．名书怎么定？是否可以不要"丛书"、"大系"之类，我建议叫做"二十世纪史学名著选"。有一个"选"字，就比较是有伸缩余地的。

2．名著是选著作。仅仅选了人还是不行的，比如胡适、梁启超、钱穆等，究竟选他们的什么书？这需要再议，然后才可确定。

3．体例中，是否应有一篇介绍所选之书

15×20＝300　　北京师范大学史学研究所

第　　页

的价值的文章，可称"导言"，也可称作序称为"提要"，3000字左右。为这一想法为此的法，最宜选择"提要"的撰者（主要是专门研究者）。

4. 校对工作，不可轻易对待，我意也可要托给撰提要之人来负责，这可能做到保证质量。

以上意见，未必妥帖，请酌。

祝好！

瞿林东

1996.6.6

15×20＝300　　北京师范大学史学研究所

北京師範大學

BEIJING NORMAL UNIVERSITY

惠芝同志：

"计划"奉还，所考虑的，未必中肯，仅供参考。

彭凡先生处，已经联系，他非常高兴地接受了贵社的邀请。

他的电话是：[redacted]

家庭住址：[redacted]

祝好！

瞿林东

1996.9.13

地址：北京市新街口外大街19号　　　邮政编码：100875

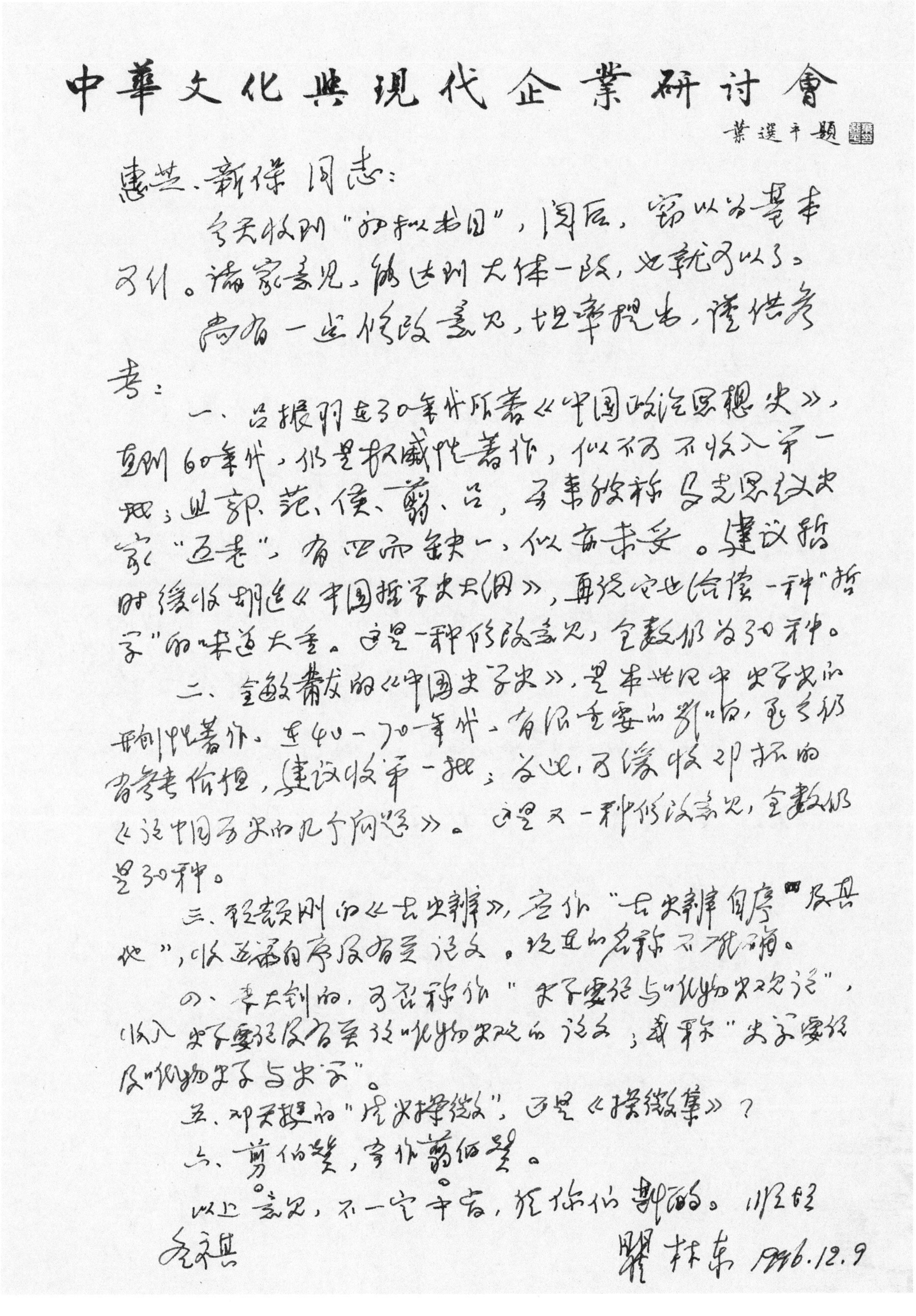

中華文化與現代企業研讨會

葉選平题

惠芝、新保同志：

今天收到"初拟书目"，阅后，窃以为基本可行。论家意见，能达到大体一致，也就可以了。

尚有一些修改意见，坦率提出，谨供参考：

一、吕振羽在30年代所著《中国政治思想史》，直到60年代，仍是权威性著作，似不可不收入第一批；且郭、范、侯、翦、吕，乃素被称马克思主义史家"五老"，有四而缺一，似亦未妥。建议暂时缓收胡适《中国哲学史大纲》，再说它也给人一种"哲学"的味道太重。这是一种修改意见，全数仍为30种。

二、金毓黻的《中国史学史》，是本世纪中史学史的开创性著作，在40—70年代，有很重要的影响，至今仍有参考价值，建议收第一批；为此，可缓收邓拓的《论中国历史的几个问题》。这是又一种修改意见，全数仍是30种。

三、顾颉刚的《古史辨》，应作"古史辨自序"及其他"，收这篇自序及有关论文。现在的名称不准确。

四、李大钊的，可否称作"史学要论与唯物史观论"，收入史学要论及有关论唯物史观的论文；或称"史学要论及唯物史学与史学"。

五、邓实提的"古史探微"，还是《探微集》？

六、剪伯赞，当作翦伯赞。

以上意见，不一定中肯，供你们斟酌。顺颂

冬祺

瞿林东 1996.12.9

第　　页

惠芝女士：

您好！

呈上"简选书目"的若干稿，其中大多已经具体化，所谓"版权问题"只是个别的；大数是出版的，可能占三分之一或稍多一点，不是的也有一些。我的意思，不论是选书，或是附带的选文，都要选出特色来，有区别于目前的种种"经典"。工作只要及戴先生讲话录音——详定上。

译介人的选择和确定，将与出版社的正式约稿信和我个人的信函同时发出联系，而目前已经落实的，已占三分之一。

联系人的分工，不求平均分配，只求工作方便（这可以调整，尤其是小韦的联系部分）。

合同、细则、授权信件，日内寄出。

顺颂

近好！

瞿林东

1997.1.18

15×20=300　　北京师范大学史学研究所

第　页

惠芝同志：

您好！

一月二十日，开了第六次编纂工作会议，就选目的第五稿和编选说明、校注细则进行了讨论。会后，对选目的名称、著作及联系人的分工及撰写人的选择，都作了相应的修改；编选说明完全重新撰写，校注细则作了较大的修改，撰写了编选凡例。今将选目的六稿、说明、凡例、细则一并寄上，如有不妥，请告。

有了上述文件，已可以进行操作。目前，徐、张、周三人已开始作具体的联系；待联系妥当，随后即准备签订合同。

总的看来，工作还算顺利。

此致

敬礼

瞿林东

15×20=300

北京师范大学史学研究所

1997.1.22

北京師範大學
Beijing Normal University

惠芝同志：

整理、校对的合同应自独立，以便于操作。

约稿信两份，一是给著作权人（或代理人、继承人）的，一是给译介者的，二者亦不可混淆。

以上四件，请阅，看看是否可以。若有小的改动，可电话告我，立即改后再寄；若无改动，即请加盖公章寄我。

复印后

两种约稿信的联系人都有区别。每一个联系人的约稿信应不少于15份，以备用。

两种合同，除小秦的以外，其余亦复印后加盖公章、签字后寄我，每种合同不少于20份。

又，编写整理细则，拟按小秦意

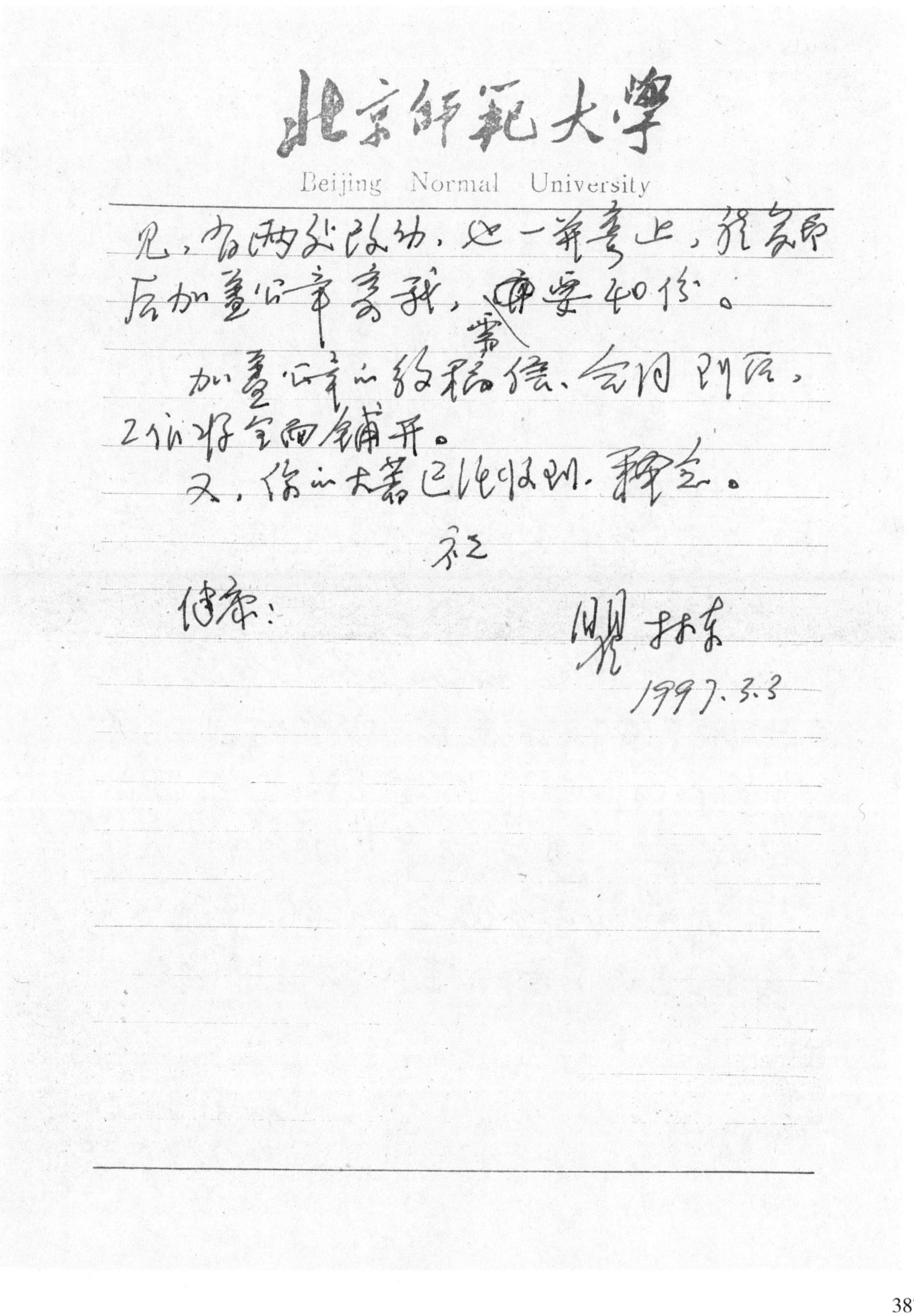
北京師範大學
Beijing Normal University

见，有两处改动，也一并寄上，能否印后加盖公章寄我，需要和你。

加盖公章的约稿信、合同到后，工作将全面铺开。

又，你的大著已经收到，谢谢。

祝

健康！

瞿林东

1997.3.3

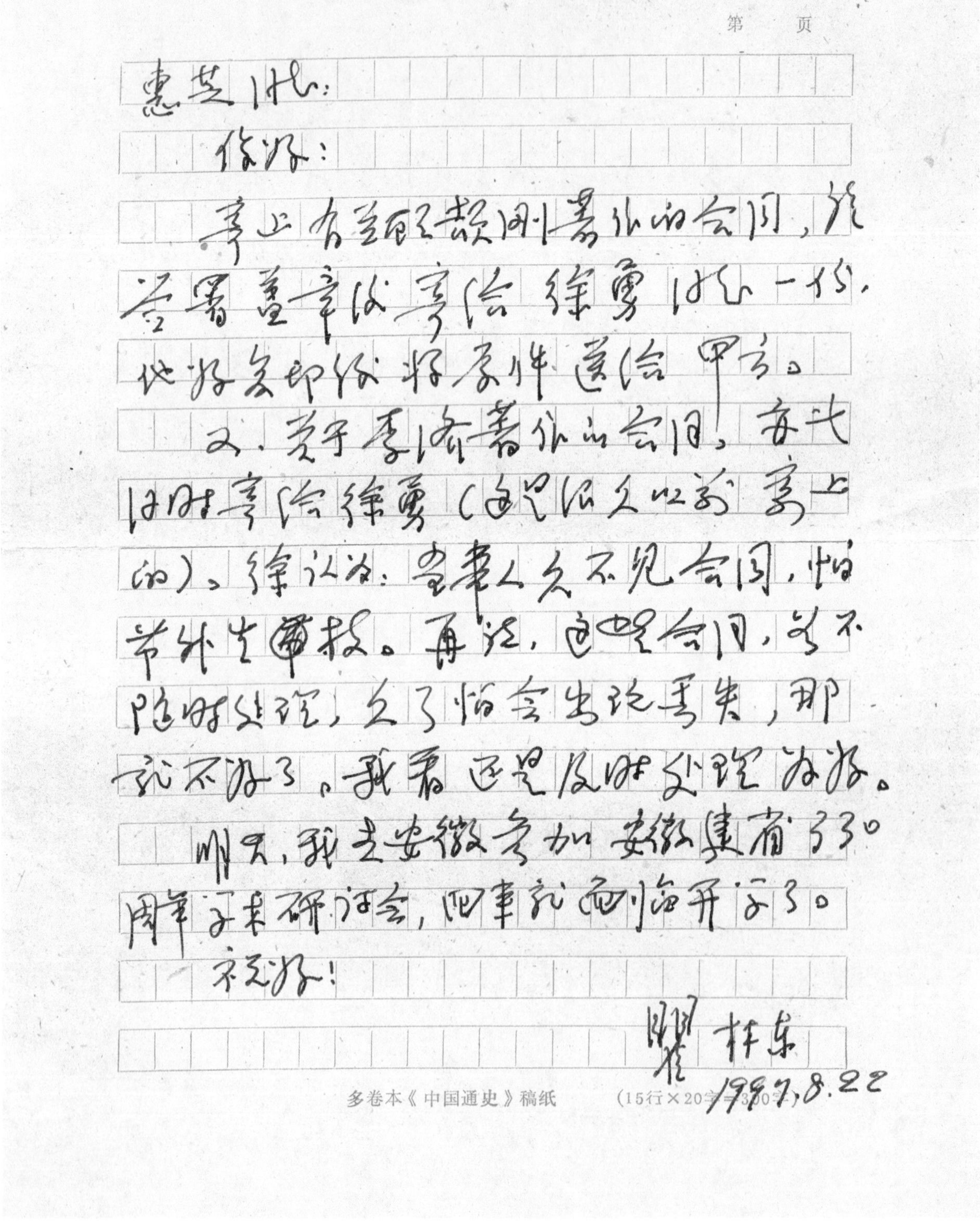

第　页

惠芝同志：

你好：

寄上有关白钢、颜刚著作的合同，请签署盖章后寄给徐勇同志一份，他将复印后将原件送给甲方。

又，关于李济著作的合同，去年同时寄给徐勇（是很久以前寄上的），徐认为：当事人久不见合同，怕节外生枝。再说，这些合同，若不随时处理，久了怕会出现丢失，那就不好了。我看还是及时处理为好。

明天，我去安徽参加安徽建省300周年学术研讨会，回来就面临开学了。

祝好！

瞿林东

1987.8.22

多卷本《中国通史》稿纸　（15行×20字=300字）

第 1 页

惠芝女士：

你好！

今请文玫同志携书稿12部奉上，请查收。这12部（+2部）书稿的作者是：

郭沫若 翦伯赞 侯外庐

夏鼐 顾颉刚 李济

孟森 梁启超 夏曾佑

金毓黻 吴晗 陈梦家

加上上次取回的两部书稿，已是半数。

有几个问题说明如下：

一、关于编次，按以下顺序：1. 扉页；2. 总目；3.（出版说明；4.）总序；5. 前言；6. 正文；7. 附录；

14×15=210 西城区政协公文稿纸

第28页

8. 著作要目（名称可以有异同）。

二、关于照片：大多数都提供了照片，只有极个别的书稿为夏曾佑、董森或只提供书影，或全书图片（因书影也太单调），虽经多方努力，亦无结果。看来只好如此。

三、关于书名：同一位作者而出了两部以上的著作，其书名可选择以下两个方案，其一，采用其一部书的书名，加上括号注明另外还有若干种，如——

> 中国历史研究法
> （外二种）
> 梁启超 著

郭沫若、夏鼐都是这种情况。其

14×15=210　　西城区政协公文稿纸

第 3 页

二、可另取一个模糊的名称，如——

郭沫若史著三种

郭沫若 著

这两种方案，都避免了在封面上列出这三个书名的情况，那样不仅字太小，而且也不美观，还是书籍不好设计。上述两种方案，我主张采用第一种方案。

四、关于全套书的序号：我想了很多方案（如按生年为序，按姓氏笔划为序，按书的内容年代为序等等），都觉不妥，也难以操作，我想就以发稿的先后为序。这一点，可在出版说明中说明一下。

14×15=210　　西城区政协公文稿纸

装订线

第 4 页

五、关于原书目录：凡一位作者选了两部以上的著作，其目录也有两种安排：一是把目录统一编在一处（如胡适的、梁启超的著作，郭沫若的著作均如此）；二是原书目录仍不移动，置于原处（如陈梦家、夏鼐的著作均如此）。以上两种体例都可以，能统一选一种，定下来，希使全套书都统一起来。

以上我想到的几点，不知是否妥当，请酌。

另外，封面一定美观、典雅；装帧工作，何时开始，亦请筹划。

祝好！

瞿林东

1991.1.2

14×15=210　　西城[…]办公文稿纸

装订线

北京師範大學
BEIJING NORMAL UNIVERSITY

惠芝同志并请转呈
王亚民社长：

我受贵社委托，参与筹划和选编《二十世纪中国史学名著》的工作，深感荣幸。我以为，这是一项利于史界、利于国人的大工程，可以看作是贵社献给新世纪的礼物之一。前不久，我到扬州参加中国史学会第六次代表大会，一些已经得知这方面信息的知名学者，都认为这是功德无量之举。还有一些名著作者的家属，也希望我转达他们对出版社的致意。这些，都是令人感到欣慰的。我相信，此工程完全推向社会之时，它在嘉惠学人方面，定会产生重大的影响。

目前，这项工程已处于排校阶段，质量是出版的生命线。我很赞成和钦佩惠芝同志及时地把这项工作有力地抓起来，使全书的质量得以有所保证。所余二三种书，亦可望在年底或年初全部脱稿，以成全帙。

我考虑到为使本书有更大的学术影响，为使贵社的这一投入能够产生相应的社会影响，使广大读者更深入了解贵社为繁荣学术所作出的有

地址：北京市新街口外大街19号 邮政编码：100875

北京師範大學

BEIJING NORMAL UNIVERSITY

运见的抉择和巨大的魄力。我建议采用一种同报纸合作的方式，在较长的时间内对有关本书的学术价值、历史地位作系列的评介。我记得河南大学出版社的《元典文化丛书》同光明日报《史林》专刊合作过，效果甚好。近日，我又见到山东《齐文化丛书》同《史林》专刊合作推出"齐文化研究笔谈"，以及江西教育出版社同《中国文化报》合作推出"科学与人文对话"系列，并已引起有关专家、读者的关注。经电话询问："齐文化研究笔谈"是在今年夏天开始筹划的，而"科学与人文对话"的筹划要更早一些。看来，如果《二十世纪中国史学名著》也决定采取类似方式向广大读者介绍的话，则已经到了应当作实质性筹划的时间了。

明年即1999年，是人类历史上一个极重要的年代。对中国人来说，又是国庆50周年。本书在这年开始出版，富有多重的社会意义和历史意义。我所建议的这种方式，是一般广告所不能替代的，因而适当的投入是值得的。为把这项工作做好，我希望贵社及早作出决定，并与《史林》专刊联系；如需要我参与筹划，自当尽绵薄之力。顺致

崇高的敬礼

瞿林东 1998.11.14

地址：北京市新街口外大街19号　　邮政编码：100875

如采用此种方式的话，我将配合报社，约请一批有影响的史学家撰文。又及。

第　页

惠芸女士：

您好！

傅斯年先生的著作，经何兹全先生再三再四斟酌，选他选定，以一篇最有影响的论文作书名，选了几篇有影响的论文，加上若干附录，应有近30万字之篇幅。何先生为此尽心尽力，表现他对自己老师的心意和对学术界的负责精神。

胡适先生的著作，我与何兹全先生商量，也得到耿云志先生赞同，选了两种著作；附录部分是耿先生选定的。

何、耿二先生的前言，预计11月份写出。

蒋大椿教授处已电话联系，并催张岂之先生稿。姜、李二先生处，也已去函。

祝好！

龚书铎

1999.8.21

多卷本《中国通史》稿纸　(15行×20字=300字)

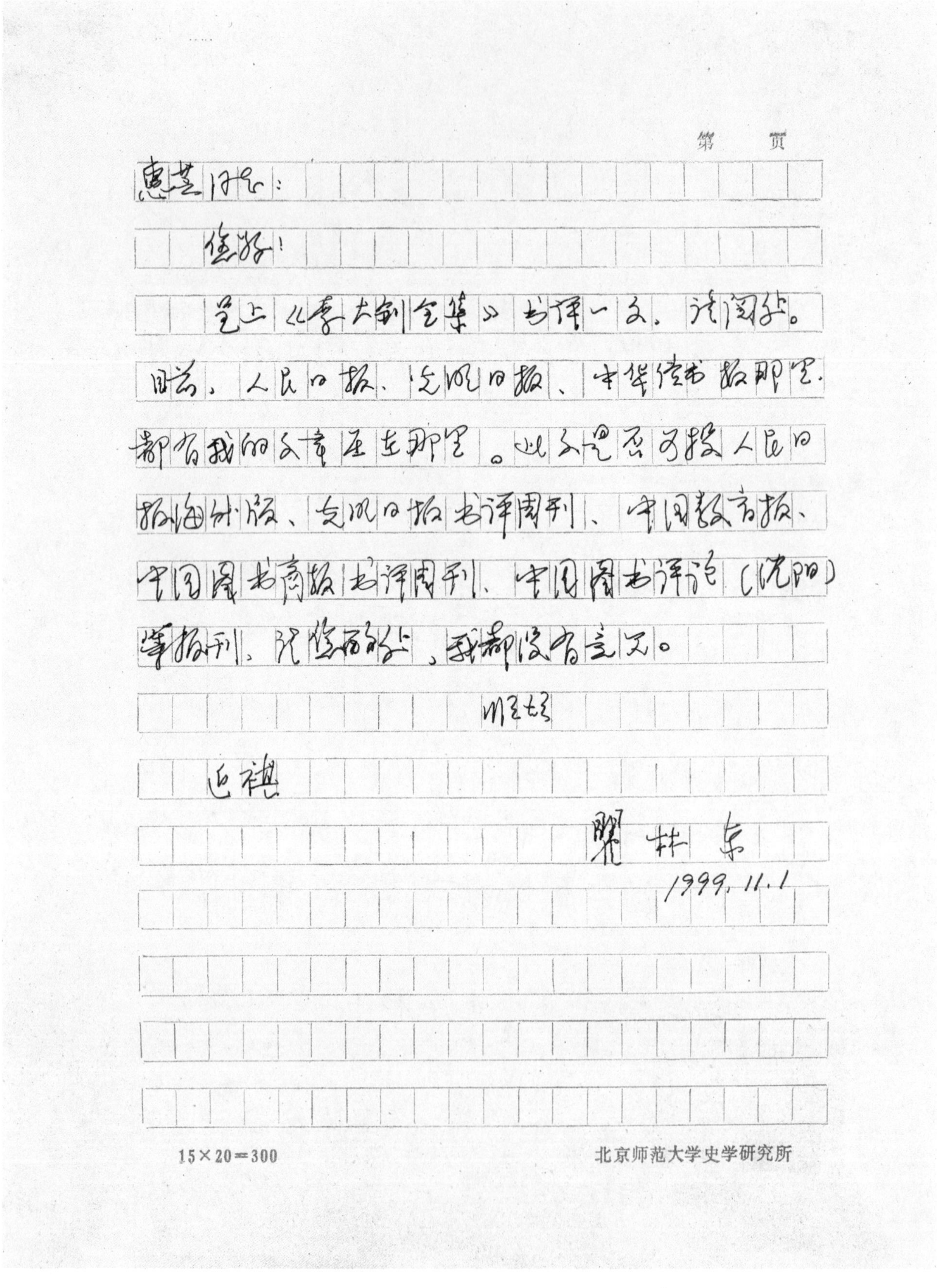

第　页

惠芝同志：

您好！

呈上《李大钊全集》书评一文，请阅处。此前，人民日报、光明日报、中华读书报那里，都有我的文章压在那里。此文是否可投人民日报海外版、光明日报书评周刊、中国教育报、中国图书商报书评周刊、中国图书评论（沈阳）等报刊，请您酌处，我都没有意见。

顺致

近祺

瞿林东

1999.11.1

15×20＝300　　北京师范大学史学研究所

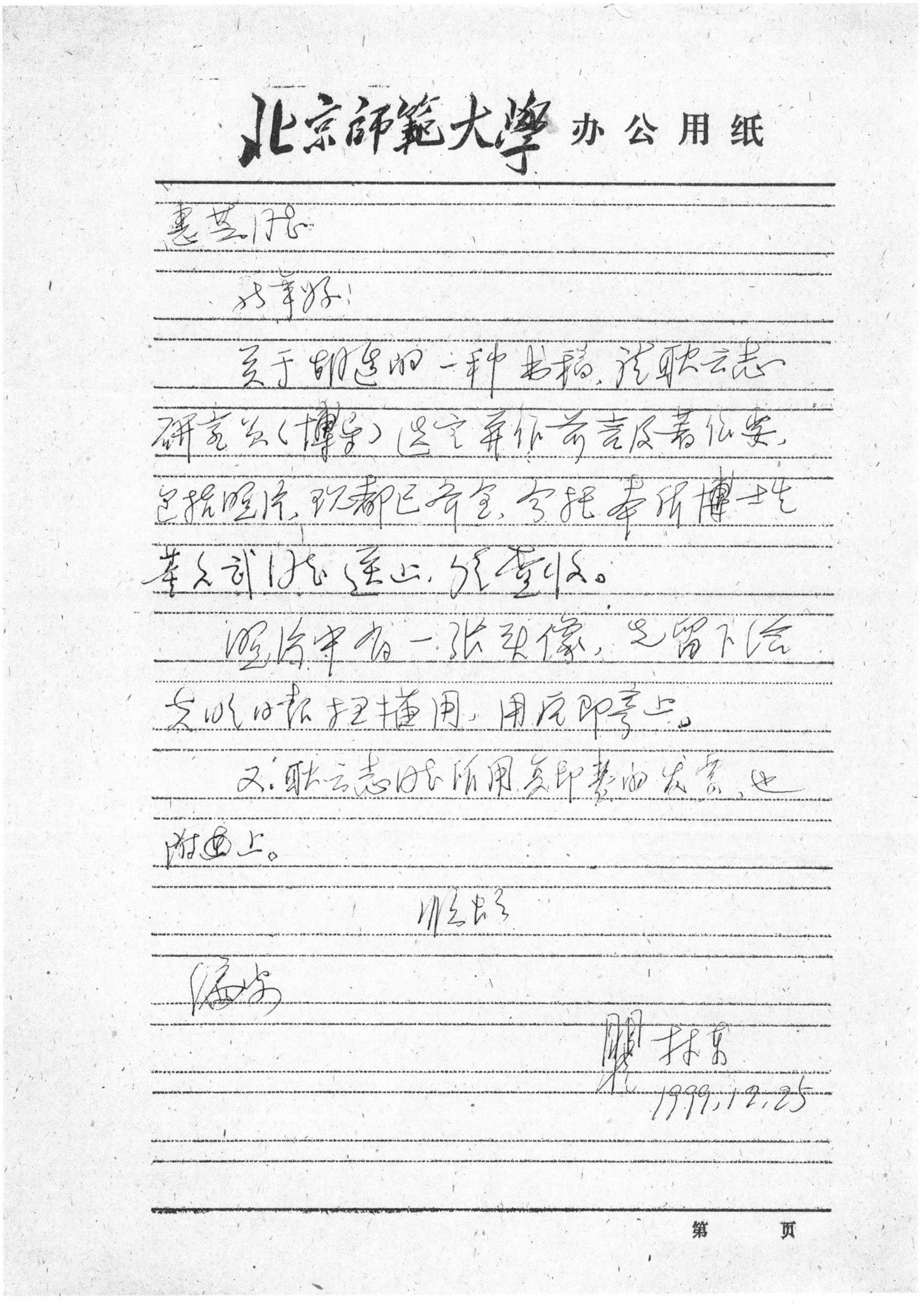

北京師範大學 办公用纸

惠芝同志：

新年好！

关于胡适的一种书稿，请耿云志研究员（博导）选定并作前言及著作要目，另提照片，现都已齐全，今托本所博士生董文武同志送上，请查收。

照片中有一张头像，已留下给文汇读书周报扫描用，用后即寄上。

又，耿云志同志所用原印书的书影，也附寄上。

顺颂

编安

瞿林东
1999.12.25

第　页

第　　页

惠芳女士：

　　新春好！阖府龙年安康！

　　总序已阅过，有些作了修改（有的是吸收戴先生意见），为的是更准确、更稳妥。

　　凡改动之处，我皆在"校样②"上相应的文字之下用铅笔划出横线，并在文旁画上"△"，而用红笔在"校样③"上作出修改。这样，你可以对照着看得清楚一些。

　　我想，请将我改过的"校样③"送厂修改，改后我再校阅一遍；如有必要，还可请戴先生再审阅一遍。你以为是否有此必要，请酌。

此致以

　　衷心的问候

瞿林东

2000.2.10

15×20=300　　北京师范大学史学研究所

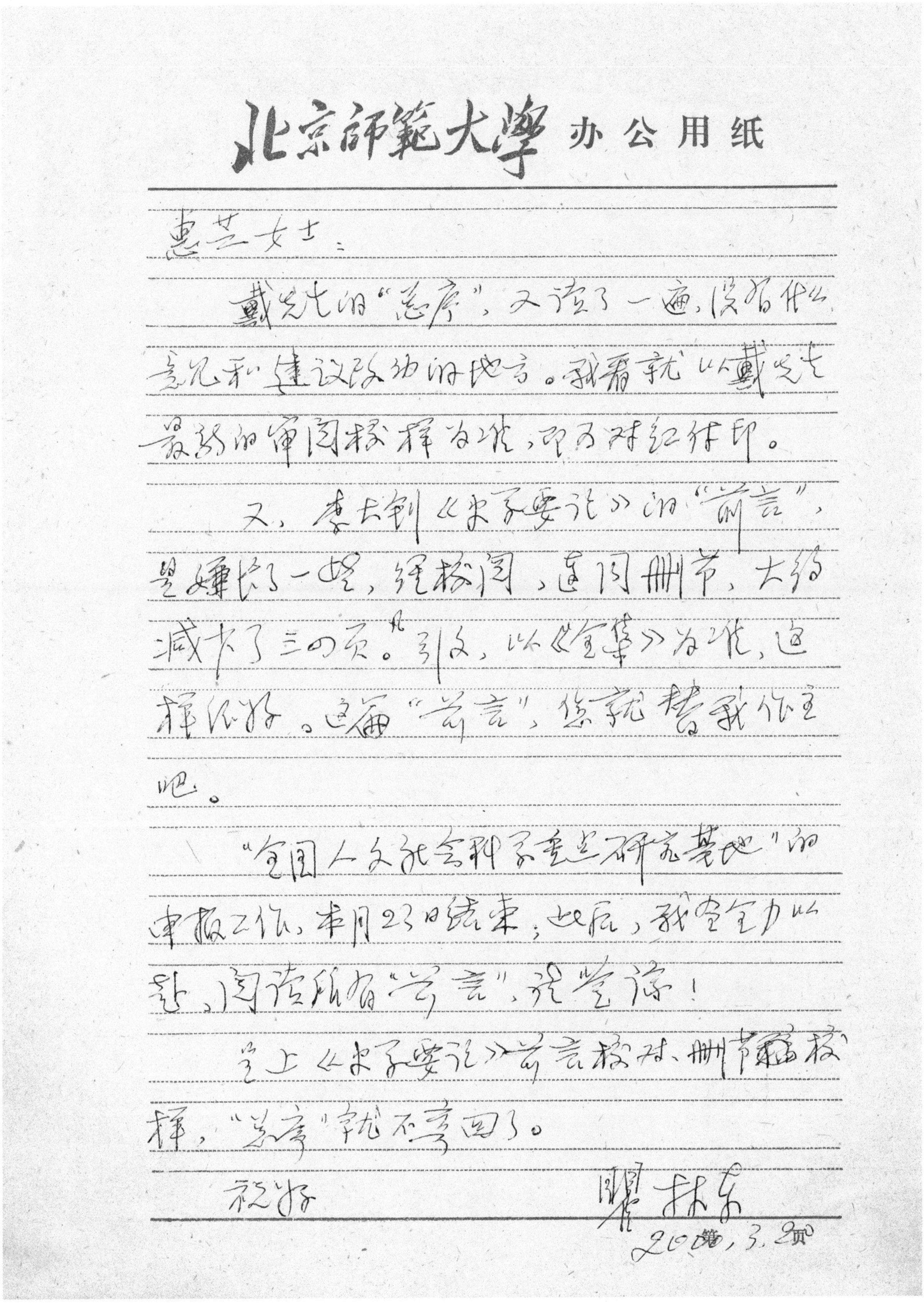

北京師範大學 办公用纸

惠芝女士：

戴先生的"总序"，又读了一遍，没有什么意见和建议改动的地方。我看就以戴先生最新的审阅校样为准，即可对红付印。

又，李大钊《史学要论》的"前言"，是嫌长了一些，经校阅，适当删节，大约减少了三四页。凡"引文，以《全集》为准，这样作好。这篇"前言"，您就替我作主吧。

"全国人文社会科学重点研究基地"的申报工作，本月23日结束；此后，我会全力以赴，阅读所有"前言"，请鉴谅！

呈上《史学要论》前言校对、删节稿校样，"总序"就不寄回了。

祝好

瞿林东

200[illegible].3.2[illegible]

北京師範大學 办公用纸

惠芝女士：

呈上"前言"十篇，其与"小传"不合处，已电话告知徐梦阳。

此次阅读，没有发现大的问题，大多是文字方面的一些小问题。

关于"范著"的前言，有的地方应用书名号，已改。

关于"郭著"的前言，一是书名应用全称，二是有些语句可写得更顺畅，已改。

关于"岑著"的前言，页9倒7行，删去"伟大"一词；页15、7行，删去"我国著名"四字。这对本文作者是有益的。

其他各篇没有什么要特别说明的。

顺好

编安

瞿林东

2002.3.3夜

又：王鍾翰，是否应作王钟翰？

北京師範大學 办公用纸

惠芸女士：

你好！寄上8篇书言，兑收。这8篇，都有不同程度的改动，是否合适，请酌。

十种书有一些订正，并已通知徐蔓，付印前，两者一定要吻合。

文内层次有不清晰者，有的我予以改正，如一、(一)、1、(1)序号使用得极不规范，读起来很不自然。此外，评价或高或低，或沿袭他人者，自宜尽量避免。

陈梦家、李济、夏鼐史学著作的目录问题，我斟酌后，觉得可以不动。古书人的著书，常有些这种情况。若要改变了，不仅不妥，而且也无法在正文中增加适当的字句作标注。

又，顾颉刚先生的论著，已同王煦华先生联系，同意我的意见，书名叫做《古史辨》第一册

第　页

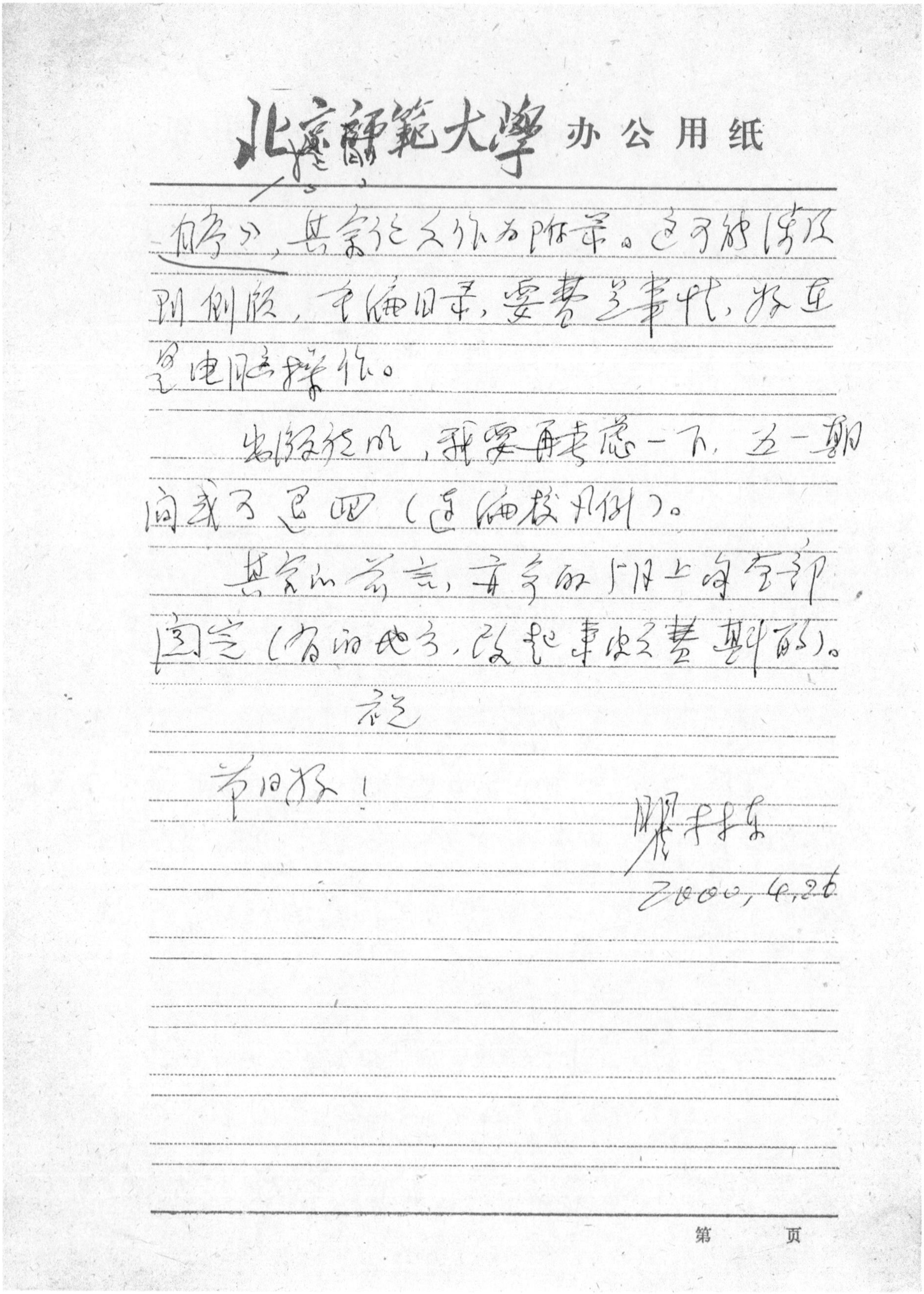

北京師範大學 办公用纸

晓之，其余论文作为附录。这可能涉及到倒版，重编目录，要费些事情，好在是电脑操作。

出版说明，我要再考虑一下，五一期间我写写吧（连编校凡例）。

其余的前言，本书的目录上有全部圈定（有的地方，改起来也要费斟酌）。

祝

节日好！

聂石樵

2000，4，26

第　　页

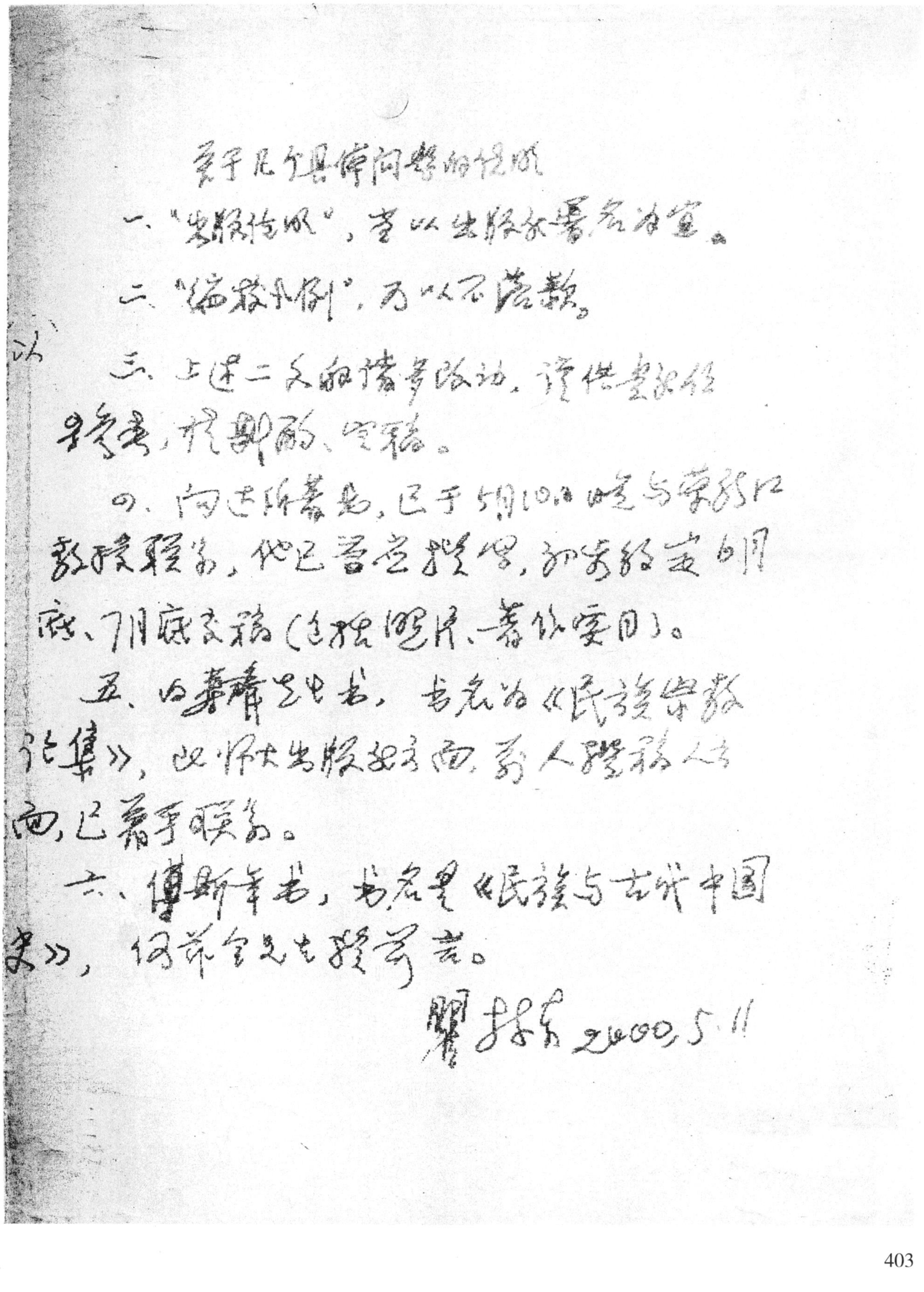

关于几个具体问题的说明

一、"出版说明"，当以出版社署名为宜。

二、"编校凡例"，可以不落款。

三、上述二文的措辞修改，请供责任编辑参考、斟酌、定稿。

四、向达所著书，已于5月10日晤与荣新江教授联系，他已答应撰写，初步约定6月底、7月底交稿（包括照片、著作要目）。

五、白寿彝先生书，书名为《民族宗教论集》，北师大出版社方面，家人联络人方面，已着手联系。

六、傅斯年书，书名是《民族与古代中国史》，请何兹全先生撰前言。

瞿林东 2000.5.11

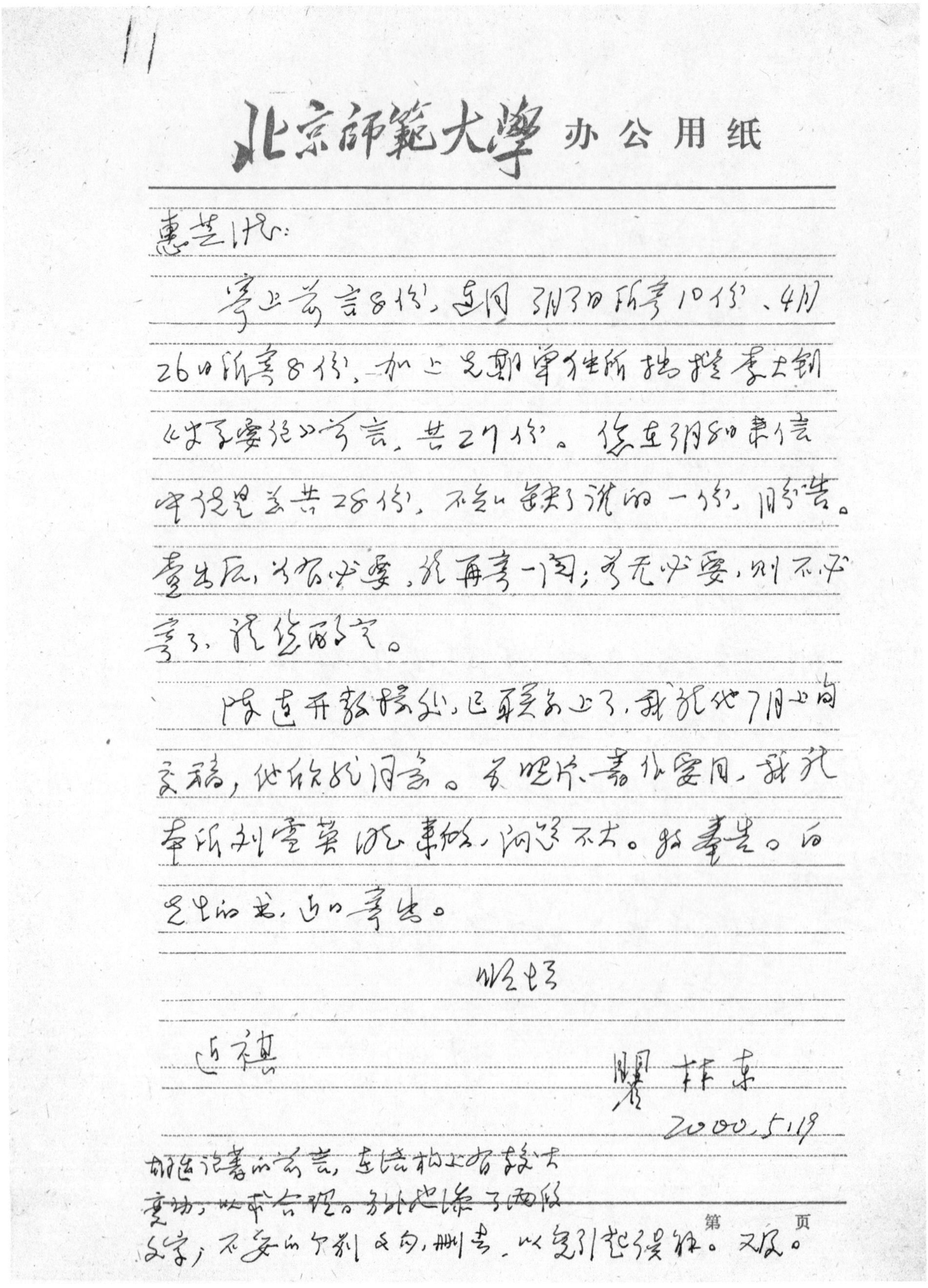

北京師範大學 办公用纸

惠芝同志：

寄上前言8份，连同3月7日所寄10份、4月26日所寄8份，加上先期单独所托撰李大钊《史学要论》前言，共27份。您在3月8日来信中说是共28份，不知缺了谁的一份，请告。查出后，如有必要，请再寄一阅；如无必要，则不必寄了，请您酌定。

陈直开教授处，已联系上了，我请他7月上旬交稿，他欣然同意。关于照片一事作罢用，我想本所列书单以上事务，问题不大。特奉告。有关出书事，后再奉告。

此致

敬礼

瞿林东

2000.5.19

胡适论著的前言，在结构上略有改动，以求合理。另外也删除了两段文字，不妥的个别字句，删去，以免引起误解。又及。

第　页

北京師範大學 办公用纸

附：

3月31日所寄回的有五份是：

郭沫若　孟森　吴晗　梁启超　唐长孺

夏鼐　陈梦家　范文澜　尚钺　齐思和

4月4日所寄回的是：

谭其骧　韩儒林　夏曾佑　顾颉刚

翁独健　邵循正　吕振羽　邓广铭

5月15日所寄：

胡适　钱穆　金毓黻　李济

胡厚宣　周谷城　岑仲勉　侯外庐

另有李大钊一篇，单独寄出（似与总序同寄）。

第　　页

第　页

惠芝同志：

呈上傅斯年的有关相片、手迹、书影共10帧，用后请退回何兹全先生，这是他嘱咐的。

又，《后记》中，你看需要加上的说明，可随出书上，就在适当地方加上（加上之前，请勿遗失）。

相片排列，可按年代顺序，这便于处理。

著作要目，编他书均未用"民国纪年，则此处亦请删去为宜。

何兹全先生书的前言、著作要目、照片，待七月份前去拿到后一併呈上。

祝好！

瞿林东

2000.6.17

20×20=400　　光明日报社稿纸

北京师范大学 稿纸

第　　页

惠芝同志：

关于印厂失落部分文稿事，已同何兹全先生联系。何先生意：请提供失落部分的前、后两页（即0547、0596）与有关失落部分及其前后的书首目录之复印件（以提供的原件复印），以便据此查找原书，再行复印补齐。

又陈连开教授为何先生书所写的前言，拟迟到9月中旬交稿。因他尚在住院，不便催促。

向达先生的前言，写得很好，我有一些小地方的改动，写在上面，请酌定。

祝好

瞿林东

2000.8.30

20×20=400

惠芝女士大鉴：

首先祝贺新春好！

《民族宗教论集》有两张图片不可用，我们去更换。今补拍一张书影并另觅一张有关会议之摄影，用以代替。《中国通史》的书影，我不料会返回的，补拍甚困难，只好作罢。

有关各文作者的地址，节后再寄。又，除要目整理者外，还有书稿（只是部分书稿）的整理者，亦须考虑报酬。

此致

敬礼

瞿林东
2001.1.27

光明日报社稿纸　20×10＝200　第　页

关于《民族与古代中国史》

瞿先生意见：

书名号（若篇名、书名中带有书用民国，括号内注明公元纪年。

✓或按常例，一律用公元。

2001年6月

河北教育出版社　（17×12＝204）　第　页

第　　页

芯芸同志：

你好！

关于重印之事，我起草了三封信，请张越、徐勇、周文玖三人分别发出。这比电话可能会讲得清楚一些。

今将三信附上，便于你了解情况。小秦陆联系，看采取什么方式，请你酌定。

祝

夏安

瞿林东

2001.8.16

15×20＝300　　北京师范大学史学研究所

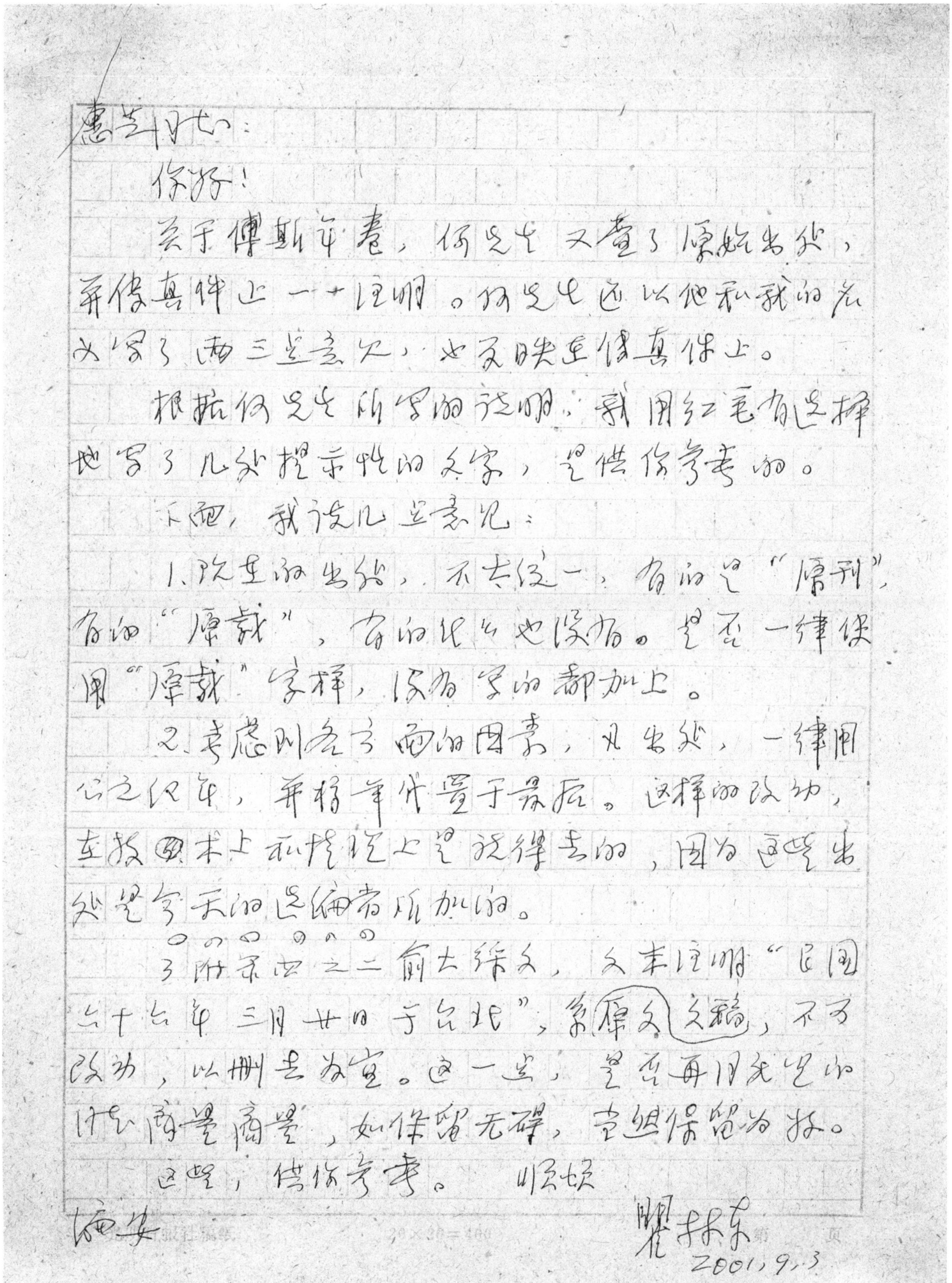
惠芝同志：

你好！

关于傅斯年卷，何先生又查了原始出处，并在传真件上一一注明。何先生还以他私藏的原文写了两三点意见，也反映在传真件上。

根据何先生所写的说明，我用红笔有选择地写了几处提示性的文字，以供你参考的。

下面，我谈几点意见：

1.论著的出处，不太统一，有的是“原刊”，有的“原载”，有的什么也没有。是否一律使用“原载”字样，没有写的都加上。

2.考虑到各卷前面的因素，凡出处，一律用公元纪年，并将年代置于最后。这样的改动，在技术上和程序上是说得过去的，因为这些出处是今天的选编者所加的。

3.附录四之二前言结文，文末注明“民国六十六年三月廿日于台北”，系原文（文稿），不可改动，以删去为宜。这一点，是否再同何先生他们商量商量，如保留无碍，当然保留为好。

这些，供你参考。 顺颂

编安

瞿林东

2001.9.3

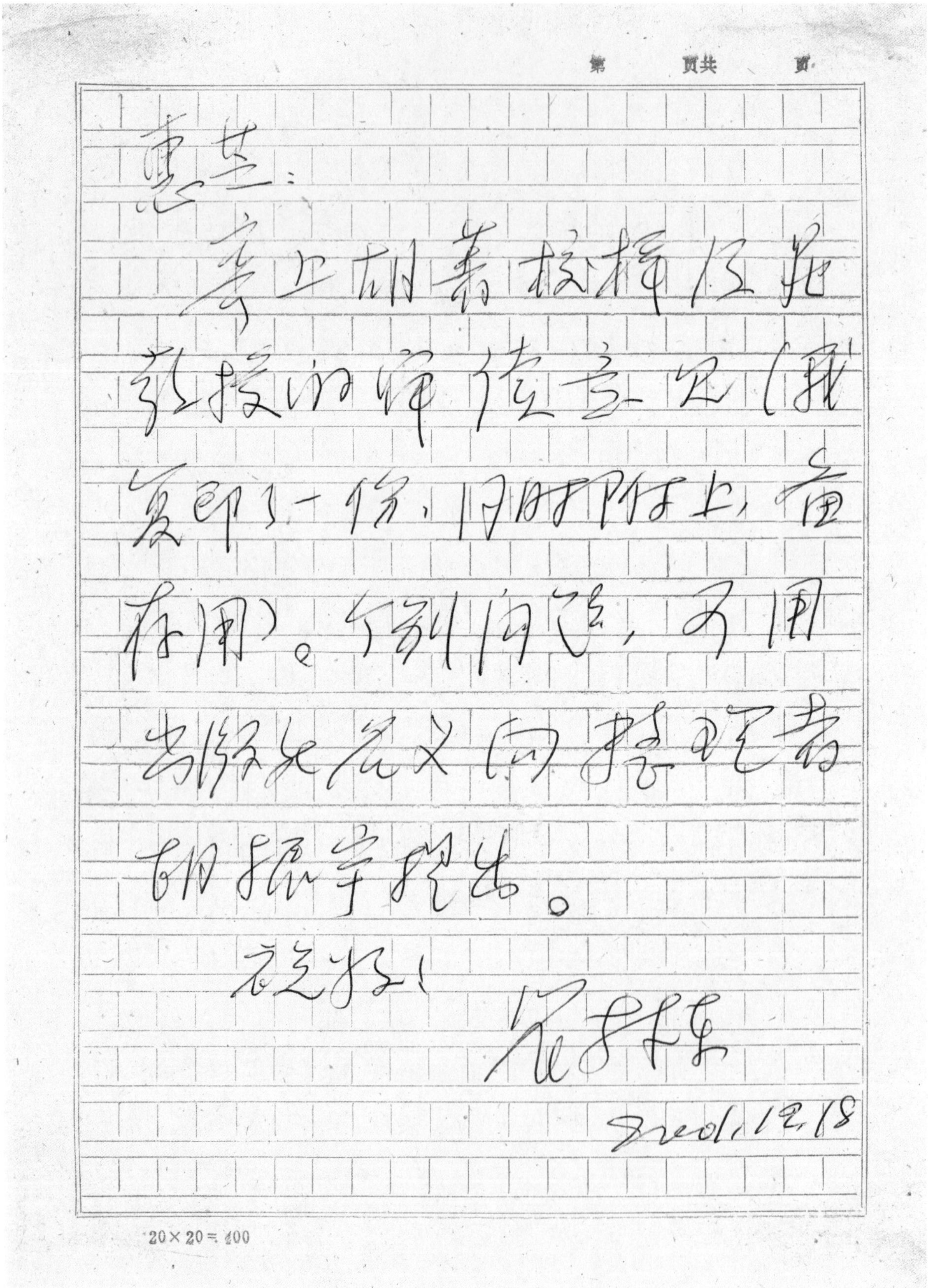
第 页共 页

惠芝：

寄上胡著校样及张教授的审读意见（我复印了一份，同时附上，备存用）。个别问题，可用出版社名义向胡著者胡振宇提出。

近好！

霍松林

2001.12.18

20×20＝400

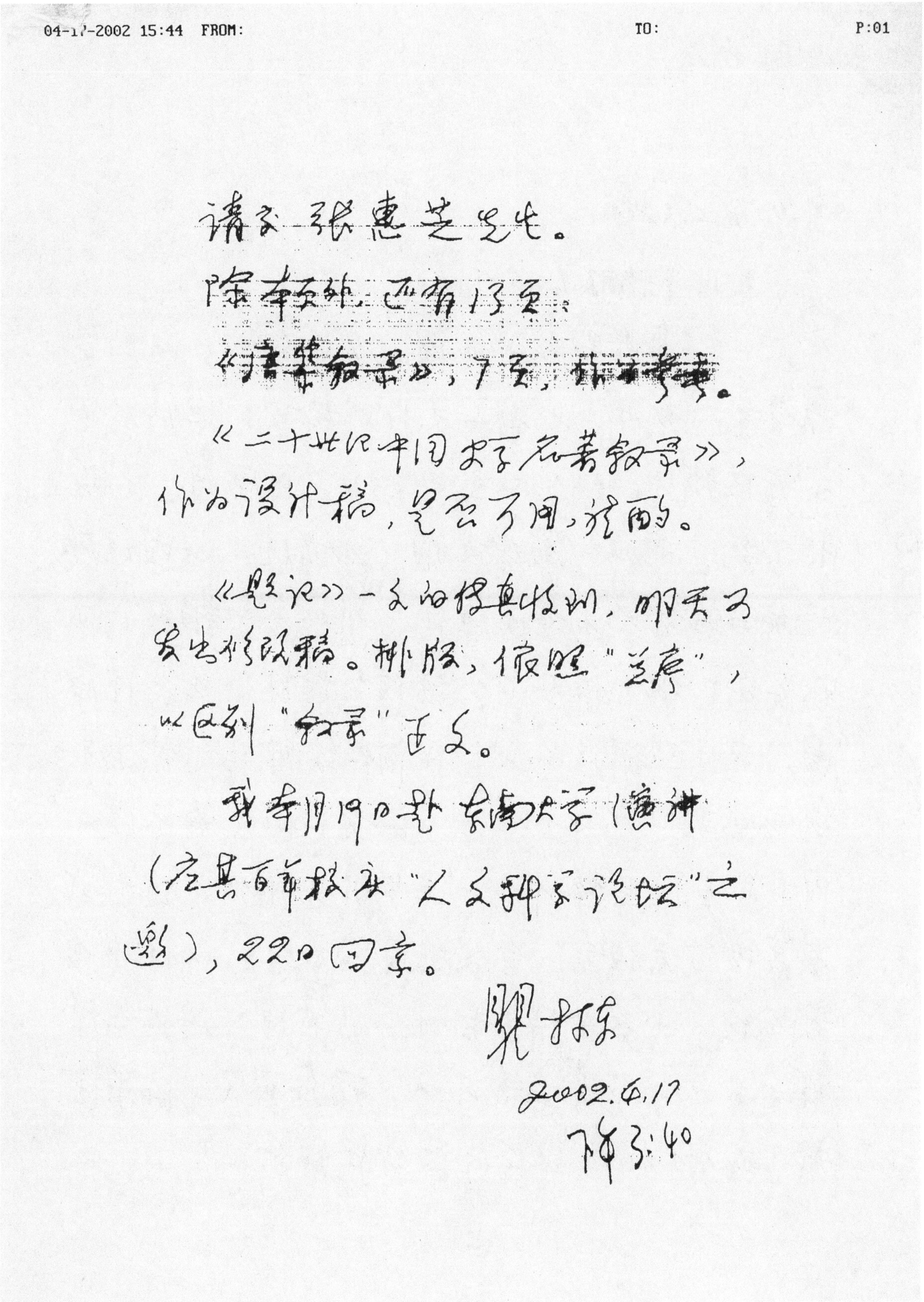

04-17-2002 15:44 FROM: TO: P:01

请交张惠芝先生。

除本页外，还有17页：

《清华叙录》，7页，林甘泉。

《二十世纪中国史学名著叙录》，作为设计稿，是否可用，请酌。

《题记》一文的传真收到，明天可发出修改稿。排版，依照"总序"，以区别"叙录"正文。

我本月19日赴东南大学演讲（应其百年校庆"人文科学论坛"之邀），22日回京。

瞿林东

2002.4.17

下午3:40

第　　页

惠芝女士台鉴：

几件事情报告如下：

一、傅斯年书中的图，有关文字，何先生请青年人查对、代查人又作了核实，但仍有几处无法辨认。何先生意见：1. 用原图，不改排文字，可加一编者说明（编者注：此图经整理者与编者反复查对原件，其中姓名难以一一辨认，不敢妄动，故一仍其旧，请读者谅解。2. 用原图，可将已辨识的文字用简体字排出，辨认不出者仍其旧，也加上一个编者说明（编者注：图中文字原系繁体字，且多难以辨认，经整理者反复核实无误者，今改排成简体字，以便于读者阅读；少数未辨认者则一仍其旧，请读者谅解。）这二个方案都可以，请你研究。编者注，都是我们拟的，不妥之处，请你订正。

15×20＝300　　北京师范大学史学研究所

第　　页

二、傅斯年卷的"前言"中，缺一字，经与何兆武先生谈过，请补上，所缺之字，请参看"叙录"校样第167页。

三、"叙录"一书，我写的"题记"，我将寄回，并连我的导读寄回，如有不妥，请改正；书中有些体例不统一处，我们了然，将来全书第二次印刷，再按照此予以统一；书中的注文，少数不规范或需要另作注者，一是请"前言"作者改正（将本页复印件寄去，改正后退回，这样较稳妥），一是就请您们费心重改即可。

四、我的身份证号码是[redacted]。我在中国工商银行有一张定期存折，帐号是[redacted]

城市号是[redacted]

五、张越等人的帐号，我请他们直接寄给您。

祝好

瞿林东

2002年6月26日

15×20=300　北京师范大学史学研究所

(2) 瞿林东面谈：学术旧事　2002年7月16日（存目1件）

附：何兹全致瞿林东　2000年6月7日（1件）

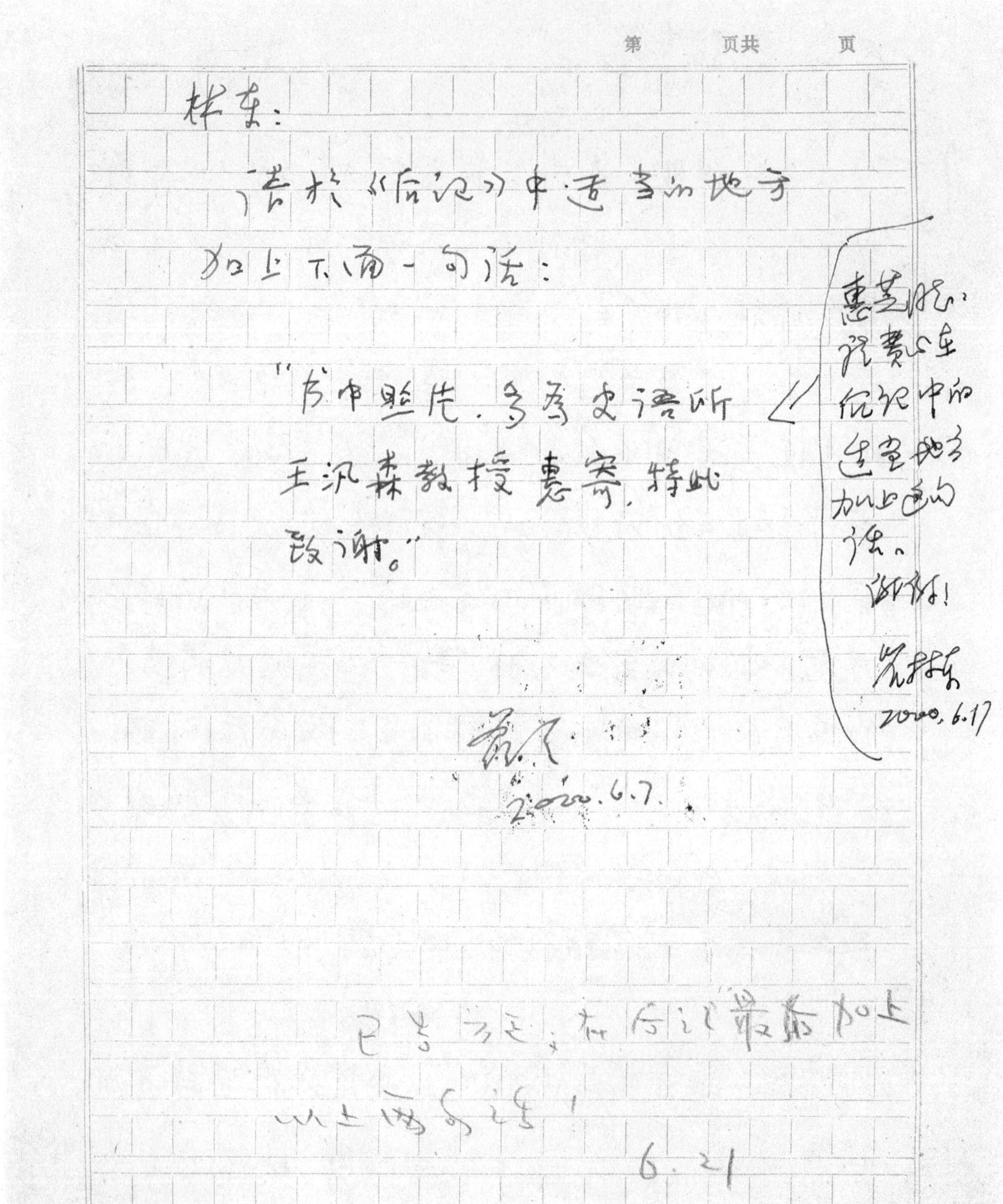

第　　页共　　页

林东：

请於《后记》中适当的地方加上下面一句话：

"书中照片，多为史语所王汎森教授惠寄，特此致谢。"

[illegible]
2000.6.7.

惠芝同志：
请费心在后记中的适当地方加上画的话。
谢谢！
瞿林东
2000.6.17

已告谢，在后记最后加上以上两句话！
6.21

20×20＝400　京(59520—1)

(3) 秦进才（编纂工作委员会副主任）致张惠芝　2002年7月4日，2002年10月9日，2002年12月5日（3件）

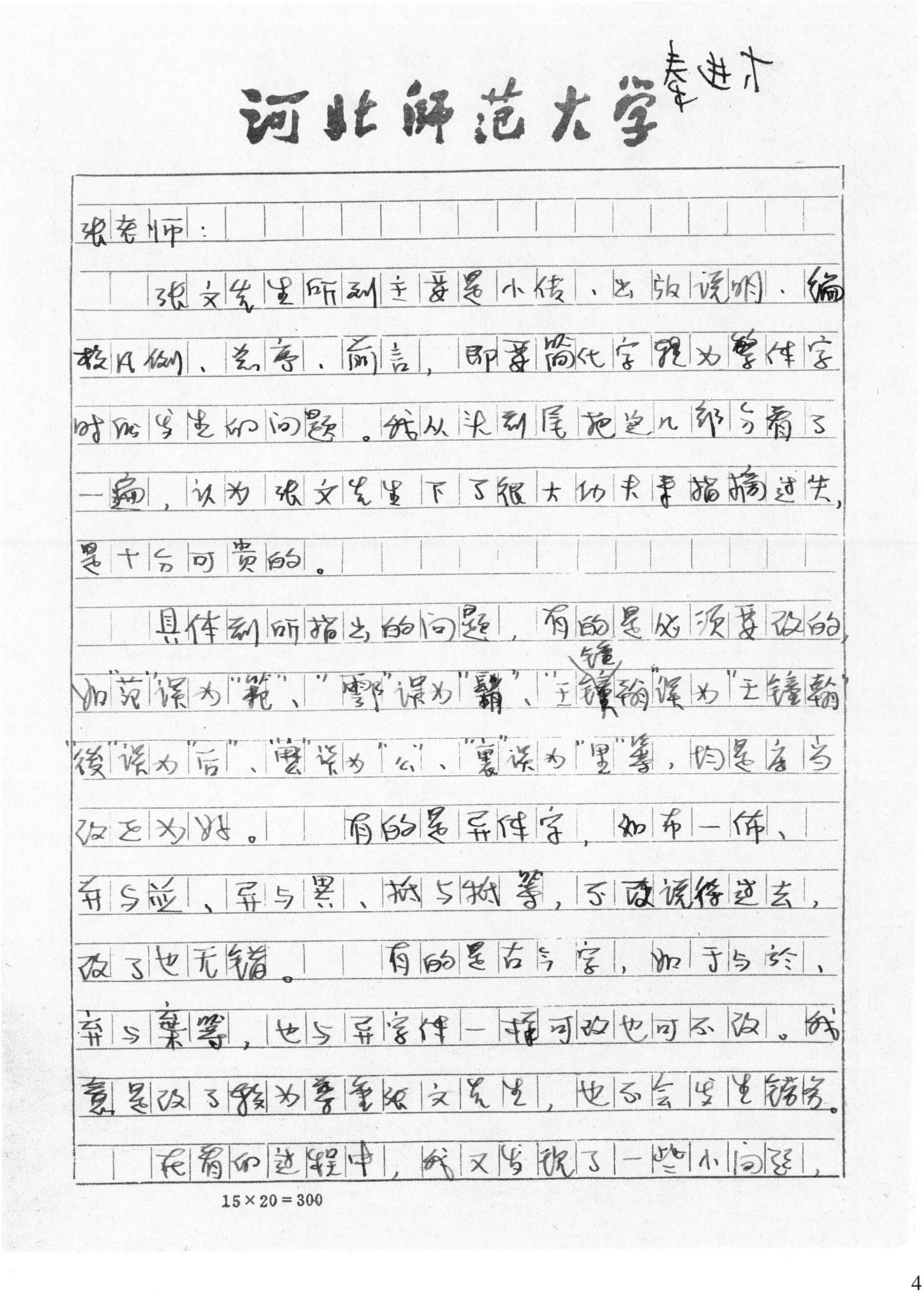

河北师范大学　秦进才

张老师：

张文先生所列主要是小传、出版说明、编校凡例、总序、前言，即要简化字转为繁体字时所发生的问题。我从头到尾把这几部分看了一遍，认为张文先生下了很大的功夫来指摘过失，是十分可贵的。

具体到所指出的问题，有的是必须要改的，如"范"误为"範"、"鄴"误为"翻"、"王鍾翰"误为"王鐘翰"、"後"误为"后"、"麼"误为"么"、"裏"误为"里"等，均是应当改正为好。有的是异体字，如布—佈、并与並、异与異、[illegible]等，不改说得过去，改了也无错。有的是古今字，如于与於、弃与棄等，也与异体字一样可改也可不改。我意是改了较为尊重张文先生，也不会发生错误。

在看的过程中，我又发现了一些小问题，

15×20=300

河北师范大学

也顺手记下来，一并交给您。

还有，书脊、封面、版权页、内封等处是否改为繁体字，有无具体规定，请告我。

李进才

2002.7.4

15×20=300

河北师范大学

1. 总序，第2页第13—14行 劳幹应作劳榦。

2. 总序，第6页第5行《資治通鉴考异》应作《資治通鑑考異》。

3. 总序，第9页倒3行《通鉴胡注表微》应作《通鑑胡注表微》。

4. 总序，第10页倒8行專史家为專門史。

5. 总序，第11页第2行專史应为專門史。

6. 前言，第5页倒8行凭借应为凭藉。

7. 前言，第10页4行《吕氏春秋．當染篇》当为《吕氏春秋．當染》篇，下面第12行《天下篇》，均应将篇移出书名号外。

15×20=300

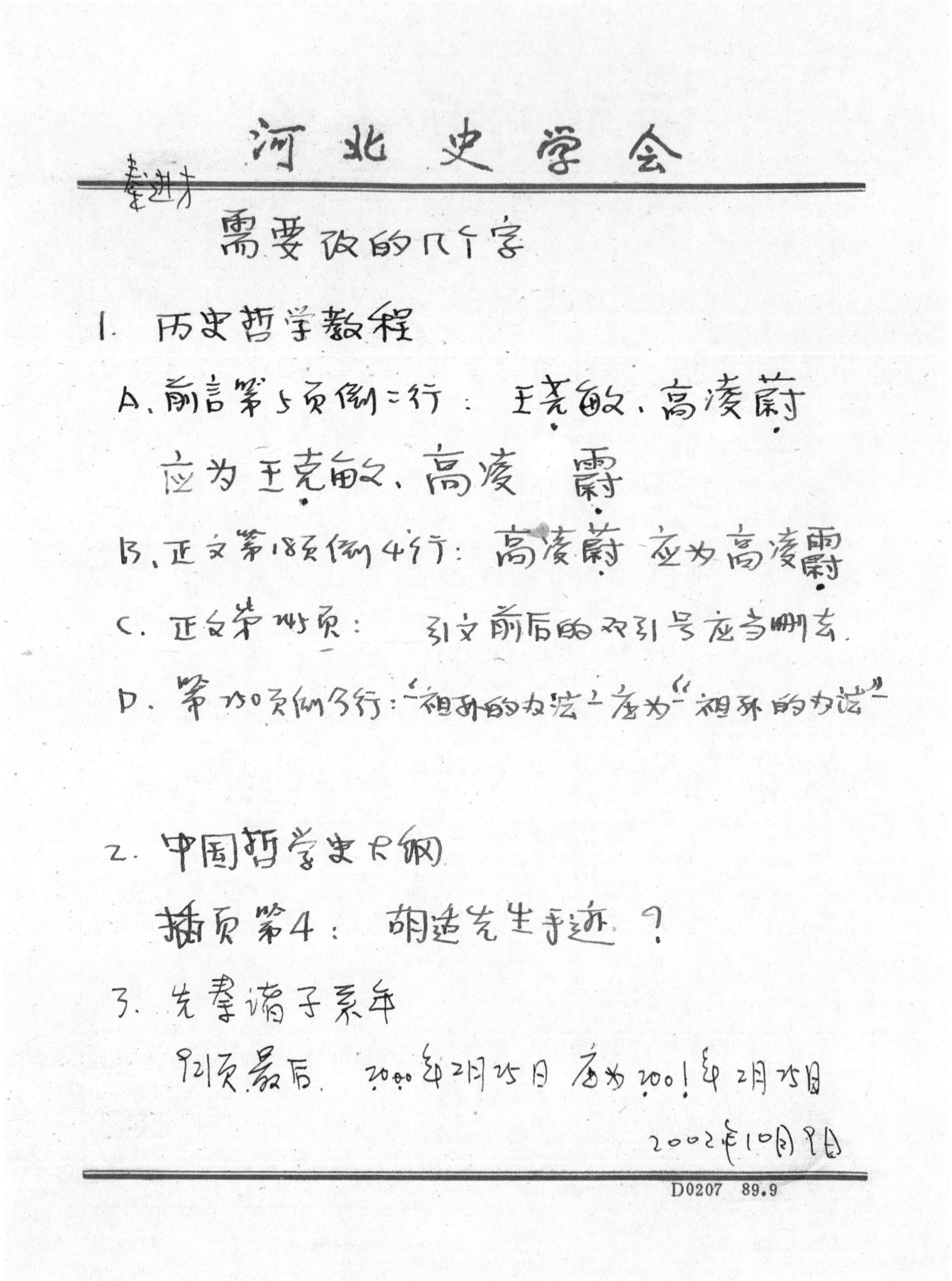

河北史学会

秦进才

需要改的几个字

1. 历史哲学教程

A. 前言第5页倒二行：王尧敏、高凌蔚

应为王克敏、高凌霨

B. 正文第18页倒4行：高凌蔚 应为高凌霨

C. 正文第345页：引文前后的双引号应当删去

D. 第330页倒9行："祖孙的办法"应为"祖孙的办法"

2. 中国哲学史大纲

插页第4：胡适先生手迹？

3. 先秦诸子系年

921页最后 2000年2月25日 应为2001年2月25日

2002年10月9日

D0207 89.9

河 北 史 学 会

张老师：

今天知道您去北京了，因为吕处需要过来，所以送过来了。关于《翦伯赞全集》所来问题记在校样，一行一行地用折校方法，比过去更快。有关问题写在另纸上。

所要写的两篇文章，也写完了，给您带来，请看有什么需要我修改的，请打电话告诉我即可。待您看过后，再与瞿先生说。

此颂

全家好

李进才敬上

第　　页　　2007.02.22

（4）张越（编纂工作委员会成员）致张惠芝　1996年6月5日，1999年9月6日，1999年12月1日，1999年12月18日，2000年4月11日，2002年3月12日（6件）

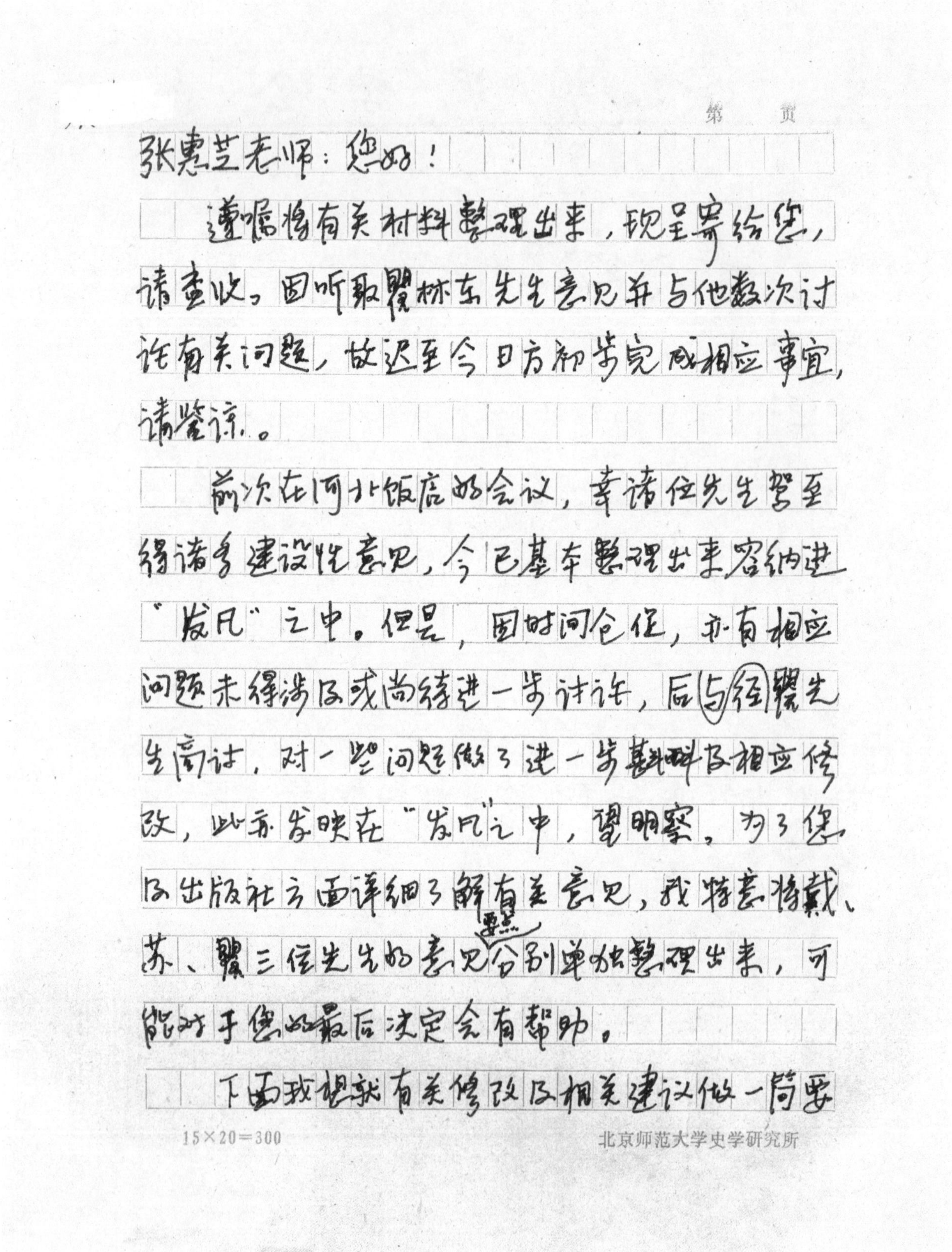
第　页

张惠芝老师：您好！

遵嘱将有关材料整理出来，现呈寄给您，请查收。因听取瞿林东先生意见并与他数次讨论有关问题，故迟至今日方初步完成相应事宜，请鉴谅。

前次在河北饭店的会议，幸诸位先生驾至得诸多建设性意见，今已基本整理出来容纳进“发凡”之中。但是，因时间仓促，亦有相应问题未得涉及或尚待进一步讨论，后与经瞿先生商讨，对一些问题做了进一步斟酌及相应修改，此亦反映在“发凡”之中，望明察。为了您及出版社方面详细了解有关意见，我特意将戴、苏、瞿三位先生的意见要点分别单独整理出来，可能对于您的最后决定会有帮助。

下面我想就有关修改及相关建议做一简要

15×20=300　　北京师范大学史学研究所

第　　页

说明。

①这套书是以著作为主，而不是某位史家的选集或专集，即针对的是"论著"而不是人，故我们工作的关键是著作篇目的选定。当然，著作是由史家写出的，名著的作者往往就是名史家，所以在议定入选篇目的时候，首先议出可能入选的史家名单，这种程序是必然的。然而重要的工作是下一步：根据史家来确定所要出版的他们写的著作。这里的问题是，有些史家固然有名，但是他并未写出本书体例所要求的30万字左右的著作，我们也不必强求这些史家一定入选。因为我们的目的是出版二十世纪的史学名著，而不是出二十世纪的著名史家评传。我们应当必使二十世纪确有学术价值的史著不要有大的遗漏，而不必过多考虑二十

15×20=300　　北京师范大学史学研究所

第　　页

世纪的著名史家是否有大的遗漏。基于此种原因，我觉得应当在上次会议讨论的可入选史家的人名单（此项原商定由秦进才先生整理）的基础上提供出这些史家的可供入选选择的著作篇目，然后由编委会具体详细地讨论可以入选的著作篇目。

②河北饭店会议的一项收入长篇著作节选的动议，是否可以重新考虑。多卷本或长篇（30万字以上）的论著不符本书体例而不可能全文入选是合情合理的事情，想来读者也会理解，所以这套书不含多卷本名著并无缺憾之感。而假如收进长篇论著的节录或精彩片断，则很有可能使本套书的价值有所降低。史著对于研究者来说必须要看到其完整性，对读者来讲也是要看到该著作所论述的时代的全个过程，

15×20=300　　北京师范大学史学研究所

页

节录其片断，对读者来说必然降低该著之学术价值，对出版社来讲恐怕也会影响销量。毕竟，史学名著与文学名著不同，文学名著可以节取片断供欣赏玩味，史学名著更大的意义在于了解某部完整的历史发展过程。

③"发凡"中"出版次第"一项，会议中讨论是分二批出版，这里我写成分三批出版，主要是听取了瞿先生的意见，不知是否合适，请您酌定。

④书前附对入选著作的评介文章（见四.3）而非上次讨论的对史家本人的评介文章，亦吸取瞿先生意见，我也认为有道理，亦请您酌定。

⑤所选著作的决定权当在出版社及编委会方面，似不必过多征求有关史家的弟子及门人的意见，否则会产生更多不同意见而引出不必

15×20=300　北京师范大学史学研究所

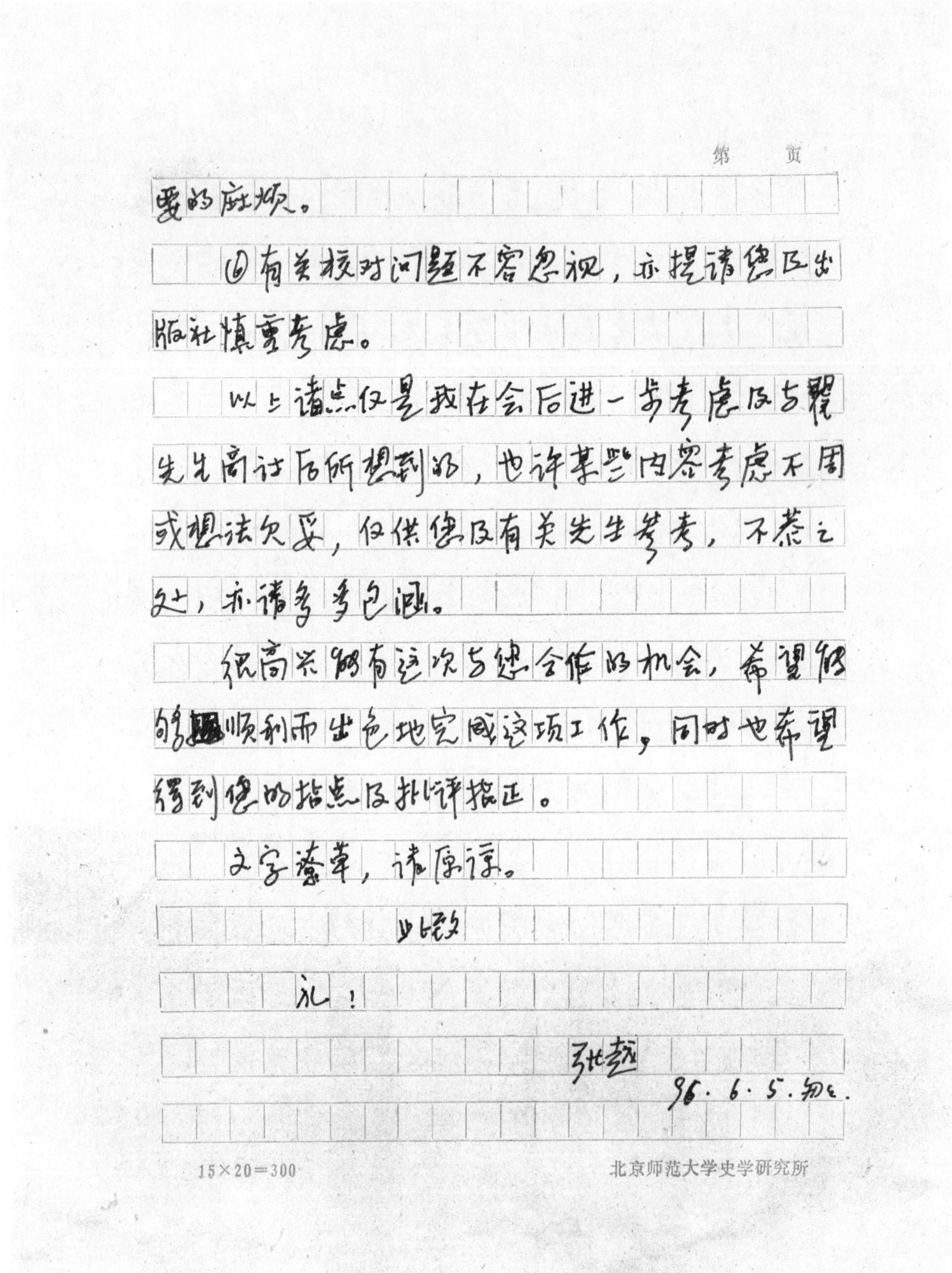

第　　页

要的麻烦。

④有关校对问题不容忽视，亦提请您及出版社慎重考虑。

以上诸点仅是我在会后进一步考虑及与瞿先生商讨后所想到的，也许某些内容考虑不周或想法欠妥，仅供您及有关先生参考，不恭之处，亦请多多包涵。

很高兴能有这次与您合作的机会，希望能够[redacted]顺利而出色地完成这项工作，同时也希望得到您的指点及批评指正。

文字潦草，请原谅。

此致

礼！

张越

96.6.5.晚

15×20=300　　北京师范大学史学研究所

张惠芝老师：您好！

一晃一年有余没有见面，近来可好？

写信是为"20世纪史学名著"一事。上周五（9月3日）光明日报继续刊登"20世纪史学名著"之一部邵循正先生著作卷的前言，由北大历史系张寄谦先生撰写。邵循正先生的入选著作是他的《中法越南关系始末》，光明日报所发张寄谦先生一文也写的是《中法越南关系始末》，但该报与张先生文章同发的该书的封面影印照片中可以看到，该书书名被印成《中法越南交涉始末》"，这里显然是不对的（应改交涉为关系）。

我原来为此书联系人，看到出此疏误，不敢怠慢，即写信告知您，烦您详查，并作订正，否则成该书的一大错误，将影响全套丛书的质量。

余不赘。盼该套书尽早出版，届时我或可写一篇东西，对该套书作一介绍和评析。祝身体康健！

又：顺便说一句，该套书的封面设计十分雅致、不俗，足见您们下了心力。

5×20=300　　北师大史学研究所

张越

99.9.6.

第　　页

張惠芝老师：

您好！聽林東老师说，您发现《史学名著》中的陈梦家一卷的序有缺页。陈梦家著作系由我们联系，陈著序的原稿提供者为王世民先生（社科院考古所）。陈著收了他的三部书，《尚书通论》、《六国纪年》、《西周年代考》。经查，您所说原缺之页可能是《尚书通论》中的。我也没有再惊动王世民先生，就把所缺之页（为方便起见，也有缺页前后各一页）复印下来，今寄给您，请查收。

河北教育出版社致力学术著作出版，且屡有大手笔之作，令人钦佩。您若有什么事情需我帮忙，可与我联系。

不赘言。

祝

健康！

張越　99.12.1

15×20=300　　北师大史学研究所

第　页

逯惠芳老师：

您好！

日前接到胡振宇电话，有一事相告。胡振宇是史家胡厚宣的儿子，现在社科院历史所工作。胡厚宣的《甲骨学商史论丛初编》收入"二十世纪史学名著选"，该书的前言即由胡振宇撰写，且该前言已由光明日报发表。胡振宇看到报纸后，发现两处错误：

①"胡振宇"三字，报上误作"胡振羽"；　已改　2003.12

②胡厚宣卒于1995年，报上误作1996年。

此两处错误发现在报纸上，也无大碍，但书中不宜再错，故请您注意在《甲骨学商史论丛初编》一书中的前言中，将这两个错校正。

另外，邵循正的著作为《中法越南关系始末》。

余不赘。　祝

新年好！

张越　99.12.18.

15×20＝300　北师大史学研究所

张惠芝老师：

你好。

寄上小传的校对稿，请按此校对稿修改小传。

我负责的8本书中：

✓ ①邵循正卷
✓ ②侯外庐卷
✓ ③吕振羽卷 } 这三卷的作者小传随信寄去。

✓ ④孟森卷：该卷小传只将原稿中的"慕友"改为"挚友"（已改），别的不动，此为瞿林东先生打电话给我，嘱只此一处改动，样稿就不寄来了。

✓ ⑤陈梦家卷
✓ ⑥夏鼐卷 } 这两卷的作者小传已由王世民先生改定。（在出版社处）

⑦胡厚宣卷：已由胡振宇改定，将随清样一同返回出版社（清样现在胡振宇处）

已寄张先生 4.9

⑧翦伯赞卷：已寄给张传玺先生，但至今无回音，不知何故，我近日再与他联系。

余不赘。祝

好！

张越

2000.4.11.

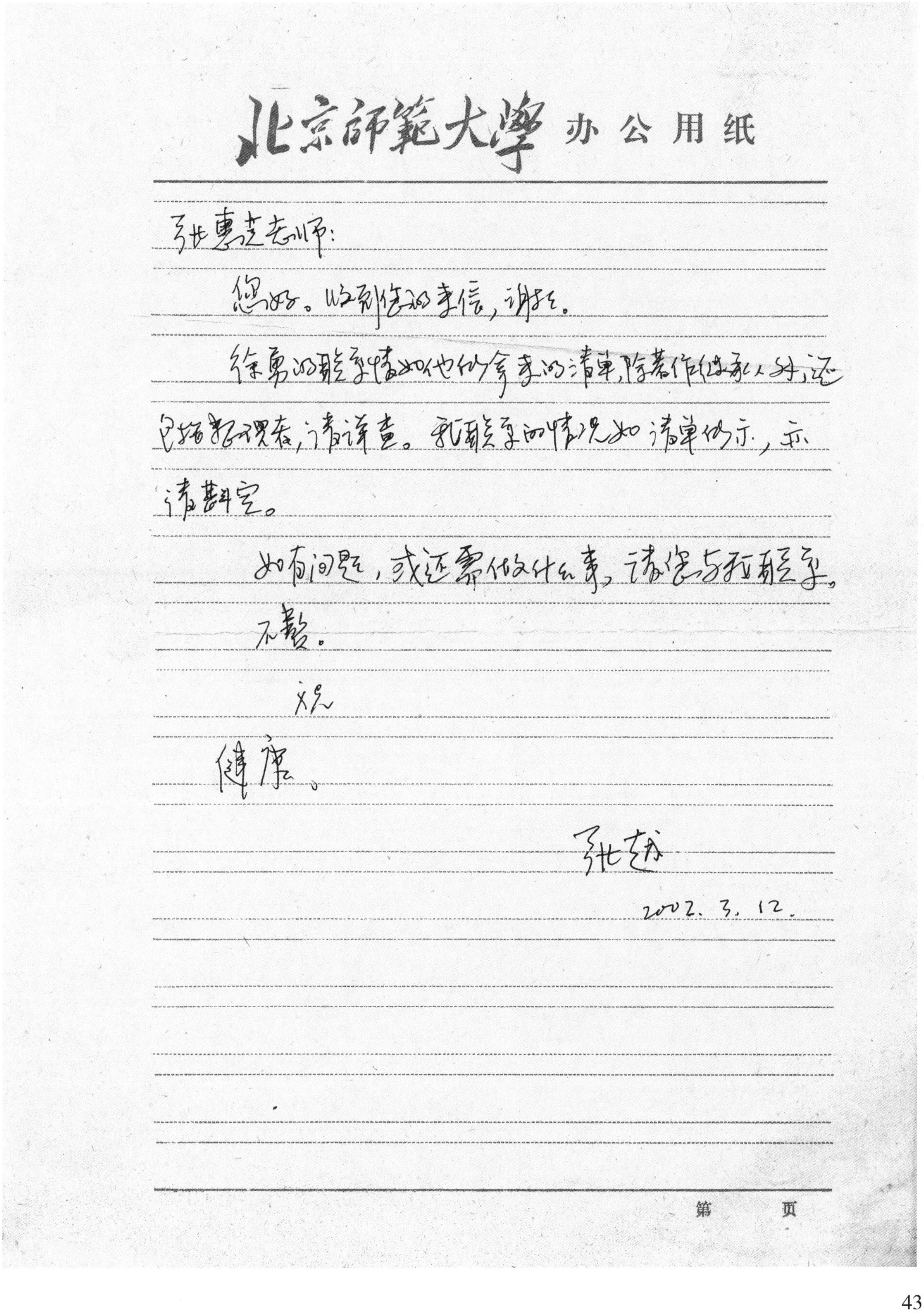

北京師範大學 办公用纸

张惠芝老师：

您好。收到您的来信，谢谢。

徐勇的联系情况如他所拿来的清单，除著作依家人外，还包括教课表，请详查。我联系的情况如清单所示，亦请斟定。

如有问题，或还需做什么事，请您与我联系。

不赘。

祝

健康。

张越

2002. 3. 12.

第　　页

（5）徐勇（编纂工作委员会成员）致张惠芝　2002年10月3日（1件）

10.14日已通知徐勇转告王先生，
都已发工厂，不再改动

前言 P.10 行3、9 "崑崙" 改为"昆仑"

P.14 行4　仝上

顾颉刚著述要目

P.884末行 有仍国考　请删去。

据童书业的女儿童教英见告，此篇是童书业写后用顾颉刚先生名义发表的。

張老师：

您好！通知发下去后，迄今只收到这一封回函。要么是没有修改意见，要么是寄给了您。这是王煦华先生关于《古史辨自序》的修改意见。顺颂

编祺！

徐勇

10.3

2002年

中国社会科学院历史研究所稿纸　（18×14=252）　第　页

（6）周文玖（编纂工作委员会成员）致张惠芝 1997年4月10日，1997年11月12日，2002年3月15日，2002年8月16日，2002年10月10日，2002年11月30日（6件）

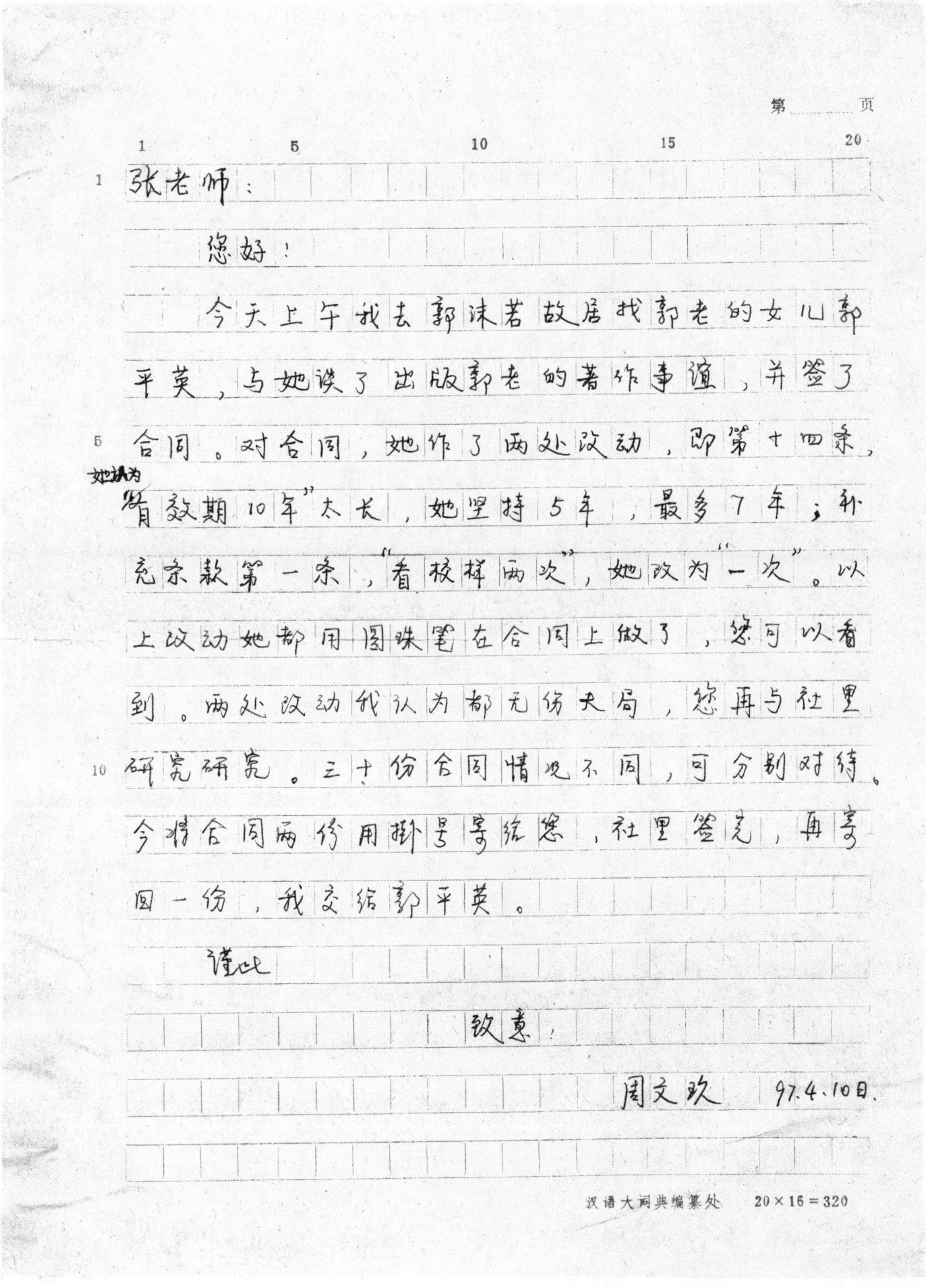
第　　页

张老师：

您好！

今天上午我去郭沫若故居找郭老的女儿郭平英，与她谈了出版郭老的著作事宜，并签了合同。对合同，她作了两处改动，即第十四条，她认为"有效期10年"太长，她坚持5年，最多7年；补充条款第一条，"看校样两次"，她改为"一次"。以上改动她都用圆珠笔在合同上做了，您可以看到。两处改动我认为都无伤大局，您再与社里研究研究。三十份合同情况不同，可分别对待。今将合同两份用挂号寄给您，社里签完，再寄回一份，我交给郭平英。

谨此

致意！

周文玖　97.4.10日.

汉语大词典编纂处　20×16＝320

393

第　　页共　　页

张老师：

您好！

关于金毓黻的著作《中国史学史》的合同书，情况有些特殊。去年我们寻访金先生的后人，只与他的女婿，东北师大的邹有恒教授取得联系。邹先生回信表示同意。当我们寄给他出版合同时，他不愿作为著作权继承人签，而金家人大都在国外，国内只有一孙女——金家玲，现在在商务印书馆。邹先生把合同书转寄给金家玲，让我与她联系。我在电话中与她联系上了。她说，金著《中国史学史》去年已列入商务印书馆出版计划，并与她签订了出版合同。鉴于我们与邹先生过去的联系，她说她对贵社出版此书也同意，只是须与商务印书馆协商。我们的合同书的某些条款如保护版权等问题大概也需要修改。这种情况希望您向社领导反映，并拿出明确意见来，以便与她尽快签订出版合同。

不知《中国史学史》是否送印刷厂排印？这部书是我校点的。现在商务也计划重版，我

20×20＝400

第　页共　页

们务必在校点校对印刷质量上有高要求。因为它遇到了强大的竞争对手。

《中国史学史》里面繁体印刷得很密，重新标点很不方便。原有的标点无需改动的我都没变，在需要改动的用红笔重标。这些需要注意的，我在里面用铅笔写了说明。我很担心打字工人把这一点忽略了，而不排没有改动的标点符号，如果那样的话，麻烦就大了。为防万一，望您提醒他们注意一下。

合同的事，如果我们能够采取变通的态度的话，估计余家琼能签，她的态度似乎较灵活。她说过她也不能让她姑夫（指郭有恒）为难。

诸此。

祝身体健康！

周文玖　97.11.12日.

20×20=400

第　　页

张老师：

你好！

合同书收到，第二天与金宗玲（金毓黻的孙女）联系，第三天约定面谈。

我已把《合同书》交给了她，她说要与家里人商量商量再说。她知道这书的出版，并拿出體先生在《光明日报》所发表的文章。她抱怨说："书都出版了，也不寄样书，也不与我们签订合同，前一段时间还想找你们，因为忙没顾上"。她开玩笑地说："馆里的同事给我说，这下你得告他们"。我首先向她表示歉意，并向她叙述出版该书联系的前因后果，表示不会让她受经济损失，与其它著作权人一样享受应有的权力。总的来看，我们谈得比较融洽，她的不满也逐步打消。她担心的是，她也与商务印书

15×20=300　　北京师范大学史学研究所

396

第　页

信签定了出版合同，咱们的合同与商务的合同一样，都有"权版不得转让他人"一条，她签了担心将来两家出版社都找她打官司。她希望咱们与商务负责版权的商议一下，把这个问题解决了，这样她就好签了。幸好她与商务负责版权的人认识，估计没什么问题。你们出版社是否与商务联系一下？希望张老师在百忙中把这事处理一下，我想尽快了结这个问题。

暂写这里，

祝编安！

周文玖　02.3.15.

15×20=300　　北京师范大学史学研究所

387

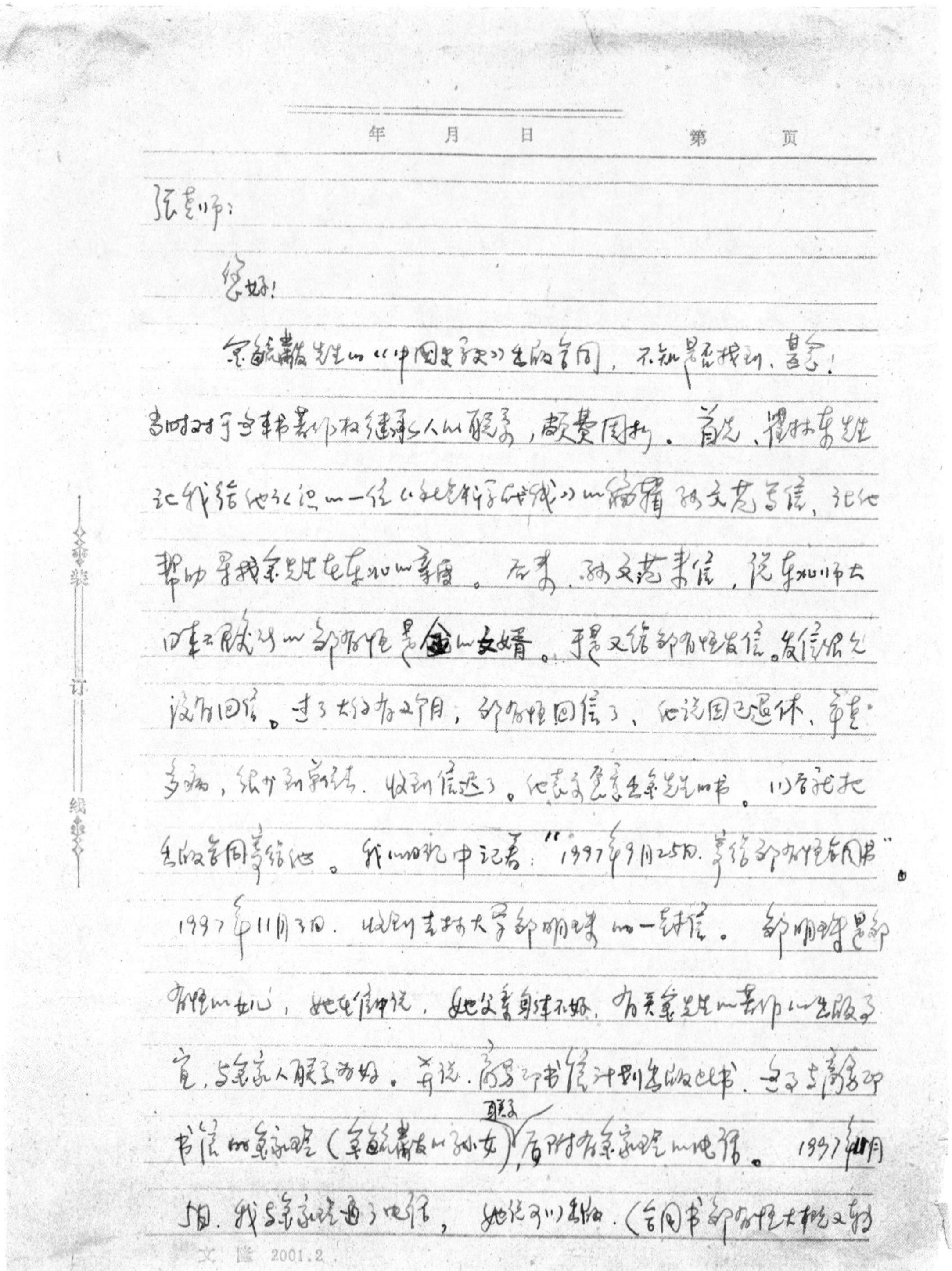

年 月 日 第 页

张老师：

您好！

金毓黻先生的《中国史学史》出版合同，不知是否找到，甚念！

当时对于这本书著作权继承人的联系，颇费周折。首先，是林东先生让我给他认识的一位《社会科学战线》的编辑孙文范写信，让他帮助寻找金先生在东北的亲属。后来，孙文范来信，说东北师大历史系的邹有恒是金的女婿。于是又给邹有恒发信。发信后久没有回信。过了大约有三个月，邹有恒回信了，他说因已退休，年老多病，很少到学校去，收到信迟了。他表示同意出金先生的书。可否把出版合同寄给他。我的日记中记着："1997年9月25日，寄给邹有恒合同书"。1997年11月3日，收到吉林大学邹明辉的一封信。邹明辉是邹有恒的女儿，她在信中说，她父亲身体不好，有关金先生的著作的出版事宜，与金家人联系为好。并说，商务印书馆计划出版此书，已与商务印书馆的金永暄（金毓黻的孙女）联系了，后附有金永暄的地址。1997年12月5日，我与金永暄通了电话，她说可以出版。（合同书邹有恒大概又寄

年　月　日　　　　第　　页

寄给她。记得她说过（转寄给金先生之类的话），因为当时是商务印书馆在出版的。然后，还应与商务印书馆协商，并告诉我负责版权的人的姓名和电话。负责版权的叫汪达。1997年11月28日，我打电话给汪达。他说，同意将版权给出版社可以出这本书，但他们要给我们说一下。在1997年11月24日晚上，我曾经给他打过一个电话，让我与东方出版社联系的事。东方出版社是否签了合同书，我就不清楚。然后，还望你再核实一下，以免出现争议。如果没有的话，东方出版社再与家属联系了。总之，在与著作权继承人的协商上，我们是做了大量的工作的，[redacted]。也请见谅，我们还应该向您致歉了。

崔先生让我提供一个详细的说明情况，很抱歉，我现在没有，以后再说吧。

我的电话是：[redacted]，有问题请联系。转寄合同书事宜，请给予明确答复。

此致

敬礼！

周振鹤　8.16.

2002年

文隆　2001.2

401

北京师范大学社会科学处

张老师：

你好！

《二十世纪中国史学名著》再次重印，是一件大好事，反映了社会对这套丛书的厚爱，作为编纂工作委员会的一员，我也感到十分高兴。

接到你的信，我只对金毓黻的《中国史学史》用了些时间看了看，其它书因为太忙，没有专门看。现把我的意见写下来。

一、校对的问题：①总序，第16页第3行："把宏观研究看做不切实际的空论"，"做"应为"作"。

②金毓黻《中国史学史》第44页最后一行："一为史学之总录是也"。"学"应为"家"。这是从上下文看出来的。原版中也是"学"，也错，因金毓黻说过，原版错误较多。原版中的错误，我们是否改过来？或出"校记"，请斟情处理。

二、字号问题：金著《中国史学史》目录第3页：第七章里的仿宋字，改成5号宋较好。商务原版中这些字与其它同类

地址：北京新街口外大街19号　　电话：[redacted]　　邮政编码：100875

北京师范大学社会科学处

目录，字体一样，这里独用仿宋，实在没有理由，反显得字体不统一。

三、标目问题：　目录第6页：附录的内容："最近史学之趋势"、"结论"应该对齐。"最近史学之趋势"是1944年版本的第十章，"结论"是1944年版本的结论。1957年金氏修订时，将这两部分删去。我们以1957年为蓝本，将这两部分作为附录，置于最后，这是很有意义的。但一般读者未必知道这一点，可能误以为"附录"就是1957年版本的一部分呢！所以，能在"附录"页下，作一个注释最好。

目录页是否改成这样：

附录

最近史学之趋势……………（　）

结论……………（　）

我的意见很粗浅，不对之处，请批评。

因为我的博士论文涉及到这本书，承张老师之热情邀请，故

地址：北京新街口外大街19号　电话：62207911　邮政编码：100875

399

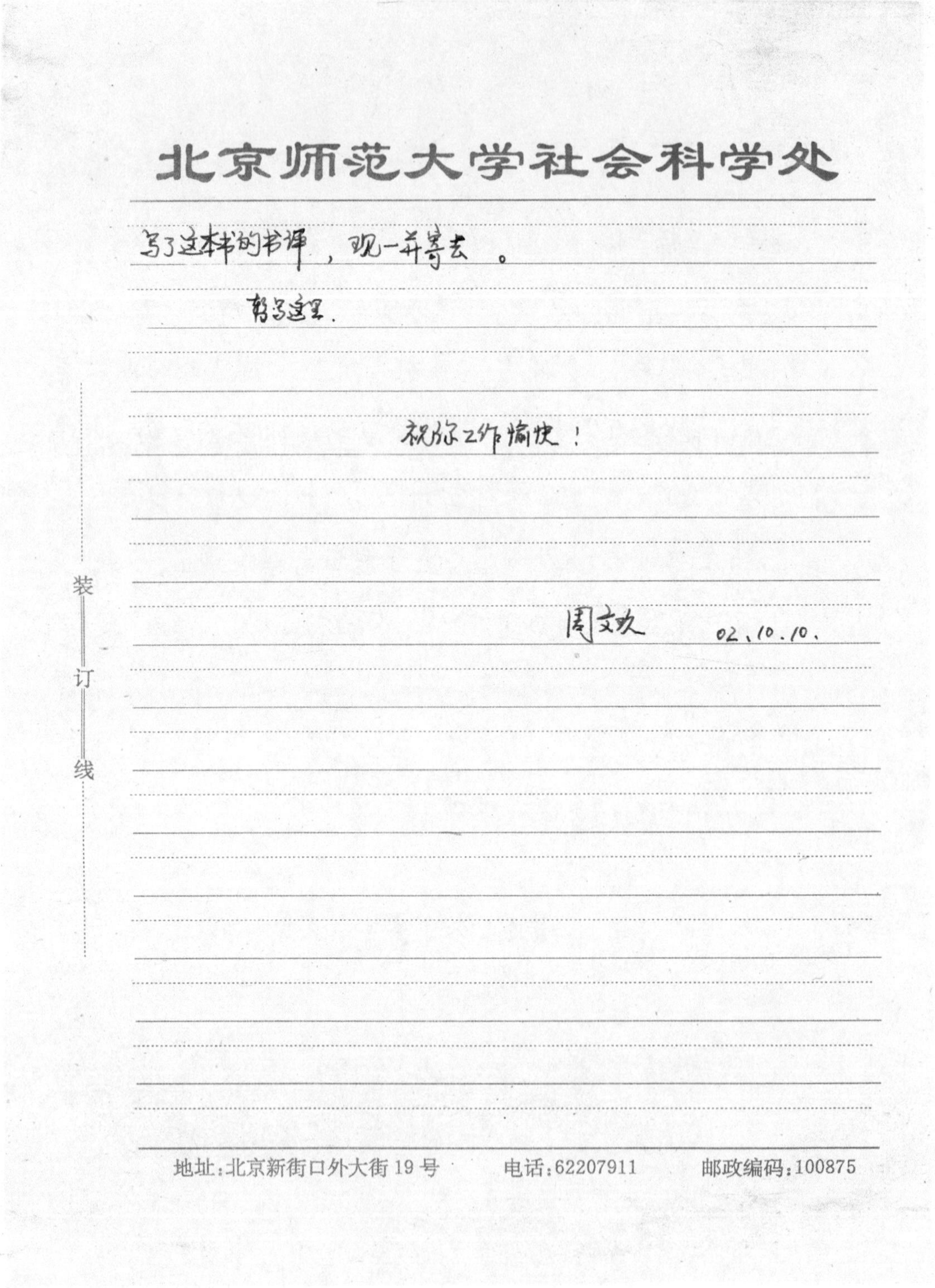

北京师范大学社会科学处

写了这本书的书评，现一并寄去。

暂写这里.

祝你工作愉快！

周文玖　02.10.10.

装订线

地址：北京新街口外大街19号　电话：62207911　邮政编码：100875

第　页共　页

张老师：

你好！

瞿先生给我打电话，说让我告诉你郭平英的通讯地址。郭平英在"郭沫若故居"工作，通讯地址如下：

[redacted]，郭沫若故居　邮编：[redacted]

她家的电话：[redacted]

她办公室的电话：[redacted]

系列著作已经出版，可喜可贺。在书店能够见到十几种，据说销路还不错，说明我们这套书还是颇受欢迎的。你为此付出很多劳动，现在终于为此而感到欣慰了，请接受我的祝贺！

谨此

祝安！

周文玖　11.30.

20×20=400

3．“前言”撰稿者来函（存目63件）

（1）张寄谦致张惠芝

2000年3月6日，2000年4月8日，2000年4月9日，2000年6月6日，2000年10月8日，2001年6月11日，2001年7月4日（存目7件）

（2）齐文颖致张惠芝

1998年11月26日，2000年4月17日，2001年2月6日，2001年3月17日，2001年3月18日，2001年10月10日，2002年10月7日（存目7件）

（3）黄烈致张惠芝

2002年10月17日（存目1件）

（4）陈得芝致张惠芝

2001年1月31日，2003年10月14日（存目2件）

（5）漆侠致张惠芝

1998年8月9日，1998年11月30日，2000年1月12日（存目3件）

（6）葛剑雄致张惠芝

1999年3月9日，2000年5月22日（存目2件）

（7）晁福林致张惠芝

1999年5月6日，2000年7月13日（存目2件）

（8）王世民致张惠芝

1999年1月25日，2000年2月21日，2002年11月19日（存目3件）

（9）罗炳良致张惠芝

2002年10月13日（存目1件）

（10）陈连开致张惠芝

2001年12月6日，2002年2月9日（存目2件）

（11）荣新江致张惠芝

2001年12月6日（存目1件）

（12）何兹全致张惠芝

2001年2月2日（存目1件）

（13）刘宝才致张惠芝

2001年9月21日（存目1件）

（14）戴逸致张惠芝

1998年4月11日，1999年3月13日（存目2件）

(15) 李光谟致张惠芝

1999年7月25日，1999年8月8日（存目2件）

(16) 彭林致张惠芝

1999年5月10日，1999年5月20日，1999年6月16日，1999年6月26日，1999年7月6日，1999年8月10日，1999年8月25日，1999年8月29日，1999年10月2日，2000年10月17日，2000年10月28日，2000年11月29日，2000年12月8日（存目13件）

(17) 张广达致张惠芝

1998年6月2日（存目1件）

(18) 陈其泰致张惠芝

2000年7月11日（存目1件）

(19) 韩朔眺致张惠芝

1998年10月28日，2001年9月8日，2001年9月18日（存目3件）

(20) 耿云志致瞿林东

1999年11月28（存目1件）

(21) 耿云志致张惠芝

2000年6月14日，2000年7月12日，2000年10月3日，2000年10月20日，2000年11月13日，2000年11月18日，2001年1月9日（存目7件）

4.读者来函（存目7件）

(1) 王云峰致编辑

1999年9月23日（存目1件）

(2) 金性尧致总编室

2000年7月31日（存目1件）

(3) 张鸿远致编辑

2001年7月5日（存目1件）

(4) 陈金领致编辑

2001年6月30日（存目1件）

(5) 赖潮荣致编辑

2002年7月20日（存目1件）

(6) 侯国本致河北教育出版社

2002年（存目1件）

(7) 朱国朋致社长

2002年6月1日（存目1件）

（四）复函（存目26件）

1.河北教育出版社致陈美延　1997年6月6日（存目1件）

2.张惠芝致蔡美彪　1998年1月3日（存目1件）

3.张惠芝致陈美延　1998年6月6日（存目1件）

4.张惠芝致张广达　1998年6月22日（存目1件）

5.张惠芝致董总经理　1999年5月5日（存目1件）

6.张惠芝致陈智超　1999年12月9日，1999年12月22日（存目2件）

7.张惠芝致齐文颖　2001年5月3日（存目1件）

8.张惠芝致瞿林东　1999年12月22日，2000年8月17日，2000年9月27日，2000年10月18日，2000年6月22日，2001年6月10日（存目6件）

9.张惠芝致彭林　2000年9月26日，2000年11月6日（存目2件）

10.张惠芝致耿云志　2000年10月10日，2000年11月6日（存目2件）

11.张惠芝致王世民　2001年2月27日（存目1件）

12.张惠芝致黄石林　2002年2月25日（存目1件）

附：黄石林信　2000年12月8日，2001年12月21日（存目2件）

13.张惠芝致胡振宇　2002年2月26日（存目1件）

14.张惠芝致朱国朋　2002年7月19日（存目1件）

15.张惠芝致赖潮荣　2002年7月30日（存目1件）

16.张惠芝致任继愈　2003年7月16日（存目1件）

七、图书评介（1种28件，其中存目24件）

1.郭沫若的《中国古代社会研究》《青铜时代》《十批判书》　黄烈　《光明日报》 999年7月16日（1件）

郭沫若的《中国古代社会研究》、《青铜时代》、《十批判书》

■黄　烈

本世纪以来，中国历史学取得了长足的发展，著作如林。其中，有许多著名史家辛勤耕耘而问世的一批史学名著，反映了20世纪中国历史学发展的轨迹，代表了这一时期的学术水准，影响了一代代史学工作者和社会历史进程。这些史学名著既是历史学的宝贵财富，也是本世纪中国学术史宝库中的明珠。世纪之交，我们缅怀那些为我国历史学的发展作出过重要贡献的史学家，重温他们留下的这些饱含心血之作，有助于新一代史学工作者更好地继承优良传统，继续开拓前进，创造21世纪中国历史学研究的新局面。同时，这对于更多的人了解与认识20世纪中国史学名著的内容与价值亦有裨益。为此，本刊推出“二十世纪中国史学名著”栏目，较系统、扼要地介绍与评论这些著作。首篇向读者介绍的是郭沫若的《中国古代社会研究》、《青铜时代》、《十批判书》。

——编　者

郭沫若，1892年出生于四川乐山，1914年赴日留学，习医。五四运动时期参加反帝反封建的文化活动，1919年开始发表新体诗，1921年第一部新诗集《女神》出版。同年与成仿吾等人组成著名文学团体创造社。1924年译出河上肇《社会组织与社会革命》。在此期间，郭沫若由民主主义者转变为马克思主义者，积极倡导革命文学运动。1926年南下广州参加北伐，任国民革命军总政治部副主任。1927年蒋介石发动反共清党前夕，郭沫若公开发表《请看今日之蒋介石》一文，声讨蒋介石，受蒋通缉。同年8月参加南昌起义，在南下途中加入中国共产党。1928年再次东渡日本，从事中国古代史和甲骨文、金文的研究。1930年集结出版《中国古代社会研究》，为我国马克思主义史学的开山之作，并陆续推出《甲骨文字研究》、《卜辞通纂》、《两周金文辞大系》等甲、金文著作。抗战开始，郭沫若归国，从事抗日救亡运动，并从事史学研究，历史剧创作和诗文写作。出版了《青铜时代》、《十批判书》等名著。1944年发表《甲申三百年祭》，纪念明末农民起义，被中共定为整风文件。他所编著的历史剧《屈原》、《虎符》等以及大量诗文，对鼓舞人民革命斗志产生了巨大的影响。抗战胜利后，他团结了一大批文化界的爱国民主人士为新中国的诞生而奋斗。1949年北平解放后被选为全国文联主席。新中国成立后，历任政务院副总理、中国科学院院长、全国人民代表大会常务委员会副委员长、政协全国委员会副主席等，以及诸多社会职务。1952年出版《奴隶制时代》，1954年出版《管子集校》。他还编著了历史剧《蔡文姬》等，并写出大量诗歌散文。1978年3月，他抱病出席全国科学大会。在闭幕式上，他发表书面讲话，欢呼“科学的春天到来了。”同年6月12日，郭沫若逝世，享年83岁。

郭沫若是我国学术界的一代宗师，才华横溢，著作等身。在历史学、考古学、古文字学、文学上都作出了杰出贡献。本文仅就他的几部史学著作，略作评介。

《中国古代社会研究》及其后续研究

进入近代，人们知识面扩大，视野开阔，更重要的是我国处在大变革的时代，有识之士，纷纷指出旧史学的种种弊端，追求史学的革新。而引导中国史学进行全面革新，吸收一切有益的新史学成果的是马克思主义史学。李大钊1924年出版的《史学要论》是第一部系统阐释唯物史观的史学理论著作。而在马克思主义指导下研究中国古代社会、中国古代史而作出了创造性贡献的，郭沫若当属第一人。他1928年开始写作、1930年汇集出版的《中国古代社会研究》是第一部应用唯物史观写出的中国古代史专著。在该书导论《中国社会之历史的发展阶段》中，郭沫若提出了中国社会历史发展的四个阶段：西周前为原始公社制；西周时代为奴隶制；春秋以后为封建制；最近百年为资本制。与此相应中国有三次社会革命：第一次奴隶制革命在殷周之际；第二次封建制革命在周秦之际；第三次资本制革命在清代末年。可以说，这是全书的纲领，其它几篇则为具体论证。虽然该书作为古代社会只论及前三个历史阶段，但他在其它著作中是谈到了后两个阶段的，所以他相信五种社会经济形态的发展是人类社会发展的普遍规律，中国也并没有例外。其实，马克思、恩格斯对五种社会形态的发展并不是一开始就清楚的。至于东方则笼统地提出了一个亚细亚生产方式，究竟属于何种社会形态，至今还众说纷纭。郭沫若则认为是指奴隶制。

郭沫若就中国历史划分为四种社会经济形态，再加上必然到来的社会主义，与马克思主义的五种社会经济形态学说是一致的。郭沫若的这些见解现在看来显然未尽妥善。但在当时，旧史学还在一治一乱中打圈圈，新史学还找不到社会发展的路向，《中国古代社会研究》却以全新的思路展示了中国史学的新方向，用全新的观点解释了旧史料，从新出现的甲骨文，以及金文发掘出还很少为人注意的社会史料。中国社会经济形态有序发展的研究成果，给中国史学带来真正的活力，说《中国古代社会研究》是中国史学发展的一座里程碑一点也不为过。

《中国古代社会研究》除导论外，包括四篇主要论文，它们是《周易》、《诗》、《书》、甲骨文和彝铭的个别研究。

郭沫若在古代社会研究中的突出贡献，在于他证实了中国古代有过一个奴隶制时期，在《中国古代社会研究》中证实西周为奴隶制社会，从此他终身未再更易。至于奴隶制的上限和下限则有过更改。

中国古代有无奴隶制，这在当时是一个强烈对立的争议问题，郭沫若在学术上作出了肯定的回答，意义十分重大。西周是不是奴隶制这在后来曾引起过长期争论，他的观点虽属一家之言，其影响却是最大的。

他把《古代研究的自我批判》作为首篇收入《十批判书》。他对中国古代社会形态学说的主要改变有两条：一是把殷代原始社会更改为奴隶制社会；二是把奴隶制的下限从东周移到秦。两条中，以第一条最重要，属于社会性质认识的改变，第二条虽也涉及社会性质，但只是在划线上斟酌游移的问题。其后划线仍有改变。郭沫若殷代奴隶社会说，是他对古代社会形态研究的重大进展。他从甲骨文中找到殷代已是农耕社会的诸多证据；发现了立长立嫡之制在殷代已有根蒂等。从甲金文的比照研究再现了井田制的原貌，并说明殷周井田制一脉相承。他对文献资料的再研究亦提出一些新见解，如《周易》为战国初年的东西；周公制礼作乐说强半为东周儒者托古改制之作等。这些都加强了他的殷周奴隶制说。

关于中国奴隶制与封建制的分期问题，郭沫若曾两易其说，《中国古代社会研究》中把分期界限定为东周，40年代《十批判书》中定为秦。到50年代初《奴隶制时代》一书中，确定在春秋战国之交，也就是公元前475年。郭沫若在奴隶制与封建制分期具体划线上虽有改变，但他的一个基本思想是前后一致的，他始终认定春秋战国时期是我国古代史上的一个大变革时期，无论从经济基础到上层建筑都在进行变革。这是历史的事实。而这种变革在当时的各个诸侯国和王国的发生有早有迟，在经济上各个地区发展也不平衡，因此从奴隶制到封建制的过渡期是比较长的，把两个互相衔接的历史阶段一刀两断当然有困难。因此，他在划线问题上经过了不断探索、仔细研究的过程，他的《青铜时代》、《十批判书》、《奴隶制时代》等著作都体现了他在这些方面所下的功夫，当他最后确定为春秋战国之交的说法后，得到学术界很多人的承认，成为诸说中最有力的一说。

《青铜时代》、《十批判书》

《青铜时代》和《十批判书》是郭沫若研究先秦思想史的两部姊妹篇，前者偏于考证，后者偏于批评，两者相辅相成。收入两书的文章除四篇作于30年代外，余均作于40年代。这是他在清理了古代社会经济形态之后继续从事上层建筑清理的产物，与《中国古代社会研究》是连成一体的。早在20年代，郭沫若就发表过古代思想史的论著，此时他的思想还比较混杂。他成为马克思主义者以后，其立论已有了质的变化，但对先秦诸子的评价依稀可以看出一些与早期前后相连的痕迹。《青铜时代》和《十批判书》，研究了春秋战国时期各种思潮代表人物的思想体系，从先秦古籍中析出互相渗透的各家各派的思想源流和相互关系，评价了包括孔子、墨子、庄子、荀子、韩非子以及秦王嬴政等历史人物，清理了他们所代表的学术思想和政治思想。他所用的方法是首先把古代社会的发展清算了，探得了各家学术的主张和根源，以及各家之间的互相关系，然后再作出对他们的评价。他并不是孤立地去研究和考证一个人物，而是把人物放在当时社会潮流中加以考察。这就比《先秦诸子系年》等书又深化了一层。

（《中国古代社会研究》系河北教育出版社《二十世纪中国史学名著》之一）

第286

2.翦伯赞的《历史哲学教程》 张传玺 《光明日报》 1999年7月23日（1件）

翦伯赞的《历史哲学教程》

■ 张传玺

翦伯赞

翦伯赞是我国著名的马克思主义史学家，马克思主义历史学的主要开拓者和奠基人之一。湖南桃源人，维吾尔族。1898年4月14日生，1968年12月18日去世。1919年，武昌高等商业专门学校毕业。后留学美国，在加利福尼亚大学研究经济。1926年1月归国，11月参加北伐。大革命失败后，他在北平（今北京）、天津、上海、南京等地从事理论宣传和统战工作。1937年5月，加入中国共产党。抗日战争时期，先后在湖南、重庆从事抗日救国宣传和统战工作。解放战争时期，先后在上海、香港从事反蒋运动。1949年1月回到河北解放区，后以文化接管委员身份随解放军进北平，参加新政协的筹备工作，被选为第一届全国政协委员。建国后，任北京大学历史系教授兼系主任、副校长，还兼任中国科学院学部委员，政务院文教委员会委员，中央民族事务委员会委员，中央民族历史研究指导委员会副主任委员，第一、二、三届全国人大代表兼人大常委会民族委员会委员等。

二十世纪中国史学名著

本报理论部 河北教育出版社 合办

河北教育出版社地址：石家庄友谊北大街330号 邮政编码：050061

翦伯赞的《历史哲学教程》是1936年开始撰写、1938年8月出版的。他撰写和出版此书，时值中国社会正处于大变革之时，人们的思想观念和史学观点也正处在大变革之时。翦先生为总结中国1927年的“大革命”失败后所进行的“中国社会史论战”的状况，进一步推动理论和史学战线的斗争，并为反对日本帝国主义侵略中国，大力宣传全面抗战，他将一个史学工作者的使命感与时代感凝聚笔端，以自己深厚的学术功力，写成此书。因此，《历史哲学教程》理论联系实际，深入浅出，观点鲜明，成为中国第一部系统、全面又颇具战斗性地宣传历史唯物主义的优秀著作。

翦伯赞撰写这部书的目的，在其《序》文中说得很清楚：“现在，我们的民族抗战，已经把中国历史推到崭新的时代，中华民族已经站在世界史的前锋，充任了世界史转化的动力。为了争取这一伟大的历史胜利，我们认为决不应使理论的发展落后在实践的后面；反之，我们认为，必须要以正确的活的历史原理，作为这一伟大斗争的指导，使主观的努力与客观情势的发展相互适应。”他还说：“在目前，隐藏在民族统一阵线理论与行动阵营中的‘悲观主义’、‘失败主义’等等有害的倾向，都有其社会的历史的根源；因而从历史哲学上去批判过去及现在许多历史理论家对中国历史之一贯的错误见解，及其‘魔术式’的结论，是我们一个不可逃避的任务。”

《历史哲学教程》是以历史唯物主义基本原理为纲目，以中国国情与历史实际为主要事例。全书分为六章：第一章为“绪论”，阐述“历史科学的任务”、“历史科学之史的发展”、“历史科学的阶级性”。第二至第五章，阐述“历史发展的合法则性”，“历史的关联性”，“历史的实践性”与“历史的适应性”。在这四章中，较全面深刻地论述了历史唯物主义的主要命题，如“历史发展的规律性”，“一般性与特殊性、偶然性的关系”，“生产力与生产关系”，“基础与上层建筑”，“阶级与阶级斗争”，“客观条件与主观能动性”，“地理环境与人口、宗教诸问题对历史发展的影响”，“国家与革命”等，以及在“社会史论战”中提出的重大问题，如“亚细亚生产方法”，“奴隶所有者社会问题”，“所谓‘商业资本主义社会’”，“从‘道德论’到‘暴力论’”等。第六章为“关于中国社会形势发展史问题”，则侧重于论述中国社会既是基本又是重要的问题，如“中国社会形势发展史问题之提出及其展开”；“社会形势的发展与历史的飞跃性”；“‘历史的怀疑主义者’与中国的古史”；“对中国历史形势发展之各种不同的见解及其批判”等。书中所评介的人物，依次为胡适、顾颉刚、陶希圣、李季、郭沫若、吕振羽及日本史学家佐野袈裟美诸氏。佐氏所著《中国历史读本》一书曾对中国史的研究者发生过重大的影响，但其观点是不正确的。如他把中国在中英“鸦片战争”以后的半殖民地半封建社会说成是“资本主义时代”，极力掩饰帝国主义对中国的侵略。

《历史哲学教程》是1938年8月因抗日战争形势紧张而自上海迁入长沙的进步书店新知书店出版的。该书问世不久，新知书店的长沙总店和重庆、贵阳、桂林、广州、香港等分店即将此书销售一空。不久，书店又迁到桂林，并函告翦先生，此书即将再版。翦伯赞接信后，即撰成《群众、领袖与历史》一文，作为“再版代序”。此文虽是一篇理论文章，但所论内容则主要是当时中国和国际的现实。所举人和事，有正面的，也有反面的；有进步的，也有反动的。进步人物列举了孙中山、毛泽东、朱德、彭德怀及冯玉祥等一些赞成或参加抗日救国的人物，反动人物列举了希特勒、墨索里尼、昭和天皇以及汪精卫、陈公博、王克敏、郑孝胥等。他把这些人物的言行与发生在当时国内国际的侵略与反侵略、革命与反革命的势力进行对比，进行历史与现实的分析评判，从而使这部书具有很强的特点与很高的社会与历史价值。然而，该书再版不久，即被国民党反动当局列为禁书而遭查封、销毁。翦先生亦被列为“危险分子”遭到国民党军警特务的跟踪监视。

《历史哲学教程》一书的出版，对传播历史唯物主义理论，对中国的马克思主义新史学的发展，发挥了积极的作用。有人曾评价说，当年此书教育、培养了一代进步青年。抗日战争胜利以后，新知书店迁回上海，于1947年第三次重印此书。1949年5月，在解放区的长春新中国书店第四次重印此书。建国以后，有人曾建议翦先生将此书修订再版；但由于他很忙，未顾及此事。“文革”以后，学术界又提出了学习历史唯物主义的要求，北京大学的有关专家学者对此书的原版本进行了校订，由北京大学出版社于1990年11月出版“校订本”，这实是第五次重印。最近，河北教育出版社又将此书收入“二十世纪中国史学名著丛书”中，这实是此书第六次重印，亦将使此书在新形势下，继续发挥它特有的作用。

（《历史哲学教程》系河北教育出版社《二十世纪中国史学名著》之一）

3. 李大钊的《史学要论》 瞿林东 《光明日报》 1999年8月6日（1件）

李大钊的《史学要论》

■ 瞿林东

李大钊

李大钊是中国最早接受和传播唯物史观的先驱，是中国马克思主义史学的创始人之一。河北乐亭人，1889年10月29日出生。1905年中秀才，因科举停办，于同年进入永平府中学读书。1907年考入天津北洋法政专门学校，1913年毕业，是年冬东渡日本。次年春，进入东京早稻田大学政治本科，开始接触马克思主义学说，同时参加中国留日学生的反袁斗争。1916年，"益感再造中国之不可缓"，毅然回国，先后在上海创办《民彝》，在北京主编《晨钟报》。1917年1月任《甲寅日刊》编辑，发表大量进步文章。1918年1月任北京大学图书馆主任，此后参与《新青年》编辑工作，并与陈独秀等创办《每周评论》。次年，主编《晨报副刊》，传播新文化。1919年，参与领导五四运动，创办《少年中国月刊》。1920年，发起组织北京的马克思主义学说研究会和共产主义小组，并在北京大学史学系担任唯物史观研究课程。同年，任北京大学教授。1921年中国共产党成立后，负责中共北方区执行委员会工作。1922年，受中国共产党委托，同孙中山商讨国共合作事宜，并经孙中山主盟，加入国民党。1924年1月，参加中国国民党第一次全国代表大会，当选为中央执行委员。1925—1926年，发动和组织北方地区人民群众响应"五卅运动"、领导北京"三·一八"群众运动。1927年4月6日，被奉系军阀张作霖逮捕。在狱中和法庭上坚贞不屈，大义凛然。4月28日，在绞刑架下慷慨就义，时年38岁。

1920年前后，李大钊发表了许多阐释马克思主义学说和唯物史观的文章，如《我的马克思主义观》、《由经济上解释中国近代思想变动的原因》、《史观》、《唯物史观在现代史学上的价值》、《研究历史的任务》等，在当时的思想界产生了极大的影响。李大钊不是专业的历史研究者，但他"夙研史学"，且有很高造诣。他任北京大学图书馆主任和北京大学教授后，曾在北京大学、朝阳大学、北京女子师范大学、北京师范大学、中国大学讲授唯物史观研究和史学思想史等课程；而《史学要论》一书，则是一本十分可贵的系统的论著。这两个方面的原因，确立了李大钊在20世纪中国史学上的重要地位——中国马克思主义史学的创始人和奠基者之一。

综观李大钊的史学论著和有关的理论著作，可以看出他的科学的历史观和史学观，《史学要论》一书正是最集中地、系统地反映了他的史学观。

1924年5月，李大钊的《史学要论》由商务印书馆出版，署名李守常。全书凡六章，结构严谨，言简意赅，具有理论的深刻与实践的激情相结合的特点。

第一章论述"什么是历史"。其主要论点是：1、历史撰述所反映的"历史"，并不等于"活的历史"即客观历史本身；前者"只能说是历史的记录"，后者才是"活的历史的本体"。2、历史就是社会的变革，"所谓活的历史"，"乃是些进展的、行动的东西"，"天天在那里翻新"。3、历史是贯穿着过去、现在、未来的一个整体，即"整个的全人类生活"。

第二章论述"什么是历史学"。本章的主要论点是：1、要明确"历史学"的对象。"对象为何？即是整个的人类生活，即是社会的变革，即是在不断的变革中的人类生活及为其产物的文化。"2、历史学应着力于建立历史理论。"建立历史的一般理论"即历史理论，才能使"今日的历史学"成为历史科学。3、历史科学是可以建立起来的。作者针对当时流行的"史学缺乏属于一般科学的性质"的论点，指出"人类科学"与"自然科学"各有特色，"不可全然同视"；"将史实汇类在一起，而一一抽出其普通的形式，论定其一般的性质，表明普遍的理法，又安见其不能？"

第三章论述"历史学的系统"。其主要内容是：1、历史学可以划分为"广义的历史学"和"最广义的历史学"两个系统，后者包含前者。2、区分历史学的记述部分与理论部分的性质："广义的历史学"包含"记述的历史"与"历史理论"；"最广义的历史学"包含"普通历史学"(即"广义的历史学")、"特殊历史学"、"历史哲学"。由此可见历史学的系统的恢宏及各组成部分的相互关系。

第四章论述"史学在科学中的位置"。作者从科学史的角度，论证了"历史学遂得在科学系统中占有相当的位置"，这是历史学之所以能够成为科学的重要根据。

第五章论述"史学与其相关学问的关系"。作者认为，这些相关学问有六类：言语学、文学，哲学、心理学、论理学、伦理学、美学、教育学、宗教学，政治学、经济学、法律学、社会学、统计学，人类学、人种学、土俗学、考古学、金石学、古书学、古文学书，关于自然现象的诸种科学及其应用诸科学(如医学、工学等)，地理学。作者指出，文学、哲学、社会学同史学的关系尤为密切。

第六章论述"现代史学的研究及于人生态度的影响"。在这个问题上，李大钊提出了精辟的见解，认为：1、史学与人生有密切的关系，"现代史学的研究，及于人生态度的影响很大"。2、现代史学研究可以培养人们的科学态度和脚踏实地的人生观、"乐天努进的人生观"。3、重视历史教育的重要作用。李大钊充满激情地写道："吾人浏览史乘，读到英雄豪杰为国家为民族舍身效命以为牺牲的地方，亦能认识出来这一班所谓英雄所谓豪杰的人物，并非有与常人有何殊异，只是他们感觉到这社会的要求敏锐些，想要满足这社会的要求的情绪激烈些，所以挺身而起为社会献身，在历史上留下可歌可哭的悲剧、壮剧。我们后世读史者不觉对之感奋兴起，自然而然的发生一种敬仰心，引起'有为者亦若是'的情绪，愿为社会先驱的决心亦于是乎油然而起了。"历史教育的重要即在于此。

通观《史学要论》一书，并把它放在20世纪中国历史发展历程中加以考察，我们可以得到这样的认识：

——《史学要论》是20世纪中国史学上最早面世的史学理论著作之一。在它之前，有曹佐熙的《史学通论》(1910年)和梁启超的《中国历史研究法》(1922年)。曹氏所论，如史、史学、比事、属词、订例、正名等，主要在于阐发旧义而少有新见，与近代学科体系相去甚远。梁氏所论，重在历史研究和历史编纂方法，而对历史学的一些重大问题涉及不多，或虽有所涉及但并不深刻。《史学要论》则已达到一个新的境界。

——在中国马克思主义史学发展史上，《史学要论》是第一部从理论方面开辟道路的著作，成为中国马克思主义史学理论的奠基石。

《史学要论》问世以来，已有四分之三个世纪了，今天读来，人们越发会感受到它的理论魅力和启示意义。李大钊对于唯物史观的信念，尤其值得每一个读者深长思之。

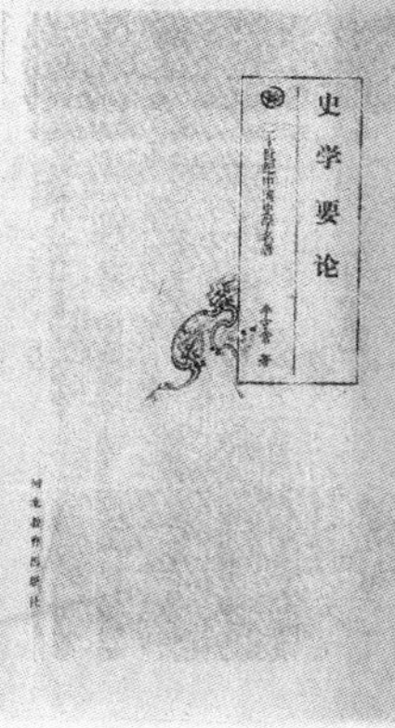

（《史学要论》系河北教育出版社《二十世纪中国史学名著》之一）

4.范文澜的《中国通史简编》　蔡美彪　《光明日报》　1999年8月13日（存目1件）

5.吕振羽的《史前期中国社会研究》和《殷周时代的中国社会》　桂遵义　《光明日报》　1999年8月22日（存目1件）

6.梁启超的《中国历史研究法》（外二种）　陈其泰　《光明日报》　1999年8月27日（1件）

梁启超的《中国历史研究法（外二种）》

■ 陈其泰

梁启超

梁启超（1873—1929），广东新会人，1873年2月出生。字卓如，号任公，又号饮冰室主人。12岁中秀才，17岁中举人。随后师从康有为学习，并大量接触当时传入的西学知识，形成变法思想。1896年到上海任《时务报》主笔，因连续发表《变法通议》等文而驰名海内。次年秋，到长沙任湖南时务学堂总教习。1898年春再到北京，协助康有为掀起变法运动。“百日维新”失败后，流亡日本，先后创办《清议报》、《新小说》、《新民丛报》。清朝被推翻后，梁回到北京。曾与袁世凯关系密切，出任北洋政府司法部长。但当1915年夏袁密谋复辟帝制之时，梁公开发表文章反对，并同其学生蔡锷策划并指挥护国战争讨袁。1917年张勋复辟，梁通电反对。此后，曾任段祺瑞政府财政部长。1918年起，梁专心从事著述，并在清华、南开等多所大学任教。1929年1月在北京病逝。

梁启超是史学近代化著名的倡导者和出色的实践者，成功地运用新理论、新方法，撰写了一系列重要著作，为近代学术开拓了诸多领域。影响最大者，首推《中国历史研究法》(1921)、《中国历史研究法补编》(1926—27)、《清代学术概论》(1920)三种。

梁启超敏锐地输入、吸收西方近代史学理论，同时总结、发展中国传统史家的理论主张，因而作出了建构近代史学理论体系的重大贡献。《中国历史研究法》主要论述了史学研究的目的、范围和旧史的改造；历史的因果和动力；史料的搜集和整理等。他提出，史学应与现实生活发生密切联系，并对全体国民发挥教育作用，今日所需之史，要“使国民察知现代生活与过去、未来之生活息息相关”，能从先民的创造激发爱国的感情，能通过总结历史的经验教训而获得借鉴。他设想新型的中国史的主要内容应包括中华民族如何由古代各族混合淳化而成、民族间的关系和中华民族活动范围的拓展、与世界的关系、政治制度和组织、经济活动和制度、民族思想和思潮演变等。按照他的规划，新史著记载范围的广阔为旧史所无法相比，在指导思想上则明确贯串了近代国民意识、进化史观和多角度观察历史的观点。他又从史书的写作对象、史家的视角、史家的客观态度、史书的纵向联系和横向联系等六个方面，论述由改造旧史到创造新史的途径。关于历史的因果和动力，他的认识较之本世纪初倡言研史者应求得历史进化之公理公例、探索因果关系，大大深化了。首先，他明确提出历史事件互相联系的论点，历史事件的发生、民族的活动，都有环环相扣的关系，“一波才动万波随”。其次，论述自然因果规律与历史因果规律的不同，如前者是普遍的，后者是个性的，且常以时间、空间关系为主要基件。并因此论述了历史运动是由各个怀有各不相同目的的个人之活动总体构成。再次，认为英雄人物的作用“必与此时社会心理发生因果联系者，始能成为史迹”。关于史料的搜集和鉴别，梁氏论述求得史实的准确是史学发展的前提，否则，“其思想将为枉用，其批评将为虚发”；治史者最见功力处，在于从表面上看似乎是孤立的材料中，把它联系起来分析，发现问题，得出有价值的结论；应特别重视新史料的发现，包括地下发掘和外国人关于中国史事的记载；对于史料的正误辨伪，须具有严谨的态度，精密的方法，既要继承“前清乾嘉诸老严格的考证法”，又要吸收“近代科学家之归纳研究法”，二者结合方能奏效；均属论述深刻，给予研史者以宝贵的启迪。

《中国历史研究法补编》论述的重点，一是史家之修养。梁氏专辟“史家之四长”一章，借鉴刘知几、章学诚论史家应具有史学、史长、史识、史德的提法，又按照近代学术的要求，畅论史家应该具有的修养，既有浓厚的时代气息，又有鲜明的民族特色。如他把“史德”列为四长的首位，论述治史者心术要端正，毫不偏私，做到忠实、公正。要达到这种境界，需时时克服盘踞于头脑中的主观成份：“夸大”，“附会”，“武断”，做到“鉴空衡平”，公正无私。二是“专史的研究”，此尤为本书论述最酣畅的部分。梁氏区分为五种专史：人的专史，事的专史，文物的专史，地方的专史，断代的专史，并分别作了概括性的论述。书中对人物传的选题和做法确有许多精到的见解，如认为从“思想及行为关系方面很多，可以作时代或学问中心者”(如杜甫)到“近代政治或学术人物”(孙中山、蔡锷等)共七种人物可以作专传或补作列传。所论举凡都是从中国历史的全局，提出值得深入研究的人物，正好在其后此数十年间，这些课题几乎都已受到研究者的重视，说明梁氏的看法具有指导的意义。梁氏还第一个提出要撰写“中国史学史”这部专史，并最早设计了史学史体系的框架。他所设计的蓝图，直接影响了金毓黻于1938年著成的《中国史学史》及已故中山大学刘节教授于五十年代撰写的《中国史学史稿》。

《清代学术概论》概述了清代学术的演变历程，论述各个阶段的趋势、时代条件和主要成就，评价了三百年间所有主要学者的历史地位，做到纵横论列，气势非凡，又巨细兼顾，分析精当，全文仅7万余字，却被誉为一部“无所不包”的著作。他分清代学术为启蒙期、全盛期、蜕分期，对学术思潮演变的特点、原因及前后的联系作了宏观概括，高屋建瓴，堪称阶段分明，脉络清晰。同时，对于重要问题又有深入的具体分析，做到宏观把握与细致分析二者相结合，如论证考证学内部吴、皖两派代表人物惠栋、戴震的不同特点，就做到辨析缜密，贯串着梁氏“重新估价”、“求真求是”的指导思想，力求摒弃“是古非今”的封建旧习、迷信的观点、宗派门户之见，体现出近代理性精神。篇中笔锋所至，对于传统学术中好比附、“重道轻艺”等消极面都予以抨击。此书所重在“论”，与梁氏另一论清学史的著作《中国近三百年学术史》内容可互相发明。后者所重在“史”，翔实论述一代学术的历史，故是对前书重要的补充。

（《中国历史研究法（外二种）》系河北教育出版社《二十世纪中国史学名著》之一）

7.邵循正的《中法越南关系始末》　张寄谦　《光明日报》　1999年9月3日（存目1件）

8.陈垣的《明季滇黔佛教考》（外八种）　刘乃和（原作）　周少川（改写）《光明日报》　1999年9月10日（存目1件）

9.陈梦家的《尚书通论》（外二种）　王世民　《光明日报》　1999年9月24日（存目1件）

10.吴晗的《朱元璋传》　苏双碧　《光明日报》　1999年10月8日（存目1件）

11.李济的《安阳》　李光谟　《光明日报》　1999年10月15日（存目1件）

12.谭其骧的《长水粹编》　葛剑雄　《光明日报》　1999年10月29日（存目1件）

13.钱穆的《先秦诸子系年》（外一种）　郭齐勇　汪学群　《光明日报》　1999年11月5日（存目1件）

14.周谷城的《世界通史》　姜玢　《光明日报》　1999年11月12日（存目1件）

15.胡厚宣的《甲骨学商史论丛初集》　胡振羽　《光明日报》　1999年11月19日（存目1件）

16.金毓黻的《中国史学史》　瞿林东　《光明日报》　1999年11月26日（存目1件）

17.邓广铭的《北宋政治改革家王安石》　漆侠　《光明日报》　1999年12月3日（存目1件）

18.二十世纪史学的丰碑——评《二十世纪中国史学名著》　苏双碧　《光明日报》　2003年2月26日（存目1件）

19.中国史学史学科初步形成的重要标志——重读金毓黻先生的《中国史学史》　周文玖　《烟台师范学院学报（哲学社会科学版）》　2003年第3期（存目1件）

20.民族精神的采冶与结晶　——评《二十世纪中国史学名著》　兰书臣　《中国图书评论》　2004年第2期（存目1件）

21.变革与创新的20世纪中国史学——《二十世纪中国史学名著》编纂者说“史学名著”的内涵及要义　瞿林东　《河北学刊》　2003年第4期（存目1件）

22.编纂体例的精心设计　张越　《河北学刊》　2003年第4期（存目1件）

23.名家评介名著的荟萃　周文玖　《河北学刊》　2003年第4期（存目1件）

24.审校细则、凡例之严谨　秦进才　《河北学刊》　2003年第4期（存目1件）

25.为了学术积累和学术创新　徐梓　《河北学刊》　2003年第4期（存目1件）

26.《二十世纪中国史学名著叙录·总序》　戴逸　载于《二十世纪中国史学名著叙录》　河北教育出版社　2002年版（存目1件）

27.《二十世纪中国史学名著叙录·题记》　瞿林东　载于《二十世纪中国史学名著叙录》　河北教育出版社　2002年版（存目1件）

28.《二十世纪中国史学名著叙录·后记》　张惠芝　载于《二十世纪中国史学名著叙录》　河北教育出版社　2002年版（存目1件）

八、工作留影（27种31件）

1.《二十世纪中国史学名著》部分书影（1件）

2.1996年夏，《二十世纪中国史学名著》征求意见座谈会，与会人员左起：张越、秦进才、苑书义、苏双碧、张惠芝、戴逸（1件）

3.1996年夏，在《二十世纪中国史学名著》征求意见座谈会上，时任中国历史学研究会会长、教授戴逸（左）发言（1件）

4.1996年夏，在《二十世纪中国史学名著》征求意见座谈会上，时任河北省历史学研究会会长、河北师范大学教授苑书义（左）与《求是》杂志社原副总编辑、研究员苏双碧（右）讨论发言（1件）

5.1997年秋，拜访著名历史学家、北京大学教授周一良先生（左），征求出版《二十世纪中国史学名著》的意见（1件）

6.1997年秋，与韩新保（左）拜访著名历史学家、北京大学教授邓广铭先生（中），征求出版《二十世纪中国史学名著》的意见（1件）

7.1998年春，编纂工作委员会主任、北京师范大学瞿林东教授（左）征求中国社会科学院历史研究所前所长李学勤研究员（右）对《二十世纪中国史学名著》总序、入选书目的意见，并请其为王国维所著《观堂集林》撰写“前言”（1件）

8.1998年春，编纂工作委员会主任、北京师范大学瞿林东教授（左）与中国历史学研究会会长戴逸教授（右）切磋总序的写作提纲（1件）

9.学术顾问、北京大学教授周一良和学术委员、中国人民大学教授彭明对《二十世纪中国史学名著》编纂的书面意见（2件）

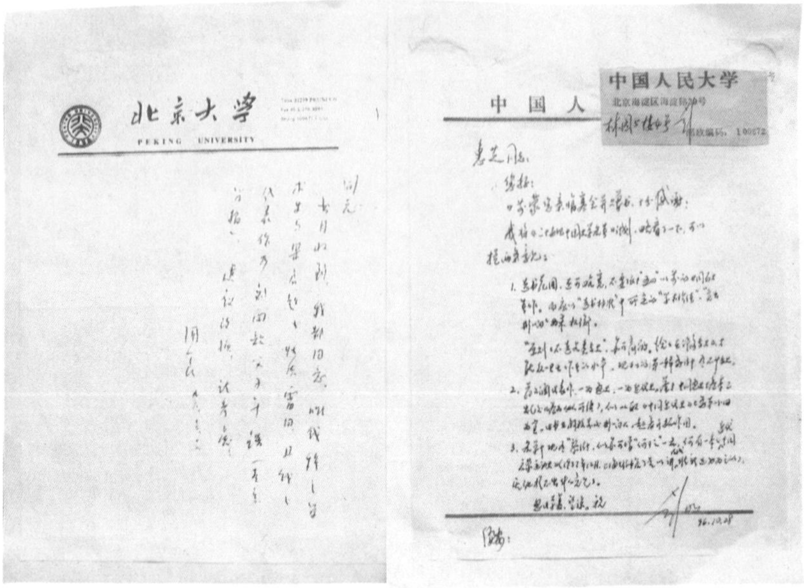
北京大学
PEKING UNIVERSITY

中国人民大学

10.学术委员、河北师范大学教授苑书义和该校教授孟繁清、河北社会科学院研究员杜荣泉、杭州大学教授仓修良对《二十世纪中国史学名著》的编纂意见（1件）

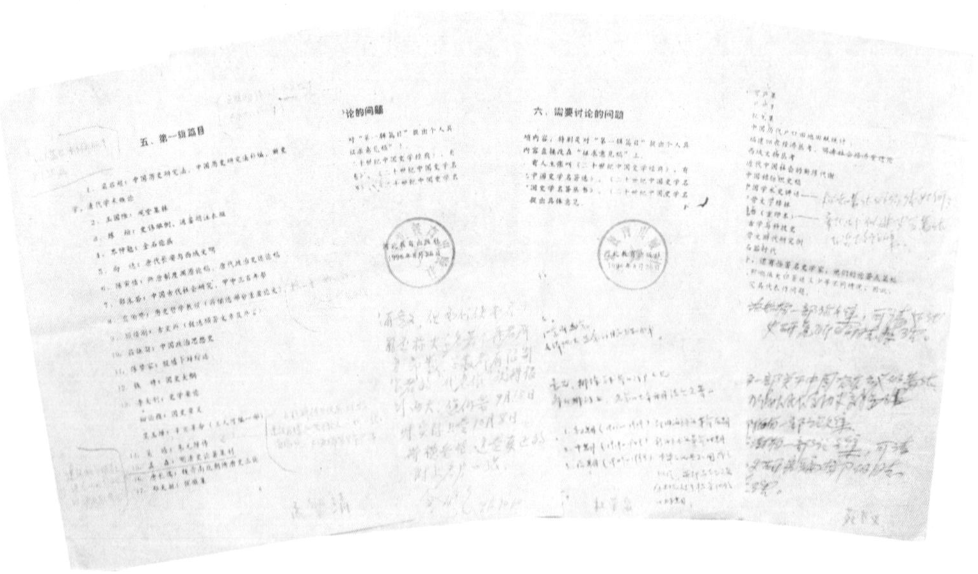
五、第一批篇目

六、需要讨论的问题

11.中国社会科学院历史研究所前所长陈高华和研究员林甘泉对《二十世纪中国史学名著》的编纂意见（2件）

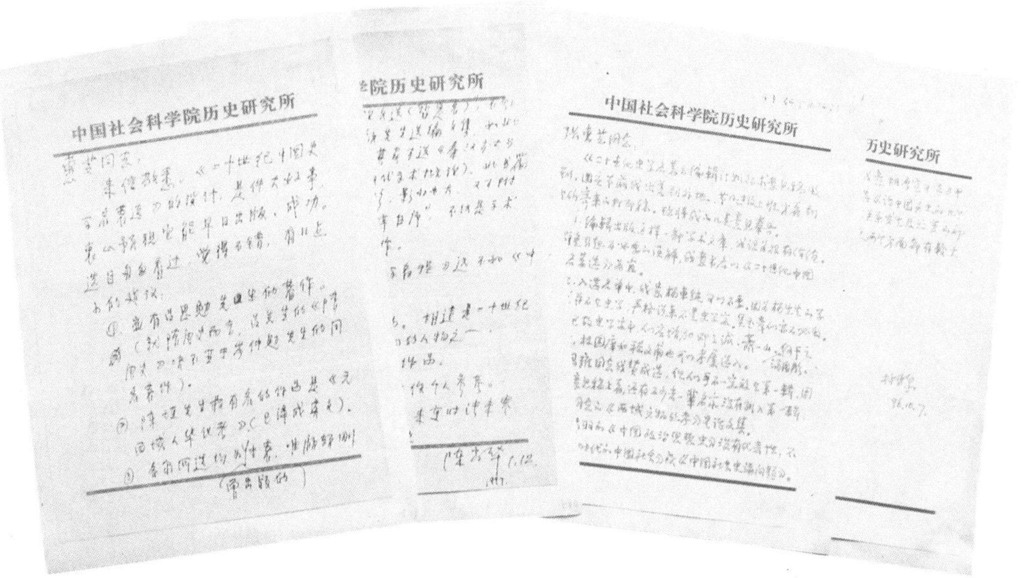

12.学术委员、中国社会科学院历史研究所前所长李学勤对《二十世纪中国史学名著》的编纂意见（1件）

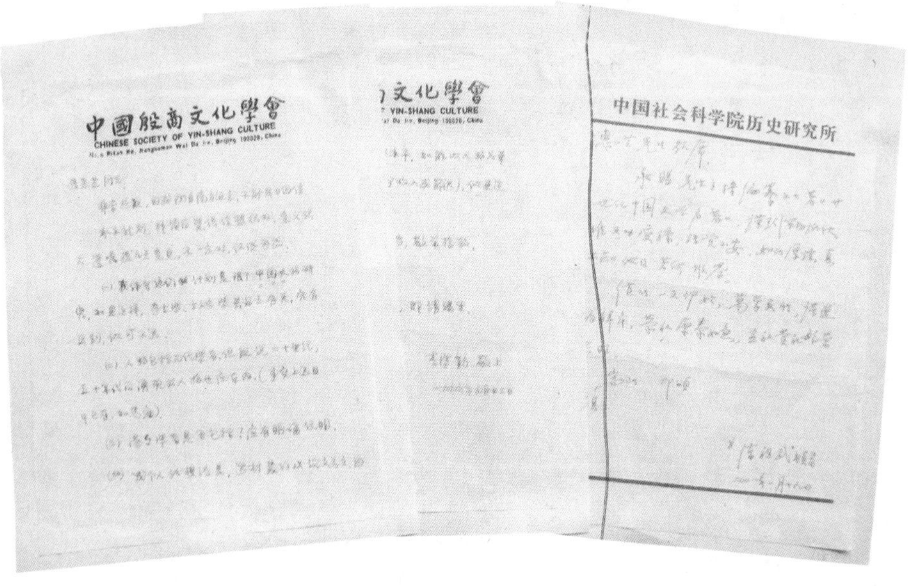

13.关于《二十世纪中国史学名著》随到随记的收选意见（1件）

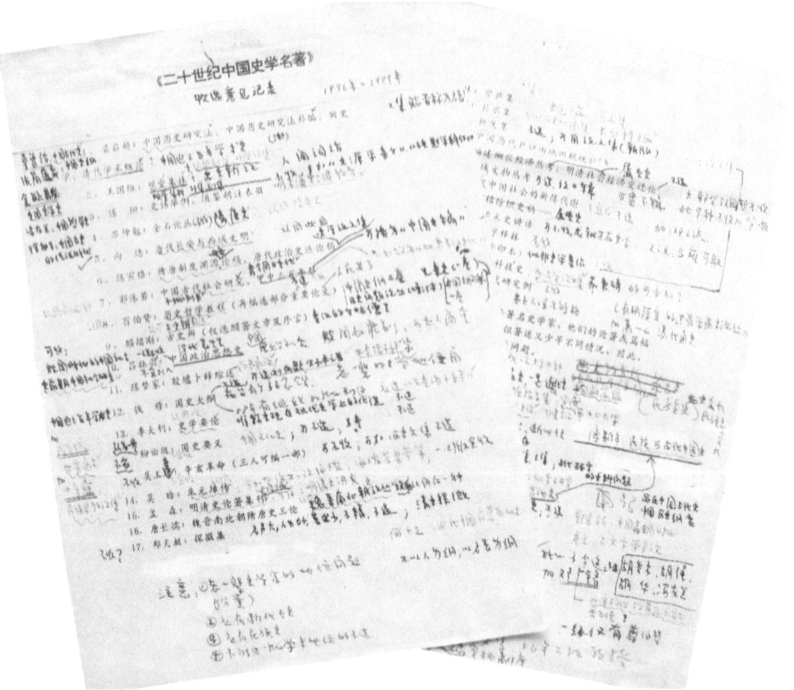
《二十世纪中国史学名著》

收选意见记录

14.先后收到《二十世纪中国史学名著》合同记录封（1件）

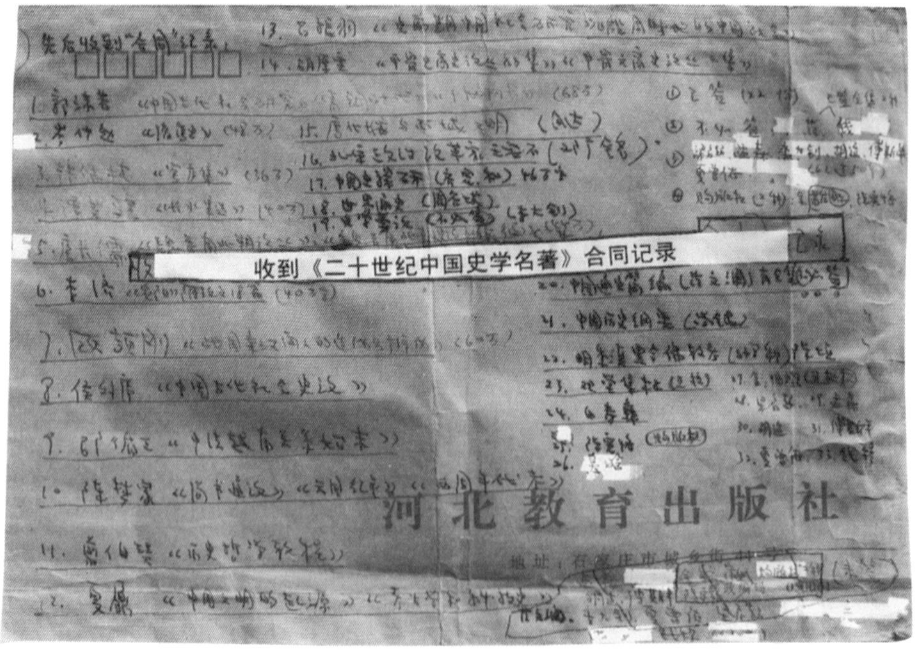
收到《二十世纪中国史学名著》合同记录

河北教育出版社

15.《二十世纪中国史学名著》审校记录缩影（1件）

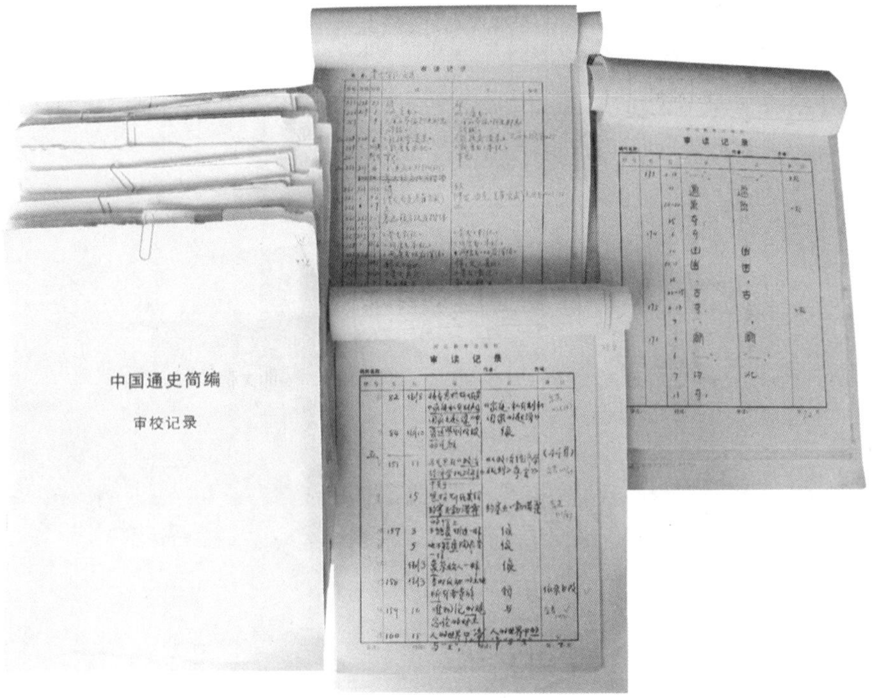

16.北京大学教授张寄谦校勘邵循正先生的《中法越南关系始末》手迹影印件（1件）

17.河北师范大学教授张文、王明信等人的部分校对样（1件）

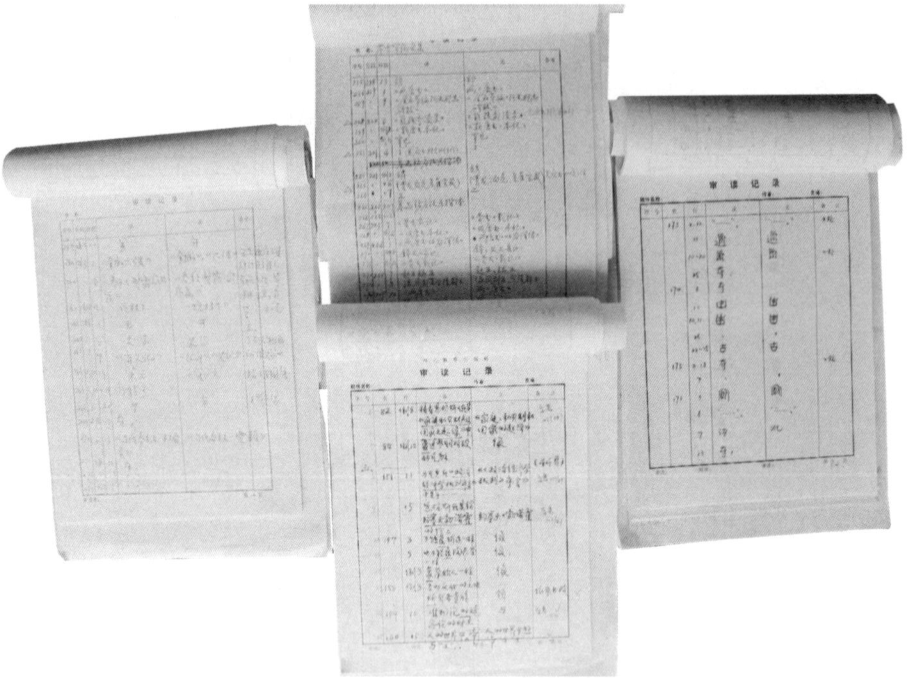

18.编纂工作委员会主任瞿林东与责任编辑张惠芝的改稿样（1件）

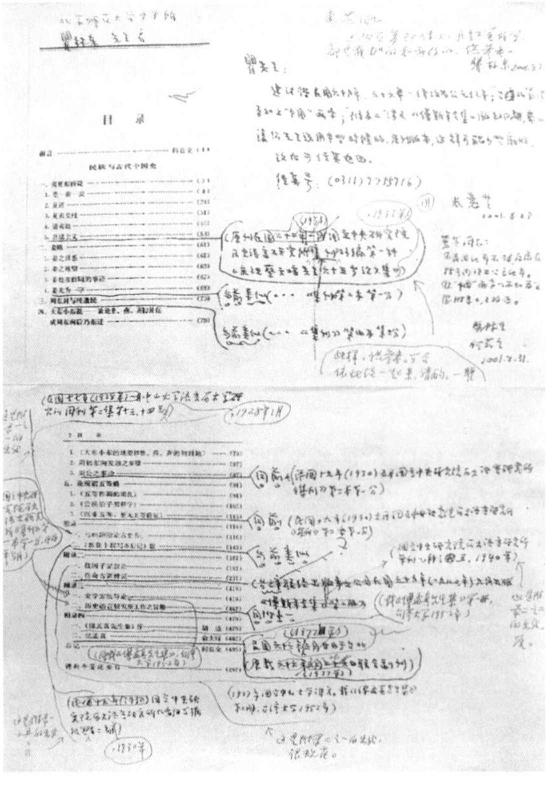

19.瞿林东致张惠芝同志并请转呈王亚民社长手迹影印件（1件）

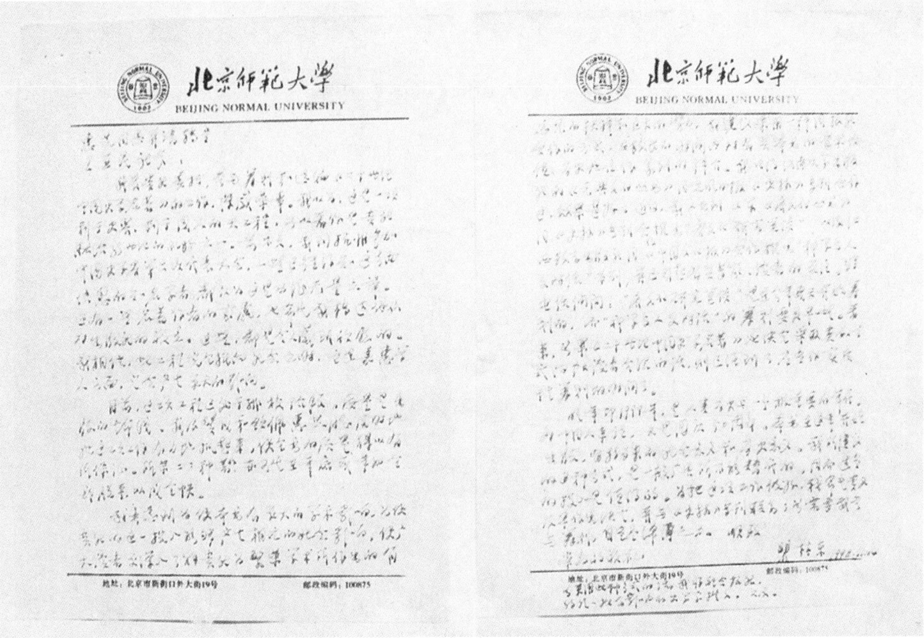
北京师范大学
BEIJING NORMAL UNIVERSITY

地址：北京市新街口外大街19号　邮政编码：100875

20.关于《光明日报》理论部与河北教育出版社联合开辟《二十世纪中国史学名著》栏目的协议（1件）

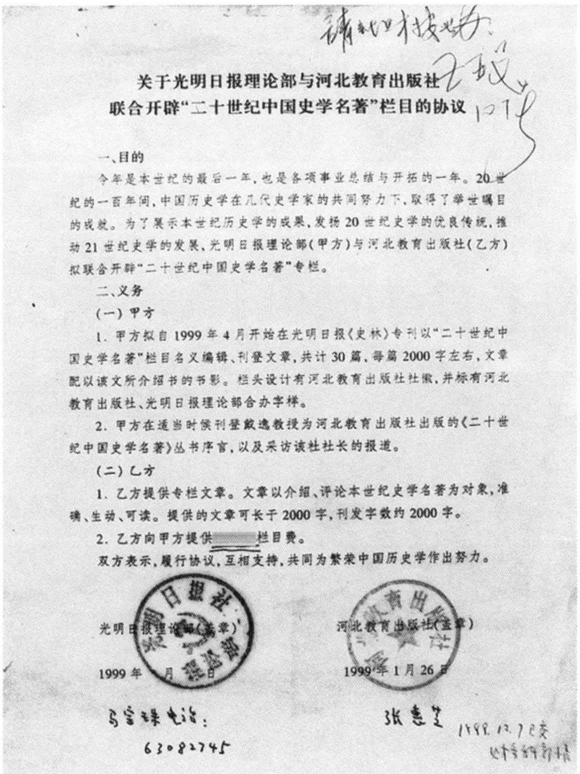
关于光明日报理论部与河北教育出版社
联合开辟“二十世纪中国史学名著”栏目的协议

一、目的

今年是本世纪的最后一年，也是各项事业总结与开拓的一年。20世纪的一百年间，中国历史学在几代史学家的共同努力下，取得了举世瞩目的成就。为了展示本世纪历史学的成果，发扬20世纪史学的优良传统，推动21世纪史学的发展，光明日报理论部（甲方）与河北教育出版社（乙方）拟联合开辟“二十世纪中国史学名著”专栏。

二、义务

（一）甲方

1. 甲方拟自1999年4月开始在光明日报《史林》专刊以“二十世纪中国史学名著”栏目名义编辑、刊登文章，共计30篇，每篇2000字左右，文章配以该文所介绍书的书影。栏头设计有河北教育出版社社徽，并标有河北教育出版社、光明日报理论部合办字样。

2. 甲方在适当时候刊登龚逸教授为河北教育出版社出版的《二十世纪中国史学名著》丛书序言，以及采访该社社长的报道。

（二）乙方

1. 乙方提供专栏文章。文章以介绍、评论本世纪史学名著为对象，准确、生动、可读。提供的文章可长于2000字，刊发字数约2000字。

2. 乙方向甲方提供[redacted]栏目费。

双方表示，履行协议，互相支持，共同为繁荣中国历史学作出努力。

光明日报理论部（盖章）　　河北教育出版社（盖章）

1999年　月　日　　1999年1月26日

63082745

张惠芝

21.《光明日报》发表推介《二十世纪中国史学名著》的部分文章（上）（1件）

22.《光明日报》发表推介《二十世纪中国史学名著》的部分文章（下）（1件）

23.2001年夏，在河北教育出版社答谢作者座谈会上，北京师范大学教授瞿林东（左一）和张静如（左二），《求是》杂志社原副总编辑、研究员苏双碧（左三），北京大学教授张传玺（左四）等人热议《二十世纪中国史学名著》等书的出版情况（1件）

24.2001年夏，在河北教育出版社答谢作者座谈会上，中国社会科学院历史研究所所长陈祖武研究员（左）与清史编纂工作委员会副主任、教授朱诚如（右）就近期出版的《李大钊全集》《范文澜全集》《二十世纪中国史学名著》等书籍交谈甚欢（1件）

25.2002年10月8日，时任中共中央文献研究室副主任金冲及致河北教育出版社信札手迹影印件（1件）

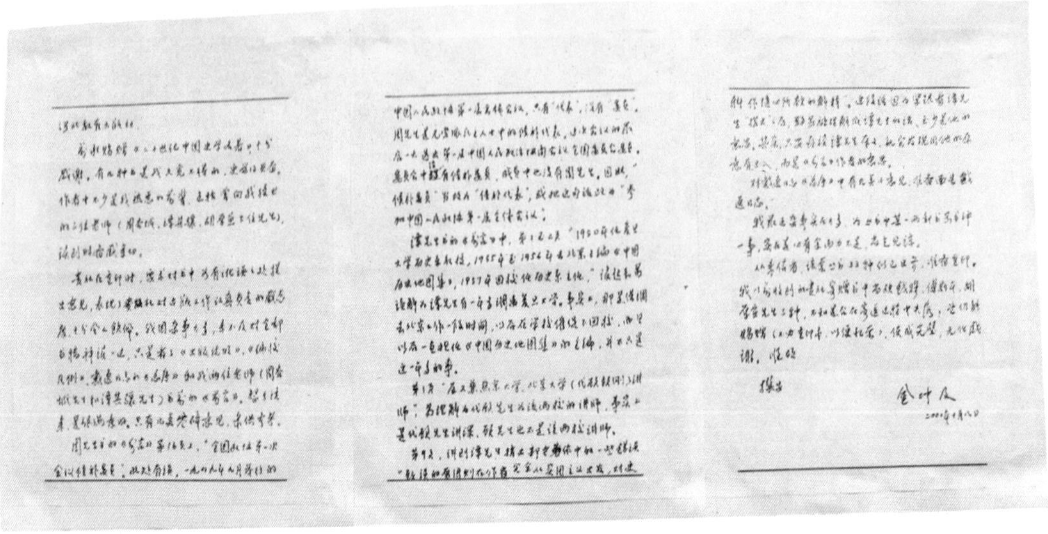

26.2003年6月24日，国家图书馆馆长任继愈致张惠芝信札手迹影印件（1件）

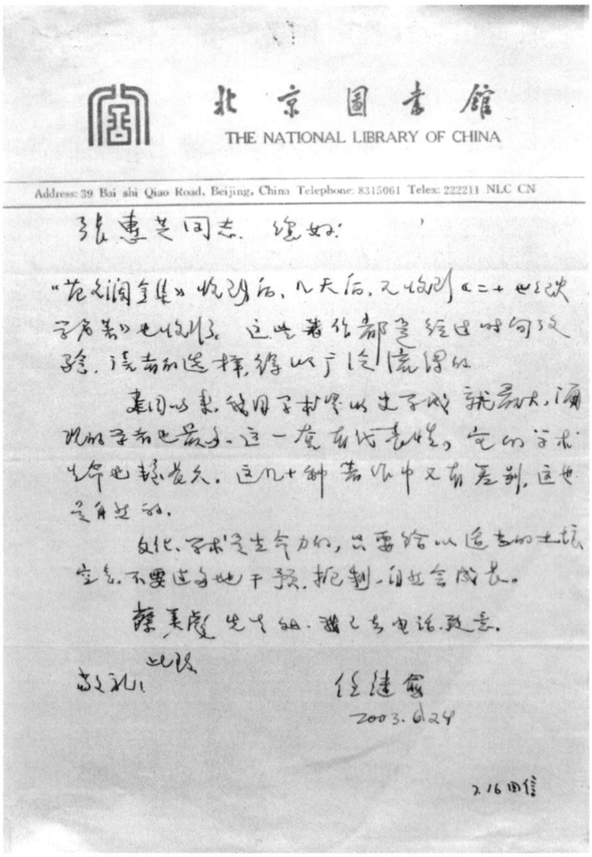
北京图书馆
THE NATIONAL LIBRARY OF CHINA
Address: 39 Bai shi Qiao Road, Beijing, China Telephone: 8315061 Telex: 222211 NLC CN

张惠芝同志，您好：

《范文澜全集》收到后，几天后，又收到《二十世纪文学名著》也收到了。这些著作都是经过时间考验，读者的选择，得以广泛流传的。

建国以来，我国学术界的出版成就最大，涌现的学者也最多。这一套有代表性，它的学术生命也较长久。这几十种书从中又有区别，这也是自然的。

文化、学术是有生命力的，只要给以适当的土壤空气，不要过多地干预，抑制，自然会成长。

苏美嫒先生处，请代为电话致意。

此致

敬礼

任继愈

2003.6.24

2.16回信

27.《二十世纪中国史学名著》荣获第六届国家图书奖证书（3件）

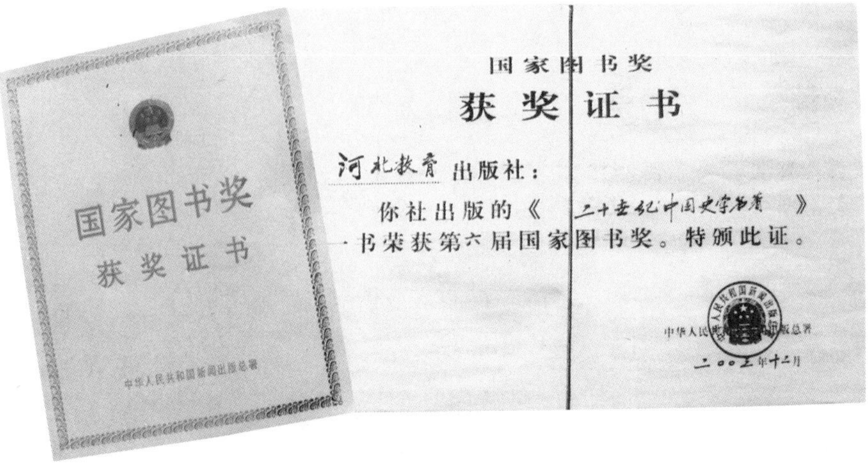

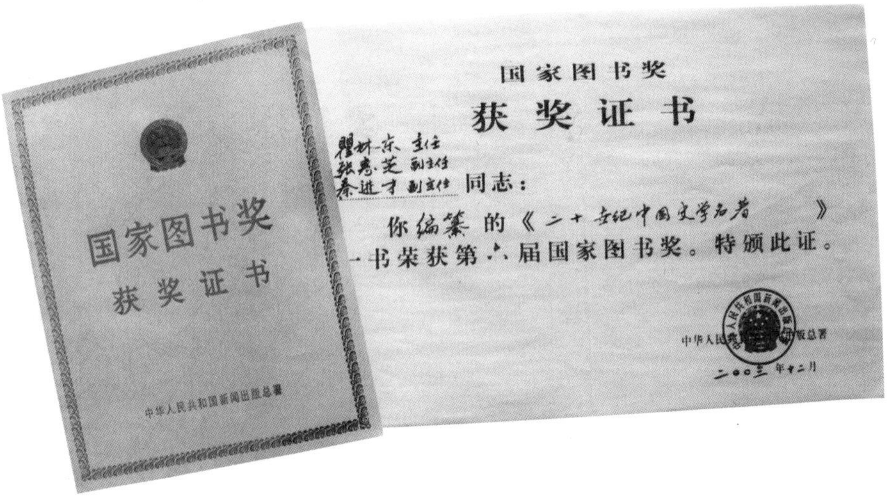

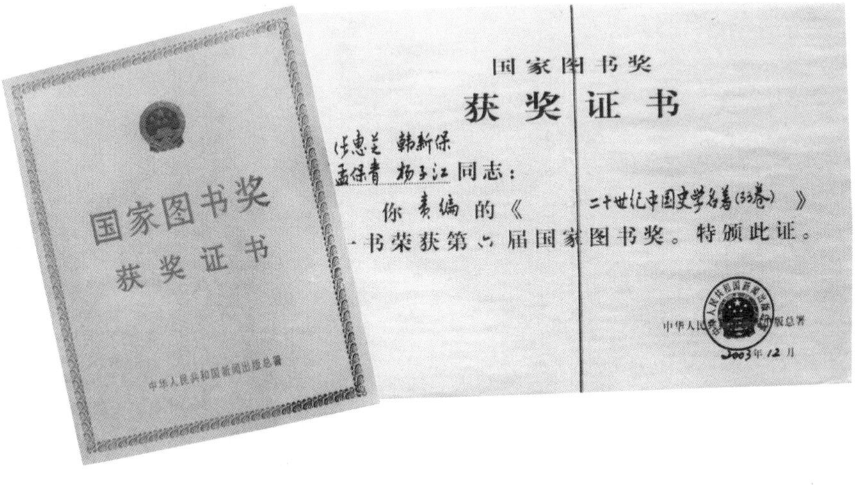

九、稿酬通知单（存目5种198件）

《普通高中课程标准实验教科书〈历史〉》文档

该书文档，收存11个系列、133种、433件的资料。一直到修订再版，记载下编辑在选择优良的“胚胎”后，辛勤孕育的教科书质量保障和获取市场支持的体系。这套书里专设“信息搜集”“备忘录”“附件”3个系列，凸显细腻丰盈。另外，书稿档案中“编辑宗旨”“纪要”“备忘录”3个系列就撰写了20万字的文字资料，远远超出一册教科书的分量。《普通高中课程标准实验教科书〈历史〉》必修Ⅰ，在专家检查质量时，是罕见的“无差错”优质品。这是编辑工匠们追求完美和极致的最好诠释，也是长久以来被人们忽略的编辑文字档案及其功效之所在。

目　录

一、信息搜集（8种8件，其中存目6件）

二、出版合同（存目10种32件）

三、立项报告（9种31件，其中存目23件）

四、编辑宗旨（20种22件，其中存目8件）

五、纪要（19种19件，其中存目12件）

六、备忘录（存目30种30件）

七、附件（7种7件）

八、致函、回函（5种121件，其中存目113件）

九、教师培训及《普通高中课程标准实验教科书〈历史〉》修订本（2008年）材料（6种6件）

十、工作留影（11种11件）

十一、稿酬通知单（存目8种146件）

一、信息搜集（8种8件，其中存目6件）

1.普通高中历史课程标准（送审稿）〔普通高中历史课程标准研制工作组　2003年1月22日〕（存目1件）

2.普通高中历史课程标准（实验稿）〔2003年2月12日〕（存目1件）

3.普通高中历史课程标准（实验）(2003年4月中华人民共和国教育部制订)(存目1件)

4.教育部司局函件　关于召开普通高中课程标准实验教材编写研讨会议的通知　教基材室〔2003〕192号（存目1件）

5.教育部司局函件　关于召开普通高中课程标准实验教材编写研讨会议的通知　教基材室〔2003〕198号（1件）

教育部司局函件

关于召开普通高中课程标准实验教材编写研讨会议的通知

教基材室〔2003〕198号

各普通高中课程标准实验教材编写单位：

8月下旬，我办组织召开了“普通高中课程标准实验教材编写研讨会议”，组织有关专家和各编写、出版单位共同研讨了普通高中课程标准实验教材编写的有关事宜，通过这次会议，各教材编写和出版单位明确了普通高中课程标准实验教材编写的指导思想，并在许多方面达成了共识。为了进一步加强对普通高中课程标准实验教材编写的过程管理和业务指导，提高教材编写质量，我办决定召开第二次“普通高中课程标准实验教材编写研讨会议”。现将会议的有关事宜通知如下：

①11月1日上午9:40－10:40大会汇报

下午　大会 2:00　分组汇报

会议时间：2003年10月31日—11月2日

报到时间：10月30日下午

② 上午8:30—12:00

下午 2:00—6:00

会议地点：万寿庄宾馆（中组部招待所，电话：[redacted]转[redacted]），北京市万寿路西街7号

房间

会议内容：

1、根据第一次研讨会精神，对教材编写思路和方案进行调整的情况。

① 必修课I～III 活动课由各模块4课时改为2课时

② 必修课I～III 模块内容各增2课时

③ 整体结构在每单元之前增加探究提示，单元后加综合表解

③ 模块前有开篇结语，后——

2、关于对模块课程教材编写的思考及其在教材编写中的体现。

3、教材编写进度及编写过程中的主要问题。

与会人员：立项教材主编及主要编写人员（限2人）。

与会费用：与会人员的差旅及食宿费用自理。

联系人：有宝华、李水平，电话：[redacted]

教育部中小学教材审定工作办公室

2003年10月14日

附：会议报名回执

剪　切　线

"普通高中教材编写会议"回执

姓　名	王亚民	性别	男	职务（职称）	编审、社长
工作单位	河北教育出版社	通讯地址	石家庄市友谊北大街330号	电　话	[redacted]
参与教材编写身份	主编	编写何种教材	高中历史教材	是否需要安排住宿	安排

另：张惠芝　女　编审　河北教育出版社　石家庄市友谊北大街[redacted]
副主编　高中历史教科书　[redacted]　安排

剪　切　线

注：此表可复印。

请于9月26日前将回执邮寄或传真至"教育部基础教育司教材管理处"；通讯地址：北京市大木仓胡同35号（100816）。传真：[redacted]

2

6.教育部司局函件　关于2004年春季送审教材的通知　教基材室〔2003〕288号（存目1件）

7.教育部司局函件　关于普通高中课程标准实验教材审查工作安排的通知　教基材室〔2004〕182号（存目1件）

8.教育部司局函件　关于下发普通高中课程标准实验教科书初审结果的通知　教基材室〔2004〕63号（1件）

教育部司局函件

关于下发普通高中课程标准实验教科书初审结果的通知

教基材室[2004]63 号

大象出版社:

你单位送审的普通高中课程标准实验教科书 历史必修 **1-3** 册，选修：历史上重大改革回眸（ 王亚民 主编， 大象出版社 出版），已经全国中小学教材审定委员会于 2004 年 4 月初审通过，现将该教材的审查结果寄发给你们，请你们按照审查意见修改后出版，可供普通高中课程标准实验区使用。

普通高中课程标准教科书正式出版时，请注意以下要求：

1. 封面。教科书封面左上角应印有“经全国中小学教材审定委员会 20XX 年(以初审通过当年的时间为准)初审通过”字样。教科书名称应统一为“普通高中课程标准实验教科书+学科名称+模块名称”，并注明必修、选修、册次、使用年级和出版单位。

2. 幅面尺寸。普通高中教科书的幅面尺寸、版面、字体、字号、纸张种类和印刷形式要按照国家标准执行。

3. 编写人员名单。教科书中可列有主要编写人员名单（不多于 6 人），顾问、编委会成员名单不得出现在教科书中。

4. 前言。教科书的前言要以与学生交流的形式出现，内容贴近学生生活实际，注意激发学生的学习兴趣。

5. 计量单位。教科书所出现的计量单位应是国家法定计量单位。

6. 加入中英文名词对照内容。高中数学、物理、化学、生物、科学和历史、地理的世界部分等教科书中，要按照教育部《关于在普通初级中学、高级中学部分学科教科书中加入中英文名词对照内容的通知》（教基厅[2000]21 号）的要求，加注规范、准确的相应英文名词。

7. 价格。教科书的价格要严格按照《国家计委、新闻出版署关于核定 2001 年秋季中小学教材价格有关问题的通知》（计价格[2001]2134 号）确定。

该教材正式出版后，请将 5 套样书(含教参)于 9 月底前送教育部基础教育教材审定工作办公室备案。联系人：臧爱珍；联系地址：教育部基础教育司教材管理处；联系电话：[redacted]

教育部基础教育教材审定工作

办　公　室

二○○四年四月八日

二、出版合同（存目10种32件）

1.高中《历史》教材合作编写及出版合同书（附修改意见）〔2003年4月18日〕（存目1件）

2.高中历史教科书编写合同（主编与编者）〔2003年8月29日～2003年9月19日〕（存目23件）

3.主编授权副主编在编写本教材期间行使主编之职的授权书〔2003年9月5日〕（存目1件）

4.编写普通高中历史教科书（文字部分）项目预算报告（附批示意见）〔2003年9月11日〕（存目1件）

5.高中《历史》教材编写制作补充协议书〔2003年9月25日〕（存目1件）

6.高中历史教科书（含教参）补充协议书（存目待签1件）

7.大象出版社委托张惠芝老师负责组织《大象版〈普通高中历史课程标准实验教科书〉培训手册》的编写〔2008年1月21日〕（存目1件）

8.关于编写《大象版〈普通高中历史课程标准实验教科书〉培训手册》的协议〔2008年1月21日〕（存目1件）

9.修订大象版普通高中课程标准实验教科书《历史》必修Ⅰ、必修Ⅱ、必修Ⅲ的图书出版合同〔2008年5月8日〕（存目1件）

10.修订大象版普通高中课程标准实验教科书《历史》必修Ⅰ、必修Ⅱ、必修Ⅲ的图书出版合同〔2008年5月8日〕（存目另1件）

三、立项报告（9种31件，其中存目23件）

1.全日制义务教育课程标准《历史》教科书编写立项表（1件）

立项报告

全日制义务教育课程标准《历史》教科书编写立项表

一　编写目的和指导思想

（一）编写目的

1．贯彻党的十六大精神，坚持教育创新，深化教育改革，用全新的教育理念编写义务教育课程标准《历史》教科书。适应“全面建设小康社会，开创中国特色社会主义事业新局面”的时代要求，为全面推进素质教育，造就数以亿计的高素质劳动者、数以万计的专门人才和一大批拔尖的创新人才服务。

2．落实中华人民共和国教育部《基础教育课程改革纲要（试行)》和《全日制义务教育历史课程标准（实验稿)》对“课程性质”、“基本理念”和“设计思路”等规定精神。设计新颖的中外对照体例，(如右下图示)改变以往教材编写的单一思维方式，开拓教材编写的新思路，要为当代以及未来青少年着想，投身于创造和完善中学历史教科书编写的实践中去，以促进历史教科书朝着丰富性和可选择性的方向发展。

3． 借鉴国内外初中阶段历史及其他学科教材编写的经验，适应时代的要求，既在编写体例方面进行新的探索，以辩证唯物论和历史唯物论为指导，在有限的篇幅内给学生以必要的中国历史和世界历史教育；又在版式设计方面力求创新，采取立体结构式的知识传递方式，注重历史知识的横向、纵向、多向位的联系，与语文知识、地理

知识融会贯通，扩大信息量，增强趣味性，以其新鲜感吸引学生，快乐读书，得到远远超越书本的知识容量和自身的智慧扩张，显现其教科书的生命力。

（二）指导思想

1．坚持三个代表的重要思想，贯彻有中国特色的社会主义教育方针，使所编教材能更好地为现代化建设服务，为人民服务，与生产劳动和社会实践相结合，培养德智体美全面发展的社会主义建设者和接班人。

2．牢牢把握先进文化的前进方向。弘扬和培育中华民族“以爱国主义为核心的团结统一、爱好和平、勤劳勇敢、自强不息”的民族精神，帮助学生树立民族自尊心和自信心，增强对社会和国家的责任感；促使学生了解人类社会历史发展的多样性，理解和尊重其他国家和民族创造的优秀文明成果，逐步形成面向现代化、面向世界、面向未来的国际意识；形成健全的人格和健康的审美情趣，树立积极的人生态度，为树立正确的世界观、人生观和价值观奠定基础。

3．根据教育部“义务教育阶段课程计划表”规定的总课时进行编写，努力实现《历史课程标准》规定的在知识与能力、过程与方法以及情感态度与价值观等方面的总体目标。 探索从传统到现代，教材构成的外在与内在、宏观与微观，文字转达与图像传播等一系列新课题。

4．坚持辩证唯物论和历史唯物论，通过重大的历史事件、历史人物和历史现象，正确阐述人类社会的历史进程，反映历史发展的基本规律；力求真实、准确、客观、科学。

5．内容体现时代性和适应性，形式多样化，为学生的探究性学习创造条件，以利于学生能力的培养和素质的提高。采用平等对话式和启发式的语言表述方式，精心设计版式，配置图片、图表和地图，文字表述简洁、生动，能激发学生的学习兴趣。

二 教材主要特点：

1． 注重中国历史与世界历史的联系，采取相互对照的创新体例。即在中国历史部分，穿插世界历史相关的图片资料，以展现当时的世界；在世界历史部分，穿插中国历史相关的图片资料，以展现当时的中国。如讲述宋代社会生活一课，在书眉上选配 10 至 13 世纪欧洲的城堡、农民服装、国王座椅的图画(见样张一)；讲述俄国十月革命一课，在书眉上选配中国陈独秀、胡适、李大钊、鲁迅及“五四”运动的图片。(如下图，详见样张一)

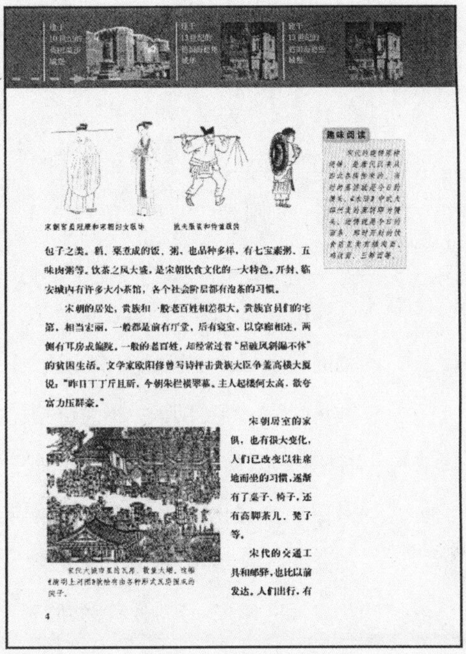
趣味阅读

包子之类。稻、粟煮成的饭、粥，也品种多样，有七宝素粥、五味肉粥等。饮茶之风大盛，是宋朝饮食文化的一大特色。开封、临安城内有许多大小茶馆，各个社会阶层都有泡茶的习惯。

宋朝的居处，贵族和一般老百姓相差很大。贵族官员们的宅第，相当宏丽，一般都是前有厅堂，后有寝室，以穿廊相连，两侧有耳房或偏院。一般的老百姓，却经常过着“屋破风斜漏不休”的贫困生活。文学家欧阳修曾写诗抨击贵族大臣争盖高楼大厦说：“昨日丁丁斤且斫，今朝朱栏横翠幕。主人起楼何太高，欲夸富力压群豪。”

宋朝居室的家具，也有很大变化，人们已改变以往席地而坐的习惯，逐渐有了桌子、椅子，还有高脚茶几、凳子等。

宋代的交通工具和邮驿，也比以前发达。人们出行，有

4

2．教材内容，紧扣《课程标准》，注意选择最能体现人类社会历史发展的基本规律，而且有利于学生思想道德品质培养的重大历史事件、历史人物、历史现象，进行真实准确的阐述和客观、科学的评价。文字表述简明扼要、生动形象，富有启发性、趣味性。

3．教材编排，便于教师采用多种教育形式和教学途径，组织各种形式的教学活动，利用各种课程教育资源，为地方教材、乡土教材、民族教材、校本教材预留适当的空间。引导学生自主地进行探究式的学习，逐步掌握基本的历史知识，培养基本的技能，使学生素质得到全面提高。

4．教材编写，力求由单向性知识传递的平面结构式转变为立体结构式的信息传递方式，注重图文的互动，追求美感和功能的完美结合，呈现新鲜编排的面貌，更易于为学生接受。是创意设计者、作者、编辑、印装者共同完成的系统工程。

三　教材体系结构和体例

(一) 教材体系结构

1．中国历史与世界历史对照。

2．采取学习主题的呈现方式，教科书以学习主题（章）和课的形式编排。中国历史按照朝代顺序包含二十二个学习主题八十六课。世界历史按照古代、中世纪、近

代和现代编写，包含十个学习主题四十四课。内容按政治、经济、文化、民族关系、对外关系等叙述。世界历史注意国家和地区的区分。(见附录二编写大纲)

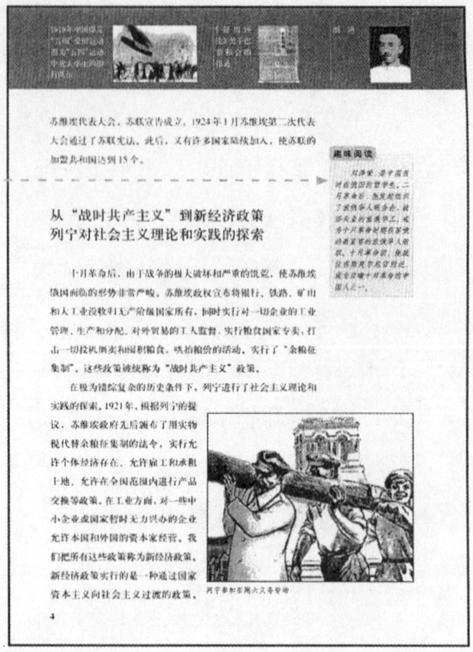
苏维埃代表大会，苏联宣告成立。1924年1月苏维埃第二次代表大会通过了苏联宪法。此后，又有许多国家陆续加入，使苏联的加盟共和国达到15个。

趣味阅读

从“战时共产主义”到新经济政策

列宁对社会主义理论和实践的探索

十月革命后，由于战争的极大破坏和严重的饥荒，使苏维埃俄国面临的形势非常严峻。苏维埃政权宣布将银行、铁路、矿山和大工业没收归无产阶级国家所有，同时实行对一切企业的工业管理、生产和分配、对外贸易的工人监督，实行粮食国家专卖，打击一切投机倒卖和囤积粮食、哄抬粮价的活动，实行了“余粮征集制”。这些政策被统称为“战时共产主义”政策。

在极为错综复杂的历史条件下，列宁进行了社会主义理论和实践的探索。1921年，根据列宁的提议，苏维埃政府先后颁布了用实物税代替余粮征集制的法令，实行允许个体经济存在、允许雇工和承租土地、允许在全国范围内进行产品交换等政策。在工业方面，对一些中小企业或国家暂时无力兴办的企业允许本国和外国的资本家经营。我们把所有这些政策称为新经济政策。新经济政策实行的是一种通过国家资本主义向社会主义过渡的政策。

列宁参加星期六义务劳动

4

3．教科书以课文（大字）为中心，每课由导言、课文内容、课中穿插的教学活动资料如知识阅读、趣味阅读、导览阅读、相关链接等(小字)以及与其相对应的中外对照性多样化图片和课后延伸部分如自我测试、思考与探究等构成。(见样张一)与教科书并行的课程资源，有“教师教学用书”、“历史教学挂图”、“历史地图册”、“历史地理填充图”、“中学生历史课外读本”、“音像教材”、“参观访问向导”、“学习网站”等。

（二）编写体例

① 中外对照的叙事体。

② 图文互动。

③ 体例细则(见附录三)。

④ 全书六册，供7～9年级使用，每学期一册。每册22课（包括活动课）左右。

附　录

附录一：样张一　样张二　样张三

附录二：编写提纲

附录三：编写细则

2.普通高中历史课程标准实验教科书①编写立项报告（1件）

普通高中历史课程标准实验教科书

编写立项报告

一、编写目的和指导思想

（一）编写目的

1．进入21世纪，世界上许多国家和地区加快了向现代社会迈进的步伐，基础教育的改革成为世界性的潮流。我国目前已进入全面建设小康社会的阶段，基础教育的改革也已全面启动。随着形势的发展，编写适应时代发展要求，有助于学生完备知识结构、提高综合素质、获得全面发展的新的普通高中历史教科书，已是刻不容缓。

2．根据素质教育的要求，按照《基础教育课程改革纲要(试行)》的精神和《普通高中历史课程标准(实验)》的规定，我们计划编写的普通高中历史教科书，力求坚持基础性、时代性和开放性，选取基础的、科学的、发展性的而又贴近社会现实生活的历史知识，以培养学生探究历史问题的能力和实事求是的科学态度，培养创新精神、实践能力以及适应现代社会需要的基本素养，为学生的终身学习奠定扎实的基础；力求体现选择性，设计可供选择的不同层次的知识结构、不同类型的内容模块，以利于学生个性的发展；在体系和内容的编排中渗透和内化新型的教与学的方式，为教师灵活运用多样化的教学手段和方法，为学生实行自主性的探究式的学习，创造必要的条件。

3．教科书的编写要根据历史学科和历史教学的特点，全面发挥历史教育的功能，使学生树立正确的世界观、人生观和价值观，增强民族自豪感和历史责任感，形成开放的全球意识和国际视野，确立为祖国社会主义现代化建设、为人类和平与

1

① 2003年10月14日，教育部司局函件“关于召开普通高中课程标准实验教材编写研讨会议的通知”〔2003〕198号精神是针对高中阶段各学科而言。作为历史学科申报项目时，将该书命名为“普通高中历史课程标准实验教科书”。2004年4月8日，教育部司局函件“关于下发普通高中课程标准实验教科书初审结果的通知”〔2004〕63号，进一步明确“教科书名称应统一为‘普通高中课程标准实验教科书+学科名称+模块名称’”。大象版书名以此通知做了修正，为《普通高中课程标准实验教科书〈历史〉》。本书整理的是编辑过程中的文档资料，因而随着时间的迁移，出现书名的不确定性，最后归结到〔2004〕63号文件要求上。

进步事业作贡献的人生理想。

4.教科书的编写，还要针对文、史、哲不分家的特点，打破历史与语文、地理、艺术及某些自然科学彼此割裂的传统的编写模式，将中国历史放在世界大历史、大文化的背景中去考量，让学生了解中国历史在世界历史、世界文化发展中的地位和作用；同样，世界历史又放在中国历史、中国文化的背景下来观照，使“中国历史”成为打通世界大历史、大文化的教材，使“世界历史”成为打通中国历史和中国文化的教材。

（二）指导思想

1.贯彻党的十六大精神，以马克思主义的辩证唯物主义和历史唯物主义为指导，正确阐释人类历史发展的基本规律和重大问题，使学生对于重要的历史人物、历史事件、历史现象和历史发展的基本规律有一个比较清晰的认识，并了解人类丰富的文化遗产。

2.从素质教育出发，打破传统学科体系对历史教学的束缚，在课程体系建构与内容选择上，坚持基础性、时代性与开放性的统一，贴近现代社会，贴近现实生活，贴近学生生活，以利于培养学生的科学精神和人文素养。

3.立足于以学生发展为本的现代教育理念，注意激发学生的学习兴趣，引导学生实现学习方式的根本转变，主动参与，乐于探究，积极实践，勇于创新，在学习、掌握基本历史知识的过程中，提高阅读能力和获取历史文化信息的能力，培养独立思考、发现问题、分析问题和解决问题的能力，为其进入社会和或升入高一级学校深造奠定基础。

4.体现历史知识的整体性和综合性，力求由单向性知识传递方式的平面结构向多向性信息传递方式的立体结构转变；注意历史发展的纵向与横向、历史与现实、中国与世界的联系；克服基础教育科目林立、知识割裂的弊端，注重历史学科与其他社会科学以及自然科学的联系，进行环境意识和审美意识教育。

5.反映历史研究的最新进展，注意吸收学术界公认的国内外历史学和考古学的新成果，为学生构建开放的学习环境，提供多渠道获取知识并加以综合应用的机会，培养其创新精神和实践能力。

2

二、主要特点

现代基础教育的教材，其类别是多种多样的，但教科书是教材的核心构成部分。因此我们拟定编写的高中历史教科书，按照课程标准的要求，围绕人类历史上的若干重大问题进行深入浅出的解析，揭示历史发展的整体性和规律性，力求有所突破和创新，其设计具有以下特点（见图一）：

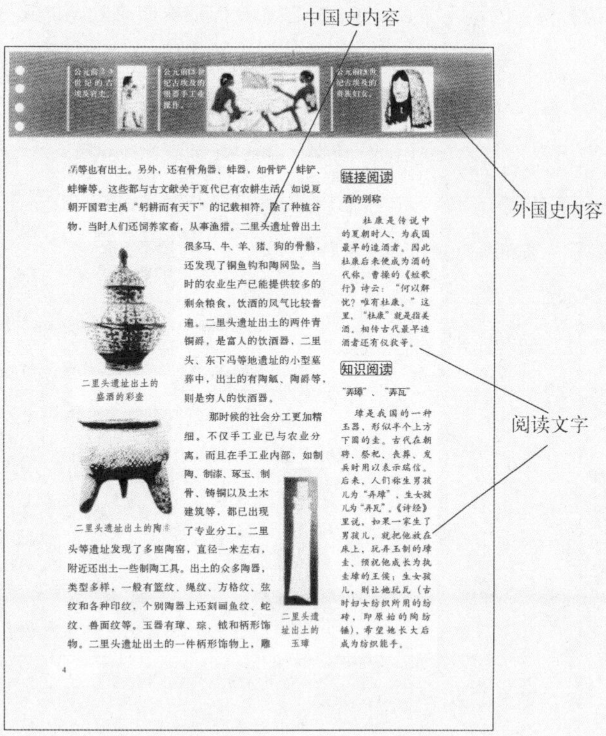

图　一

（一）书眉与正文内容形成鲜明的中外对照

本教科书力求打破传统学科体系的束缚，拓展课程资源。除按专题采取中外合编的方式进行编写外，还在各课书眉位置开辟专栏：在正文叙述中国史的内容时，置放同时期的外国史事和文化的有关图片和说明文字；在正文叙述外国史的内容时，置放同时期的中国史事和文化的有关图片和说明文字，以加强中外历史、中外文化的联系，反映中国在世界历史上的地位。比如在编写夏、商、周历史时，有意与同一时期的世界文明古国作有意义的链接对比等。试图通过一种立体化的对比方式，勾勒历史发展的进程，借以传导一种全新的解读历史的新观念、新方式，开启学生辐射思维、深度思维的空间。

（二）栏目设计各具特色

本教科书准备在结构上作重大改变。设计具有不同功能的阅读栏目，以改变传统教科书的呈现方式，每个栏目的设计都有明确的功能和要求，以达到拓宽历史知识，延伸阅读深度的目的。（见“阅读栏目一览表”）。

阅读栏目一览表

栏目名称	内 容	目 标
资料浏览	原始资料	自主学习，辨析史料，读史明理，树立正确的唯物史观、实事求是的科学态度。
知识阅读	延伸探究	以学生自主学习为本，给予纵横的多层面的知识拓展，培养独立思考、分析问题、解决问题的能力。
学术窗口	参与争鸣	介绍学术界的不同观点，或反映历史文化研究最新进展及动态，引导学生大胆质疑，主动探究，发现问题，培养其批判性思维与创新能力。
链接阅读	拓展视野	展现丰富的历史文化遗产，给予文学、艺术、科技等方面的学科知识，培养学生正确的世界观、人生观、价值观，形成全球意识、环境意识和国际视野。
要点回顾	知识要点	继承传统学科基础教育之所长，根据课程的要求，列出学生必须掌握的知识要点，以巩固学习成果。

（三）多样化的呈现方式，为教与学留有充分的空间

1.教科书内容采用多样化的呈现方式，并安排多层次、多类型的思考题和活动课，为教师转变教学方式创造条件，并为创造性的教学留下充分的空间。

2.教科书的内容分为两大部分，正文要求学生必须掌握，其他部分均不作统一要求，为学生留下足够的自主性和探究性学习的空间，以利于其个性和特长的发展。

(四)克服专业化、成人化倾向，增强可读性

高中学生的抽象辩证逻辑思维已相当发展，心理特征和认知水平与初中学生有很大不同，但毕竟仅仅具备成人的部分特点，因此，编写高中教科书就要注意克服单纯讲究抽象思维的成人化倾向，也要防止一味减少抽象理念、概念，知识浅化与能力要求过于低化的倾向。本教科书正文部分，在文字表述上注意准确性和生动

性；阅读栏目文字生动活泼，增加本学科和相关学科的知识点，讲究典型性和趣味性；在史论的处理上，做到论从史出，史论结合，避免空发议论。

（五）采用“以诗证史”、“诗史互证”的编写方法

采用“以诗证史”、“诗史互证”的编写方法。中国诗歌，包括散文多有写实因素，正如史学大师陈寅恪所言：“中国诗与外国诗不同之处，是它多具备时、地、人等特点，有很大的史料价值，可用来研究历史并补历史书籍之缺。”所以在“链接阅读”中，较多地选录同历史时期的诗歌或散文。一是对所学历史知识的补充，二是增加对语文学科相关知识的了解。这样便打通了历史和语文学习的内在联系，可以更多地培养学生善于比较的新的思维方法。

泰国青铜时代的铜斧。

古罗马的耕犁。

古罗马的耕犁。

磨损，又改用骨、石制作耜刃，绑在木柄上，变成骨耜或石耜。以后又发明石铲、石锄和石䦆（又称镢或镐），到新石器时代晚期还发明了石犁。使用这些农具整地，不仅提高了工效，而且可将土地挖得更深，翻得更松，从而加快土壤的熟化过程，取得较好的收成。比起火耕、耜耕的土地可以多种一两年。但由于缺乏施肥、中耕和灌溉，地力仍很有限，种上三四年后还得撂荒，另找新的土地耕种。火耕和耜耕，都是实行集体耕作。人们为了寻找新的耕地，经常迁徙流动，生活非常艰苦。

新石器时代晚期的石犁（上海松江广富林遗址出土）

到了商周时期，除木、石、骨、蚌制作的农具之外，还出现少量的青铜农具，特别是青铜制作的中耕农具，如小型铲——钱、小型锄——镈，等等。耕作技术也有了提高，不仅懂得在地里开沟排灌，还懂得除草培土，沤制绿肥，治虫灭害。农业生产得到进一步的发展。上好的田地已可连续耕作，次一点儿的田地在休耕一两年后也可恢复地力，继续耕作。到了春秋战国，铁器大量涌现，出现整地用的铁质的耒、锸、犁、䦆和多齿耙等，中耕除草用的铁质的铲和六角形锄等，大大提高整地和中耕的效率。特别是石铁犁的V字形铧冠，

商代铜犁（江西新干大洋洲遗址出土）

战国六角形铁锄（河北易县燕下都遗址出土）

链接阅读

《七月》

描写了全部劳动生活，男男女女，一年四季，早早晚晚不停地劳动。对耕种、采桑、纺织、砍柴……等作了具体描绘：

“三之日于耜（正月里来修农具），
四之日举趾（二月里来去耕地）。
同我妇子（老婆孩子都出动），
馌彼南亩（送饭到那南田里），
田畯至喜（那管家的高兴哩）。”

——《诗经·豳风》

图　二

（六）版式设计体现个性化（见图二）

每课（页）版式由书眉、正文、阅读文字和插图四部分组成。书眉底色随章节内容渐变，且文图自成体系，形成某一主题，与正文、阅读文字呈上下鲜明对比形式，占版面的八分之一，这是以往任何初高中历史教科书所没有的。正文内容、阅读文字和插图的编排活而有序，有效地避免了以往历史教材版式设计或古板或凌乱的弊病。采用多向性信息传递方式的立体结构，图文互动，追求内容与形式的完美结合，让学生喜读爱看。

5

三、体系结构和体例

（一）体系结构

1.全套教科书均中外合编。采用叙事体。分正文与阅读文字（包括资料浏览、知识阅读、链接阅读、学术窗口、要点回顾等五个栏目）两大部分。书眉位置设置若干与正文内容相关的古今中外图片和文字说明。

2.全套教科书由必修课和选修课两大部分构成。必修课分为历史(Ⅰ)、历史(Ⅱ)、历史(Ⅲ)三个学习模块，包括二十五个古今贯通、中外关联的学习专题，分别反映人类社会政治、经济、思想文化与科学技术等领域的重要历史内容。每个模块各编成一册书，为所有高中学生必须学习的基本内容。选修课分为历史上重大改革回眸、近代社会的民主思想与实践、20世纪的战争与和平、中外历史人物评说、探索历史的奥秘、世界文化遗产荟萃等六个学习模块。每个模块各编成一册书，学生可根据自己的兴趣，任选其中的若干册，但不得少于三册。

3.必修课每个专题设一单元，单元之下设课，课下设目，若干单元设一活动课。其中历史(Ⅰ)、历史(Ⅱ)各设四个活动课，历史(Ⅲ)设五个活动课。选修课每个专题设一章，章下设节，节下设目。若干章设一活动课。每册各设两个活动课。

4.必修课和选修课每册均编至三十四课时（包括活动课），留下两个课时的机动时间，供教师讲授地方史和民族史。

5.课程资源的开发利用。教科书是以学生为对象的“学本”。另外，我们还拟编写以教师为对象的并与教科书相配套的“教本”，即教学参考书。“教本”的编写，除了告诉教师如何更好地使用教科书外，还要帮助教师树立现代课程观、教学观和学生观，改革旧的教学思想，树立新的教学理念。同时，拟编写成套的教案、地图册、课外读本、音像资料等。并建立相关网站，为师生提供相应的资料和信息。

（二）体例

1.必修课每课及选修课每节的开头，均设内容提要，并置放一幅相关图片，以引导学生进入有关内容的学习。

2.必修课和选修课的正文部分占每页版面的五分之三，插图和阅读资料占五分

6

之二。正文部分是要求学生必须掌握的内容；阅读部分供学生自学，旨在扩充知识，开阔视野，不属于基本要求。

3.课文中穿插相关的历史彩图、黑白图片、地图、图表等，做到图文并茂。每页书眉置放二至三幅图片(课文叙述中国史事，配以同一时期的外国史事图片；叙述外国史事，配以同一时期的中国史事图片)，以加强中外史事的比照。

4.必修课每课和选修课每节之后，均设有供学生探索与思考的习题，题型多种多样，并多具开放性，旨在锻炼学生的历史思维和分析问题、解决问题的能力。

5.必修课和选修课每册之后，都附有大事年表、相关的优秀历史读物及国内主要历史网站名录。

6.必修课与选修课教科书幅面尺寸采用GB/ T 788——1999表中的B 5型，按国际最新出版理念排印，做到版式新颖，图文互动，具有强烈的可读性和可视性。

3.国内外中学历史教科书比较分析（1件）

国内外中学历史教科书比较分析

我们正处在全面变革的时代。教育教学改革是世界性的潮流。

各主要国家都越来越重视历史教育，力图通过历史的反思恰当地确定自己国家和民族在新世界中的坐标。上世纪80年代以后，各国的中学历史教育发生很大的改观，普遍注意加强历史学科教育的政治性，以培养具有竞争力的新一代合格公民。作为教与学的依据的“历史教科书”在内容选择和编排形式上焕然一新，融入更多的历史和教育的新理念，通过插图、对话、探究等方式使内容“活”起来，便于教学、阅读和使用。

一、美、英、德、俄等国中学历史教科书现状比较

（一）**美国**的历史课程是中小学必须保证的五个教育科目之一，与国语、数学、科学等并重。1996年修订的《全国（中小学）历史教学标准》涵盖面广、问题设计新颖、史料丰富多样。提倡对历史课程的批判和思考态度，努力达到国会提出的“世界水平”的要求，教科书“求变、求新、求用”，教学内容必须具有挑战性，要反映当代最优秀的史学研究成果，提倡积极思考和辩论的方法，培养学生各方面的能力。

（二）**英国**已经感到了历史教育的危机。在蓬勃开展的教育改革中，他们的历史教学观念发生很大的变化。首先是纠正教学方式及其所要达到的教学目的与现实脱节的问题。“学习如何去学”已经是教育界流行的口号。根据国家《课程标准》编写的历史教科书与传统教科书相比，“凸现史料的重要性”和“问题与活动的开放取向”是两大显著特点。比如七年级（相当于初中一年级）的历史课本《国家及彼此的联系》，节以下有单元，每个单元都由内容提示、资料、问题三部分组成。内容丰富，似乎没有考虑减轻学生负担。

（三）**德国**历史教育提倡“以历史意识为中心”，发现和探索是教科书编写的指导思想。有一套教科书题目就叫《向历史提问》。如在介绍20世纪的中国时就以“——革命推动生涯？”——“未来的世界大国？”德国教科书的特点是：重视直观教学，重视原始资料的运用，重视历史与当代的联系，重视活动教学，提倡广泛运用对比方法等。

1

在德国有“范例式”教学流派，他们重视对人物个性特点和事件原委的描述，因此教科书血肉丰满，真实性强。

（四）**俄罗斯**在前苏联时期相当重视历史教育的政治作用，这曾经对中华人民共和国的历史教育产生过重要的影响。苏联解体后，重视历史课的传统在俄罗斯被继承下来，有的已归属于“社会学科”，有的继续独立开设历史课程。《基础教育国家课程标准（草案)》规定的“历史”教学目的，除了道德、知识等传统要求外，还提出：“帮助学生培养社会积极性，使其掌握每个公民为完成必要活动所需要的足够知识，不断自我完善，认清成功的个人和社会条件。”俄罗斯的历史课包括本国和世界通史、现代文明社会、当代世界、乡土知识等。

（五）世界上几乎所有的国家，都处于历史教育的变革时期。有的提出将国史与世界史结合起来，尽量符合国情，以利于教育的发展。如**韩国**，提出所谓的新史学，直接为当代政治服务。**日本**突出国家历史，重视历史与现实的客观联系；而右翼势力公然篡改历史，妄图抹掉历史上的侵略罪行。

世界主要国家的教科书改革的趋势是，内容更符合当代政治需要，更适合相应学龄段学生的学习心理要求。同时大量增加图片和活动内容，有从“教本”向兼为“学本”发展的趋势。历史教科书装帧印刷更精美，因此受到学生的欢迎。

二、国内历史教育理念的改变和中学历史教科书比较研究

（一）回顾中国，改革开放以来历史教育发展很快。历史教学法发展为历史教育学，教育教学理念逐步与世界接轨，历史课程被认为是培养合格公民、提高民族素质的重要手段。历史教学也注意到历史知识的传承和中华民族优秀文化传统的发扬。初中阶段的历史教科书经过几次改造。20 世纪 90 年代初期普及使用的“九年义务教育”初中历史教科书，被认为是跨世纪的第三代历史教科书。当时开始实行“一纲多本”改革，适应九年义务教育的普及。各版本的教科书在教育理念上都有不同程度的更新，在内容选择和编写风格等方面，也各有不同的特点。人民教育出版社的历史教科书，特别注意学生文化素质的提高，具备传授知识、思想教育和培养能力的三大功能。教科书力图处理好“历史科学的完整体系与初中教学的实际需要”、“历史的严肃性与学生的实际接受能

2

力”、“加强历史教育与减轻学生负担”等关系。教科书在体例上有所创新，以课为基本单位方便教学。以课文为中心，辅以提示、史料、图画、插问、课后练习等，开了现代中国历史教科书编排形式的先河。探究课、活动课等在教科书中已经开始尝试。当然，90年代的人民教育出版社历史教科书也有一些不足，如内容偏多，学科体系强调过重，在教育理念方面与新世纪有一定的差距。但正是这套教科书以及广大教师在使用教科书实践中的创造，为今天的历史课程改革、制定《课程标准》、编写新教科书以及历史教育教学的改革，奠定了良好的基础。

同时期的其他版本教科书，如北京师范大学的五四制本、广东的沿海本、四川的内地本、上海市教科书以及后来出现的湖南本，都在不同程度上进行了教育教学改革的探索，并在使用的过程中根据需要进行了修订和完善。

（二）目前，根据教育部《基础教育课程改革纲要（试行）》编写的全日制义务教育《历史课程标准》，是新世纪历史教育教学改革的重大成果。《课程标准》对课程性质和基本理念有明确的规定，把“普及性、基础性和发展性”并重。提出课程改革要“有利于学生学习方式的转变……有利于教师教学方式的转变……有利于建立科学的教学评价方式”。课程设计思路是：面向全体、尊重个性和主动适应学生学习的需要。《课程标准》的“课程目标”在“知识与能力”、“过程与方法”、“情感态度与价值观”的框架内，体现历史学科教育的特点。以“学生的学习为中心”和“培养的目标是新时代的合格公民”，确实是教育理念的历史进步。

（三）最近几年，按照《课程标准》编写的初中阶段历史教科书相继问世。先期完成已经投入实验的有人民教育出版社、北京师范大学出版社和华东师范大学出版社等三家。已通过审查正在编写和准备立项编写的不下十家。众多的教育专家、历史学家、历史教育专家和优秀的历史教育工作者参加编写，历史教科书建设出现前所未有的繁荣局面。在历史课程的实施和改进方面，有许多成功的探索，但是，我们认为在多家编写、抢夺市场的形势下，也存在着不容忽视的问题。主要有以下三点：

1. 多数编写队伍不稳定，人员构成欠合理，不能把课程理论、历史科学与中学的历史教育有机地结合为一体。因此，编写的教科书与《课程标准》的要求和教学的实际需要尚有一定的距离。

2. 实质上的创新不足，各家教科书的编写体例和内容选择差别不大，甚至可以说是雷同的编写，如表一。

表一　**七年级（初一）第一册第一单元部分内容比较一览表**

	人民教育出版社	北京师范大学出版社	华东师范大学出版社
单元引言	无	前言：提示历史线索和课文重点。约300字	导言：概括学习主题。约120字
第一课	祖国境内的远古居民	中华文明的起源	中国远古人类
引言	故事导入框	前言	无
课文1	我国最早的人类、北京人、山顶洞人	元谋人、北京人、山顶洞人	人类的起源、中国境内的原始人类、北京人的生活
2	课文有字体变化	同前	同前
辅助	动脑筋　活动与探究	活动建议	讨论　想像
拓展	石器的制造	测定远古人类的年代	设想取火和保存火种
第二课	原始的农耕生活	星罗棋布的氏族聚落	原始农耕文化
引言	故事导入框	前言	无
课文1	河姆渡的原始农耕、半坡原始居民的生活、大汶口原始居民	半坡聚落、河姆渡聚落、大汶口原始居民	北方的农耕文化、南方的农耕文化、原始聚落
2	课文有字体变化	同前	同前
辅助	动脑筋　活动与探究	活动建议	动脑筋
拓展	河姆渡居民蒸米饭	可持续发展的农耕文化	尖底陶瓶的取水原理
第三课	华夏之祖	传说时代的文明曙光	中华民族的祖先
引言	故事导入框	前言	无
课文1	黄帝战蚩尤、黄帝——“人文初祖”、尧舜禹的“禅让”	炎帝与黄帝、尧舜“禅让”、大禹治水	文化遗址满天星斗、炎帝和黄帝
2	课文有字体变化	同前	同前
辅助	动脑筋　活动与探究	活动建议	看图与思考
拓展	可供嫘祖选择的衣料	什么是传说时代？	思考：蚩尤传说与真实

4

3、教科书的编写结构和呈现形式改进不大。发展主要表现在课后拓展和插图装帧上，如表二。

表二 新旧六种教科书部分内容比较一览表

出版单位 项目	《课程标准》初中历史教科书人民教育出版社（2001年）	《课程标准》初中历史教科书华东师范大学出版社（2001年）	《课程标准》初中历史教科书北京师范大学出版社（2001年）	初中历史教科书湖南：岳麓书社（湘版）	初中历史教科书广东教育出版社（沿海版）	初中历史教科书四川教育出版社（内地版）
导言	课	单元	单元、课	课	单元	单元
课文	正文、阅读文	同前	同前	同前	同前	同前
史料	有（竖排）	有（部分加解释）	有（部分有译文）	有	有	有
活动	活动与探究	探究活动	活动建议	小结	无	无
拓展	自由阅读卡片	阅读、思考等	每课一得	无	无	无
练习	文中和课后插	灵活穿插	文中插、课后	同前	同前	同前

各家教科书的许多优点已经获得各方面的好评。如人民教育出版社版《中国历史》，有专业的编写队伍和五十年编写教科书方面的经验积淀，在朴素中见功力，后续工作强劲，教科书配套比较齐全，特别适合条件一般的教师和学校使用。北京师范大学版教科书，在理论研究方面有长处，历史的考证也略优于其他版本，在能力培养方面有独到的见解。华东师大版教科书在选材和装帧方面现代意识强，特别注重视觉效果，因此在读者中呼声最高，在上海和江浙等发达省区的城市有明显的使用优势。中国是世界上人口最多的国家，初中生以千万计。同时有十几种或更多的各具特色的教科书，对教育的发展肯定会起到积极的推动作用。相信在短期内，还会有更多的优秀历史教科书问世，出现教科书市场百花齐放的新气象。

附：

1. 香港的初中历史教科书特别注意科学性。其次是观念的更新、利用考古资料、

3
4

增加乡土内容、培养学生的能力、引发学生的兴趣。

2. 台湾的历史教科书注意教学阶段的衔接，“尽量避免重复”；“内容须配合学生的程度，难易适中，使老师易教，学生易学”；注意分析、比较以及注重贴切“现代生活”等。这些，对我们今天根据《课程标准》编写教科书有直接借鉴意义。

4.彩色样张及样张说明（8件，其中存目6件）

（1）普通高中历史课程标准实验教科书必修课（Ⅰ）第一单元第二课 中央集权制度的形成和影响（样张之一及样张说明，2件）

六校 2003.4.22

1. 彩样

2. 样章及样章说明

3. 编写提纲（附册）

必修课历史（Ⅰ）
第一单元 样章之一

彩色样张及样张说明

普通高中历史课程标准
实验教科书

第二课 中央集权制度的形成和影响

第二课　中央集权制度的形成和影响

公元前221年，秦王嬴政统一六国，自称始皇帝，推行郡县制度，首次在中国建立起封建的中央集权制度。此后，皇帝制度和郡县制度基本上为历代王朝所继承，成为中国封建社会政治体制的基本模式。学习本课，将使你知道始皇帝的来历和郡县制的建立过程，了解中国古代中央集权制度的形成及其影响。

秦始皇陵兵马俑一号坑

世界上最早的文明古国埃及，公元前6世纪为西亚的波斯所灭，此后长期处于外国势力的统治之下。

公元前280年左右，埃及托勒密二世统治时期，在亚历山大港外修建了世界上第一座灯塔。这座灯塔在14世纪时毁于地震。

秦王嬴政首创皇帝制度

公元前221年，秦王嬴政完成了对东方六国的统一，建立起中国历史上第一个统一的封建王朝——秦朝，定都咸阳。

为了适应新的统一形势，嬴政决定建立新的政治体制。他首先想到的是改变自己的称号，确立至高无上的君权。在战国时期，各国诸侯都称“王”，秦国的国君也称“王”。嬴政决定改称“**皇帝**”，自称为“始皇帝”，将来子孙继位，称二世、三世皇帝，以至千世、万世，传之无穷。他规定，只有皇帝才能自称为“朕”，皇帝的命令称“制”或“诏”，皇帝使用的玉雕大印称“玺”。全国的行政、军事、经济等一切大权，均由皇帝总揽，“天下之事无大小，皆决于上”。全国的主要官员，都由皇帝任免。军队的调动之权，也由皇帝直接控制。这样，皇帝便拥有绝对的权力，形成了君主专制的制度。

秦权——(衡)。上面刻有秦始皇为统一度量衡而下的诏书全文，开头几句是：“(秦王嬴政）廿六年（公元前221年），皇帝尽并兼天下诸侯，黔首（庶民）大安，立号为皇帝。”

秦始皇

知识阅读

皇帝的由来

秦王嬴政统一六国后，认为现今“六王咸伏其辜，天下大定”，不改变名号，“无以称成功，传后世”，便令群臣商议，选择一个合适的称号。李斯等大臣一致认为嬴政的功劳超过古代的三皇五帝。三皇当中，以泰皇(人皇)最为尊贵，建议改称“泰皇”。但嬴政并不满意，决定去掉“泰”字，留下“皇”字，再加上五帝的“帝”字，合为“皇帝”，作为自己的名号。

2

公元前3世纪晚期，罗马奴隶制共和国不断对外扩张，占领地中海几个岛屿和阿尔卑斯以南地区。这是古罗马庞贝城的农牧神祇。

公元前212年希腊大数学家阿基米得(公元前287～前212年)在叙拉古攻城战中被罗马士兵杀害。

中央集权制度的建立

为了巩固封建统治，维护国家统一，秦始皇建立了中央集权制度。

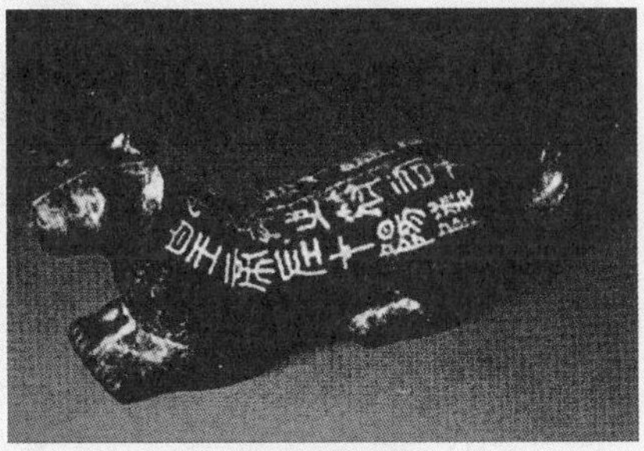

阳陵虎符

在中央，设置丞相、太尉和御史大夫。丞相主管全国政务。太尉主管全国军务，这个官职在秦朝长期空缺，其之前由皇帝直接掌握。御史大夫掌管图籍章奏，传达皇帝诏令，并监察百官。丞相之下设立诸卿，分掌朝廷和全国的各项行政事务。如宗正主管皇族内部事务，治粟内史主管农业生产，廷尉主管司法，等等。此外，还设有数十名博士。他们随侍皇帝左右，对军政大事提出建议，供皇帝决策参考。全国军政大事交由群臣议论，然后由皇帝裁决。大臣直接对皇帝负责，他们彼此分职，互相制约，便于皇帝操纵。

在地方，推行郡县制。西周时期，周天子和诸侯国在境内实行分封制，还在一些地方设置郡县。春秋时期，有些

知识阅读

虎符

虎符是一种调兵的凭证，用铜制作，呈卧虎形，背上刻有铭文。虎符分为两半，右半由皇帝保存，左半发给地方军事长官或统兵将领。阳陵虎符上的铭文为：“甲兵之符，右才(在)皇帝，左才(在)阳陵。”秦朝的制度，凡是调动五十人以上的军队，除了要有加盖御玺的调令之外，还要有皇帝掌握的右半虎符与统兵将领掌握的左半虎符合验，方才有效。

皇帝——
- 丞相　主管全国政务　——诸卿　分掌朝廷和全国各项行政事务
- 太尉　主管全国军务（空缺）
- 御史大夫　①掌管图籍章奏
  - ②传达皇帝诏令
  - ③监察百官

公元前3世纪希腊斯多葛派哲学创始人之一，哲学家克里西普斯。

公元前236年，摩揭陀奴隶制王国阿育王去世。此后，印度陷于长期分裂的状态，直至公元4世纪，才又实现局部的统一。这是阿育王时期修建的桑奇大塔。

秦始皇峄山石刻的五代摹本。其中有“乃今皇帝，壹家天下”之句。

强大的诸侯纷纷在新兼并的土地上设置县，在边远地区设置郡，由国君直接统辖，以加强控制。最初，县的范围比郡大，地位比郡重要，郡县之间并无隶属关系。战国时期，几个强国不断向外扩张势力，边郡日益扩大，地位不断提高，逐渐在郡以下设县，形成郡县两级制。郡县的设置也由边境逐步向内地发展。秦国在商鞅变法时，“集小乡、邑、聚为县”，设立三十一县。此后，在新开拓的地方都设置郡。到战国后期，各国已经较为普遍地实行郡县制，但仍保留着分封制。

秦统一六国后，经过群臣的讨论，秦始皇决定废除分封制，推行郡县制。他把全国划为三十六郡，后来增加到四十多郡。郡下辖县，每郡辖县不等，平均二十个上下。郡设郡守，县置县令或县长。郡守、县令均由朝廷任命，没有世袭特权。皇帝可直接对他们进行监察、考核、升迁或罢免。中央对地方的控制大大强化了。

此外，秦始皇还下令统一全国的文字、统一货币和统一度量衡，并修建许多条驰道，以加强中央与各地的政治、军事联系。

资料浏览

置诸侯不便

丞相(王)绾等言:“诸侯初破，燕、齐、荆(楚国的别称)地远，不为置王，毋(无)以填(通“镇”，安定之意)之。请立诸子，唯上幸许。”始皇下其议于群臣，群臣皆以为便。廷尉李斯议曰:“周文（王）、武（王）所封子弟同姓甚众，然后属疏远，相攻击如仇雠，诸侯更相诛伐，周天子弗能禁止。今海内赖陛下神灵一统，皆为郡县，诸子功臣以公(国家)赋税重赏赐之，甚足易制。天下无异意，则安宁之术也。置诸侯不便。”始皇曰:“天下共苦战斗不休，以有侯王。赖宗庙，天下初定，又复立国，是树兵(引发战争)也，而求其宁息，岂不难哉！ 廷尉议是。”

——《史记·秦始皇本纪》

公元前3世纪，印度阿育王时期阿旃陀的佛教石窟壁画。

公元前3世纪，阿育王寺庙的一根石柱顶部的四只雄狮，如今已成为印度联邦的标志。

公元前3世纪中期，帕提亚王国崛起，逐渐发展为中亚的奴隶制大国。这是帕提亚（安息）的象牙角杯。

统一的多民族国家的形成

随着封建专制中央集权制度的建立，地方集权于中央，再集中到皇帝手里，朝廷得以集中更多的人力、物力和财力，国库充盈，国力大大增强。为维护国家的统一和边境的安全，秦始皇对不断南下骚扰的匈奴发动反击战。他命大将蒙恬统率大军，击败匈奴，夺取河套地区，设置了九原郡，并让蒙恬主持在原诸侯各国修建城墙的基础上，修筑西起临洮、东到辽东的万里长城，用来抵御匈奴。秦始皇还派兵南伐百越①，统一东南和岭南地区，设置闽中郡、南海郡、桂林郡和象郡，并修建了灵渠，以沟通长江水系和珠江水系。秦朝成为中国历史上第一个统一的多民族的封建国家，是当时世界东方的一个强国。

（秦朝疆域图略）

秦朝疆域图

咸　阳　今陕西咸阳东北	闽中郡　郡治在今福建福州
辽东郡　郡治在今辽宁辽阳	南海郡　郡治在今广东广州
临　洮　今甘肃岷县	象　郡　郡治在今广西崇左
九原郡　郡治在今内蒙古包头	

资料浏览

上计制

秦朝中央对地方郡县的一个重要统治手段，是实行“上计”制。规定地方长官每年都要派“上计吏”，向朝廷报告本地的财政收入和土地、人口等数字。朝廷根据“上计”来考核郡县官吏的政绩，掌握各地的情况，借以加强对地方的控制。

① 百越，即中国古代的越族，因部落众多，故称百越。秦汉以前，分布于五岭以南和东南沿海地区，从事渔猎、农耕。

5

朝鲜早期铁器时代（公元前4世纪～公元前后）的多钮细纹铜镜。

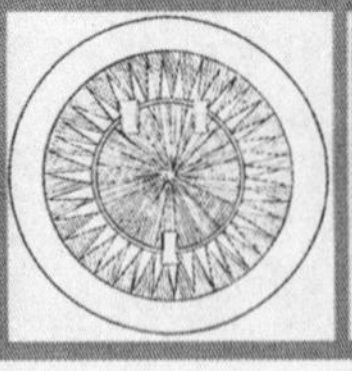

日本弥生文化时代（公元前3世纪～公元3世纪）的陶器。当时日本开始由原始社会逐渐向阶级社会过渡。

公元前300年至公元700年，北美东部森林地区处于新石器墓墩二期文化时代。这是当时的篦纹陶器。

但是，秦始皇在位期间，滥用手中的大权，对人民进行残暴的统治。秦朝的赋税徭役非常繁重。农民要将收获的三分之二以上交给国家。秦始皇大兴土木，筑长城、戍边塞、修驰道，还修建许多豪华的宫殿和规模巨大的陵墓，每年需要征调二三百万人当兵服役。民众稍有不满，即用严刑酷法加以惩处。大量农民“亡逃山林，转为盗贼”。因此，秦朝的统治只存在十多年便“二世而亡”了。

秦朝虽然二世而亡，但它建立的皇帝制度和中央集权制度，却为历代王朝沿用了两千多年。

修筑长城图

链接阅读

孟姜女哭长城

相传秦始皇修长城时，强征天下民夫。孟姜女千里寻夫，得悉其夫劳累而死，悲恸欲绝，竟哭倒了长城，最后，孟姜女投海而死。人们在其投海之处修建了孟姜女庙（今河北秦皇岛）。庙内殿门两侧还有一副非常有名的对联：“海水朝朝朝朝朝朝朝落，浮云长长长长长长长消。”“朝”、“长”两字按汉字不同读音才能读出几种不同的含意。

要点回顾

- 秦王嬴政统一六国，称始皇帝（公元前221年）。
- 皇帝制度。
- 中央集权制度。
- 郡县制。
- 统一的多民族国家的形成。

探究与思考

1.查找资料，了解西欧封建社会的中央集权制度，比较其与中国古代中央集权制度在建立时间与历史作用方面的异同。

2.撰写小论文，论述秦始皇创立的封建专制中央集权制度，对当时社会的发展所产生的积极作用和消极作用。

3.访问秦始皇兵马俑博物馆的网站，其网址为： 阅读秦始皇的相关资料，想一想有哪些制度为后来的封建王朝所继承？

6

普通高中历史课程标准实验教科书
必修课（I）　第一单元
第二课　中央集权制度的形成和影响
样　章　说　明

一、编写目的和指导思想

（一）编写目的

1．让学生通过本课的学习，掌握中国封建专制中央集权制度建立的基本史实及其影响；通过阅读课文、资料和图片，提高获取历史信息的能力；通过对专制中央集权制度建立后秦始皇活动的分析，培养运用辩证观点看待历史问题的能力。

2．让学生通过本课的学习，学会运用辩证唯物主义和历史唯物主义的基本观点和方法；培养独立思考的学习习惯，能对封建专制中央集权制度的利弊作出比较全面、科学的分析和评判；养成探究性的学习方法，善于从不同角度发现问题、分析问题，并积极探索解决问题的方法。

3．让学生通过本课的学习，明了中央集权制度的建立与统一的多民族国家形成的关系，进一步加深对中国国情的了解，增强民族自豪感和自信心。

（二）指导思想

1．认真贯彻十六大精神，坚持辩证唯物主义与历史唯物主义的基本观点和方法。

2．坚持基础性、时代性与开放性的统一。

3．力求渗透和内化新型的教与学的方式。

二、内容选取和依据

按照课程标准的要求，本课的内容旨在让学生“知道‘始皇帝’的来历和郡县制建立的史实，了解中国古代中央集权制度的形成及其影响”。根据这个要求，本课设置三个子目标题。第一个子目《秦王嬴政首创皇帝制度》，在扼要交代秦王嬴政完成对六国的统一后，点明他为适应新的统一形势，决定建立新的政治体制。然后选取他改变君主的称号、确立至高无上的君权的具体措施——称“始皇帝”，将全国的行政、军事和经济大权集中到自己一人之手。这样，既交代清楚始皇帝的来历，又点出了皇帝制度的本质——君主专制。第二个子目《中央集权制度的建立》，先点明秦始皇建立中央集权制度的目的是“巩固封建统治，维护国家统一”，然后选取他在中央设置丞相、太尉、御史大夫和诸卿，在地方实行郡县制度的具体措施，说明封建中央集权制度就是地方集权于中央、再集权到皇帝手中。第三个子目《统一的多民族国家的形成》，本目旨在反映中央集权制度对秦代政治的影响。则选取秦始皇北击匈奴、修筑长城、南平百越、修建灵渠，建立我国历史上第一个统一的多民族国家的史实，说明封建专制中央集权制度的利；又选取秦始皇滥用手中大权，实行残暴统治，导致二世而亡的具体事实，说明封建专制中央集权制度的弊。

本课依据《史记·秦始皇本纪》与秦简，并参考有关专著写成。

三、体例结构特点和栏目设计

（一）本课的体例结构力求体现选择性，安排了可供学生选择的不同层次的知识结构，以利于学生的个性发展。正文部分属于全体学生必须掌握的内容，只选取最基本的史实，用简明扼要的文字加以表述。在正文之外的“知识阅读”、“资料浏览”、“链接阅读”等栏目中，则选取一些具体、生动的资料，对正文提到的重大史事作补充说明，供学生自由阅读。如正文提到“军政大事……由皇帝裁决”，就配一幅《阳陵虎符》的图片，并在“知识阅读”栏目中用一段资料加以说明。又如正文提到皇帝可直接对主要郡县的官吏进行“监察、考核、升迁或罢免”，也在“资料浏览”栏目中用一段有关“上计”制度的资料加以说明。“要点回顾”则是要求学生掌握的重点内容。

（二）在本课的书眉处，选取了反映秦朝封建中央集权制度创建之时的埃及、罗马、印度、安息、朝鲜、日本、北美洲的历史状况的一组图片，以加强中外历史的横向比照，体现中国在当时世界上的先进地位，使学生增强民族自豪感和自信心。

（三）本课安排了三道习题。第一道要求学生先查找资料，了解西欧封建社会的中央集权制度，再比较它在建立时间和历史作用方面与中国古代中央集权制度的异同，属于学习延伸性质的习题。第二道要求学生撰写一篇小论文，利用课文所提供的史实，论述秦始皇所创的专制中央集权制度对当时社会发展所产生的积极作用和消极作用，有助于学生消化所学的历史知识，又可提高学生的分析能力和写作能力。第三道是让学生访问秦始皇兵马俑博物馆，想一想秦始皇实行的哪些制度为后来王朝所继承。

四、创新点

（一）首次在高中教材中集中论述了中国古代封建专制中央集权制度的形成及其影响。

（二）坚持用辩证唯物主义和历史唯物主义的观点分析封建专制中央集权制度的利弊，既不全盘否定，也不全盘肯定。

2

（2）普通高中历史课程标准实验教科书必修课（Ⅱ）第一单元第一课 农业的主要耕作方式和土地制度（样张之二及样张说明，存目2件）

（3）普通高中历史课程标准实验教科书选修课（二）第三章第二节 法国的《人权宣言》（样张之三及样张说明，存目2件）

（4）普通高中历史课程标准实验教科书选修课（五）第五章第二节 二里头文化及夏文明之探索（样张之四及样张说明，存目2件）

5.黑白样张及样张说明（存目8件）

6.编写提纲（存目9件）

7.各位专家对于高中历史教科书立项有关材料的意见的汇总（1件）

各位专家
对于高中历史教科书立项有关材料的
意见的汇报

张传玺、张诚、陈之骅、王宏志、陈梧桐五位专家于4月26日～5月10日审阅立项报告（1份）、编写大纲（9册）、样张（4份）、样张说明（4份）等材料计18件。本人对诸位的审阅稿，计90件提出的意见进行了归纳、分析、整理，现作如下汇报。

一、对申报材料的评价：

（一）立项报告的理论部分写的可以；

（二）思路设计不错，有自己的特点；

（三）对《课标》要求提出了自己的应对措施，有个性。

（四）涉及理论与史实的内容要严把关，不出错；

（五）对于各类文字还应进一步细加工。

二、谨慎审视的内容：

（一）内容是否与课程标准相关；

（二）新的教育理念是否得到体现；

（三）政治观点与党和政府的方针政策在提法上是否一致；

（四）历史知识传授是否利于学生能力的训练，利于对史学方法的了解和运用，利于正确的情感、态度、价值观的培养等等。

三、处理申报材料中问题的方法：

第1页

（一）亲自动笔，做具体修改；

（二）指出问题，由我们自己修改；

（三）与我们商量，由我们酌定；

（四）交给我们方法：应该如何修改，甚至告诉我们：编写目的、指导思想与主要特点应当如何界定等等。

总之，各位专家从理论到实际，从宏观到具体都提出了非常珍贵的意见。（详见材料）如对于“立项报告”不仅提出了修改原则，而且还亲自修改达几十余处。对于各册编写大纲、样张不仅告诉我们应该怎样立子目，而且还指出怎样利于编写时操作。对于所有材料都尽其所能仔细推敲，慎重修改，是非常务实的。

我本人对于各位专家的意见都认真聆听了，并进行了学习、思考、比较研究、热线请教和资料查阅，不敢粗心和懈怠，经过消化和理解，现已汇改完毕。遗憾的是仍有达不到的高度和水准，请斧正。

张惠芝

2003 年 5 月 30 日

第 2 页

8.普通高中历史课程标准（实验）教科书送审报告（1件）

普通高中历史课程标准（实验）教科书
送审报告

我们的《高中历史课程标准实验教科书的立项报告》被批准后，根据教基材室[2003]145号文件《关于同意立项编写普通高中实验教材的通知》要求，立即组织作者、编辑、审读、校对队伍，投入编写等项工作。经过半年多的努力，已编印出五册教科书〔必修课程历史（Ⅰ）、历史（Ⅱ）、历史（Ⅲ）〕、选修课程（一）、选修课程（三）〕和一册教师用书〔必修课程历史（Ⅰ）〕。现送审，并将编写宗旨、编写目的、总体设计、体系结构和体例作如下汇报：

一、编写宗旨

（一）认真贯彻党的十六大精神和“三个代表”重要思想，坚持以马克思主义的辩证唯物主义和历史唯物主义为指导，正确阐述人类历史发展的基本规律和重大问题。使学生对于重要的历史人物、历史事件、历史现象和历史发展的基本规律有一个比较清晰的认识，并了解人类丰富的文化遗产。

（二）从素质教育出发，打破传统学科体系对历史教学的束缚，在课程体系建构与内容选择上，坚持基础性、时代性与开放性的统一，贴近现代社会，贴近现实生活，贴近学生生活，以培养学生探究历史问题的能力和实事求是的科学态度，培养创新精神、实践能力以及适应现代社会需要的基本素养，为学生的终身学习奠定扎实的基础。

（三）注重教师教学方式的转变，立足于以学生发展为本的现代教育理念，把历史教育的社会教育功能与学生发展的教育功能结合起来。注意激发学生的学习兴趣，引导学生实现学习方式的根本转变，主动参与，乐于探究，积极实践，勇于创新，在学习掌握基本历史知识的过程中，提高阅读能力和获取历史信息的能力。培养独立思考、发现问题、分析问题和解决问题的能力。

（四）体现历史知识的整体性和综合性，力求由单向性知识传递方式的平面结构向多向性信息传递方式的立体结构转变；注意历史发展的纵向与横向、历史与现实、中国与世界的联系；注重历史学科与其他社会学科以及自然科学的联系，进行环境意识与审美意识的教育。

（五）反映历史研究的最新进展，注意吸收学术界公认的国内外历史学和考古学的新成果，为学生建构开放性的学习环境，提供多渠道的获取知识并加以综合运用的机会。

二、编写目的

1. 进入21世纪，世界上许多国家和地区加快了向现代社会迈进的步伐，基础教育的改革成为世界性的潮流。我国目前已进入全面建设小康社会的阶段，基础教育的改革也已全面启动。随着形势的发展，我们的目的是编写一套适应时代发展需要，有助于学生完备知识结构、提高综合素质的全新的普通高中历史教科书。

2. 根据素质教育的要求，按照《基础教育课程改革纲要(试行)》的精神和《普通高中历史课程标准(实验)》的规定，我们编写的教科书注重给学生设计可供选择的不同层次的知识结构、不同类型的内容模块，以利于学生个性的发展；在体系和内容的编排中渗透和内化新型的教与学的方式，为教师灵活运用多样化的教学手段和方法，为学生实行自主性的探究式的学习，创造必要的条件。

3. 本教科书的编写根据历史学科和历史教学的特点，力求全面发挥历史教育的功能，使学生树立正确的世界观、人生观和价值观，增强民族自豪感和历史责任感，逐步形成开放的全球意识、环境意识和国际视野，确立为祖国社会主义现代化建设、为人类和平与进步事业作贡献的人生理想。

4. 本教科书的编写，还针对文、史、哲不分家的特点，打破历史与语文、地理、艺术及某些自然科学彼此割裂的传统的编写模式，将中国历史放在世界大历史、大文化的背景中去考量，让学生了解中国历史在世界历史、世界文化发展中的地位和作用；同样，世界历史又放在中国历史、中国文化的背景下来观照，使“中国历史”成为打通世界大历史、大文化的教材，使“世界历史”成为打通中国历史和中国文化的教材。

三、总体设计

（一）书眉与正文内容形成鲜明的中外对照

2

本教科书力求打破传统学科体系的束缚，拓展课程资源。除按专题采取中外合编的方式进行编写外，还在各课书眉位置开辟专栏：在正文叙述中国史的内容时，置放同时期的外国史事和文化的有关图片和说明文字；在正文叙述外国史的内容时，置放同时期的中国史事和文化的有关图片和说明文字，以加强中外历史、中外文化的联系，反映中国在世界历史上的地位。试图通过一种立体化的对比方式，勾勒历史发展的进程，借以传导一种全新的解读历史的新观念、新方式，开启学生辐射思维、深度思维的空间。如在必修课程历史（Ⅱ）第一课《农业的主要耕作方式和土地制度》的书眉中就置放了同一时期的古埃及、古巴比伦、古罗马及古代日本的农具及耕作状况的一些图片，以加强中外历史联系。

（二）栏目设计各具特色

本教科书在结构上作了重大改变。设计具有不同功能的阅读栏目，以改变传统教科书的呈现方式，每个栏目的设计都有明确的功能和要求。《资料浏览》置放原始资料，引导学生自主学习，辨析史料，读史明理，树立正确的唯物史观、实事求是的科学态度。如必修课程历史（Ⅰ）第十课《新民主主义革命的兴起》中设置了《北京学界全体宣言》的《资料浏览》栏目：

《北京学界全体宣言》

务使全国工商各界，一律起来设法开国民大会，外争主权，内除国贼，中国存亡，就在此一举了！今与全国同胞立两个信条道：

中国的土地可以征服而不可以断送！

中国的人民可以杀戮而不可以低头！

国亡了！同胞起来呀！

《知识阅读》介绍与课文相关的知识，给予学生纵横的多层面的知识拓展，培养独立思考、分析问题、解决问题的能力。如在必修课程历史（Ⅱ）第一课《农业的主要耕作方式和土地制度》中讲到“牛耕”时，正文里只对“牛耕”一词一带而过，因此我们设计了“牛耕的出现”的《知识阅读》栏目：

牛耕的出现

至迟在春秋末年，牛耕已经出现。孔子的弟子司马耕字子牛，冉耕字伯牛，《论语》中更出现了“犁牛”的名词，说明当时牛耕已很普遍。山西浑源县李峪村战国晋墓出土过一件牛尊，牛鼻上穿有铁环，也说明当时的牛已被牵引，用来从事耕作。

《链接阅读》是对课文史实的进一步补充与叙述，展现丰富的历史文化遗产，给予文学、艺术、科技等方面的学科知识，培养学生正确的世界观、人生观、价值观。如在必修课程历史（Ⅲ）第五课《古代中国的科技成就（二）》中的“独具特色的古典建筑”一目下，讲到建于隋朝的赵州桥时设置了“中外石拱桥对比”的《链接阅读》栏目：

中外石拱桥对比

欧洲现存意大利最早的石拱桥——罗马圣马丁拱桥建于中国赵州桥五六百年之后；法国罗纳河上的古石拱桥和东英吉利最早的石拱桥，建于公元13世纪末。

《学术窗口》介绍学术界对课文所述史实的各种不同评论、观点或最新研究动态。引导学生大胆质疑，主动探究，发现问题，培养其批判性思维与创新能力。如在必修课程历史（Ⅱ）第一课《农业的主要耕作方式和土地制度》一课中介绍了关于中国封建土地所有制存在的不同观点的《学术窗口》：

关于中国封建社会的土地所有制，学术界存在不同的观点

1. 土地国有制始终占居主导的地位。

2. 秦汉到魏晋南北朝，土地国有制占主导地位，此后地主土地所有制才确立其支配地位。

3. 存在着土地国有制、大土地所有制、小土地所有制和残余的村社土地所有制等几种不同的形式。

4. 地主土地所有制处于支配的地位。

《要点回顾》根据课程的要求，列出学生必须掌握的知识要点，以达到拓宽历史知识，延伸阅读深度的目的。如在必修课程历史（Ⅱ）第一课《农业的主要

4

耕作方式和土地制度》中的《要点回顾》一栏里，就为学生提供了六个知识要点：

- 火耕（刀耕、刀耕火种）
- 耜耕（锄耕）
- 铁犁牛耕
- 氏族公社土地所有制
- 奴隶主贵族土地国有制
- 封建土地所有制

（三）多样化的呈现方式，为教与学留有充分的空间

1.教科书内容采用多样化的呈现方式，并安排多层次、多类型的思考题和活动课，为教师转变教学方式创造条件，并为创造性的教学留下充分的空间。

2.教科书的内容分为两大部分，正文要求学生必须掌握，其他部分均不作统一要求，为学生留下足够的自主性和探究性学习的空间，以利于其个性和特长的发展。

(四)克服专业化、成人化倾向，增强可读性

高中学生的抽象辩证逻辑思维已相当发展，心理特征和认知水平与初中学生有很大不同，但毕竟仅仅具备成人的部分特点，因此，在编写高中教科书时就特别注意克服单纯讲究抽象思维的成人化倾向，也要防止一味减少抽象理念、概念，知识浅化与能力要求过于低化的倾向。本教科书正文部分，在文字表述上注意准确性和生动性；阅读栏目文字生动活泼，增加本学科和相关学科的知识点，讲究典型性和趣味性；在史论的处理上，做到论从史出，史论结合，避免空发议论。

（五）采用“以诗证史”、“诗史互证”的编写方法

采用“以诗证史”、“诗史互证”的编写方法。中国诗歌，包括散文多有写实因素，正如史学大师陈寅恪所言：“中国诗与外国诗不同之处，是它多具备时、地、人等特点，有很大的史料价值，可用来研究历史并补历史书籍之缺。”所以在《链接阅读》中，注意选录同历史时期的诗歌或散文。一是对所学历史知识的补充，二是增加对语文学科相关知识的了解。这样便打通了历史和语文学习的内在联系，可以更多地培养学生善于比较的新的思维方法。如在必修课程历史（Ⅱ）

5

第一课《农业的主要耕作方式和土地制度》中引用《诗经·豳风·七月》:

《七月》

……

三之日于耜(正月里来修农具),

四之日举趾(二月里来去耕地)。

同我妇子(女人孩子一起干),

馌(yè)彼南亩(送饭到那田垄边),

田畯(jùn)至喜(监工的田官高兴哩)。

（六）版式设计体现个性化

每课（页）版式由书眉、正文、阅读文字和插图四部分组成。书眉底色随章节内容渐变，且文图自成体系，形成某一主题，与正文、阅读文字呈上下鲜明对比形式，占版面的1/8，这是以往任何初高中历史教科书所没有的。正文内容、阅读文字和插图的编排活而有序，有效地避免了以往历史教材版式设计或古板或凌乱的弊病。采用多向性信息传递方式的立体结构，图文互动，追求内容与形式的完美结合，以激发学生的学习兴趣，增加直观性，加深对课文的理解，提高审美情趣。

四、体系结构

1. 全套教科书均中外合编。采用叙事体。分正文与阅读文字（包括资料浏览、知识阅读、链接阅读、学术窗口、要点回顾等五个栏目）两大部分。书眉位置设置若干与正文内容相关的古今中外图片和文字说明。

2. 全套教科书由必修课程和选修课程两大部分构成。本次送审的必修课程为历史(Ⅰ)、历史(Ⅱ)、历史(Ⅲ)三个学习模块，包括25个古今贯通、中外关联的学习专题，分别反映人类社会政治、经济、思想文化与科学技术等领域的重要历史内容。每个模块各编成一册书，为学生必须学习的基本内容。选修课程送审的是（一）《历史上重大改革回眸》和（三）《20世纪的战争与和平》两个模块，

6

包括15个中外关联的学习专题，每个模块各编成一册书。

3. 必修课程每个专题设一单元，单元之下设课，课下设目。选修课程每个专题设一章，章下设节，节下设目。分别从不同角度或层次对学习专题进行讲述。

4. 必修课程和选修课程每册均编至32个课时，另有两个探究活动课、两个机动课时，供教师自行安排。

五、体例

1. 必修课程和选修课程的正文部分占每页版面的3/5，插图和阅读资料占2/5。正文部分是要求学生必须掌握的内容；阅读部分供学生自学，旨在扩充知识，开阔视野，不属于基本要求。

2. 在必修课程和选修课程的每个单元或每章前均开列探究提示，点明该学习专题所要探究的主要问题。

3. 必修课程每课及选修课程每节的开头，均设内容提要，概括本课或本节的主要内容和需要探索的问题。并置放一幅相关图片，以引导学生进入有关内容的学习。

4. 课文中穿插相关的历史彩图、黑白图片、地图、图表等，做到图文并茂。每页书眉置放二幅图片(课文叙述中国史事，配以同一时期的外国史事图片；叙述外国史事，配以同一时期的中国史事图片)，以加强中外史事的比照。

5. 必修课程每课和选修课程每节之后，均设有供学生探索与思考的习题，题型多种多样，并多具开放性，旨在锻炼学生的历史思维和分析问题、解决问题的能力。

6. 每册最后还附有《部分词汇中英文对照表》、《推荐书目》、《推荐网站》，以供学生参考、阅读和浏览。

7. 必修课程与选修课程教科书幅面尺寸采用GB/T 788——1999表中的B5型，按国际最新出版理念排印，做到版式新颖，图文互动，具有强烈的可读性和可视性。

8. 我们还编写以教师为对象的并与教科书相配套的教学参考书。教学参考书除了告诉教师如何更好地使用教科书外，还帮助教师树立现代课程观、教学观和学生观，改革旧的教学思想，树立新的教学理念。

9.高中历史教科书立项申报小结（草拟）（1件）

9. 高中历史教科书立项申报小结

（草拟）

2003年2月至4月底基本完成了立项报告、中外教材分析比较、样张、样张说明、编写大纲等各种材料的准备。同时建立了一支比较稳定的、高水平的作者队伍及编辑、审稿、校对队伍等。

4月底将样张、提纲等分别送至11位各类专家审查。5月底汇总了专家意见，开始了样张、提纲的修改工作。5月16日主编王亚民在汇报会上肯定：立项材料“总体不错“。6月12日向主编王亚民再次汇报，主编最后定稿。6月14日，大象出版社耿相新总编辑来石审阅各种材料，表示满意，并提出四点意见：色调再做调整；二里头文化刻画符号要准确；《四库全书》封面颜色不能有误；第二课中的一幅图可考虑调换等等。根据上述意见，均做了必要修改。

总起来说，这次立项能够被批准，有以下三方面原因：

一、 **调研是成功的基础**

在选题产生之前，要把各种调查做到底；将各种信息尽量搜集齐全；做到心中有数。

（一）向书本、资料信息做调查

1.学习课标，认识课标，研究课标；

2.找到国内各家教材，包括港台教材和发达国家教材做分析比较；明了他们的共性和个性，往往在个性上见创新，见突破；

3.了解初中历史教材有几家申报，几家获准，找来几家申报材料看看，包括成功的、失败的都要看，进行分析比较，扬其长，避其短；

（二）向各方人士做调查

我们采用专访、座谈、请人报告等形式向顶尖的、权威人士如史学家、史学理论家、课程理论家、课标组专家、教材专家（撰稿者、审稿者）、特级教师、教研员等做方方面面的调查，获取很多真知灼见。

二、寻找创新点，体现个性

总体设计独特，做出与别人不同的东西来，给人以新鲜感，在内容与版式上有所突破。

（一）从内容上，搞中外对比；

（二）从版式上，将对比的内容置于书眉的位置，这是以往历史教材所没有的，可说是独树一帜，起到良好的效果；

（三）从编写上，打通历史学与文学、政治学、经济学、军事学、社会学、哲学、地理学、法学、心理学、美学、环境学、自然科学的界线，拓展视野。

三、组织高水平的作者、编辑、校对、审稿队伍

（一）选择作者要具备以下四方面素质：

1.理论功底：史学理论和教学论、课程论理论；

2.专业功底：对中国历史，或国别历史，或断代史有专门研究；

3.实践功底：编写过教材，至少教过书；

4.文字功底：语言文字要流畅简洁。

（二）编辑队伍

资深历史编辑参与初、复、终审，把好知识关、文字关。

（三）校对队伍

组织富有专业知识、校对技能的人员参与校对工作，做到层层把关，确保质量。

（四）审稿队伍

审稿人员的选择除照顾到中国史、外国史的专业人员外，特别注重从各个不同层面分别选择搞理论的，搞教材、教法的，搞历史地图的，参与教材审查的人员来进行不同切入点的审查，力求达到书稿的完美无缺。

这次高中历史教科书申报立项通过了，总起来说是因为大象出版社的领导者和编者有信念上的追求，态度上的认真，运作上的规范，方法上的细腻，这是顺利通过的重要保障。

高中历史教科书编写组

2003年7月16日

四、编辑宗旨（20种22件，其中存目8件）

1.材料之一　普通高中历史课程标准实验教科书编写方案（征求意见稿）（1件）

材料之一

普通高中历史课程标准实验教科书
编 写 方 案
（征求意见稿）

一、编写宗旨

1. 贯彻党的十六大精神，以马克思主义的辩证唯物主义和历史唯物主义为指导，正确阐释人类历史发展的基本规律和重大问题，使学生对于重要的历史人物、历史事件、历史现象和历史发展的基本规律有一个比较清晰的认识，并了解人类丰富的文化遗产。

2. 从素质教育出发，打破传统学科体系对历史教学的束缚，在课程体系建构与内容选择上，坚持基础性、时代性与开放性的统一，贴近现代社会，贴近现实生活，贴近学生生活，以利于培养学生的科学精神和人文素养。

3. 立足于以学生发展为本的现代教育理念，注意激发学生的学习兴趣，引导学生实现学习方式的根本转变，主动参与，乐于探究，积极实践，勇于创新，在学习、掌握基本历史知识的过程中，提高阅读能力和获取历史文化信息的能力，培养独立思考、发现问题、分析问题和解决问题的能力，为其进入社会和或升入高一级学校深造奠定基础。

4. 体现历史知识的整体性和综合性，力求由单向性知识传递方式的平面结构向多向性信息传递方式的立体结构转变；注意历史发展的纵向与横向、历史与现实、中国与世界的联系；克服基础教育科目林立、知识割裂的弊端，注重历史学科与其他社会科学以及自然科学的联系，进行环境意识和审美意识教育。

5. 反映历史研究的最新进展，注意吸收学术界公认的国内外历史学和考古学的新成果，为学生构建开放的学习环境，提供多渠道获取知识并加以综合应用的机会，培养其创新精神和实践能力。

二、编写目的

1. 进入21世纪，世界上许多国家和地区加快了向现代社会迈进的步伐，基础教育的改革成为世界性的潮流。我国目前已进入全面建设小康社会的阶段，基础教

1

育的改革也已全面启动。随着形势的发展，编写适应时代发展要求，有助于学生完备知识结构、提高综合素质、获得全面发展的新的普通高中历史教科书，已是刻不容缓。

2. 根据素质教育的要求，按照《基础教育课程改革纲要(试行)》的精神和《普通高中历史课程标准(实验)》的规定，我们计划编写的普通高中历史教科书，力求坚持基础性、时代性和开放性，选取基础的、科学的、发展性的而又贴近社会现实生活的历史知识，以培养学生探究历史问题的能力和实事求是的科学态度，培养创新精神、实践能力以及适应现代社会需要的基本素养，为学生的终身学习奠定扎实的基础 ；力求体现选择性，设计可供选择的不同层次的知识结构、不同类型的内容模块，以利于学生个性的发展；在体系和内容的编排中渗透和内化新型的教与学的方式，为教师灵活运用多样化的教学手段和方法，为学生实行自主性的探究式的学习，创造必要的条件。

3. 教科书的编写要根据历史学科和历史教学的特点，全面发挥历史教育的功能，使学生树立正确的世界观、人生观和价值观，增强民族自豪感和历史责任感，形成开放的全球意识和国际视野，确立为祖国社会主义现代化建设、为人类和平与进步事业作贡献的人生理想。

4. 教科书的编写，还要针对文、史、哲不分家的特点，打破历史与语文、地理、艺术及某些自然科学彼此割裂的传统的编写模式，将中国历史放在世界大历史、大文化的背景中去考量，让学生了解中国历史在世界历史、世界文化发展中的地位和作用；同样，世界历史又放在中国历史、中国文化的背景下来观照，使“中国历史”成为打通世界大历史、大文化的教材，使“世界历史”成为打通中国历史和中国文化的教材。

三、总体设计

现代基础教育的教材，其类别是多种多样的，但教科书是教材的核心构成部分。因此我们拟定编写的高中历史教科书，按照课程标准的要求，围绕人类历史上的若干重大问题进行深入浅出的解析，揭示历史发展的整体性和规律性，力求有所突破和创新，其设计具有以下特点：

（一）书眉与正文内容形成鲜明的中外对照

本教科书力求打破传统学科体系的束缚，拓展课程资源。除按专题采取中外合

2

编的方式进行编写外，还在各课书眉位置开辟专栏：在正文叙述中国史的内容时，置放同时期的外国史事和文化的有关图片和说明文字；在正文叙述外国史的内容时，置放同时期的中国史事和文化的有关图片和说明文字，以加强中外历史、中外文化的联系，反映中国在世界历史上的地位。比如在编写夏、商、周历史时，有意与同一时期的世界文明古国作有意义的链接对比等。试图通过一种立体化的对比方式，勾勒历史发展的进程，借以传导一种全新的解读历史的新观念、新方式，开启学生辐射思维、深度思维的空间。

（二）栏目设计各具特色

本教科书准备在结构上作重大改变。设计具有不同功能的阅读栏目，以改变传统教科书的呈现方式，每个栏目的设计都有明确的功能和要求，以达到拓宽历史知识，延伸阅读深度的目的。（见“阅读栏目一览表”）。

阅读栏目一览表

栏目名称	内 容	目 标
资料浏览	原始资料	自主学习，辨析史料，读史明理，树立正确的唯物史观、实事求是的科学态度。
知识阅读	延伸探究	以学生自主学习为本，给予纵横的多层面的知识拓展，培养独立思考、分析问题、解决问题的能力。
学术窗口	参与争鸣	介绍学术界的不同观点，或反映历史文化研究最新进展及动态，引导学生大胆质疑，主动探究，发现问题，培养其批判性思维与创新能力。
链接阅读	拓展视野	展现丰富的历史文化遗产，给予文学、艺术、科技等方面的学科知识，培养学生正确的世界观、人生观、价值观，形成全球意识、环境意识和国际视野。
要点回顾	知识要点	继承传统学科基础教育之所长，根据课程的要求，列出学生必须掌握的知识要点，以巩固学习成果。

（三）多样化的呈现方式，为教与学留有充分的空间

1. 教科书内容采用多样化的呈现方式，并安排多层次、多类型的思考题和活动课，为教师转变教学方式创造条件，并为创造性的教学留下充分的空间。

2. 教科书的内容分为两大部分，正文要求学生必须掌握，其他部分均不作统一要求，为学生留下足够的自主性和探究性学习的空间，以利于其个性和特长的发展。

3

(四)克服专业化、成人化倾向，增强可读性

高中学生的抽象辩证逻辑思维已相当发展，心理特征和认知水平与初中学生有很大不同，但毕竟仅仅具备成人的部分特点，因此，编写高中教科书就要注意克服单纯讲究抽象思维的成人化倾向，也要防止一味减少抽象理念、概念，知识浅化与能力要求过于低化的倾向。本教科书正文部分，在文字表述上注意准确性和生动性；阅读栏目文字生动活泼，增加本学科和相关学科的知识点，讲究典型性和趣味性；在史论的处理上，做到论从史出，史论结合，避免空发议论。

（五）采用“以诗证史”、“诗史互证”的编写方法

采用“以诗证史”、“诗史互证”的编写方法。中国诗歌，包括散文多有写实因素，正如史学大师陈寅恪所言：“中国诗与外国诗不同之处，是它多具备时、地、人等特点，有很大的史料价值，可用来研究历史并补历史书籍之缺。”所以在“链接阅读”中，较多地选录同历史时期的诗歌或散文。一是对所学历史知识的补充，二是增加对语文学科相关知识的了解。这样便打通了历史和语文学习的内在联系，可以更多地培养学生善于比较的新的思维方法。

（六）版式设计体现个性化

每课（页）版式由书眉、正文、阅读文字和插图四部分组成。书眉底色随章节内容渐变，且文图自成体系，形成某一主题，与正文、阅读文字呈上下鲜明对比形式，占版面的八分之一，这是以往任何初高中历史教科书所没有的。正文内容、阅读文字和插图的编排活而有序，有效地避免了以往历史教材版式设计或古板或凌乱的弊病。采用多向性信息传递方式的立体结构，图文互动，追求内容与形式的完美结合，让学生喜读爱看。

四、体系结构

1. 全套教科书均中外合编。采用叙事体。分正文与阅读文字（包括资料浏览、知识阅读、链接阅读、学术窗口、要点回顾等五个栏目）两大部分。书眉位置设置若干与正文内容相关的古今中外图片和文字说明。

2. 全套教科书由必修课和选修课两大部分构成。必修课分为历史(Ⅰ)、历史(Ⅱ)、历史(Ⅲ)三个学习模块，包括二十五个古今贯通、中外关联的学习专题，分别反映人类社会政治、经济、思想文化与科学技术等领域的重要历史内容。每个模块各编成一册书，为所有高中学生必须学习的基本内容。选修课分为历史上重大改革回眸、近代社会的民主思想与实践、20世纪的战争与和平、中外历史人物评说、探索历史的奥秘、世界文化遗产荟萃等六个学习模块。每个模块各编成一册书，学生可根据自己的兴趣，任选其中的若干册，但不得少于三册。

3. 必修课每个专题设一单元，单元之下设课，课下设目，若干单元设一活动课。其中历史（Ⅰ）、历史（Ⅱ）各设四个活动课，历史(Ⅲ)设五个活动课。选修课每个专题设一章，章下设节，节下设目。若干章设一活动课。每册各设两个活动课。

4. 必修课和选修课每册均编至三十四课时（包括活动课），留下两个课时的机动时间，供教师讲授地方史和民族史。

5. 课程资源的开发利用。教科书是以学生为对象的“学本”。另外，我们还拟编写以教师为对象的并与教科书相配套的“教本”，即教学参考书。“教本”的编写，除了告诉教师如何更好地使用教科书外，还要帮助教师树立现代课程观、教学观和学生观，改革旧的教学思想，树立新的教学理念。同时，拟编写成套的教案、地图册、课外读本、音像资料等。并建立相关网站，为师生提供相应的资料和信息。

五、体例

1. 必修课每课及选修课每节的开头，均设内容提要，并置放一幅相关图片，以引导学生进入有关内容的学习。

2. 必修课和选修课的正文部分占每页版面的五分之三，插图和阅读资料占五分之二。正文部分是要求学生必须掌握的内容；阅读部分供学生自学，旨在扩充知识，开阔视野，不属于基本要求。

3. 课文中穿插相关的历史彩图、黑白图片、地图、图表等，做到图文并茂。每页书眉置放二至三幅图片（课文叙述中国史事，配以同一时期的外国史事图片；叙述外国史事，配以同一时期的中国史事图片），以加强中外史事的比照。

4. 必修课每课和选修课每节之后，均设有供学生探索与思考的习题，题型多种多样，并多具开放性，旨在锻炼学生的历史思维和分析问题、解决问题的能力。

5. 必修课和选修课每册之后，都附有大事年表、相关的优秀历史读物及国内主要历史网站名录。

6. 必修课与选修课教科书幅面尺寸采用GB/T 788——1999表中的B5型，按国际最新出版理念排印，做到版式新颖，图文互动，具有强烈的可读性和可视性。

5

2.材料之二 普通高中历史课程标准目标实施细则（征求意见稿）（1件）

材料之二

普通高中历史课程标准目标
实 施 细 则
（征求意见稿）

教育部2003年4月颁发的《普通高中历史课程标准(实验)》从知识与能力、过程与方法和情感态度价值观三个不同层面规定了历史课的总体目标。课程目标既是教育教学的出发点和归宿，又是教材编写的准则和指南。为了保证切实落实《标准》规定的总体目标，根据已有的研究成果，并借鉴其他国家和地区的改革经验，我们进一步把总体目标予以细化，以利于更好地落实《课标》的精神实质，力求体现辩证唯物主义哲学、素质教育的目标、终生教育、创新教育、科学教育与人文教育结合、统一性与多样性结合、爱国思想与国际意识结合等理念。

根据《标准》的规定，历史学科的课程目标总体系包括三个目标体系：一是基本知识与基本技能目标体系；二是过程、方法、能力目标体系；三是情感、态度、价值观目标体系。这三个不同层面的目标体系既有不同的具体内容和教育功能，又是相辅相成的，第一层面的目标是后两个层面目标达成的基础，第二个层面目标的核心是能力教育，第三个层面目标的核心是人文精神教育。

一、知识、技能与能力目标

(一)基本知识目标：

从教育心理学来说，知识、技能和能力之间的关系既是密切相关的，又各不相同，知识是人对历史客体的认识，技能是指掌握的熟练程度，能力是指人的心理特征，知识和技能是形成能力的基础，能力是获取知识和技能的工具。

我们按历史对象的性质可划分为以下三种类别：

(1)对历史人物、历史事件的认识与掌握。

(2)对历史概念的认识与掌握。

(3)对历史发展的基本线索的认识与掌握。

同时，为了更好地落实课程标准的规定，我们又把对知识的掌握按照认知程度的高低分成三级水准，并设计习题进行不同水准的培养。这三级水准为：

(1)初级水准：感知、领会、记忆获得的信息，使其成为个人的知识。

(2)中级水准：学生依靠教师提供的范例，在相似的情境下，运用知识，经过反复再现，把知识转化为技能、技巧。

(3)高级水准：学生在新情境下，独立运用知识，获得创造性运用知识的经验，形成能力和价值观。

(二)基本技能、技巧目标

(1)形成时空概念。

(2)学会计算年代。

(3)识别与使用历史图表。

(4)阅读理解历史材料。

(5)以口头表述、书面表述、图表制作等形式反映历史思维。

(6)初具历史想象、知识迁移以及归纳、分析、判断等技能。

(三)历史学科的能力目标

历史学科能力，包括历史想象能力；一般能力和学科特殊能力；复现能力和创造能力；知识迁移能力；归纳、分析、判断、比较能力；评价、论证能力，等等。而各种能力的核心是历史思维能力。要有效地培养学生的历史思维能力，尤其是创造性历史思维能力，就必须使他们学会运用科学的认识方法和观点去分析历史，其中最重要的就是运用辩证唯物主义和历史唯物主义理论以观察分析历史现象和历史过程。因此，历史教材不仅要讲授历史知识，还应该把历史哲学的某些理论方法作为教学的主体内容纳入教材，贯穿于教学全过程。历史哲理的掌握是培养能力的最有效途径。我们确定把以下22个方面的历史哲理纳入教材体系。

1、历史客体的各种原因与结果

2、历史发展的必然性和偶然性

3、历史发展中的新事物与旧事物

4、历史客体的发展阶段性

5、历史客体的时代性

6、历史记载中的主体意识渗透

7、历史发展的多样性与统一性

8、历史发展的总趋势与曲折性

9、历史发展中的量变与质变

10、历史客体的现象与本质

11、历史客体的形式与内容

12、历史变革中的继承与发展

13、社会存在决定社会意识

14、生产力与生产关系

15、经济基础与上层建筑

16、历史前进中的主要矛盾和次要矛盾

17、对历史客体的评价

18、民族意识

19、国际意识

20、环境意识

21、评定历史客体对其后历史影响意义

22、吸取历史经验教训

二、过程与方法目标

(一)过程目标

历史学科的过程类别基本可分为三种：历史本身的发展过程；历史教学过程；学生认知过程。

1、历史发展过程

历史发展过程是凝固的不可改变的，而且是千头万绪的，很难使学生逐一了解。我们拟通过叙事体的教科书使学生掌握历史的发展脉络。

2、历史教学过程

教科书建设要以学生为主体，充分运用归纳法，以有利于师生互动和学生掌握研究问题的方法和能力。

3、学生认知过程

学生的认识过程是一个从感知历史对象、积累历史知识到运用历史知识的发展过程，应该是主动的，而不是消极的。因此，历史教材的编写要有利于实行探究性学习，倡导建构主义，培养学生的创新精神。

（二）方法目标

根据历史学科和历史思维的特点，结合中学生的认知水平，需要学生了解或掌握的历史认识的一些主要方法有考古学方法，历史比较法，类比法，逆推论法，文献图表公式概括法，史料分析法，根据部分重构整体、根据整体确定部分法，统计法，语言学法，辩证思维方法等。

三、情感态度与价值观目标

情感态度和价值观目标是最高层次的目标，我们具体细化成以下十三个方面，以贯穿历史教科书的编写全过程。

(一)个人与社会

(二)个人与祖国

(三)自我与他人、自我与群体

(四)人格意识与自主精神

(五)真诚与守信

(六)意志与胸怀

(七)自省与自律

(八)情操与气节

(九)民主法治与公民意识

(十)崇尚科学与勇于创新

(十一)审美意识与理想追求

(十二)开放态度与全球观念

(十三)人类与自然

4

3.材料之三　普通高中历史课程标准实验教科书和教学参考书编写要求（征求意见稿）（1件）

材料之三

普通高中历史课程标准实验教科书和教学参考书
编 写 要 求
（征求意见稿）

一、严格依据教育部《普通高中历史课程标准（实验）》的目标内容和课时时数进行历史教科书的编写。

二、严格遵循大象出版社《普通高中历史课程标准实验教科书编写方案》的有关要求，切实有效地实现历史课程在知识与能力、过程与方法、情感态度与价值观等方面的教育目标。

三、执行大象出版社《普通高中历史课程标准目标实施细则》。

四、撰稿原则旨在突出探究性、启发性、时代性、开放性和注意与现实生活、与学生经验、与其他学科有机的综合性的联系。教科书要给教师一个灵活的教育空间，给学生一个健全人格，发展个性的空间。

五、根据《课标》和各册《编写提纲》撰稿，不得擅自偏离。

六、原始资料的选用要引自权威版本（注明版本、版次），可用在课文的主体部分，也可用在阅读部分，译成白话或加按语提示，或提出探究性问题均可。不得用转引的资料。成稿后对于所用资料必须再行核对不得有误。原始资料选用数量：各章（单元）至少选用二~三段，不必一课一段。

七、知识拓展的范围和深度。所谓知识拓展，就是加强本学科知识和其他学科知识最大限度的横向联系。如与政治学、经济学、社会学、军事学、哲学、法律学、考古学、地理学、心理学、文学、美学，等等学科知识的联系。以打破传统的历史学科的封闭体系。所谓知识拓展深度，就是要给予学生高含量的历史知识和设法加深学生对于历史知识的理解。

八、史实不能出现政治性、知识性、科学性和句式、句法等方面的错误。

九、撰稿内容，一要吸纳近年来史学报刊、新著和考古发掘的最新成果，不能照搬诸史学家的著作稿和其他的通史稿；二要吸纳教育研究新成果如建构主义和多元智力的理论。完成书稿应当是所选材料向教材转化的再创造过程，是个人睿智的体现。

十、科学、恰当、适量的引用[redacted]经典论述，不宜过多，也不能没有。

十一、克服专业化、成人化倾向，行文要流畅、生动、活泼、有趣，诱发学生对社会、对历史的热爱情怀。

十二、每册教科书 20~22 万字，分为 36 个课时进行编写，含 2 个机动课时。每课字数 6000~6200 字，正文是课文主体内容，占版面五分之三，每页约 800~900 字，插图和阅读文字占版面五分之二，每页约 150~200 字。正文与阅读文字是相辅相成的；正文反映的内容与书眉的文图所反映的内容，也是密不可分的关系，一人完成，还是两人合作完成，都必须在一个统一思想指导下密切合作完成。

十三、文稿作者配置（或由他人配置）插图（草图）和地图（草图）及文字说明（以时间、人物、过程、意义、价值为序行文）。正文插图、书眉插图每页各二~三幅。大部分用搜集到的图片，极个别的重新绘制。图中文字，特别是地图中的文字必须反复核对，求得完全准确。地图的设计是将古代历史地图直接套在现今的地图之上，让学生以今天的地图为背景，去认识过去，这不仅利于突破古代史教学的难点，还有利于学生空间想像力的培养。

十四、必要的注释采用页下脚注的形式出现。

十五、数字用法。凡世纪、年代、公元纪年用阿拉伯数字外，其他统计数字一般用汉字表示。

十六、世界史部分，人名、地名、事件等专有名词第一次出现时夹注英文。

十七、作者采取招聘形式选用，在规定时间内，凡样稿达到以上水准者，方可正式进入编写组，参与编写工作。

十八、作者撰稿除保证质量外，还要严格按照所规定的进度，三个月内完稿（包含提供图稿）每月交稿三分之一（同时交光盘），拖延交稿时间一周者，视为自动放弃撰稿资格。排版后，作者需校对两次。

十九、作品出版后若发现侵权行为，由作者本人全权负责，出版社不承担任何法律责任。

2

4.材料之四　普通高中历史课程标准实验教科书和教学参考书撰写质量标准和付酬奖惩办法（征求意见稿）（1件）

材料之四

普通高中历史课程标准实验教科书和教学参考书撰写
质 量 标 准 和 付 酬 奖 惩 办 法
（征求意见稿）

一、按照新闻出版署的有关要求，政治性、知识性、科学性，以及字、词、句法、标点的差错率：

不超过万分之一为合格品；

不超过万分之零点五为良好品；

不超过万分之零点二五为优质品。我们以此确定书稿质量等级。

二、优质品按稿酬支付标准另加付5%稿酬；

良好品按稿酬支付标准另加付3%稿酬；

不合格品按稿酬支付标准减付5%的稿酬。

5.材料之五　普通高中历史课程标准实验教科书编写步骤（征求意见稿）（1件）

材料之五

普通高中历史课程标准实验教科书
编　写　步　骤
（征求意见稿）

一、搜集中外现行历史教材、课程论新著等资料和史学、考古学等方面研究新成果。

二、征求、整理各方面专家对于我们立项的样章、编写提纲的意见。

三、学习、研究《普通高中历史课程标准》，分析比较研究中外现行教材，交流课程论、史学、考古学新成果等方面的信息。

四、学习、讨论本社草拟的《编写方案》、《实施细则》、《编写要求》、《质量标准》等件。

五、《普通高中历史课程标准》组成员、教材专家、课程专家作报告，以提高对于《课标》的理解和明了如何完成和完成好教材的编写任务。

六、明确分工，而后分册讨论《编写提纲》，并定稿。

七、执笔人根据有关规定，于10天内完成一个单元（指一部分完整内容）的撰稿（包括提供图稿）任务，交出版社。

八、主编与专家共同研究确认执笔人的撰稿水平，并签定《合同》。

九、进入编写阶段。每月交稿三分之一，三个月完成撰稿任务。

十、每月交稿后，专家对所编书稿进行审阅，而后召开碰头会，统一思想，完成修改任务，提高、完善原稿。

十一、2003年11月初，进入编辑加工阶段，坚持三审制，半月完成。

十二、2003年11月中旬，进入审阅、审定阶段，半月完成。

十三、2003年11月底～12月7日，进入版式设计、排版、校对阶段，一周完成。

十四、2003年12月8日～18日，送专家再审，十天完成。

十五、2003年12月19日～12月底，主编汇总专家意见并进行修改，完成终审、终校、制成光盘。

十六、2004年1月初～1月中旬，完成送审书稿的最后制作。

6.材料之六　普通高中历史课程标准实验教科书编写进度（征求意见稿）（1件）

材料之六

普通高中历史课程标准实验教科书
编　写　进　度
（征求意见稿）

时　间	进　　　度
2003年 7月1日～15日	基本完成各种资料，包括课标、教材、信息等的搜集、整理工作。
7月15日～31日	1．学习、研究《基础教育课程改革纲要》（试行）和《普通高中历史课程标准（实验）》的精神； 2．制定本社编写高中历史教材的各方面要求，具体指导编写工作： 材料之一：高中历史课程标准实验教科书编写方案； 材料之二：高中历史课程标准目标实施细则； 材料之三：高中历史课程标准实验教科书和教学参考书编写要求； 材料之四：高中历史课程标准实验教科书和教学参考书质量标准和付酬标准； 材料之五：高中历史课程标准实验教科书编写步骤； 材料之六：高中历史课程标准实验教科书编写进度。
8月1日～5日	1．听取专家意见； 2．修改提纲和样章。
8月6日～10日	1．召开普通高中历史教材编写启动会； 2．主编、《课标》组专家、教材专家、课程专家讲课； 3．作者学习、讨论《课标》等各件，统一思想认识； 4．明确分工，以册为单位，确定编写提纲。
8月11日～20日	1．作者完成一个单元的样稿； 2．主编和专家陆续审阅样稿，并确定是否采用； 3．与作者签定合同。

8月21日 ～9月10日	1．作者交三分之一书稿（含底图或图稿）； 2．完成版式编排设计任务； 3．主编定稿； 4．完成第一部分书稿的初审、复审、终审； 5．发排； 6．完成二校、三校、复阅、付印的校对任务； 7．送专家审阅、审定； 8．召开研讨会。主编、编辑、专家主讲，提出问题，组织讨论，修改第一部分书稿，为第二部分书稿的完成提供经验与教训。
9月11日 ～10月11日	1．作者交第二个三分之一书稿（含底图或图稿）； 2．～7.，内容同上； 8．召开研讨会。主编、编辑、专家主讲，提出问题，组织讨论，修改第二部分书稿，为第三部分书稿的完成提供经验与教训。
10月12日 ～11月11日	1．作者交第三个三分之一书稿（含底图或图稿）； 2．～7.，内容同上； 8．召开研讨会。主编、编辑、专家主讲，提出问题，组织讨论，修改第三部分书稿。
11月12日～30日	1．各分册主编完成统稿； 2．主编全面定稿，包括版式设计； 3．编辑全面加工，严格实行三审制； 4．全面的再次校对； 5．送专家审读。
11月31日 ～12月30日 （或至2004年 1月中旬）	1．汇总各方面专家意见； 2．修改全书； 3．主编再次认定； 4．编辑全书； 5．完成改版后的审校工作； 6．制成光盘，交出版社印制。

2

7.材料之七　普通高中历史教科书编写组织机构和职责（征求意见稿）（1件）

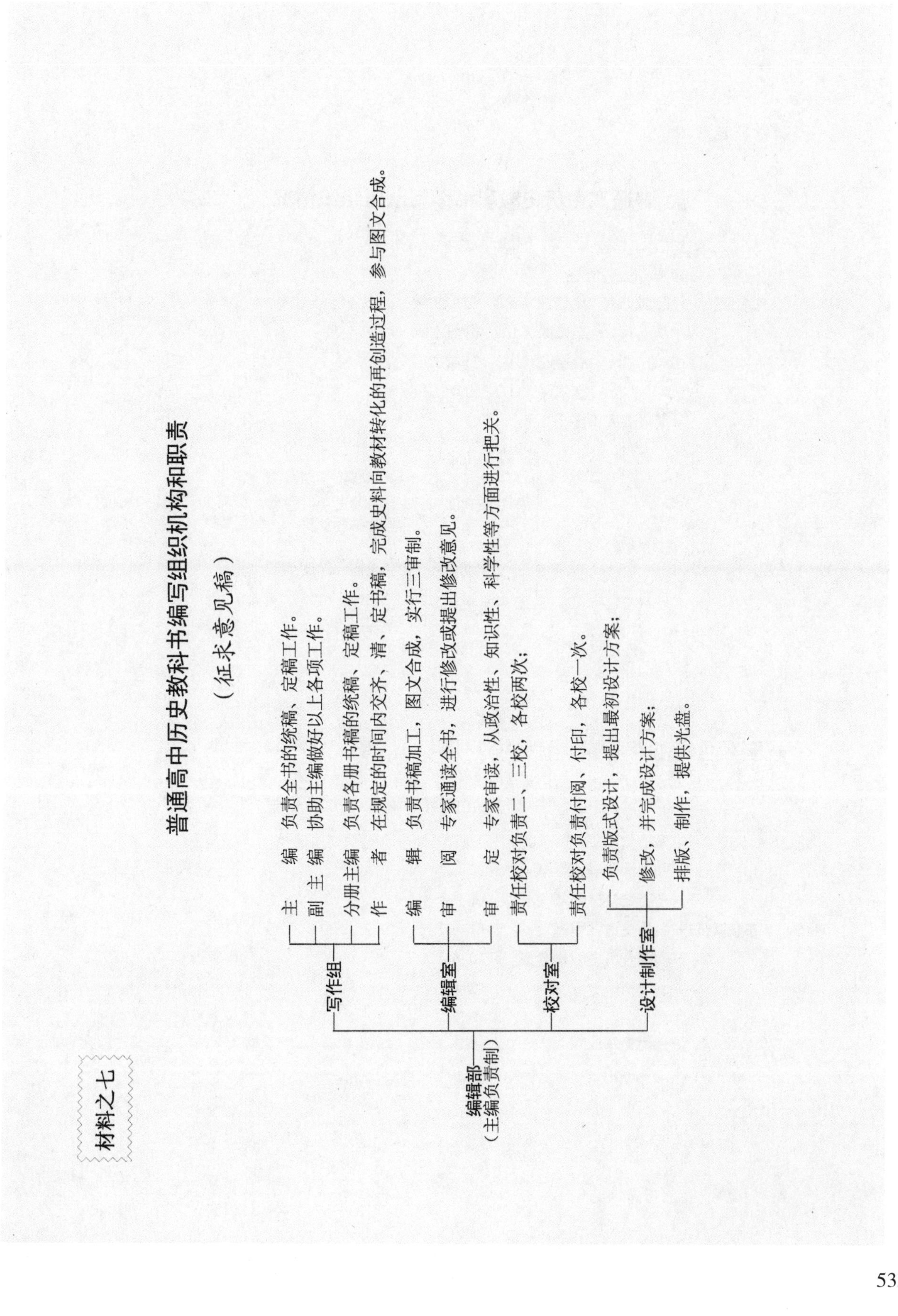

材料之七

普通高中历史教科书编写组织机构和职责

（征求意见稿）

编辑部（主编负责制）

- 写作组
  - 主　编　负责全书的统稿、定稿工作。
  - 副 主 编　协助主编做好以上各项工作。
  - 分册主编　负责各册书稿的统稿、定稿工作。
  - 作　者　在规定的时间内交齐、清、定书稿，完成史料向教材转化的再创造过程，参与图文合成。
- 编辑室
  - 编　辑　负责书稿加工，图文合成，实行三审制。
  - 审　阅　专家通读全书，进行修改或提出修改意见。
  - 审　定　专家审读，从政治性、知识性、科学性等方面进行把关。
- 校对室
  - 责任校对负责二、三校，各校两次；
  - 责任校对负责付阅、付印，各校一次。
- 设计制作室
  - 负责版式设计，提出最初设计方案；
  - 修改，并完成设计方案；
  - 排版、制作，提供光盘。

8.材料之八　普通高中历史教科书编写队伍组织情况（征求意见稿）（1件）

材料之八

普通高中历史教科书编写队伍组织情况

（征求意见稿）

作者队伍　设分册主编　必修课（Ⅰ）　分册主编

必修课（Ⅱ）　分册主编

必修课（Ⅲ）　分册主编

选修课（Ⅰ）　分册主编

各册撰稿人不多于8人

作者素质要求具备
- 理论功底
  - 史学理论
  - 课程理论
- 专业功底— 对于中国史、世界史，或某断代史、国别史学有专长
- 文字功底— 文字流畅，简明扼要
- 实践功底
  - 或教过书
  - 或写过教材

编辑队伍　历史专业编辑
- 商务印书馆　（3人）
- 三联书店　（1人）
- 《清史研究》　（1人）
- 《社科院研究生学报》　（1人）
- 紫禁城出版社　（2人）

审稿队伍
- 史学课程论专家　（3人）
- 历史教材编写专家　（5人）
- 历史地图专家　（1人）
- 审查历史教材专家　（10人）
- 课标组专家　（2人）

校对队伍
- 历史专业　（6人）
- 中文专业　（2人）

9.材料之九　高中历史教科书和教师教学参考书编写合同（存目1件）

10.材料之十　第一次高中历史教科书编写工作会议主要内容和日程安排（1件）

材料之十

第一次高中历史教科书编写工作会议主要内容和日程安排

时间 2003年		内容
八月二十七日	下午	1. 报到 2. 发放编写教科书的有关材料
八月二十八日	上午	1. 大象出版社社长李亚娜、总编耿相新讲话 2. DC加拿大国际交流中心总经理刘建新讲话 3. 主编王亚民报告：编写宗旨、编写思路 4. 课标组朱汉国、纪秉新教授报告：课标解析 5. 课程论专家白月桥报告：课程改革新理论
	下午	1. 学习课程标准 2. 结合专家报告研讨对新课标和课程论的理解
八月二十九日	上午	1. 张传玺先生报告：怎样编写教科书？怎样编好教科书 2. 张　诚先生报告：怎样更新观念，正确把握指导思想和编写原则 3. 陈之骅先生报告：编好教科书的关键之所在
	下午	1. 陈梧桐报告：如何把握课标、内容深浅、师生心理 2. 作者学习讨论编写方案、细则、要求、质量标准等件
八月三十日	上午	1. 作者落实编写任务 2. 分册讨论，统一认识
	下午	1. 签订编写合同 2. 小结 3. 散会

11.材料之十一　普通高中历史课程标准实验教科书编辑、设计、制作流程（修改稿）（1件）

材料十一

普通高中历史课程标准实验教科书
编辑、设计、制作流程
（修改稿）

（一）

9.15	1、作者交送一个课时或一个单元的样稿 2、作者继续撰写其他部分书稿
9.16～9.20	1、编辑加工 2、陆续送DC加拿大国际交流中心（以下简称DC）一份未加工样稿（DC为争取时间要求先交未加工稿，下同） 3、发排
9.21～9.25	1、校对室完成文字部分一、二、三校，作者、编辑同时完成一次性校对 2、DC完成插图（含眉图）、文字说明、版式设计，校对后交主编王亚民（以下简称主编）定稿
9.26～9.29	1、主编两日内定稿、签字 2、DC将主编提出需改的图稿、版式设计部分的改样和原样（含盘，下同）交编辑部 3、编辑室修改文稿 4、改排后校对室校对、合样
9.30～10.5	1、专家、主编审评样稿 2、作者交第一个三分之一书稿，并陆续送DC未加工书稿 3、编辑室完成第一个三分之一文稿的编辑加工 4、发排
10.6～10.13	1、编辑室根据专家意见，完成文稿修改任务 2、DC根据专家意见修改图稿、版式，校对后交主编签字，将改样和原样交编辑部 3、编辑室合样 4、校对室校对、合样 5、编辑室出样稿，返作者认定签字
10.14～10.21	1、校对室完成第一个三分之一文稿的一、二、三校，作者、编辑同时完成一次性校对 2、DC完成第一个三分之一书稿的插图（含眉图）、文字说明、版式设计，校对后交主编
10.22～10.25	1、主编两日内定稿、签字 2、DC将主编提出需改的图稿、版式设计部分的改样和原样交编辑部 3、编辑室修改文稿 4、改排后校对室校对、合样

1

10.26～10.31	1、专家、主编审阅样稿 2、编辑室根据专家意见修改文稿 3、DC 根据专家意见修改图稿、版式，校对后交主编签字，将改样和原样交编辑部 4、改排后校对室校对、合样 5、编辑室出样稿，返作者认定签字
11.1～11.6	1、作者交第二个三分之一书稿，陆续送 DC 未加工书稿 2、编辑室完成第二个三分之一文稿的编辑加工 3、发排
11.7～11.12	1、校对室完成第二个三分之一文稿的一、二、三校，作者、编辑同时完成一次性校对 2、DC 完成第二个三分之一书稿的插图（含眉图）、文字说明、版式设计，校对后交主编
11.13～11.17	1、主编两日内定稿、签字 2、DC 将主编提出需修改的图稿、版式设计部分的改样和原样交编辑部 3、编辑室修改文稿 4、改排后校对室校对、合样
11.18～11.21	1、专家、主编审阅样稿 2、编辑室根据专家意见修改文稿 3、DC 根据专家意见修改图稿、版式，校对后交主编签字，将改样和原样交编辑部 4、改排后校对室校对、合样 5、编辑室出样稿，返作者认定签字
11.22～11.29	1、作者交第三个三分之一书稿，陆续送 DC 未加工书稿 2、编辑室完成第三个三分之一文稿的编辑加工 3、发排
11.3.～12.5	1、校对室完成第三个三分之一文稿的一、二、三校，作者、编辑同时完成一次性校对 2、DC 完成第三个三分之一书稿插图（含眉图）、文字说明、版式设计，校对后交主编
12.6～12.9	1、主编两日内定稿、签字 2、DC 将主编提出需改的图稿、版式设计部分的改样和原样交编辑部 3、编辑室修改文稿 4、改排后校对室校对、合样
12.10～12.15	1、专家、主编审阅样稿 2、编辑室根据专家意见修改文稿 3、DC 根据专家意见修改图稿、版式，校对后交主编签字，将改样和原样一并交编辑部 4、改排后校对室校对、合样 5、编辑室出样稿，返作者认定签字

2

（二）

11.25～12.15	1、各分册主编统一文字稿 2、DC 统一版式并合成
12.16～12.23	1、各分册作者集中分别研讨改动书稿（包括版式设计） 2、主编定全稿 3、大象出版社同时复审
12.24～1.3	1、DC 陆续发排全书 2、编辑室陆续送专家征求意见
1.4～1.14	1、专家审毕 2、作者、编辑、版式设计集中改稿
1.15～1.25	1、主编最后定稿 2、大象出版社终审
1.20～1.26	1、编辑室、DC 同时修改 2、DC 交大象出版社光盘
1.27～2.9	1、大象出版社制作教科书 2、准备送审

高中历史教科书编写组
2003 年 9 月 17 日

3

12.材料之十二　普通高中历史课程标准实验教科书和教学参考书编写要求（修订稿）（1件）

材料之十二

普通高中历史课程标准实验教科书和教学参考书
编　写　要　求
（修订稿）

总　则

一、严格依据教育部《普通高中历史课程标准（实验）》的目标内容和课时时数进行编写。

二、严格遵循大象出版社《普通高中历史课程标准实验教科书编写方案》的有关要求，切实有效地实现历史课程在知识与能力、过程与方法、情感态度与价值观等方面的教育目标。

三、执行大象出版社《普通高中历史课程标准目标实施细则》。

四、撰稿原则旨在突出探究性、启发性、时代性、开放性，注意与现实生活、与学生经验、与其他学科的全面、有机联系。教科书要给教师一个灵活的教育空间，给学生一个健全人格、发展个性的空间。

五、根据《课标》和各册《编写提纲》撰稿，不得擅自偏离。

六、每册教科书20～22万字，分为36个课时进行编写，含2个机动课时。每课字数3500～4000字，正文是课文主体内容，占版面的3/5，每页约600～650字（含阅读文字）；插图和阅读文字占版面2/5，每页约160字。正文与阅读文字是相辅相成的；正文反映的内容与书眉的文图所反映的内容，也是密不可分的关系，全书必须在一个统一思想的指导下完成。

七、文稿由作者配置（或由他人配置）插图（草图）和地图（草图）及文字说明（以时间、人物、过程、意义、价值为序行文）。正文插图、书眉插图每页各2～3幅。大部分用搜集到的图片，极个别的重新绘制。图中文字，特别是地图中的文字必须反复核对，求得完全准确。地图的设计是将古代历史地图直接套在现今的地图之上，让学生以今天的地图为背景，认识过去，以有利于突破古代史教学的难点，有利于学生空间想像力的培养。

内 容 要 求

八、撰稿内容，要注意吸纳近年来史学研究和考古发掘的最新成果，吸纳教育研究新成果（如建构主义和多元智力的理论），严禁照搬诸史学家的著作稿和其他通史稿。完成书稿应当是所选材料向教材转化的再创造过程，是个人睿智的体现。

九、适当拓展知识范围和深度。所谓知识拓展，就是要加强本学科知识和其他学科知识的横向联系，如与政治学、经济学、社会学、军事学、哲学、法律学、考古学、地理学、心理学、文学、美学等学科知识的联系，以打破传统的历史学科的封闭体系。所谓拓展知识深度，就是要给予学生高含量的历史知识，设法加深学生对于历史知识的理解。

十、史实严禁出现政治性、知识性、科学性等方面的错误。

十一、原始资料的选用要引自权威版本（注明版本、版次），可用在课文的主体部分，也可用在阅读部分，译成白话或加按语提示，或提出探究性问题均可。不得用转引的资料。成稿后对于所用资料必须再行核对，不得有误。原始资料选用数量：各章（单元）至少选用 2~3 段，不必一课一段。

十二、科学、恰当、适量地引用[redacted]经典论述，不宜过多，也不能没有。

行 文 要 求

十三、克服专业化、成人化倾向。行文要流畅、生动、活泼、有趣，以利于激发学生热爱历史、热爱社会的情感。

十四、用词要准确规范，禁用自造词，行文要符合语法规则。

十五、生僻字、多音字、古字均需加注普通话拼音。

十六、正文中引用的资料不加出处；阅读栏目，凡是资料浏览性质的，仅说明摘自那种书，不注版本、页码等。必要的注释采用脚注的方式。

十七、数字用法。凡世纪、年代、公元纪年、基数、分数、百分数等统计数字均用阿拉伯数字，其中十以下（包括十）的基数用汉字表示。同一段文字中多次出现基数时，可一律用阿拉伯数字表示。

十八、时间表示法。1、行文中时间表示如下：1998 年 3 月 8～10 日或 1998

2

年3月8至10日，公元前600年至前500年，前6～前5世纪，公元前95年等。2、夹注中纪年注：（前200～前120年），（1960～1970），光武帝建武一年（25），（前206～公元25年）等。〔请参照《现代汉语词典》（2002年增补本）纪年表示法。〕

十九、行文中一般不用一、二、三……等序号，行文尽量改为不要序号的叙述。必须采用时，用（一）、（二）……二级标题序号。

二十、行文中的“我国”一律改为“中国”；某些异形词统一写法如下：作为、作贡献、作出、惟一、制定、审定、签订、想像、想像力、其他、身份、成分。

二十一、句首时间状语后一般用“，”，若状语太短或根据语感不需要加“，”的，可不加。连词“并”、“以及”之前，根据语感可加“，”；同一句中助词“的”、语气助词“了”，使用从简。

二十二、世界史部分，人名、专有名词第一次出现时需夹注英文。

其 他

二十三、作者采取招聘方式聘用，在规定时间内，凡样稿达到以上水准者，方可正式进入编写组，参与编写工作。

二十四、作者撰稿除保证质量外，还要严格按照所规定的进度撰稿。二个半月内完稿（包含提供图稿），首月交稿1/3（同时交光盘）。拖延交稿时间一周者，视为自动放弃撰稿资格。排版后，作者需校对两次。

二十五、作品出版后若发现侵权行为，由作者本人负全责，出版社不承担任何法律责任。

13.材料之十三　普通高中历史课程标准实验教科书审读、审阅、审定要求（1件）

材料之十三

普通高中历史课程标准实验教科书
审读、审阅、审定要求

总　则

一、严格依据教育部《普通高中历史课程标准（实验）》的目标内容和课时时数进行编写。

二、严格遵循大象出版社《普通高中历史课程标准实验教科书编写方案》的有关要求，切实有效地实现历史课程在知识与能力、过程与方法、情感态度与价值观等方面的教育目标。

三、执行大象出版社《普通高中历史课程标准目标实施细则》。

四、撰稿原则旨在突出探究性、启发性、时代性、开放性，注意与现实生活、与学生经验、与其他学科的全面、有机联系。教科书要给教师一个灵活的教育空间，给学生一个健全人格、发展个性的空间。

五、根据《课标》和各册《编写提纲》撰稿，不得擅自偏离。

六、每册教科书20～22万字，分为36个课时进行编写，含2个机动课时。每课字数3500～4000字，正文是课文主体内容，占版面的3/5，每页约600～650字（含阅读文字）；插图和阅读文字占版面2/5，每页约160字。正文与阅读文字是相辅相成的；正文反映的内容与书眉的文图所反映的内容，也是密不可分的关系，全书必须在一个统一思想的指导下完成。

七、文稿由作者配置（或由他人配置）插图（草图）和地图（草图）及文字说明（以时间、人物、过程、意义、价值为序行文）。正文插图、书眉插图每页各2～3幅。大部分用搜集到的图片，极个别的重新绘制。图中文字，特别是地图中的文字必须反复核对，求得完全准确。地图的设计是将古代历史地图直接套在现今的地图之上，让学生以今天的地图为背景，认识过去，以有利于突破古代史教学的难点，有利于学生空间想像力的培养。

内 容 要 求

八、撰稿内容，要注意吸纳近年来史学研究和考古发掘的最新成果，吸纳教育研究新成果（如建构主义和多元智力的理论），严禁照搬诸史学家的著作稿和其他通史稿。完成书稿应当是所选材料向教材转化的再创造过程，是个人睿智的体现。

九、适当拓展知识范围和深度。所谓知识拓展，就是要加强本学科知识和其他学科知识的横向联系，如与政治学、经济学、社会学、军事学、哲学、法律学、考古学、地理学、心理学、文学、美学等学科知识的联系，以打破传统的历史学科的封闭体系。所谓拓展知识深度，就是要给予学生高含量的历史知识，设法加深学生对于历史知识的理解。

十、史实严禁出现政治性、知识性、科学性等方面的错误。

十一、原始资料的选用要引自权威版本（注明版本、版次），可用在课文的主体部分，也可用在阅读部分，译成白话或加按语提示，或提出探究性问题均可。不得用转引的资料。成稿后对于所用资料必须再行核对，不得有误。原始资料选用数量：各章（单元）至少选用2~3段，不必一课一段。

十二、科学、恰当、适量地引用[redacted]经典论述，不宜过多，也不能没有。

行 文 要 求

十三、克服专业化、成人化倾向。行文要流畅、生动、活泼、有趣，以利于激发学生热爱历史、热爱社会的情感。

十四、用词要准确规范，禁用自造词，行文要符合语法规则。

十五、生僻字、多音字、古字均需加注普通话拼音。

十六、正文中引用的资料不加出处；阅读栏目，凡是资料浏览性质的，仅说明摘自那种书，不注版本、页码等。必要的注释采用脚注的方式。

十七、数字用法。凡世纪、年代、公元纪年、基数、分数、百分数等统计数字均用阿拉伯数字，其中十以下（包括十）的基数用汉字表示。同一段文字中多次出现基数时，可一律用阿拉伯数字表示。

十八、时间表示法。1、行文中时间表示如下：1998年3月8～10日或1998

年3月8至10日，公元前600年至前500年，前6～前5世纪，公元前95年等。2、夹注中纪年注：（前200～前120年），（1960～1970），光武帝建武一年（25），（前206～公元25年）等。〔请参照《现代汉语词典》（2002年增补本）纪年表示法。〕

十九、行文中一般不用一、二、三……等序号，行文尽量改为不要序号的叙述。必须采用时，用（一）、（二）……二级标题序号。

二十、行文中的“我国”一律改为“中国”；某些异形词统一写法如下：作为、作贡献、作出、惟一、制定、审定、签订、想像、想像力、其他、身份、成分。

二十一、句首时间状语后一般用“，”，若状语太短或根据语感不需要加“，”的，可不加。连词“并”、“以及”之前，根据语感可加“，”；同一句中助词“的”、语气助词“了”，使用从简。

二十二、世界史部分，人名、专有名词第一次出现时需夹注英文。

14.材料之十四　普通高中历史教科书编写工作情况汇报（繁本）（存目1件）

15.材料之十五　普通高中历史教科书编写工作情况汇报（简本）（存目1件）

简本

材料之十五

普通高中历史教科书编写工作情况汇报（略）

高中历史教科书编写组

2003年10月26日

内容5页，略

18

16.材料之十六　大象版普通高中历史课程标准实验教科书介绍（教师培训讲稿）（存目3件）

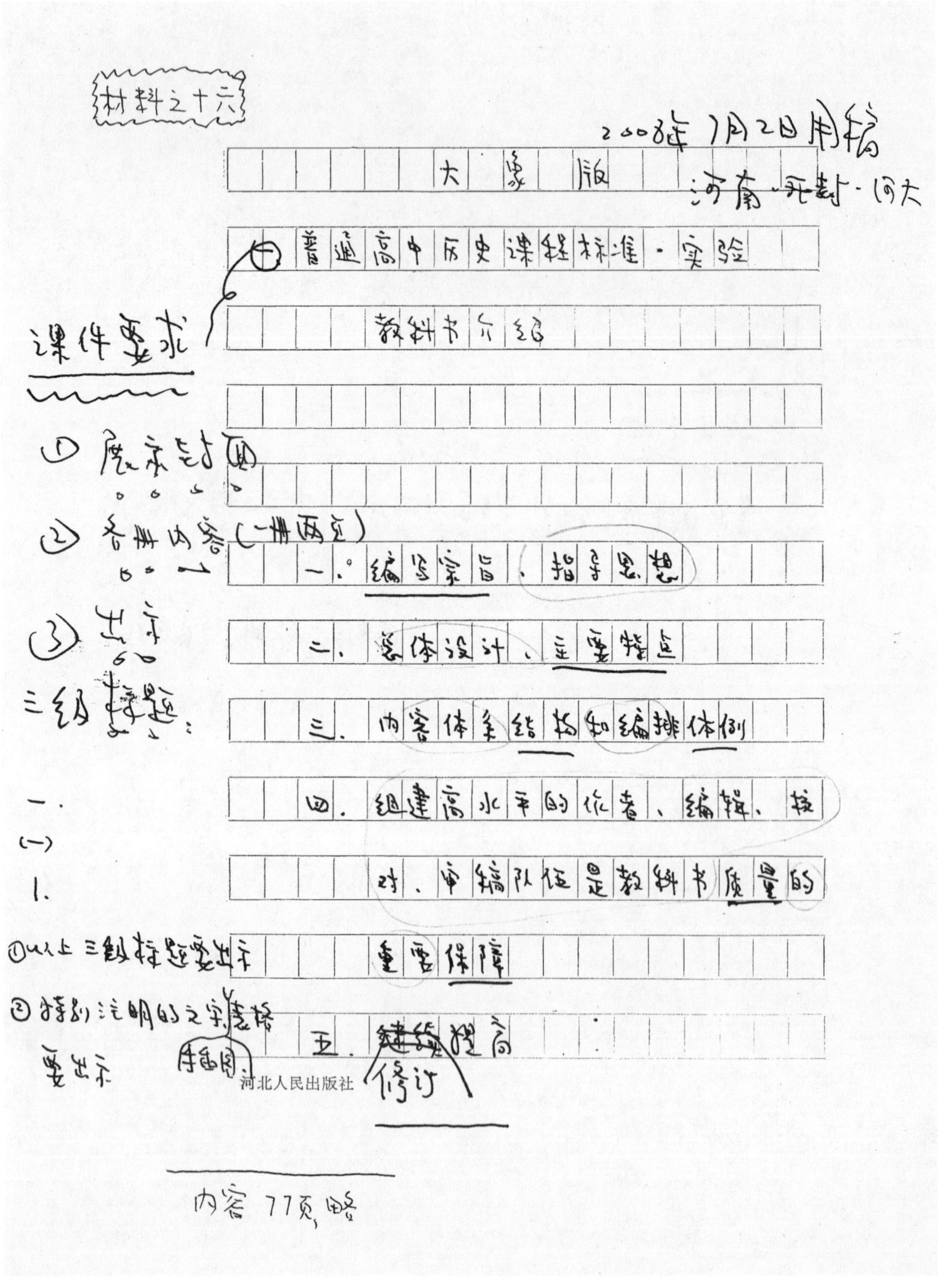
材料之十六

2008年7月2日用稿
河南·开封·河大

大象版

（一）普通高中历史课程标准·实验

教科书介绍

课件要求

① 展示封面

② 各册内容（一册两页）

③ 出示

三级标题：

一.

（一）

1.

①以上三级标题要出示

②特别注明的文字要出示 插图

一、编写宗旨、指导思想

二、总体设计、主要特点

三、内容体系结构和编排体例

四、组建高水平的作者、编辑、校对、审稿队伍是教科书质量的重要保障

五、~~建设~~提高 修订

内容77页，略

17.材料之十七　大象版《普通高中历史教科书》与会作者简介（1件）

材料之十七

大象版《普通高中历史教科书》

与会作者简介

张惠芝 河北教育出版社前文科室、审读室主任，编审，河北师大兼职教授，享受国务院政府特殊津贴。中国历史教学研究会会员，河北省历史教育研究会前副秘书长。毕业于北京大学历史系。

联系电话：[redacted]

陈梧桐 中央民族大学历史系前主任，教授，历史学家，历史教材专家，享受国务院政府特殊津贴。中国明史学会顾问，朱元璋研究会顾问。毕业于厦门大学历史系。联系电话：[redacted]

臧　嵘 人民教育出版社历史编辑室前副主任，课程教材研究所研究员，编审，历史学家，历史教材专家，享受国务院政府特殊津贴。《文史知识》编委，中国历史教学研究会前秘书长。毕业于北京大学历史系。联系电话：[redacted]

马执斌 人民教育出版社历史编辑室编审，课程教材研究所研究员，历史教材专家，制订普通高中历史课程标准核心组成员，中国历史教学研究会前常务理事、秘书长。毕业于首都师范大学历史系。联系电话：[redacted]

李永昌 辽宁大学历史系教授，前辽宁省历史学科组成员，世界历史学科带头人。毕业于北京大学历史系。联系电话：[redacted]

硕士学位

张道林 北京五中高级教师，历史教研组组长，民进中央教育委员会委员，教育部网络科技专家委员会成员，中国历史教学研究会会员。毕业于新疆大学历史系。联系电话：[redacted]

陈旭霞 河北省社会科学院研究员，河北省社会科学院语言文学研究所（燕赵文化研究中心）副所长，河北省文化产业研究中心副主任。联系电话：[redacted]

杨靖筠 北京联合大学应用文理学院历史系副教授，联大民族与宗教研究所副所长。毕业于北京大学历史系。硕士学位

联系电话：[redacted]

李海龙

梁冬莉

18.材料之十八　大象版普通高中历史课程标准实验教科书总体介绍提纲（1件）

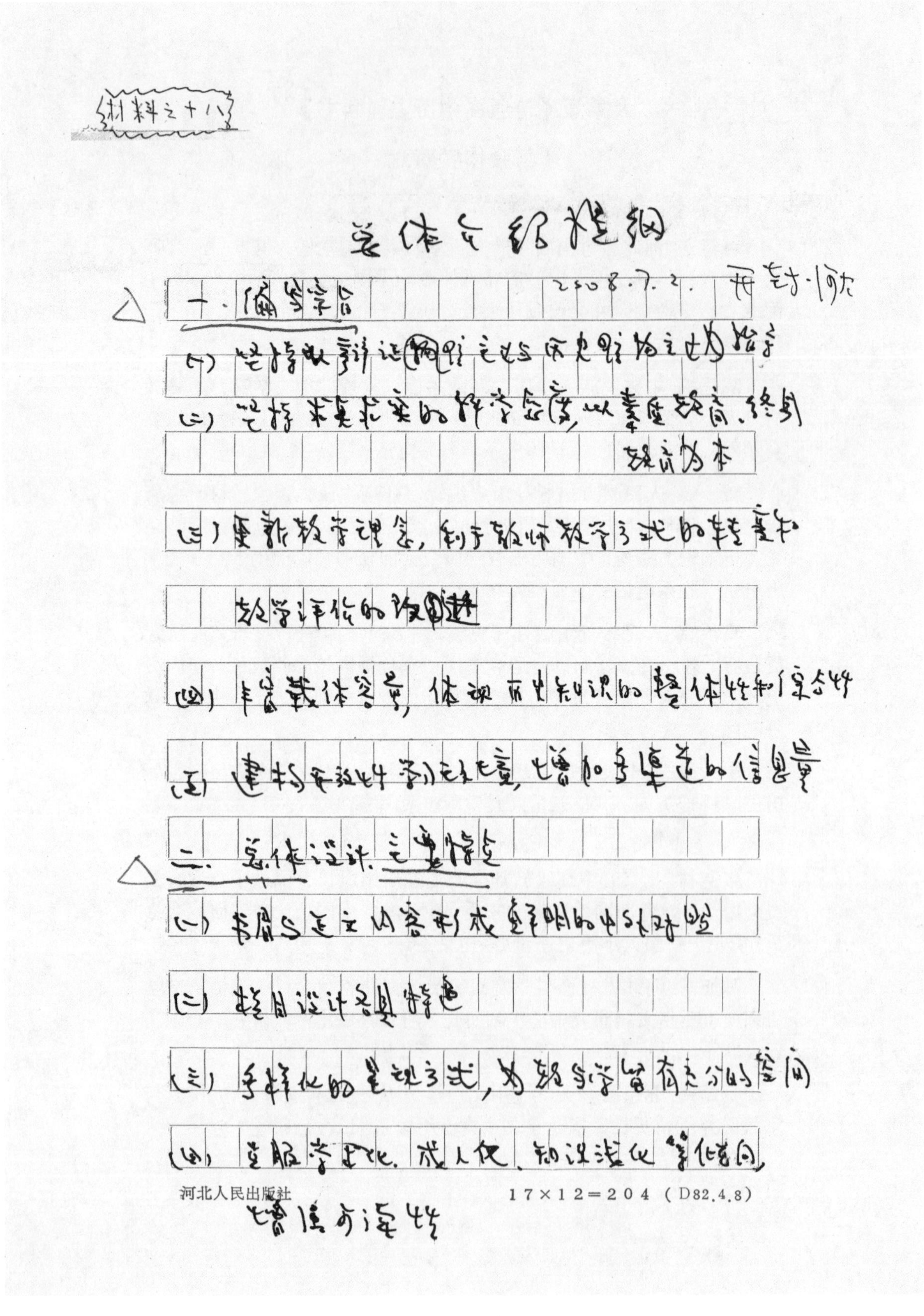
材料之十八

总体介绍提纲

2008.7.2. 开封·河大

△一、编写宗旨

（一）坚持以辩证唯物主义历史唯物主义为指导

（二）坚持求真求实的科学态度，以素质教育、终身教育为本

（三）更新教学理念，利于教师教学方式的转变和教学评价的改进

（四）丰富载体容量，体现历史知识的整体性和综合性

（五）建构开放性学习平台，增加多渠道的信息量

△二、总体设计、主要特点

（一）书眉与正文内容形成鲜明的对照

（二）栏目设计多具特色

（三）多样化的呈现方式，为教与学留有充分的空间

（四）克服学术化、成人化、知识泛化等倾向，增强可读性

河北人民出版社　17×12=204（D82.4.8）

（五）测试设计体现个性化

三、内容体系结构和编写体例

（一）内容体系结构

（二）编写体例

质量保障

四、组建高水平的作者、编辑、校对、审读队伍是教材质量的重要保障

（一）选择作者的条件

（二）编辑队伍

（三）校对队伍

（四）审稿队伍

五、修订提高

（一）调整课序

河北人民出版社　　17×12=204（D82.4.8）

（二）合并课时

(三) 寓论于史，论从史出

(四) 删除重复内容

(五) 梳理发展脉络

(六) 突出学科经典特性，适当补充明星史料

(七) 修改个别遗漏

河北人民出版社　　17×12=204 (D82.4.8)

19.材料之十九　普通高中课程标准实验教科书·历史（大象版）培训讲座课件（存目1件）

20.材料之二十　普通高中课程标准实验教科书·历史（大象版）培训手册（存目1件）

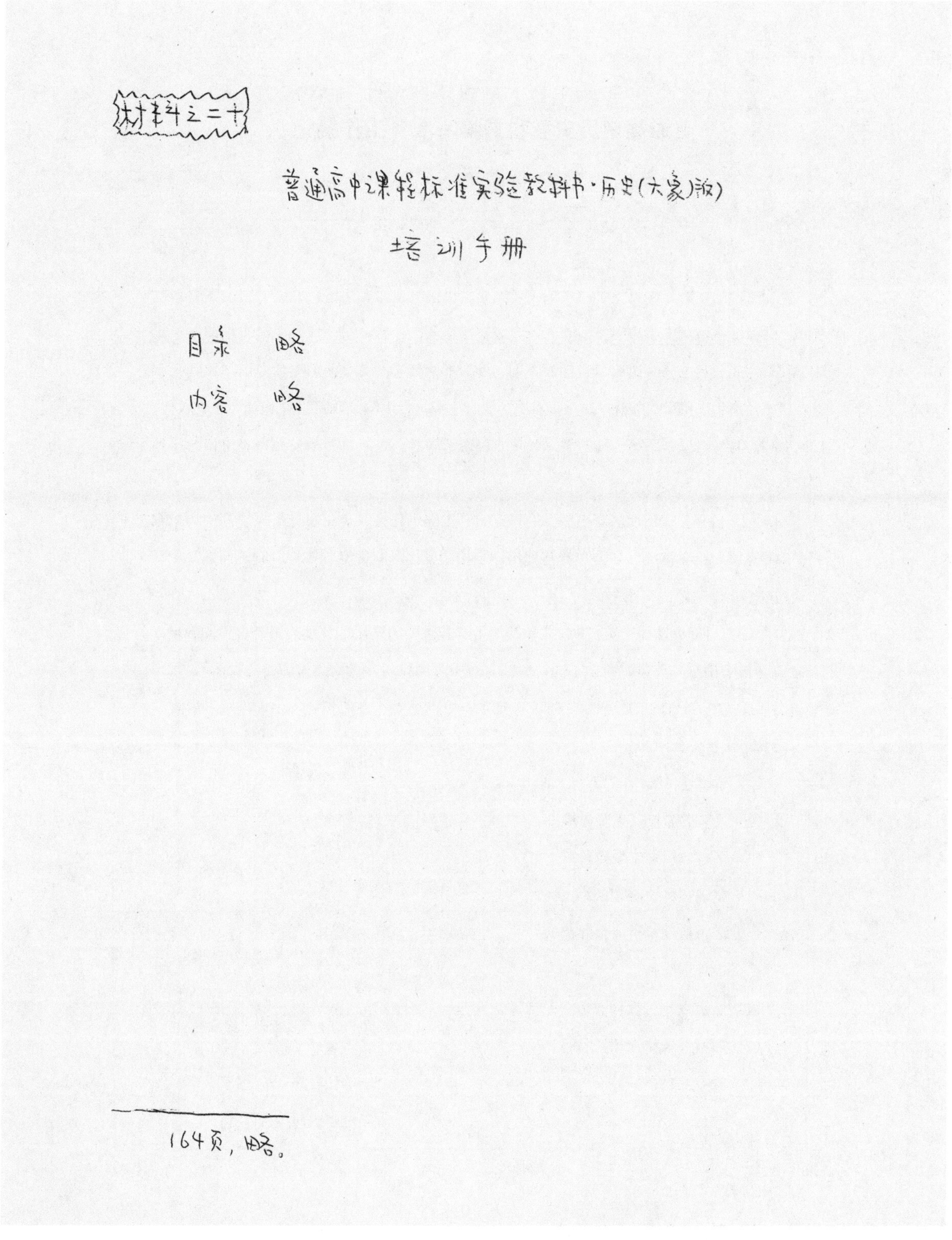
材料之二十

普通高中课程标准实验教科书·历史(大象)版

培训手册

目录　略

内容　略

164页，略。

五、纪要（19种19件，其中存目12件）

1.纪要之一　普通高中历史教科书编写准备工作摘记（草拟）（1件）

纪要之一

普通高中历史教科书编写准备工作摘记

（草拟）

一

申报立项后，8 月 9 日下午，主编王亚民要求尽快组建作者队伍；书眉文图由主编亲自完成，并保证在收到文字稿后 7～10 天内完成配图任务，作者参与合成；主编有权调换正文中的图稿；此教材与《英语》、《科学》不同，DC 不便参与；资金使用专款专用，拨到张惠芝帐号上；在北京租房、办公；委托张惠芝为执行主编，行主编之职；张惠芝对大象出版社、DC 中心、编写组三方所签合同的意见，王亚民表示同意，表示再签个补充预算协议，压到预算底线。

8 月 20 日下午在河北教育出版社会议室召开主编工作会议。张惠芝汇报了高中历史教科书编写思路、准备情况、资金预算与使用、汇报制度、时间进度、保障机制等问题。王亚民谈到以下几个问题：

1、三方合同有法律效益，DC 在外部起了至关重要的作用，体现为中外合作的教材；

2、由于历史与英语、科学不同，应加大对中方的投入，考虑到中方是主要编写者，甲方全部投入中方，DC 的投入用于加方审定上。甲方投入乙方的资金，由乙方转入丙方。

3、与作者的合同

（1）一次性付酬；

（2）只有署名权，无著作权；

（3）删有效期十年的问题；

（4）完稿预付 50%稿酬；

（5）送审通过，付清全部稿酬。

4、资金使用原则

（1）保重点——教科书必修课难写；

（2）教科书选修课相对易写；

（3）教参更易；

（4）各方面开支大量压缩。

二

8月21日，主编王亚民要求张惠芝就与作者合同问题请教法律顾问徐春芳女士。徐女士首先要求审阅原三方合同。阅后说：

1、本合同专有出版权约定不明确

2、法院管辖约定不明确，跨国涉外合同以哪国法律为准

3、违约责任不明确

（1）发生经费投入不到位问题怎么处理；

（2）稿件质量、时间保证不了怎么处理；

（3）出版时间保证不了怎么办。

4、甲、乙、丙三方合同，为何又在条款中出现第四、五、六方，法律是不承认后三方的；

5、分配比例有问题，各自享有的利益明显不合理；

6、教材不能依版税方式支付稿酬；

7、预算应作为合同附件；

8、三方应变更合同有关条款。

张惠芝于8月22日将以上意见向主编做了汇报。

在此期间，编写组制定了以下各件：

- 普通高中历史课程标准实验教科书编写方案
- 普通高中历史课程标准目标实施细则
- 普通高中历史课程标准实验教科书和教学参考书编写要求
- 普通高中历史课程标准实验教科书和教学参考书撰写质量标准和付酬奖惩办法
- 普通高中历史课程标准实验教科书编写步骤
- 普通高中历史课程标准实验教科书编写进度
- 普通高中历史教科书编写组织机构和职责
- 普通高中历史教科书编写队伍组织情况
- 高中历史教科书编写合同

三

8月10～24日，丙方用了约两周时间，为高中历史教科书的第一次编写工作会议做了组织上、资料上的较为充分的准备，共拟定了十个材料，主编王亚民批示："同意，可按此执行"。

8月25日，在中组部宾馆召开了高中历史教科书甲、乙、丙三方编写工作碰头会。与会人员有甲方大象出版社社长李亚娜、总编辑耿相新、教材室主任赵菡、河南基础教研室主任马士君；乙方DC总经理刘建新；丙方河北教育出版社社长、总编辑、该书主编王亚民、副总编邓子平以及张惠芝等。该会一致认为，要执行课标的有关规定，力争编成一套具有国内外新理念模式的、贯通文史哲学科的、有突破的历史教材。另外，各方均认为，因时间紧，不便到加拿大去配图，最好在国内做。大象的资金投入在丙方编写组。特别是乙方表示：资金用于国内编写组了，做个调整，以DC名义聘用图稿作者，名誉上、形式上站住脚，资金上，根据谁做多少再定。

9月2日下午、9月5日上午、9月7日下午、9月10日上午、9月11日上午，主编王亚民、DC刘建新和张惠芝就编写经费、制图等问题进行磋商。DC先同意于9月9日，后有改为十一前：乙、丙双方以甲、乙两方名义签一补充协议。DC拨部分经费给编写组，以补经费不足。

高中历史教科书编写组

2003年8月

2.纪要之二　高中历史教科书活动课设计研讨会（草拟）（1件）

纪要之二

高中历史教科书活动课设计研讨会

（草拟）

一、会议时间　　2003年9月12日

二、与会人员　王宏志　马志斌　白月桥　臧　嵘

李隆庚　杨润平　张　静　张惠芝

三、会议内容

（一）研讨历史活动探究课总体设计，并达成共识。（见附件一　另寄）

（二）研讨活动课设计具体样稿，并达成共识。（见附件二　另寄）

高中历史教科书编写组

2003年9月13日

3.纪要之三　高中历史教科书完善整体结构研讨会（草拟）（1件）

纪要之三

高中历史教科书完善整体结构研讨会
（草拟）

一、会议时间　2003年9月23日

二、与会人员　严志梁　李隆庚　臧　嵘　张　静　张惠芝

三、会议内容　完善全书整体结构

四、议定事项

（一）册：每册前加一“开篇绪语”，（代“致同学们”或“前言”、“说明”等），衬一相应底图；每册后有“中外大事年表”、“网站推荐”。

（二）单元（章）：前有“探究提示”，（代“学习重点”），衬一相应底图；后有“综合表解”，（学生分析比较、填充内容，代“自我测评”）；“延伸阅读”（好书推荐）。

（三）课：前有“内容提要”，（代“导入新课”），不出现“内容提要”四字（同样张，不变）；后有“要点回顾”、“探究与思考”（同样张，不变）

（四）活动课：必修课各册由原来的4课时减为2课时；业务课由原来的32课时增至34课时。

（五）讨论决定了涉及到必修课（Ⅰ）（Ⅱ）（Ⅲ）册活动课的删减、去留问题。

（六）讨论决定了涉及到必修课（Ⅰ）（Ⅱ）（Ⅲ）各册增加的2课时的“课的标题”及“子标题”的内容。

（七）以上事项，会后及时通知作者。

高中历史教科书编写组
2003年9月24日

4.纪要之四　普通高中历史教科书编写工作情况向教育部汇报提纲（草拟）（1件）

纪要之四

普通高中历史教科书编写工作情况
向教育部汇报提纲（草拟）

一、召开编写工作会议，抓紧落实编写任务

大象出版社社长李亚娜、总编辑耿相新、主编王亚民于本年度8月25日～27日参加了教育部基础教育司组织的《普通高中课程标准实验教材编写研讨会》，并于8月27日～30日在北京召开了第一次普通高中历史教科书编写工作会议，传达贯彻基教司领导的讲话精神，抓紧落实编写任务。

二、制定各项编写细则，具体指导编写工作

本书编写工作会议，主要是学习《课标》，研究《课标》，认识《课标》，并对作者进行写作培训。会上请课标组、课程论、历史教材、历史学等方面的六位专家作了专题性报告。又结合专家报告和编写组制定的各项编写细则进行学习、讨论，统一认识，统一思想。

会前制定了编者必须遵循的八个方面的有关编写细则，现汇报如下：

（一）普通高中历史课程标准实验教科书编写方案（略）

（二）普通高中历史课程标准实验教科书目标实施细则（略）

（三）普通高中历史课程标准实验教科书和教学参考书编写要求（略）

（四）普通高中历史课程标准实验教科书和教学参考书撰写质量标准和付酬奖惩办法（略）

（五）普通高中历史课程标准实验教科书编写步骤（略）

（六）普通高中历史课程标准实验教科书编写进度（略）

（七）普通高中历史课程教科书编写组织机构和职责（略）

1

（八）普通高中历史教科书编写队伍组织情况（略）

三、组织队伍，严密机构，制作流程，分批交稿

除了组建有三十余人实力比较雄厚的作者队伍外，还组织了由八人组成的资深编辑队伍；十人组成的专家审稿队伍；六人组成的校对队伍。同时建立了相应的组织机构，以确保编写工作的顺利进展。

我们在编写过程中，不仅规定了编写步骤和进度，还制定了以日计算的编辑、设计、制作流程。如下表：

普通高中历史课程标准实验教科书编辑、设计、制作流程

（一）

9.15	1、作者交送一个课时或一个单元的样稿 2、作者继续撰写其他部分书稿
9.16～9.20	1、编辑加工 2、陆续送DC加拿大国际交流中心（以下简称DC）一份未加工样稿（DC为争取时间要求先交未加工稿，下同） 3、发排
9.21～9.25	1、校对室完成文字部分一、二、三校，作者、编辑同时完成一次性校对 2、DC完成插图（含眉图）、文字说明、版式设计，校对后交主编王亚民（以下简称主编）定稿
9.26～9.29	1、主编两日内定稿、签字 2、DC将主编提出需改的图稿、版式设计部分的改样和原样（含盘，下同）交编辑部 3、编辑室修改文稿 4、改排后校对室校对、合样
9.30～10.5	1、专家、主编审评样稿 2、作者交第一个三分之一书稿，并陆续送DC未加工书稿 3、编辑室完成第一个三分之一文稿的编辑加工 4、发排
10.6～10.13	1、编辑室根据专家意见，完成文稿修改任务 2、DC根据专家意见修改图稿、版式，校对后交主编签字，将改样和原样交编辑部

2

	3、编辑室合样 4、校对室校对、合样 5、编辑室出样稿，返作者认定签字
10.14～10.21	1、校对室完成第一个三分之一文稿的一、二、三校，作者、编辑同时完成一次性校对 2、DC 完成第一个三分之一书稿的插图（含眉图）、文字说明、版式设计，校对后交主编
10.22～10.25	1、主编两日内定稿、签字 2、DC 将主编提出需改的图稿、版式设计部分的改样和原样交编辑部 3、编辑室修改文稿 4、改排后校对室校对、合样
10.26～10.31	1、专家、主编审阅样稿 2、编辑室根据专家意见修改文稿 3、DC 根据专家意见修改图稿、版式，校对后交主编签字，将改样和原样交编辑部 4、改排后校对室校对、合样 5、编辑室出样稿，返作者认定签字
11.1～11.6	1、作者交第二个三分之一书稿，陆续送 DC 未加工书稿 2、编辑室完成第二个三分之一文稿的编辑加工 3、发排
11.7～11.12	1、校对室完成第二个三分之一文稿的一、二、三校，作者、编辑同时完成一次性校对 2、DC 完成第二个三分之一书稿的插图（含眉图）、文字说明、版式设计，校对后交主编
11.13～11.17	1、主编两日内定稿、签字 2、DC 将主编提出需修改的图稿、版式设计部分的改样和原样交编辑部 3、编辑室修改文稿 4、改排后校对室校对、合样
11.18～11.21	1、专家、主编审阅样稿 2、编辑室根据专家意见修改文稿 3、DC 根据专家意见修改图稿、版式，校对后交主编签字，将改样和原样交编辑部 4、改排后校对室校对、合样 5、编辑室出样稿，返作者认定签字
11.22～11.29	1、作者交第三个三分之一书稿，陆续送 DC 未加工书稿 2、编辑室完成第三个三分之一文稿的编辑加工 3、发排
11.3.～12.5	1、校对室完成第三个三分之一文稿的一、二、三校，作者、编辑同时完成

	一次性校对 2、DC 完成第三个三分之一书稿插图（含眉图）、文字说明、版式设计，校对后交主编
12.6～12.9	1、主编两日内定稿、签字 2、DC 将主编提出需改的图稿、版式设计部分的改样和原样交编辑部 3、编辑室修改文稿 4、改排后校对室校对、合样
12.10～12.15	1、专家、主编审阅样稿 2、编辑室根据专家意见修改文稿 3、DC 根据专家意见修改图稿、版式，校对后交主编签字，将改样和原样一并交编辑部 4、改排后校对室校对、合样 5、编辑室出样稿，返作者认定签字

（二）

11.25～12.15	1、各分册主编统一文字稿 2、DC 统一版式并合成
12.16～12.23	1、各分册作者集中分别研讨改动书稿（包括版式设计） 2、主编定全稿 3、大象出版社同时复审
12.24～1.3	1、DC 陆续发排全书 2、编辑室陆续送专家征求意见
1.4～1.14	1、专家审毕 2、作者、编辑、版式设计集中改稿
1.15～1.25	1、主编最后定稿 2、大象出版社终审
1.20～1.26	1、编辑室、DC 同时修改 2、DC 交大象出版社光盘
1.27～2.9	1、大象出版社制作教科书 2、准备送审

为确保质量和进度，我们要求作者在三个月之内分三次交稿。每次交稿后，均有一个书稿研讨会，对其书稿进行审查和评论。这样可以有效地避免交全稿后的大反复、大修改。

4

四、与作者进行不同形式的交流与沟通，确保书稿的进度与质量

在编写工作正式进行的 40 天内，采用五种形式与作者进行交流、沟通和编写方面的具体指导。对作者理解编写意图，帮助作者解决编写过程中的各种难题，起到至关重要的作用。

（一）召开了全书整体结构研讨会、活动课研讨会和分册作者座谈会，确定了全书的结构、活动课的写法等问题。

（二）向全体作者致函四次（附后），并在函后附有四个附件（详见附件一～附件四），随时做相关内容的调整和编写工作的指导。

（三）开辟网站，随时与作者在网上互相问候，交换意见，修改稿件。

（四）运用电话与作者直接对话，加强交流与指导。

（五）走进作者家，与作者面对面的交流，是快捷地解决问题的好方法。

目前，文稿任务已完成过半，编辑加工过半，11 月初开始送史学家、教材专家、课程论专家审读，11 月底，完成 1～5 册书的编写任务。

大象出版社

高中历史教科书编写组

2003 年 10 月 26 日

5

5.纪要之五　教育部普通高中课程标准实验教材编写研讨会情况通报（草拟）（1件）

纪要之五

教育部
普通高中课程标准实验教材编写研讨会
情况通报（草拟）

一、2003年11月1日上午，大象版高中历史教科书主编向专家组汇报编写工作进展情况后，专家意见汇总如下：

（一）汇报方式与别人不同，很务实。编写前的准备充分，其内容历史学术性强，改革观念、信息搜集到位；

（二）版式设计、编排很有特色，下了很大功夫。书眉的使用与设计、资料阅读浑然一体，这是其他教材所没有的。

（三）文字叙述清楚，可读性强。

（四）中外内容怎样打通？书眉配图与正文内容要避免造成逻辑上的混乱。

（五）要注意坚持历史唯物主义和给予少数民族在历史上应有的地位问题。

二、2003年11月1日朱慕菊副司长、臧爱珍处长讲话要点：

（一）朱司长主要讲了八个字：对话、协商、理解、共建（指教育部在编写各科教材上，与作者、出版社等方面的关系）。

（二）臧处长强调教材编写机制是主编负责制，主编要监控全书的方方面面，踏踏实实抓好整体建构和各环节工作。

（三）要求出版资金及时到位，否则要重新审视出版社的出版资质。

（四）2004年2月上旬送审不变，送审册数4+1，可多，不可少。

（五）本次送审，要外加最少一本教学参考书，二本、三本，全部送都欢迎，不作为审查对象，仅作为审查教材的参考。

高中历史教科书编写组

2003年11月3日

6.纪要之六　第一次和第二次高中历史教学参考书编写工作研讨会（草拟）（1件）

纪要之六

第一次和第二次高中历史教学参考书编写工作研讨会

（草拟）

一、会议时间　　第一次：2003 年 11 月 7 日上午

第二次：2003 年 11 月 11 日上、下午

二、与会人员　　杨润平　张　静　姚　兰　陈梧桐　严志梁

臧　嵘　李隆庚　张道林　张惠芝　王　萍

三、会议内容　　研讨高中历史教学参考书的编写构想

（一）初步确立了教参编写的整体结构，包括如下内容：

1 教学目的和要求　　（500 字）

2 教学建议（教法、学法）　　（500 字）

3 教材分析（含插图来历、说明）　　（1500 字）

4 探究与思考指导　　（500 字）

5 资料注释与补充　　（3500 字）

6 学术动态与理论指导　　（500 字）

7 书眉插图的使用说明　　（500 字）

8 必修课总字数在 8000～10000 字以内；选修课在 7000 字以内。

9 选定送必修课（Ⅰ）的教学参考书。

（二）落实分工

1、历史教研员、中学教师完成 1～3 项内容；

2、教科书编写者完成 4～6 项内容；

3、书眉插图作者完成第 7 项内容；

4、张惠之等人完成编写要求的文字部分；

5、陈梧桐、杨润平等人完成一个样张的写作；

6、王萍准备两份必修课（Ⅰ）的全部配图、文字稿；

（三）完成时间

1 以上六项工作 11 月 30 日前完成。

2 11 月底前后尽快落实作者。

3 全书 12 月底～1 月 15 日陆续完成。

高中历史教科书编写组

2003 年 11 月 12 日

7.纪要之七　普通高中历史课程标准部分教科书编写小结（1件）

纪要之七

普通高中历史课程标准部分教科书编写小结

我们的《高中历史课程标准实验教科书的立项报告》被批准后，根据教基材室[2003]145号文件《关于同意立项编写普通高中实验教材的通知》要求，立即组织作者、编辑、审读、校对队伍，投入编写等项工作。经过半年多的努力，已编印出五册教科书〔必修课（Ⅰ）、（Ⅱ）、（Ⅲ）〕、选修（一）、（三）〕和一册教师用书〔必修课（Ⅰ）〕。现将编写过程和有关情况作如下汇报：

一、召开编写会议，制定编写原则，落实编写任务

2003年年初，我们便开始向历史教材专家、课程理论专家、历史学家、资深历史编辑、教研员、特级教师作调查，并多次召开座谈会，了解当前高中教学的现状与存在的问题，以及对新编历史教科书的要求。同时，搜集、阅读、研究国内外高中历史教科书，作为编写工作的借鉴。在此基础之上，又组织各方面专家和中学历史教研员、特级教师，对草拟的各册编写大纲进行反复的论证、修改，最后确定了切实可行的、能充分体现新课标精神的编写大纲，为保障全书的编写质量奠定了基础。

8月25～27日，我社社长、总编辑和主编均参加了教育部基础教育司组织的《普通高中课程标准实验教材编写研讨会》，并于8月28～31日在北京召开了第一次普通高中历史教科书编写工作会议，传达贯彻基教司领导的讲话精神，抓紧落实编写任务。组织作者对教育部制定的《普通高中历史课程标准》进行学习和研究，使其领会精神，力求准确地把握课程的性质、基本理念、设计思想、课程目标和内容标准。规定并强调了必须坚持的几项原则：

（一）认真贯彻党的十六大精神，坚持以马克思主义的辩证唯物主义和历史唯物主义为指导，正确阐述人类历史发展的基本规律和重大问题。不得违背党和政府的重大方针政策。

（二）坚持基础性、时代性和开放性，选取科学的而又贴近社会现实生活的

历史知识，以培养学生探究历史问题的能力和实事求是的科学态度，培养创新精神、实践能力以及适应现代社会需要的基本素养，为学生的终身学习奠定扎实的基础。

（三）注重教师教学方式的转变，倡导灵活多样化的教学手段和方法，立足于以学生发展为本的现代教育理念，注意激发学生的学习兴趣，引导学生实现学习方式的根本转变，主动参与，乐于探究，积极实践，勇于创新，在学习掌握基本历史知识的过程中，提高阅读能力和获取历史信息的能力。

（四）体现历史知识的整体性和综合性，力求由单向性知识传递方式的平面结构向多向性信息传递方式的立体结构转变；注意历史发展的纵向与横向、历史与现实、中国与世界的联系；注重历史学科与其他社会学科以及自然科学的联系，进行环境意识与审美意识的教育。

（五）注意吸收学术界公认的国内外历史学和考古学的新成果，为学生建构开放性的学习环境，提供多渠道的获取知识并加以综合运用的机会。

二、作者撰稿、编辑加工与专家会审

我们聘请了一批专门人才，组成了编写、编辑、审稿和校对四支队伍。编写队伍主要由高等学校和研究机构的教授、研究员和中学教研员、特级教师组成。编辑班子由我社的编辑和外聘的资深历史编辑组成。审稿队伍由外聘的史学家和教材专家组成。校对队伍由我社和外聘的经验丰富的校对人员组成。

在整个编写过程中，我们举办了多次培训性质的研讨会。在作者交付 1/3 书稿之后，利用会议、座谈等形式对其书稿进行审查和评议，就存在的问题，有针对性地制定了在内容和行文等方面都更加详细、操作性更强的规定，为全面的编写工作铺平了道路。实践证明，这种做法有效地避免了交全稿后的大反复，大修改。

我们在该套书的编写过程中，采用五种形式与作者进行交流、沟通和作具体指导。对帮助作者理解编写意图，解决编写过程中的各种疑难问题，起到至关重要的作用。

（一）召开了全书整体结构研讨会、活动课研讨会和分册作者座谈会，确定了全书的结构、活动课的写作方法等问题。

2

（二）向全体作者送发编写方案、编写要求、编写细则等材料十三件，致函九件，并在函后附有七个附件，备忘录九件，会议纪要九件（各件均附后）随时做相关内容的调整和编写工作的指导。

（三）开辟网站，随时与作者在网上交换意见，修改稿件。

（四）运用电话与作者直接对话，加强交流与指导。

（五）走进作者家，与作者面对面的交换意见，是快捷地解决问题的好方法。

我们对于这套书的编辑加工，坚持了初审、复审、终审的三审制度。编辑加工完毕，又分送教材专家、分册主编、总统稿、史学家等专家审阅、审读。

作者对于专家意见不厌其烦地做了多次修改。最后，我们又集中进行了会审、会校工作。

三、结构体例

1. 全套教科书均采用中外合编的形式，由必修课和选修课两大部分组成。必修课（Ⅰ）、（Ⅱ）、（Ⅲ）由 25 个学习专题组成。每个学习专题下设一个单元，各单元又设若干课；选修课每册由若干个学习专题组成，每个专题下设一章，每章下设若干节。分别从不同角度或层次对学习专题进行讲述。

2. 在必修课和选修课的每个单元或每章前均开列探究提示，点明该学习专题所要探究的主要问题。在每课或每节前写有导言，概括本课或本节的主要内容和需要探索的问题。课文由正文和阅读文字两部分构成。正文部分，为课文的主体，是学生必须掌握的内容。正文的右侧，设有多种阅读栏目。其中《资料浏览》置放原始资料，《知识阅读》介绍与课文相关的知识，《链接阅读》是对课文史实的进一步补充与叙述，《学术窗口》介绍学术界对课文所述史实的各种不同评论、观点或最新研究动态。这些阅读栏目，是对正文内容的拓展或延伸，仅供学生阅读，不属于基本要求。课文中间穿插相关的历史彩图、黑白图片、地图、图表等，是为激发学生的学习兴趣，增加直观性，加深对课文的理解，提高审美情趣。各课的书眉也置放插图，在正文叙述中国史的内容时，置放同时期的外国历史文化的有关图片和说明文字，在正文叙述外国史的内容时，置放同时期的中国历史文化的有关图片和说明文字，同时具有专题性和系列性，以加强中外历史文化的联系，这是我们这套教科书的一个特点。每课或每节之后，均列有要点回顾，概括本课或本节的内容要点，便于学生复习巩固学习成果。同时列有供同学们探究与思考的习题，题型多样，并多具开放性，目的在于培养和锻炼学生历史思维和分析、解决问题的能力。每册教科书都安排两个活动课，放在全书的末尾，教师可根据教学情况，自行灵活安排。每册最后还附有《部分词汇中英文对照表》、《推荐书目》、《推荐网站》，以供学生参考、阅读和浏览。

高中历史教科书编写组

2004年2月20日

8.纪要之八　高中历史教科书各册改稿会和分册主编会议纪要（存目1件）

9.纪要之九　高中历史教科书审稿、校稿会议纪要（存目1件）

10.纪要之十　高中历史教科书必修（Ⅰ）、必修（Ⅱ）、必修（Ⅲ）、选修（一）、选修（二）改稿会（存目1件）

11.纪要之十一　高中历史教科书选修（三）改稿会（存目1件）

12.纪要之十二　高中历史教科书选修（五）《探索历史的奥妙》一书的研讨会（存目1件）

13.纪要之十三　高中历史教科书选修（二）改稿会（存目1件）

14.纪要之十四　高中历史教科书选修（二）研讨修改稿（存目1件）

15.纪要之十五　高中历史教科书（五）研讨修改稿（存目1件）

16.纪要之十六　第一次听取专家关于高中历史教科书选修（二）、选修（三）、选修（五）、选修（六）的修改意见会议纪要（存目1件）

17.纪要之十七　高中历史教科书修改碰头会纪要（存目1件）

18.纪要之十八　第二次听取专家关于高中历史教科书选修（二）、选修（三）、选修（五）、选修（六）的修改意见会议纪要（存目1件）

19.纪要之十九　高中历史教科书选修（五）《探索历史的奥秘》作者探研评审专家修改意见纪要（存目1件）

六、备忘录（存目30种30件）

1.备忘录（一）（存目1件）

2.备忘录（二）（存目1件）

3.备忘录（三）（存目1件）

4.备忘录（四）（存目1件）

5.备忘录（五）（存目1件）

6.备忘录（六）（存目1件）

7.备忘录（七）（存目1件）

8.备忘录（八）（存目1件）

9.备忘录（九）（存目1件）

10.备忘录（十）（存目1件）

11.备忘录（十一）（存目1件）

12.备忘录（十二）（存目1件）

13.备忘录（十三）（存目1件）

14.备忘录（十四）（存目1件）

15.备忘录（十五）（存目1件）

16.备忘录（十六）（存目1件）

17.备忘录（十七）（存目1件）

18.备忘录（十八）（存目1件）

19.备忘录（十九）（存目1件）

20.备忘录（二十）（存目1件）

21.备忘录（二十一）（存目1件）

22.备忘录（二十二）（存目1件）

23.备忘录（二十三）（存目1件）

24.备忘录（二十四）（存目1件）

25.备忘录（二十五）（存目1件）

26.备忘录（二十六）（存目1件）

27.备忘录（二十七）（存目1件）

28.备忘录（二十八）（存目1件）

29.备忘录（二十九）（存目1件）

30.备忘录（三十）（存目1件）

七、附件（7种7件）

1.附件一　高中历史教科书整体结构（1件）

附件一

高中历史教科书整体结构

册（必修、选修）		单元（章）		课	
前	后	前	后	前	后
●开篇绪语（代“致同学们”或“前言”、“说明”）	●中外大事年表 ●网站推荐	●探究提示（代“学习重点”）	●综合表解（学生分析比较，填充内容，代“自我测评”） ●延伸阅读（好书推荐）	●内容提要（代“导入新课”）	●要点回顾 ●探究与思考

2.附件二　中国旧民主主义革命和新民主主义革命异同（综合表解示范）（1件）

附件二

中国旧民主主义革命和新民主主义革命异同

（综合表解示范）

内容 项目 名称	所处时代	起止年代	任务	对象	领导阶级	目的	前途
旧民主主义革命							
新民主主义革命							

3.附件三　阅读栏目的界定（1件）

附件三

阅读栏目的界定

资料浏览：一律使用原始资料，注明版本、版次，不得使用转引资料。

知识阅读：给予学生多层面的知识拓展，介绍相关的文史哲等学科知识。

学术窗口：介绍学术界有争议的或反映历史文化研究最新进展与动态。

链接阅读：限于篇幅，正文不能充分展开，可在此栏目予以补充。

要点回顾：要求学生必须掌握的知识点。

4.附件四　数字、时间表示法（1件）

附件四

数字、时间表示法

一、数字用法：

1 、世纪、年代、公元纪年用阿拉伯数字；

2 、确定的统计数字用阿拉伯数字；

3 、不确定的如约数（一百多年、六七十年代）、十以下（包括十）等用汉字表示。

二、时间用法：

1 、行文中时间表示如下：1998 年 3 月 8～10 日或 1998 年 3 月 8 至 10 日；公元前 600 年至前 500 年；前 6～前 5 世纪；公元前 95 年等。

2、 夹注中纪年表示如下：（前 200～前 120 年）；（1960～1970）；光武帝建武一年（25）；（前 206～公元 25 年）等。〔请参照《现代汉语词典》（2002 年增补本）纪年表示法。〕

5.附件五　关于阅读栏目的写作（1件）

附件五

关于阅读栏目的写作

从目前收到的部分稿件来看，有些作者对阅读栏目的重要性认识不足，只把它看成是正文的点缀品，是可有可无的东西，重视不够，未下大的功夫去写；还有些作者未找到写作阅读栏目的门径，虽想写好，但不得法，没能写好。因此，有相当部分的稿件，阅读栏目写得不理想，未能发挥其应有的功能，起到补充正文的作用。

一、阅读栏目的地位和作用

教育部制定的课程标准，要求采取专题性的中外合编的方式来撰写高中历史课本。根据所列的学习要点，每一课所涵盖的内容不仅多，而且时间跨度大，在有限的篇幅里很难面面俱到地展开叙述。正文只能粗浅地讲清课标所列的内容要点的大致轮廓，至于其他有关问题，只能依靠阅读栏目做补充说明。阅读栏目不属学生必须掌握的内容，教师不必讲解，由学生自行阅读。有了阅读栏目，许多正文写不进去的内容，都可放到阅读栏目中去写，以弥补正文的不足。因此，阅读栏目不是可有可无的东西，而是正文的必要补充，它同正文一样，都是课文的有机组成部分，必须加以重视。

二、阅读栏目的内容及分类

阅读栏目，依其内容，大体可以分为以下几类：

1、展示原始资料。有些重要的原始资料，因为字数较多，无法写进正文，可放在“资料浏览”栏目中另行列出。如《新民主主义革命的兴起》一课，在“资料浏览”中引用了《北京学界全体宣言》资料，反映学生强烈的爱国热情。

例 1

《新民主主义革命的兴起》一课的“资料浏览”

资料浏览

《北京学界全体宣言》

务使全国工商各界，一律起来设法开国民大会，外争主权，内除国贼，中国存亡，就在此一举了！今与全国同胞立两个信条道：

中国的土地可以征服而不可以断送！

中国的人民可以杀戮而不可以低头！

国亡了！同胞起来呀！

但每课的资料只能用一条。否则，资料太多，不仅挤占其他内容的栏目，也会使课文变得枯燥无味，学生不爱读。

2、反映学术研究动态。有些课文设计的内容，学术界存有重大分歧。作者只能采用大多数人赞同的一种，对其他观点可在“学术窗口”栏目加以介绍。这有助于扩大学生的视野，激发学习的兴趣，促进思考。如《农业的重要耕作方式和土地制度》一课，在“学术窗口”栏目介绍了关于中国封建社会土地所有制的争论；《从汉至元政治制度的演变》一课，在“学术窗口”栏目中介绍对东汉魏晋南北朝宰相的不同看法。

例 1

《农业的重要耕作方式和土地制度》一课的“学术窗口”

学术窗口

关于中国封建社会的土地所有制，学术界存在不同的观点

1、土地国有制始终占居主导的地位。

2、秦汉到魏晋南北朝，土地国有制占主导地位，此后地主土地所有制才确立其支配地位。

3、存在着土地国有制、大土地所有制、小土地所有制和残余的村社土地所有制等几种不同的形式。

4、地主土地所有制处于支配的地位。

你认为哪种观点更有道理，为什么？

例 2

《从汉至元政治制度的演变》一课的“学术窗口”

学术窗口

对东汉魏晋南北朝宰相的不同看法

一种观点认为，东汉的三公仅备员而已，宰相权归尚书；魏晋南北朝的宰相无有常官，魏晋是中书，南北朝则多为侍中。

另一种观点认为，宰相必须拥有议政权和监督百官执行权。汉代的三公、魏晋南北朝的尚书台（省）长官不仅在法律上、而且实际上在大多数情况下，也拥有这两项权力，是当时的宰相。

必须注意的是，学术界对历史问题的争论很多，课本不可能什么都介绍，而只能择取重要的略加介绍。因此，不必也不可能每课都设“学术窗口”栏目介绍学术动态。有些过于深奥，学生难以理解、教师难以把握的学术动态，也不宜加以介绍。

3、补充正文的缺略。由于课时和篇幅的限制，有些重要的史事正文略而不叙，根本不提，但学生又必须了解的，只能放到“链接阅读”或“知识阅读”的栏目里去讲，对正文起补充的作用。如《农业的主要耕作方式和土地制度》一课，讲到“各级奴隶主贵族，把土地划分为一块块大致相等的方块，状似“井”字形，称为井田。”至于井田的知识未能具体讲述，只能设“知识阅读”一目略加介绍；《从汉至元政治制度的演变》一课，提到秦汉时期丞相位尊权重，但未具体讲到如何位尊权重，便设“链接阅读”一栏具体加以讲述，讲到唐代宰相人数增多，也设“唐朝宰相的官衔”的“阅读栏目”，具体介绍当时充位宰相的各种官衔，使学生了解只要获得这些官衔的都是宰相；讲重农抑商政策，正文只讲商鞅首倡“重农抑商”政策，在“链接阅读”中再讲述商鞅的有关规定，让学生了解这一政策的具体内容；《新中国初期的重大外交成就》一课，正文只讲到中苏签订的《中苏友好同盟互助条约》，另设“链接阅读”等栏，讲述当时签订的《关于中国长春铁路、旅顺口及大连的协定》；《夏西周的政治制度》一课，正文只讲到“宗法制是由原始社会末期的父系家长制演变而来的”，在“链接阅读”中则具体叙述宗法制产生的条件和过程。

例 1

《农业的主要耕作方式和土地制度》一课关于“井田”的“知识阅读”

知识阅读

夏商周的井田

井田在夏朝就已存在。夏初后羿夺取夏王太康的王位，太康之侄少康逃奔有虞氏，“有田一成”。当时以“方一里为井”，一井九百亩，“方十里为成”，“有田一成”即有十井之田。商代甲骨文中有“田”字，则是商代存在井田的证据。西周有关井田的资料，比夏、商更为丰富。除文献资料外，青铜器铭文中多有赏赐土地“一田”、“十田”、“五十田”的记载，这些“田”字就是指的井田，“一田”即一井之田。

例 2

《从汉至元政治制度的演变》一课关于“位尊权重”的“链接阅读”

链接阅读

西汉前期丞相位尊权重

西汉前期，丞相位尊权重，礼遇殊隆。丞相进见，皇帝要起坐；丞相生病，皇帝要亲临问候。皇帝的诏命，丞相认为不妥的，可以据理力争，也可拒绝执行。吕后曾想封吕氏兄弟为王，丞相王陵就当面抵制，力言“不可”。汉景帝欲封皇后之兄王信为侯，丞相周勃坚决反对，说：“高帝（汉高祖）生前有约：‘非刘氏不得王，非有功不得侯。不如约，天下共击之。’王信虽是皇后兄，但无功而封侯，不符合高帝的约定。”汉景帝无言以对，只好作罢。

例 3

《从汉至元政治制度的演变》一课关于“唐朝宰相官衔”的“链接阅读”

链接阅读

唐朝宰相的官衔

隋唐中书、门下、尚书三省的长官中书令、侍中、尚书令，原本都是宰相。因唐太宗就帝位前，曾任尚书令，就位后尚书令虚而不设，而以副长官左、右仆射作为尚书省的实际长官，并为宰相。从隋代开始，朝廷有时任命其他官员参与机要，出任宰相。唐初更常给其他官员加上“参知政事”，“参预朝政”等名号，行宰相职。唐太宗以后，又有“同中书门下三品”、“同中书门下平章事”等名义。后来，连中书令、侍中也都加上“同中书门下三品”之类的称号，尚书左、右仆射也须加上这类称号才能预宰相事。到唐高宗时，“同平章事”、“同三品”便成为正式的宰相官衔。

例 4

《夏西周的政治制度》一课关于“宗法制”的“链接阅读”

链接阅读

宗法制的产生

在父系氏族社会，若干个以父系血缘为纽带的家庭，组成一个家族；若干个出自同一男性祖先的家族，组成一个宗族。家长、族长支配着家庭、家族和宗族的成员，随着生产力的发展，他们还拥有私有财产。家长、族长死后，按一定程序产生继承人，继承他们的权力和财产。父系家长制的存在，为宗族制的萌生提供了土壤。禹建立夏朝后，把禅让的“公家下”变为传子的“家天下”，并把部分权力和财产按血缘的亲疏远近分配给宗族中的其他成员，将他们分封到各地充当侯、伯，为夏王效力，形成早期的宗法制。

4、对正文提到的一些重大历史事件、历史人物、历史现象以及典章文物作补充说明。

如《二里头与夏文明之探索》，有一个“知识阅读”栏目，对正文提到的“埙”做了比较详细的说明；《从汉至元政治制度的演变》一课，在“知识阅读”栏目中，对正文中提到的“尚书”作出说明；《法国的人权宣言》一课，在“链接阅读”栏目中，对正文涉及的“巴士底狱”作了说明。

例 1

《二里头与夏文明之探索》一课关于“埙”的“知识阅读”

知识阅读

埙

埙是古代的一种吹奏乐器，用陶土烧制而成。《管子》一书，曾提到春秋时期齐国有“吹埙之风”。浙江河姆渡遗址发现了距今七千年的陶埙。陕西半坡遗址、姜寨遗址和四川三星堆遗址也出土过陶埙。可见，这种乐器在上古时代曾流行于中国南北各地。

例 2

《从汉至元政治制度的演变》一课关于“尚书”的“知识阅读”

知识阅读

尚书

尚书原是九卿之一少府的属官，“掌通章奏而已，事皆决于丞相”。汉武帝开始重用尚书，不仅让他们拆阅和审议章奏，而且让他们劾奏丞相的过失。后来，尚书的职权逐渐扩大，地位日益重要，开始分曹（科）办事。东汉时正式设置尚书台，成为总理全国政务的中央机构。南朝梁时，改尚书台为尚书省。

例 3

《法国的人权宣言》一课关于“巴士底狱”的“链接阅读”

链接阅读

巴士底狱

巴士底狱原是巴黎东侧的一座要塞，称巴士底堡。1370 年由查理五世下令建造，用以保护巴黎，防止英国的侵袭。它有塔楼八座，各高 100 英尺，塔楼之间用围墙相连，墙外有壕，宽 80 余英尺。路易时代改为拘留所。17 世纪~18 世纪变成法国国家监狱。1789 年 7 月 14 日，巴黎群众一举攻占了这座堡垒。这一行动，象征着封建专制制度的结束。

5、细化正文所讲的史事，使之更具生动性、趣味性与可读性。有些历史事件，正文只叙其概要，未能详述具体过程，就设相应栏目加以详述。如讲解放战争的三大战役。可在平津战役的小栏目详细描述解放军进攻北平的情况，讲渡江和攻占南京，也可在相应栏目中具体描写渡江及占领南京的生动场面；讲19世纪以来的音乐，可在讲到贝多芬时，在相应栏目中具体描写贝多芬耳聋后成功地指挥演奏自己作品的情况。

例1

《19世纪以来的世界音乐》一课关于“贝多芬耳聋后成功地指挥演奏自己作品”的“知识阅读”

知识阅读

贝多芬《第九交响曲》首演场面

贝多芬的《第九交响曲》是他失聪后的作品，1824年在维也纳首次演出。贝多芬亲自上台指挥。他站在乐队前面，既不看面前的乐谱，也听不见琴声，全凭自己丰富的乐感和指挥经验，挥棒指挥演出。法国作家罗曼·罗兰（Romain Rolland，1866～1944）曾这样描写当时的感人情景：“当贝多芬出场时，受到群众五次鼓掌欢迎；在如此讲究礼节的国家，对皇族的出场，习惯上也只有三次的鼓掌礼。因此警察不得不出面干涉。交响曲引起狂热的骚动，许多人哭起来。贝多芬在终场以后感动得晕了过去；大家把他抬到兴特勒家，他朦朦胧胧地和衣睡着，不饮不食，直到次日早上。”

例2

《新民主主义革命的胜利》一课关于“占领南京”的“链接阅读”

链接阅读

人民解放军占领南京

1949年4月20日，人民解放军百万雄师分三路在西起湖口、东至江阴的千里战线上发起渡江战役。江面上万船竞发，冒着敌人的炮火向长江南岸疾进。国民党苦心经营的长江防线顷刻瓦解。渡江部队兵锋直指国民党政府首都南京。4月22日，已成惊弓之鸟的国民党政府仓皇逃往广州。23日，解放军占领南京。参加南京战斗的某部政委宋献璋回忆说：“‘总统府’俨然是一个封建王朝的皇宫。地上、走廊里碎纸乱飞，一片狼藉。走进最里头一幢房子，便看见了蒋介石的‘宝座’。写字台的日历，翻开到‘四月二十二日’。它好像摊开双手，对我们说，请看，这是反动王朝的末日！”

三、阅读栏目写作应注意的几个问题

1、每课阅读栏目应限制在4～6个，一般以五个宜。

2、阅读栏目应标上栏目名称及标题（“资料浏览”栏目可不加标题，直接列出资料即可）。

3、阅读栏目切忌写成辞条，而应写成一段完整的叙述文字，独立成篇。

4、阅读栏目一般字数限定在 160 字以内。

高中历史教科书编写组

2003. 10. 29

6.附件六　普通高中课程标准教科书教师教学用书编写细则（1件）

附件六

普通高中课程标准教科书教师教学用书

编 写 细 则

一、编写目的和指导思想

教师教学用书是为配合依据教育部制订的《普通高中历史课程标准》（实验稿）编写的实验教科书而写的教学参考书，旨在帮助教师领会贯彻课程标准提出的基本理念，解决教学中的疑难问题，提高业务水平，完成教学目标。

本书的编写，要求紧扣课程标准和实验教科书，依据课程标准所提出的有利于“学习方式的转变”、“教学方式的转变”、“历史教学评价的改进”的基本理念，对教材进行分析，围绕解决教学中的重点和难点问题，设计教学方案，并对教材的某些内容补充必要的资料，提供前沿的学术动态，帮助教师提高业务水平，完成教学任务。

二、内容结构与编写体例

全套教师教学用书共九本，采用统一的结构形式和编写体例，均包括教学目标、教材分析、教学要点、教学设计、探究参考与提示、资料注释与补充、学术动态、书眉图片说明八个部分的内容。必修课每课限 8000～10000 字，选修课每课限 6000～8000 字。

教学目标，包括知识与能力、过程与方法、情感态度与价值观等三个方面必须达到的要求。编写时应认真领会课程标准第二部分《课程目标》和第三部分《内容标准》的规定，根据教科书的具体内容，提出本课应该达到的知识与能力、过程与方法、情感态度与价值观的要求。字数为 200～300 字。

教材分析，包括本课的地位、重点和难点、教与学的方法。字数为 800～1000 字。

教学要点，按照课程标准和教科书课文，列出内容要点。字数为 200～300 字。

教学设计，为教师提供示范性的课堂教学思路，包括教与学、教具的使用及时间的控制等等。字数为 1000～1200 字。

探究参考与提示，对指导学生利用“探究与思考”题目进行课外探究活动提供参考性意见与探究的思路。字数为 200～500 字。

资料注释与补充，对课文中涉及到而又未讲清楚的一些重要的历史人物、历史事件、历史现象，包括文物典章制度作必要的解释和补充说明。随文插图，如课文或图注未交代清楚的，也应列出专条加以说明。编写时应尽量引用最新的资料和学术成果。引文务必注明作者（人们熟悉的古籍可不注明作者）、著作及篇名，如《史记·秦始皇本纪》，引用当代著作还应注明出版该著作的出版社及出版年代，引用报刊杂志的文章又应注明刊载的报刊名称及刊载的年月日，或期刊名称及期数。字数为 4000～5000 字。

学术动态，介绍课文所涉及内容的学术争论或最新研究动向，以便教师了解学术前沿动态，开阔视野，如课本已设“学术窗口”介绍过这方面的内容，此栏目即可取消，以免重复。字数为 300～500 字。

书眉插图说明，对书眉所选图片的意图作出说明，有的也可对某些图片的文物作必要的说明。字数为 300～500 字。

此外，每个单元开头的“本单元探究的主要问题”和末尾的“本单元测评”提示，拟另行编写，这里不赘。

7.附件七　普通高中课程标准教科书教师教学用书样张：必修（Ⅰ）第二课 中央集权制度的形成（1件）

附件七

普通高中课程标准教科书
教师教学用书样张　必修（Ⅰ）

第二课 中央集权制度的形成

教学目标

通过本课的学习，使学生知道“始皇帝”的来历和郡县制建立的史实，了解中国古代中央集权制度的形成及其影响。

通过引导学生探究秦始皇建立君主专制中央集权制度在当时与后世产生的影响，培养其历史思维能力和辩证观点；通过指导学生使用地图和文物图片、绘制简洁的历史示意图，培养其观察、想象能力和掌握历史知识的简捷方法。

通过对秦始皇中央集权制度历史作用的分析，使学生认识到，它是适应中国大一统形势的出现而产生的，又有力地促进了中国统一多民族国家的形成和巩固。

教材分析

本课是“古代中国的政治制度”专题的第二课，讲授一课时。

本课重点：皇帝制度（即君主专制制度）和中央集权制度的建立。要通过多种教学活动，使学生真正理解“皇帝制度”、“中央集权”、“郡县制”等概念，知道秦朝所建立的中央集权制度的内容和实施办法。

本课难点：认识中央集权、君主专制和一统三者之间的历史联系，正确评价古代中国政治制度的利弊得失，了解实行郡县制与维护国家统一的关系。

本课课文的引言指出：秦始皇“首次在中国建立起封建的中央集权制度”，此后“成为中国封建社会政治制度的基本模式”。这是本课的中心线索。

课文设三个子目，分别叙述秦王嬴政首创皇帝制度、中央集权制度的建立、统一多民族国家的形成，头绪集中，层次分明，资料也较翔实。在学生阅读的基础上，可采用讲授、讨论、总结等方法，全面实现教学目标。

教学中应抓住三个中心环节：一、分析秦统一后中国政治、经济等方面的新情况，探

316

究中央集权制度建立的历史必然性。二、梳理"皇帝——中央政府——地方郡县"之间的逻辑关系，建构最简洁直观的历史示意图，为学生认识封建专制主义的中央集权制度创造条件。三、营造学生积极参与、主动学习的环境氛围。通过讨论和辩论，认识建立中央集权制度的历史必然性及其积极作用，了解君主专制与中央集权紧密结合的历史局限与消极作用。

课本的插图、地图以及各个阅读栏目都是课堂教学的资源，要有选择有重点地加以利用，但切忌面面俱倒，以免冲淡主题和重点。

"探究与思考"栏目所列题目，旨在巩固课堂学习成果并在此基础上进行延伸学习，重在引导学生独立思考，提高发现问题、分析问题和解决问题的能力，可有选择地留作课后作业，并切实加以指导。

教学要点

一、秦王嬴政首创皇帝制度

1、中国历史上第一个统一封建王朝——秦朝

2、确立皇帝制度，形成君主专制

二、中央集权制度的建立

1、巩固封建统治和维护国家统一的需要

2、中央机构——三公九卿的建立

3、郡县制的推行

4、加强中央集权的其他措施

三、统一多民族国家的形成

1、北击匈奴、修筑长城与南伐百越、开凿灵渠

2、残暴的统治与秦朝的灭亡

3、君主专制中央集权制为历代所沿用

教学设计

本课课文主线明确、头绪集中、层次分明，教师可设计精彩的导言，然后切入正题，按照课文的顺序讲授。

公元前 221 年，秦王嬴政统一东方六国，建立中国历史上第一个统一的封建国家。面对大一统的政治局面和分散的封建地主经济的形势，以秦王嬴政为首的地主阶级政治家进行

317

政治制度的改革和创新，建立起封建君主专制的中央集权制度。政治制度包括国体和政体两个方面。所谓国体，是指国家的性质。中国在战国时期进入封建社会，就已确立封建地主阶级专政的国体。所谓政体，是指国家的形式。这里所讲的政治制度的改革和创新即指此而言。

首先，是确立皇帝制度，建立至高无上的皇权，“天下之事无大小，皆决于上”，形成君主专制制度。从此，君主专制成为中国封建政治制度的一个基本特征。

其次，建立分工明确的中央政府，设置丞相，太尉、御史大夫作为辅助皇帝处理军国政务的宰相，又在丞相之下设九卿分掌朝廷和全国的各项行政事务。所有大臣，都“直接对皇帝负责，他们彼此分职，互相制约，便于皇帝的操纵”。

第三，废除分封制，推行郡县制，形成中央集权制度。地方政府的长官郡守、县令“均由朝廷任命，没有世袭特权。皇帝可直接对他们进行监督、考核、升迁或罢免”。此外，秦始皇还“一法度”，统一文字、货币和度量衡，并修驰道，以加强中央对地方的控制。此后，这种中央集权制，成为中国封建政治制度的又一个重要特征。

接着，提问学生：“秦始皇建立的这种政治制度具有哪些特点？”然后指导学生阅读第三个子目课文（这部分内容大部分是初中学过的，学生比较熟悉），讨论“秦始皇建立的君主专制中央集权制度对当时和后来的社会发展产生了怎样的作用？”最后再总结、集中学生的意见，指出：秦始皇建立的这套政治制度，地方集权于中央，再集中到皇帝手里，使朝廷可集中全国的人力、物力和财力，增强了国力，因此得以大举北击匈奴，修筑长城，南伐百越，开凿灵渠，使秦朝形成为中国历史上第一个统一的多民族的国家，当时的东国强国。后来，这种政治制度又为历代封建王朝所沿袭，使中国统一多民族国家不断得到巩固和发展。可见，这种政治制度对中国统一多民族的形成、巩固和发展，具有积极的促进作用。但是，秦始皇建立的这种政治制度，皇权不受限制和约束，君主个人独裁和专断，又会导致权力的滥用，从而导致秦朝的“二世而亡”。后来历代王朝的种种弊政，也多与此有关。说明这种政治制度也具有很大的局限和负面作用。总之，我们应该学会辩证地看待历史问题，既看到这种政治制度的积极作用，又看到它的负面影响。

探究参考与提示

在“探究与思考”中自由选择一个题目为课后作业，考察学生对中央集权制度的理解和能力。

1、建立时间：中国——封建社会的初期；西欧——封建社会的晚期。历史作用：中国——起到巩固封建制度、抑制资本主义萌芽的作用；西欧——导致封建制度的解体和资本

318

主义制度的确立。

2、见“教学设计”末段。

3、君主专制，中央集权。

资料注释与补充

秦王嬴政

嬴政（前259~前210），秦庄襄王之子。公元前246年，庄襄王死，他继承王位。当时嬴政年仅13岁，由太后临朝，嬴政的师傅、原任丞相吕不韦以相国身份辅政，号称仲父。吕不韦是由经商而从政的，手下养有宾客3000人。他令宾客编纂《吕氏春秋》，将法家学说与各家学说杂糅在一起，企图“学黄帝以诲颛顼”，影响和控制嬴政。而太后又宠信侍从左右的侍中嫪毐(lào ǎi)，“事皆决于嫪毐”，并商定将来由他们两人的私生子取代嬴政为王。朝野因而分成两派，既影响政治上的集中统一，也威胁着嬴政的安全和地位。公元前238年，22岁的嬴政亲政，嫪毐发动了叛乱。嬴政果断地进行镇压，车裂嫪毐，幽禁太后，并杀掉他们两人的私生子。翌年，又以嫪毐之事牵连吕不韦，削夺其官爵，迁往蜀地，吕不韦饮鸩自杀。

嬴政亲掌大权后，重用尉缭、李斯等大臣，谋划击灭六国的策略，[redacted]向东进兵，开展大规模的统一战争。秦军势如破竹，于公元前230年灭韩，公元前228年灭赵，公元前225年灭魏，公元前223年灭楚，公元前222年灭燕，公元前221年灭齐。前后不到十年的时间，就完成了消灭东方六国的统一大业。

秦权

秦权是秦代的标准衡器，用铜制作。考古工作者在陕西、山东、江苏、辽宁、吉林、河南、山西等地都曾发现过秦权。这些秦权，有的是战国时商鞅为统一秦国度量衡所颁布的标准衡器，秦始皇称帝后统一度量衡时加刻二十六年（公元前221年）诏书铭文；有的是秦始皇称帝后，重新制作的标准衡器，也刻有二十六年诏书铭文。二十六年诏书全文是：“廿六年，皇帝尽并兼天下诸侯，黔首大安，立号为皇帝。乃诏丞相状、绾，法度量则不壹，歉疑者，皆明壹之。”这种秦权，既是秦始皇统一六国、称始皇帝的物证，也是秦始皇统一度量衡的物证。

李斯

李斯（？～前208），楚国上蔡（今属河南）人，早年为郡小吏，曾从荀卿学帝王之术。公元前247年入秦，在吕不韦门下充当舍人，后被任命为郎。李斯劝说秦王嬴政击灭诸侯，成就帝业，一统天下，得到秦王的信任，被任命为长史，后升为客卿，再升为廷尉。

秦始皇统一六国后，李斯与丞相王绾、御史大夫冯劫等人共同议定皇帝名号和有关的礼仪制度。他反对王绾请立诸子为王的建议，坚持以郡县制代替分封制，为秦始皇所采纳。他还参与制定法律、统一车轨、文字和度量衡度。前213年，齐人淳于越又提出分封子弟为支辅的建议。当时，升任丞相的李斯，驳斥了这种意见，并建议焚毁民间收藏的《诗》、《书》及百家语，得到秦始皇的赞同。他还妒贤嫉能，害死韩非。秦始皇死后，李斯追随宦官赵高，参与害死皇太子扶苏，立胡亥为皇帝的阴谋，后来自己也遭赵高的陷害，被腰斩于市，并夷三族。

三皇五帝

三皇五帝是中国古代传说中的人物，但具体是哪些人，诸家说法不一。关于三皇的几种说法是：天皇、地皇、泰皇（人皇）（《史记·秦始皇本纪》）；伏羲、神农、黄帝（《世本》）；伏羲、神农、祝融（《白虎通·号》）；伏羲、女娲、神农（《风俗通·皇霸》）；伏羲、神农、燧人（《白虎通·号》另说）。关于五帝的几种说法是：黄帝、颛顼、帝喾、尧、舜（《世本》）；伏羲、神农、黄帝、尧、舜（《易·系辞下》）；少昊、颛顼、高辛、尧、舜（《帝王世纪》）。

宰相

宰是主持，相是辅助之意。宰、相之名，分别见于殷周及春秋之时。宰相连称，则始于战国之时。如《庄子·盗石》，即将“宰相”与“天子”并列。《韩非子·显学》主张：“宰相必起于州部”。宰相之名，一再出现，此后一直沿用于整个封建社会。但在中国古代政治制度上，除辽代的“宰相”是个正式官名外，在其他朝代都只是一个习惯用语，用以指辅佐皇帝行使权力、处理全国政务的主要官吏，而不是一个正式官名。至于哪些官吏是宰相，哪些官吏不是宰相，没有明确的法令规定。秦和西汉，以丞相（又称相国）为宰相，而以御史大夫为之副。此后历代出任宰相的官吏和职权的广狭程度，则不断发生变化，因时而异。

九卿

秦朝的九卿实际上不只九个，其中大部分是秦国原有的，少数是统一六国后增设的。除了课本提到的宗正、治粟内史、廷尉、少府之外，还有主管宗庙礼仪的奉常、主管保卫皇

320

帝宫殿的郎中令、主管皇帝车马的太仆、主管少数民族事务的典客、主管宫廷卫队的卫尉、主管京师保卫的中尉等。

郡县制度

郡、县的起源很早，可以上溯到西周时期。《逸周书·作雒》记载，周公经略天下，“制郊甸方六百里，国西土为方千里，分以百县，县有四郡”。这些郡和县，都是由人口密集的城邑发展而来的。春秋时期，诸侯互相兼并，一些诸侯国纷纷在所占领的土地上设县，由国君直接管理。楚国的楚武王（前740~前690年在位）、晋国的晋献公（前676~前651年在位）都设过县，齐国到齐桓公（前685~前643年在位）时已设有50个县，[redacted]一些诸侯国还在边远地区设郡，派重臣率兵镇守。如《国语·晋语》记载前651年，晋公子夷吾对秦公子挚说：“君实有郡县”。意即晋国犹如秦国的郡县，说明当时的秦国已经设郡。又如《左传》哀公二年（前493年）载，晋卿赵简子为奖励将士杀敌立功，许诺“克敌者，上大夫受县，下大夫受郡”，说明当时的晋国已有相当数量的郡。春秋时期的县已遍及各诸侯国，但郡的数量相对较少，而且县的范围远比郡要大，地位也比郡高。

到战国时期，随着兼并战争的加剧，边郡日益扩大，并由低县一级演变为高县一级。郡下分设若干县，形成郡县两级制。郡县的设置也由边境逐渐向内地发展。各国除在新开辟地区设县，还纷纷改邑办县。如秦国在商鞅变法时，即“集小乡、邑、聚为县，置令、丞，凡三十一县”（《史记·商君列传》）。韩、赵在上党地区设41县，赵国在代郡设36县，魏国在上党郡设有至少18个以上的县，燕国在上谷郡设有36县，齐、楚也大量设县。当时县制已经得到普及。每县大约为方百里之地，万户左右的人口。大县设令，小县设长，由国君直接任命，按照国家法令治理县政，县已经具有地方政区的性质。郡仍多设于强国交界之处，在战国前期带有军事防备区的性质，郡的长官称为“守”或“太守”，都由武官充任，主要职责是戍边守土。到战国后期，郡守逐渐由单纯的军事长官向统管全郡军政事务的地方行政长官演变，郡也逐渐由军区向地方政区过渡。秦统一后，郡作为军事防备区的历史宣告结束，而彻底转变为中央与县之间的一级地方政区。

秦律

据《史记·秦始皇本纪》的记载，秦统一六国后，“法令由一统”，“一法度”，“事皆决于法”。秦朝的法律是继承统一前秦国法律而来的。秦国的立法始于商鞅变法，此后立法活动不断在进行，共有四种形式：一是法律条文，如《田律》、《厩苑律》、《金布律》、《关市律》、《仓律》、《工律》、《徭律》、《除吏律》等。二是对律文的解释，如《法律答问》，这是对律文的补充，同律文一样具有同等法律效力。三是地方政权发布的文告，它是地方郡一级政权根据朝廷法令制定的适应本地情况的法令和文件，是对统一法令的补充。四是关于审理案件准则和法律文书程式的规定。

秦律早已亡佚，1975 年在湖北云梦县城西部睡地虎秦墓中出土了一千一百多枚竹简，其中大部分是秦律，因而被称为云梦秦律。

云梦秦律包括从战国晚期到秦始皇时期陆续制定和颁布的律文。它虽不是秦律的全部，却是中国已发现的最古的法律条文。从这些律文来看，秦律充分体现了地主阶级的意志，严格保护地主阶级的利益和封建社会的秩序，具有严密繁苛的特点。

修建驰道

驰道是从秦都咸阳通往全国各地的最主要交通干线，修建于公元前 220 至前 210 年。大致可分为五条：（一）从咸阳向西北直达北地（今甘肃宁县西北），经回中（今陕西陇县西北）转抵陇西；（二）从咸阳沿渭水河谷直达陇西；（三）从咸阳向北至云中（今内蒙古托克托东北），再向西通九原（今内蒙古包头），或向东至碣石（今河北昌黎北）；（四）从咸阳东出函谷关，直达山东半岛最东端的成山（今山东成山角）；（五）从咸阳向东南出武关（今陕西丹凤东南），经宛（今河南南阳）抵达江陵。驰道均“道广五十步，三丈而树，厚筑其外，隐以金锥，树以青松”（《汉书·贾山传》）。除了驰道，公元前 221 年，又修建从咸阳向北直达九原郡的“直道”。在南平百越的过程中，还修建“新道”即所谓“通越道”，包括四条线路：（一）从南野（今江西南康南）穿大庾岭南下抵达番禺（今广州市）；（二）由今湖南骑田岭进入粤西北；出阳山关（今广东阳山西北），南下直达番禺；（三）由今湖南江华县的萌渚岭、桂岭南下，至今广西梧州一带；（四）从今湖南零陵西南过今广西全州，经湘桂走廊而至桂林，象郡各地。为开发西南，还修建了北起今四川宜宾南抵今云南曲靖的“五尺道”。

蒙恬北击匈奴

匈奴是中国北方古老的游牧民族，过着“逐水草而居”“随畜牧而转移”的生活。《史记·秦本记》说，秦惠文王后元七年（前 318 年），“韩、赵、魏、燕、齐帅匈奴共攻秦”，这是匈奴这一名称在中国史上的首次出现。此时的匈奴主要活动于蒙古高原，并不断南下，掠扰燕、赵、秦等国的边境。燕、赵、秦三国除在北方屯驻重兵戍守之外，还分别在自己的北部边区修筑长城，以阻挡匈奴和其他游牧民族骑兵的南下。战国后期，匈奴乘中原兼并战争日益激烈之机，大举南下，夺占了阴山、河套地区。在秦始皇统一六国的过程中，匈奴产生了第一个军政首领头曼单于，经济军事实力大大增强，直接威胁到秦王朝的北部地区。秦始皇统一六国后，经过长期的准备，于公元前215至前214年，命蒙恬统率30万大军，由上郡（今陕西榆林东南）北上，攻夺河套地区，渡过黄河，连败敌军，夺取了整个阴山地区和贺兰山高地。然后修建长城、直道，并大量移民戍边。匈奴从此“不敢南下而牧马”（贾谊：《过秦论》）。

秦长城的修建

春秋战国时期，各诸侯国为防御邻国的突然袭击，常在自己的边境修筑长城。约建于公元前7世纪的位于今湖北竹山至今汉南泌阳一带的国方城，是中国历史上出现最早的长城。战国中后期，为了防御匈奴等游牧民族的南下，秦、赵、燕三国又都修建规模巨大的边地长城，秦始皇统一六国后，为了确保边境的安全并为反击匈奴做准备，于公元前221至前215年，重点维修了原秦、赵、燕三国的边地长城，并增筑了若干部分，使其互相连接起来，蒙恬大败匈奴后，为了巩固新攻占的地区，又于公元前214至前210年增修了部分长城，并加以延伸。经过两次大规模修筑，秦长城“因地形，用制险塞，起临洮，至辽东，延袤万余里”。

南伐百越

百越是中国古代的越族，支系繁多，互不统属，其中，有分布于今浙江一带的于越；分布于今浙江南部瓯江流域的东越，又称东瓯；分布于今福建福州一带的闽越；分布于今广东境内及其以南的南越；分布于今广西境内及其以南的西瓯，又称骆越。于越在春秋后期已进入奴隶社会，并在勾践的领导下建立强大的越国，控制了于越、东越和闽越，并灭掉了吴国。战国中期，越国被楚国打败，于越、东越和闽越转归楚国所控制。南越和西瓯，直到秦初尚处于原始部落阶段。进入春秋时期，随着楚国的强大，南越、西瓯也为楚国所控制。

前222年至前221年，秦军在灭楚的基础上，攻占了于越，设会稽郡，并越过了五岭，占领了岭南的部分地区。统一六国后，秦始皇又命尉屠睢发卒50万，于公元前220至前215年，分为五路南下，分别向西瓯、南越、闽越发动进攻，统一了东南和岭南地区，尔后，派五十余万人南戍五岭。

沉重的兵役徭役

秦始皇时代，动工修建许多规模巨大的工程，征调了大量的劳动力。如修骊山陵、阿房宫用“七十余万人”（《史记·秦始皇本纪》）北筑长城用“四十余万”人，还有南戍五岭用“五十余万”人（《续汉书·郡国志》引《帝王世纪》）。仅这几项工程，用工总数就超过一百五六十万人。这其中既有服兵役的士兵，有服徭役的民夫，还有受惩罚的刑徒。如果加上京师和各地的驻军、修驰道、直道等其他徭役，每年当兵服役的总人数当在二三百人。

学术动态

对中国形成封建专制中央集权制度原因的不同看法

关于中国封建专制主义中央集权制度的产生，学术界的看法很不一致。

一种意见认为，中国古代以农立国，需要由政府出面组织修建大规模的灌溉工程，所以产生了专制主义的中央集权制。

另一种意见认为，古代中原王朝为了抵御邻近民族的进攻，必须建立专制主义的中央集权制度。

还有一种意见认为，在中国封建社会，地主土地所有制居于支配地位。但地主本身并不直接掌握行政权、司法权和军事权，无法强迫农民租佃其土地。这就需要一个专制主义中央集权制的政权，把农民牢固地束缚在土地上，以保障他们的地租剥削。

书眉图片说明

本课书眉选用的12幅图片，旨在反映秦始皇首次在中国建立封建专制中央集权制度时，世界其他国家的状况。从这些图片可以看出，世界最早的文明古国埃及，此时正处于从亚历山大帝国分裂出来的托勒密王朝的统治之下；另一世界文明古国印度处于分裂状态；欧洲文明的发祥地古希腊，早已走向衰落，此时处在马其顿王国的统治之下；古代罗马刚刚崛起，正在对外扩张；中亚的帕提亚王国（安息），此时也刚在崛起；朝鲜处于铁器时代；日本开始由原始社会逐步向阶级社会过渡；北美东部的土著居民还处在新石器时代。当时的中国，却已实现全国统一，建立封建专制的中央集权制度，成为东亚的统一的封建强国，从而显示出她在世界的先进地位。

八、致函、回函（5种121件，其中存目113件）

1.致作者（1种10件，其中存目2件）

（1）致函一

致函一

先生：

您好！深谢您对我们工作的鼎力相助，辛苦了！望您于 2003 年 9 月 15 日前将已完成的样稿寄至以下通讯地址。

联系地址：北京市海淀区西三旗育新花园[redacted]楼[redacted]室

邮政邮编：100096

电子邮箱：[redacted]或[redacted]

电话：[redacted]

收件人：陈旭霞　王萍

此致

敬礼

高中历史教科书编写组

2003.9.8

（2）致函二

致函二

　　先生：

您好！您的样稿已经教材专家修改，现寄回征求意见，请签字认定后，从速返回。

另外，请协助我们做好以下几项工作：

1、进一步领会《课标》精神，严格按照会议所发样张（文字部分，不要求版式）撰写后续稿件。

2、正文部分每课文稿字数限定3500～4000字；图稿每页限定1～2幅。

3、接函后请将文稿速寄我室电子邮箱；图稿复印件和出处，挂号寄我室（邮费待日后由出版社支付）。

深谢您对我们工作的支持。

联系地址：北京市海淀区西三旗育新花园[illegible]楼[illegible]室

邮政邮编：100096

电子邮箱：[illegible]或[illegible]

电话：[illegible]

收件人：陈旭霞　王萍

此致

敬礼

高中历史教科书编写组

2003.9.26

(3) 致函三

致函三

先生：

您好！感谢您对我们工作的鼎力相助。高中历史教科书依据“编写要求”，共设计五个阅读栏目：知识阅读、链接阅读、资料浏览、学术窗口、要点回顾。请您在撰写稿件时注意：

1、每课不要重复使用同一栏目名称。

2、阅读内容仅限于撰写 3～4 个栏目。

3、各栏目字数限定在 160 字以内。

4、每课应兼有“学术窗口”或“资料浏览”栏目。

另外，请随邮寄稿件，同时提供您撰写的各册开篇绪语、单元（章）的大事年表、网站推荐、探究提示、延伸阅读（好书推荐）、综合表解（示范附后）。请根据本函及附件一至附件四的内容要求，撰写后续稿件。

联系地址：北京市海淀区西三旗育新花园[redacted]楼[redacted]室

邮政邮编：100096

电子邮箱：[redacted]或[redacted]

电话：[redacted]

收件人：陈旭霞　王萍

此致

敬礼

高中历史教科书编写组

2003.10.5

（4）致函四

致函四

先生：

您好！此函作为前三个函件和附件的补充和注释，请以此次发出的函件为准，现说明如下：

1、“开篇绪语”字数约500字左右，由指定人员撰写。

2、每课作者提供所撰内容的大事年表和网站推荐，以便最后拼成全书的年表和网站推荐。可参照样张第二课《中央集权制度的形成和影响》“探究与思考”中的第3题推荐网站。

3、每单元前的“探究提示”，限用一句话编写6～8个要点，由各课作者完成。

4、“综合表解”可从实际出发，凡有类比性内容的，参照附件二设计图表（仅编制表头、横目、纵目，内容由学生填充完成），供学生进行探究性的综合分析比较。

5、凡完稿的部分或缺上述内容的，以及图稿不全者，请于一周内补齐。

6、其他未完成稿件，请按编写要求、进度，以样张为范本，抓紧保质保量完成。

联系地址：北京市海淀区西三旗育新花园[redacted]楼[redacted]室

邮政邮编：100096

电子邮箱：[redacted]或[redacted]

电话：[redacted]

收件人：陈旭霞　王萍

致谢

高中历史教科书编写组

2003.10.16

(5) 致函五

致函五

先生：

您好！从目前收到的部分稿件来看，存在着对阅读栏目的重要性认识不足、重视不够或未找到写作阅读栏目的门径等问题，为了更好地写好阅读栏目，现发《关于阅读栏目的写作》一文，请大家务必参照执行。

联系地址：北京市海淀区西三旗育新花园[redacted]楼[redacted]室

邮政邮编：100096

电子邮箱：[redacted]或[redacted]

电话：[redacted]

收件人：陈旭霞　王萍

致谢

高中历史教科书编写组

2003.10.29

(6) 致函六

致函六

先生：

您好！在您的全力支持下，我们编写的高中历史教科书必修课（Ⅰ）（Ⅱ）（Ⅲ）和选修课（一）已基本完稿。教育部近期召开的编写汇报会又提出同时送审必修（Ⅰ）的“教学参考书”。据此，现做以下六点说明：

一、教科书的编写，使您花费了大量精力及宝贵时间，在一定程度上影响了您的教学和科研，对此，我们深感不安，发自内心的道声：对不起！谢谢！无奈，还需您继续支持、帮助，圆满完成教科书及教参的编写任务。

二、《教师教学用书编写细则》（见附件六），包括编写目的、指导思想、内容结构和编写体例，发给各位作者学习、研究。

三、《教师教学用书样张》：必修（Ⅰ）第一单元 第二课“中央集权制度的形成”（见附件七），发给各位作者，请务参照编写。

四、必修课（Ⅰ）的各位作者先行撰稿，并于12月10日前完成。其他各册《教师教学用书》，2004年4月底前交稿。

五、《教师教学用书》内容分三部分：《细则》中的教学目标、教材分析、教学重点、教学设计、探究参考与提示为第一部分；资料注释与补充、学术动态为第二部分；书眉插图说明为第三部分。文稿作者当完成一、二部分内容的撰写，若确有困难，请于五日内通知编写组，但也须完成第二部分内容的撰写。第三部分内容由眉图作者完成。

六、根据《高中历史教科书编写合同》第七条 甲方向乙方分配稿酬的标准：“乙方交齐、清、定书稿20天后甲方负责支付50%稿酬”的规定，近期将支付已交全稿的作者 50%稿酬，还未提交作者名单者，请务于接函后两日内将作者名单通知编写组。

此致

谢意

高中历史教科书编写组

2003年11月29日

(7) 致函七

致函七

尊敬的作者先生：

您好！

2003年的后半年，您为了《高中历史教科书》的编写工作辛勤劳作，付出了许多宝贵的时间和精力，话语是难以表达感激之情的。现在我们可以高兴地告诉您：由于您和其他作者的共同努力，已经完成了必修课（Ⅰ）、（Ⅱ）、（Ⅲ）、选修课（一）、（二）的编写工作。目前，历史教材专家、分册主编、总统稿者、主编正在忙碌地进行着审、定稿工作，由于时间紧迫，还需要您配合做好以下三项工作：

一、据《编写要求》的规定，书稿内容引用的大段原文一定要注明出处（目前发现有的引文未注出处）；

二、重新根据权威版本核对引文，不得引用转引资料（发现引文错误多处）；

三、外国人名第一次出现，一律夹注英文（没有注的请补注）；译名一定要以《辞海》（新版）为标准，规范化使用（发现有的使用不规范）。

请您本着文责自负严谨治学的态度和对祖国下一代高度负责的精神，再次严格审视出自我们之手的文字稿。我们的文稿当是无政治性、科学性、知识性和语言逻辑性错误的文字稿；当是字、词、句、章和结构都很准确和尽善尽美的文字稿；当是中学生喜读爱看的、一个字母、一个字、一个标点、一段引文、一个译名都不错的优美流畅的标准范文。若发现有什么问题，请及时告之。

你知道吗？您参与编写的这套《高中历史教科书》将面对的是祖国大地各省、市、自治区千千万万的高中阶段的孩子们，无数双企盼的眼睛选择的就是我们这一套书。我们的良知，我们的责任感是不会让他们失望，绝对不会！

新年、春节两节之际，本该休闲自乐，无奈我们的任务还没有最终完成，还需要我们大家继续携手共进，走完这套教材问世之前的路。希望您在三、五日内完成前面说的对于各位专家学者并不难做到，但却很烦人的三件事吧！

深深地致谢！

敬拜早年！

高中历史教科书编写组

2003.12.23

(8) 致函八

致函八

尊敬的各位专家：

今送上《高中历史教科书》必修（Ⅰ）、（Ⅱ）、（Ⅲ）和选修（一）、（三）的文字稿，请审核。

以上文稿是三十多位作者在三个月内陆续写就后，又经五个层次（资深编辑、教材专家、分册主编、总统稿、评审专家）二十位专家编、审、校改而成。

因为给作者的写作时间和专家的审稿时间实在太少，所以尽管大家都紧密配合，分别采取流水作业和交叉修改的运作方式，但仍然显得相当仓促，三、四、五层次的专家还有少量课次没有审毕。目前的文稿仍留有许多粗糙的痕迹、疏漏甚至错误，没能达到预想的质量高度。

教育部基教司[2003]288号文件明确指出“送审教材的错误率（含政治性错误、科学性错误、错别字等）不得超过总字数的万分之一。”也就是说，如果书稿（包括插图及插图说明文字）差错率超过万分之一，审查委员会有权将书稿拒之门外，不予受理。这样我们将失去第一次送审机会，是非常可惜的。恳请各位专家集中时间和精力，于1月28日前帮助我们把好至关重要的最后一关，以便顺利出线，迈进送审的门槛。

请各位专家务必按我们拟订的“要求”予以审核，已不容再变更体例，从头来了。审后请确定一人合样并及时与陈旭霞联系。

联系电话：[redacted]

网　　址：[redacted]

预祝

春节快乐

高中历史教科书编写组

2004.1.18

(9) 致函九（存目1件）

(10) 致函十（存目1件）

2.作者致编辑（存目1种88件）

3.主编致副主编（存目1种7件）

4.副主编致主编（存目1种9件）

5.副主编致大象出版社社长、总编辑、室主任（存目1种7件）

九、教师培训及《普通高中课程标准实验教科书〈历史〉》修订本（2008年）材料（6种6件）

1.修订本材料之一　大象版普通高中课程标准实验教科书·历史　培训手册　备忘录一（1件）

修订本
材料之一

大 象 版

普通高中课程标准实验教科书·历史

培训手册

备忘录 一

（一）2008 年 1 月 18 日上午，大象出版社赵菡主任电话通知张惠芝：

1. 负责组织大象版历史教科书《培训手册》编写，约 10 万字；

2. 组建培训队伍，提供参与培训人员的名单和情况简介。

（二）2008 年 1 月 18 日下午～20 日组织编写队伍：

1. 确定臧嵘、陈梧桐、马执斌、杨润平、张惠芝 5 人编写组；

2. 通过电话，与作者交流研讨编写原则、内容结构、编排体例，确立了以下 4 条原则：

（1）贯彻中共中央十七大精神，坚持辩证唯物主义和历史唯物主义，充分体现主体思想意识；

（2）贯彻新课标的教学理念；

（3）突出大象版教科书的特点；

（4）内容结构和体例：

1

① 总体介绍：阐述编写宗旨、结构体例、优势特点；

② 分册介绍：概述各模块知识结构、基本线索、教学目标，并以单元、课为序，一一进行解读，最后提出教学中应注意的问题。

③ 编排体例仅设置三级标题。

3. 撰稿分工：

张惠芝 总体介绍

臧　嵘 必修（Ⅰ）解读

陈梧桐 必修（Ⅱ）解读

马执斌 必修（Ⅲ）解读

杨润平 探究活动课解读

4. 字数要求：

根据大象出版社的规定，每人撰稿 2 万字，共计约 10 万字。

5. 交稿时间：

（1）必修（Ⅰ）（Ⅱ）（Ⅲ）和探究活动课的初稿于 1 月 29 日前送寄陈梧桐；由其统稿后，于 2 月 3 日前寄大象出版社赵菡。

（2）张惠芝稿于 2 月 3 日前直寄大象出版社赵菡。

张惠芝整理

陈旭霞制作

2008 年 3 月 2 日

2

2.修订本材料之二　大象版普通高中课程标准实验教科书·历史　培训手册　备忘录二（1件）

修订本
材料之二

大象版

普通高中课程标准实验教科书·历史

培训手册

备忘录 二

（一）2008年1月21日上午，致电大象出版社赵菡主任，发传真3件：

1. 草拟的《培训手册》编写合同；

2. 参与培训人员情况简介：

张惠芝 副主编 河北教育出版社前文科室、审读室主任，编审，河北师大兼职教授，享受国务院政府特殊津贴。中国历史教学研究会会员，河北省历史教育研究会前副秘书长。毕业于北京大学历史系。

陈梧桐 主要撰稿人 中央民族大学历史系前主任，教授，历史学家，历史教材专家，享受国务院政府特殊津贴。中国明史学会顾问，朱元璋研究会顾问。毕业于厦门大学历史系。

臧　嵘 主要撰稿人 人民教育出版社历史编辑室前副主任，课程教材研究所研究员，编审，历史学家，历史教材专家，享受国务院政府特殊津贴。《文史知识》编委，中国历史教学研究会前秘书长。毕业于北京大学历史系。

1

马执斌 主要撰稿人 人民教育出版社历史编辑室编审，课程教材研究所研究员，历史教材专家，制订普通高中历史课程标准核心组成员，中国历史教学研究会前常务理事、秘书长。毕业于首都师范大学历史系。

李永昌 主要撰稿人 辽宁大学历史系教授，前辽宁省历史学科组成员，世界历史学科带头人。毕业于北京大学历史系。

杨润平 主要撰稿人 张家口市一中特级教师，张家口历史学会会长。毕业于河北师范大学历史系。

叶小兵 首都师范大学历史系前主任、教授，教材教法专家，中国历史教学研究会副理事长、学术委员会主任。毕业于首都师范大学历史系。

马卫东 北京师范大学历史系教授，制订普通高中历史课程标准核心组成员。毕业于北京师范大学历史系。

3. 提供《培训手册》的编写作者名单和通讯地址。

（二）2008年1月21日，张惠芝收到委托负责组织编写的传真件。26日收到正式委托书和编写《培训手册》的出版合同。

（三）2月1日、2日，全部书稿特快寄往大象出版社赵菡。

（四）2月27日，发送大象版高中历史教科书《培训手册》样书，并支付了作者稿酬。

张惠芝整理

陈旭霞制作

2008年3月2日

2

3.修订本材料之三　大象版普通高中课程标准实验教科书·历史　修订本　备忘录三（1件）

修订本

材料之三

大象版

普通高中课程标准实验教科书·历史

修订本

备忘录 三

（一）2008 年 2 月 18 日，张惠芝接赵菡电：计划 2 月 27～28 日召开大象版普通高中历史教科书修订会，请组织几个人，听取实验区山东省历史教研员、教师，河南省即将使用大象版教科书的教研员、教师的意见。

（二）张惠芝于 2 月 22 日组织并通知臧嵘、陈梧桐、马执斌、李永昌、张道林、陈旭霞、杨靖筠、张惠芝等人参会。同时电告赵菡。

张惠芝整理

陈旭霞制作

2008 年 3 月 2 日

340

4.修订本材料之四　大象版普通高中课程标准实验教科书·历史　修订本　会议纪要一（1件）

修订本
材料之四

大 象 版

普通高中课程标准实验教科书·历史

修订本

会议纪要 一

时间　2008 年 2 月 28 日

地点　郑州河南宾馆第三会议室

与会人员　27 人

出版社 6 人

教研员、教师 13 人

作者 8 人

内容　征求对大象版《普通高中课程标准实验教科书·历史》的意见

2008 年 2 月 27 日～29 日，大象出版社主持召开了大象版高中历史教科书征求意见、修订会议。会议议程：（一）大象出版社副社长董中山致欢迎词；（二）副主编张惠芝介绍教科书的编写宗旨、主要特点；（三）山东教师 4 人、河南教师 9 人先后发言；（四）三方互

1

动交流。

参会的山东、河南省十一个地、市、县教研员、教师对大象版高中历史教科书持肯定、基本肯定的态度。现将意见汇总如下：

（一）教科书的优点

1. 体现了主流思想意识；

2. 体现了新课标的教学理念，扣新课标紧、实、准；

3. 具有时代性、基础性、选择性、科学性、知识性、严谨性等特点；

4. 渗透了新课标要求的情感、态度、价值观的教育；

5. 史料丰厚，内容翔实，结构合理，寓意深刻，参考性强；

6. 书眉设计独树一帜，中外对比有创新；

7. 图文互动，利于多样化，直观性教学；

8. 语言文字表述精练、准确、朴实；

9. 原汁原味，是具有历史本色的教科书；

10. 呈现新的教学理念，是有生命力的教科书。

（二）问题与建议

1. 内容多，难以完成教学任务。建议压缩篇幅，削减内容；

2. 增加趣味性，语言要生动、活泼，具有时代感；

3. 栏目功能要准确定位；

4. 眉图选择要更加经典，文字说明要更加准确，使用与课标相关的中外史实图片；

5. 适当增加图表，一目了然；适当增添漫画等图片，呈现多样化表述；

6. 搜集探究与思考的新材料、新情境，活跃学生思维，引导学生独立思考；探究题目要体现课标精髓，有新意，避免单一性，贴近高考测试需要；

7. 子目标题不简练；

8. 兼顾与初中教科书的衔接、区别与提升的关系；

9. 避免重复，建议内容结构做必要的调整；

10. 加强实用性，降低难度，分解大段论述，力求要点醒目；

11. 采用适合学生记忆的语言表述形式；

12. 单元前的探究提示、课后的要点回顾、探究与思考要更带有探究性、启发性；

13. 建议配备电子版教科书；

14. 建议配备教师用书、教辅读物，便于教学；

15. 建议改为大开本，便于携带；

16. 价格偏高。

张惠芝整理

陈旭霞制作

2008 年 3 月 2 日

3

5.修订本材料之五　大象版普通高中课程标准实验教科书·历史　修订本　会议纪要二（1件）

修订本
材料之五

大 象 版
普通高中课程标准实验教科书·历史
修订本

会议纪要 二

时间　2008 年 2 月 29 日

地点　大象出版社会议室

与会人员　出版社 耿相新、赵菡、张玉堂、刘慧静

作　者 臧嵘、陈梧桐、马执斌、李永昌、张道林、杨靖筠、张惠芝

内容　研究修订方案

分配修订任务

安排修订日程

2008 年 2 月 29 日上午，大象出版社总编辑耿相新、教材室主任赵菡、编辑张玉堂、刘慧静，作者臧嵘、陈梧桐、马执斌、李永昌、张道林、杨靖筠、张惠芝参加会议。根据教师提出的修改意见，共同研究、商定的问题如下：

（一）修订方案

1. 发扬优势，保护亮点，克服缺憾（具体内容见会议纪要 一）；

2. 压缩内容，调整结构

（1）由第 1 版的 32 课减至 24 课；

由第 1 版的 220 页（约）压至 120 页（约）；

（2）探究活动课，从第 1 版的两课中选留 1 课；

1

（3）个别栏目名称拟作微调；

（4）正文内容不要求学生必须掌握的部分，转化为阅读栏目；

（5）相关或内容重复的部分要重新组合，做课目、段落、文字的调整；

（6）各册后增加中外大事年表；

3. 加强探究性。各单元前的探究提示以及各课的正文、阅读栏目（特别是要点回顾、探究与思考）、插图、眉图自始至终要注重便于学生掌握和拓展知识，开阔视野；分析、归纳、综合研究能力和探究思考能力的提高；

4. 增强实用性。各级标题要简短、醒目；段落该短则短，避免冗长；节约文字，再求精练；“要点回顾”避免与子目重复；“探究与思考”的题目要兼顾高考的测试需要；

5. 贯彻渗透学习方法的教育，促使学生养成自主学习的良好习惯；

6. 开本改为 880×1230 毫米（约），大 16 开。

（二）任务分配

1. 耿相新 修订执行主编，负责统、定稿

2. 制定修订大纲

臧 嵘 李永昌 必修（Ⅰ）

陈梧桐 杨靖筠 必修（Ⅱ）

马执斌 张道林 必修（Ⅲ）

3. 写作任务分配

臧 嵘 陈梧桐 中国古代史

马执斌 张道林 董丛林 中国近现代史

李永昌 杨靖筠 世界史

4. 统稿

臧 嵘 必修（Ⅰ）

陈梧桐 必修（Ⅱ）

2

马执斌　必修（III）

5. 总统稿　耿相新

（三）日程安排

1. 3 月 8 日前 完成修订方案；

2. 3 月 15 日前 大象出版社完成资料准备（人教版、岳麓版、人民版高中历史教科书，2005～2007 高考测试题、高考题库等）；

3. 3 月中旬召开审定会

（1）签订修订版出版合同书

（2）审定修订方案、修订大纲、样张等；

4. 3 月 15～4 月 5 日，完成修订初稿，交修订本执行分册主编；

5. 4 月 6 日～4 月 10 日，修订本执行分册主编完成统稿；

6. 4 月 11 日～20 日，修订本执行主编完成定稿。

张惠芝整理

陈旭霞制作

2008 年 3 月 2 日

3

6.修订本材料之六 大象版普通高中课程标准实验教科书历史必修（Ⅰ）、必修（Ⅱ）、必修（Ⅲ）修订情况（1件）

修订本
材料之六

大 象 版
普通高中课程标准实验教科书
历史必修（Ⅰ）、必修（Ⅱ）、必修（Ⅲ）修订情况

本次修订，特别是正值党的十七大召开，中国特色社会主义理论已成为完整体系，这一体系极大地发展了马克思主义理论，是修订教科书的理论基础和指导思想。同时，强调紧扣新的课程标准和充分吸收高中历史教师的意见，不改变基本结构和基本内容，本着减少头绪，删繁就简，以利教学的原则进行修订，现将相关情况汇报如下。

一、调整课序。初版教科书，完全照搬课程标准的规定，将近代中国划分为两个单元，即二、三单元，分别讲述帝国主义侵略与中国人民的反抗；近代的中国民主革命。二单元，从鸦片战争讲到抗日战争；三单元，从太平天国讲到解放战争。不可避免的出现时序的颠倒，造成教学的困难。为解决上述问题，将二、三单元合并为一个单元，单元题目定为“近代中国的反帝反封建斗争和民主革命”，再按时间顺序分为六课：鸦片战争和太平天国革命；甲午战争和八国联军；辛亥革命和中华民国的建立；新民主主义革命的兴起；中华民族的抗日战争；新民主主义革命的胜利。这样就在二、三单元范围内，理清了时序，便于教学。

1

二、合并课时。将初版教科书的课文做了压缩与合并。必修（Ⅰ）的第十二、十四课合为一课；第二十、二十一课合为一课；第二十五、二十六课合为一课；第三十、三十二课合为一课。必修（Ⅱ）的第六、七、八合为两课；第十一～十四课合为两课；第二十、二十一课合为一课；第二十五、二十六课合为一课；第三十～三十二课合为一课。必修（Ⅲ），第四、五课合为一课；第六、七课合为一课；第十五、十六课合为一课；第二十八、二十九课合为一课；第三十、三十一课合为一课。探究活动课由初版的两课变为一课。

修订之后，必修（Ⅰ）压缩至25课；必修（Ⅱ）压缩至24课；必修（Ⅲ）压缩至24课。各册后均保留一个探究活动课。

三、寓论于史，论从史出。修订版教科书去掉空发议论的文字，将有关的理论观点融入史实的表述之中，如必修（Ⅰ）的第二十四课，必修（Ⅱ）的第九课，以及一些相关的子目，如必修（Ⅰ）第八课第三个子目、第三十二课第三个子目；必修（Ⅱ）第十课第二个子目；必修（Ⅲ）第十八课第三个子目、第二十五课第三个子目等等，都是按照上述原则进行的处理。

四、删除重复内容。必修（Ⅰ）第二十八课，讲社会主义在中国的建立，这部分内容在第十二课“现代中国的政治建设”，以及必修（Ⅱ）第十课讲到“中国社会主义道路的建设”时都已涉及。显然没必要在讲述社会主义理论的诞生与实践时再重述一遍，因而对多余的重复做了删除。

2

五、梳理发展脉络。课文内容，尽量择取关键事件，关键人物展开叙述，提纲挈领，不求全面、系统、完整。特别在记述某些重大思潮、重要思想家、科学家、文学家、艺术家的成就时只讲其有代表性的思想、作品和研究成果。力求重点突出、减少头绪、不求面面俱到。

六、坚守课程标准，适当补充明显缺欠。必（Ⅱ）第九课讲完“中国近代资本主义的发展”，第十课就讲“中国社会主义建设道路的探索”，在这两课之间缺少社会主义经济如何建立的问题。本次修订，在第十课前边加了一个小目，讲述建国之初的“土改”和“三大改造”，这样才好讲十课的“社会主义道路建设”问题，补充了史实上的断线。又如，必修（Ⅱ）第十七、十八课，讲的是资本主义世界的经济大危机和罗斯福新政。这之间，我们增加了一个小目，讲胡佛“无为而治”的失败，点出以往资本主义世界长期执行的“自由放任”政策，再讲“新政”的“国家干预”政策。从而使学生加深对罗斯福执政背景及新政意义的认识。

七、修改课文疏漏。对于初版教科书叙述不完全到位、名词概念，以及议论过多的内容予以改正。如必修（Ⅰ）第十六、十七课讲到希腊、罗马民主法制时，修订本更加强化了对于民主法制阶级性的分析；必修（Ⅲ）讲到“西方人文精神起源”时，对某些思想家的观点叙述不够全面、准确之处做了修改，避免了偏激观点。必修（Ⅰ）、（Ⅱ）两册的世界现代史部分，凡头绪繁杂、议论过多、篇幅过大的部分，做了必要的删繁就简的修改。

3

八、经以上七个方面的修改之后，全书文字总量减少 1/3。呈现出的修订本教科书马克思主义理论观点更加鲜明、史料准确、简明扼要、脉络清晰、份量减轻，体现自主性、探究式学习方法，便于教学使用。

更加

大象出版社

2008 年 4 月 20 日

4

十、工作留影（11种11件）

1.《普通高中课程标准实验教科书〈历史〉》授权书（1件）

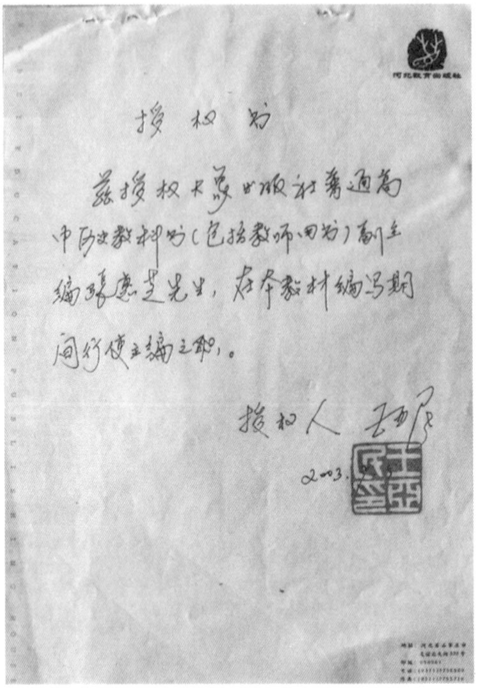

授权书

兹授权大象出版社普通高中历史教科书（包括教师用书）副主编张惠芝先生，在本教材编写期间行使主编之职。

授权人

2003.

2.《普通高中课程标准实验教科书〈历史〉》书影（1件）

3.《普通高中课程标准实验教科书〈历史〉》申报立项样张（1件）

4.《普通高中课程标准实验教科书〈历史〉》编写立项表（1件）

5.2000年秋，中国地图出版社版《九年义务教育历史教科书》主编、中央教育科学研究所研究员白月桥（左一）作《如何编好历史教科书》的讲座，左二李永昌教授，左三孟宪刚教授（1件）

6.2002年秋，历史教科书编写专家、研究员、编审臧嵘（左）和马志斌（右）在座谈会上就“编写意图”“编写提纲”提出修改意见（1件）

7.2002年秋，作者杨靖筠教授（左）、李永昌教授（右）参加编写历史教科书研讨会（1件）

8.《普通高中课程标准实验教科书〈历史〉》书眉与正文内容中外历史文图互动的表现形式（1件）

9.2008年春，历史学家、历史教科书编写专家、教授陈梧桐（右）就“修订本”《普通高中课程标准实验教科书〈历史〉》提出具体指导意见（1件）

10.《普通高中课程标准实验教科书〈历史〉培训手册》、《普通高中课程标准实验教科书〈历史〉简介》（2008年大象出版社制作）书影（1件）

11.《普通高中课程标准实验教科书〈历史〉》部分文档资料缩影（1件）

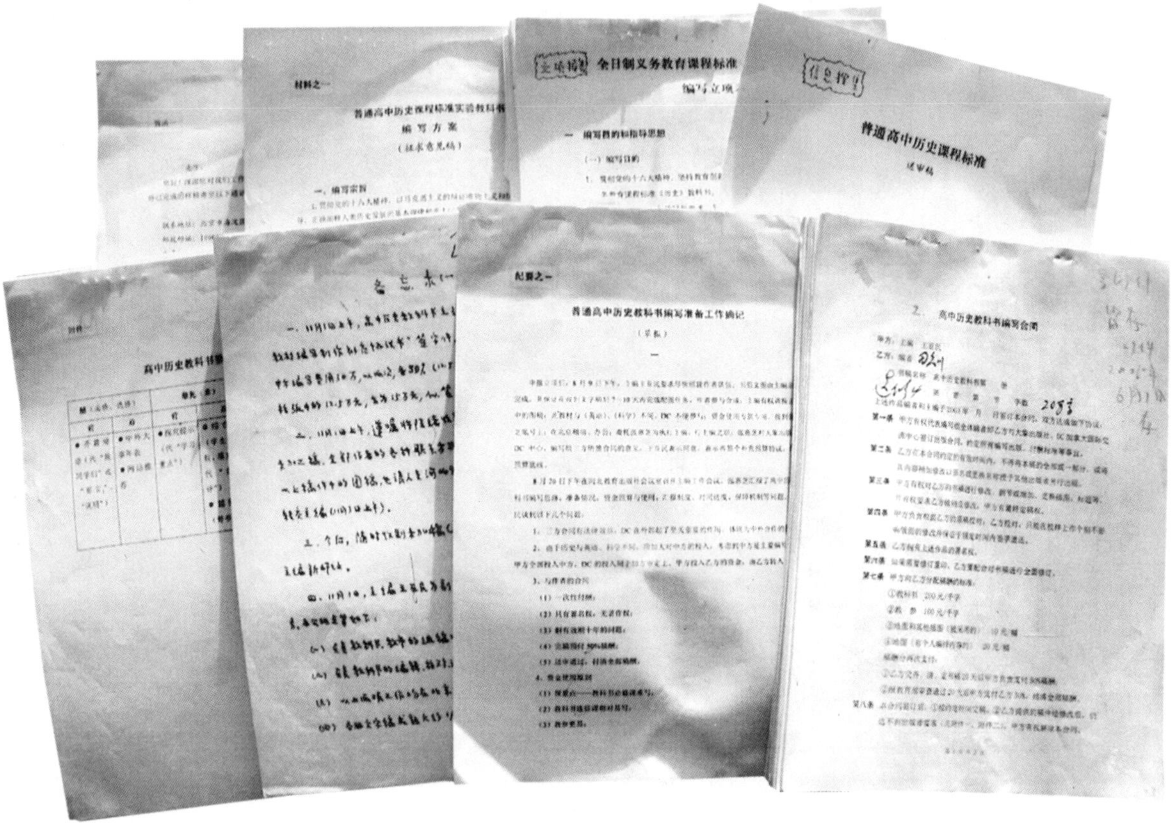

十一、稿酬通知单（存目8种146件）

跋

仰俯之间，编辑力时代悄然而至，或许编辑人拥有和留下的就是这样一种具有理论性、实践性的基础能力，即把个人的智慧融入作品当中，目标是推出传世经典之作，追求永恒的文化生命，以照亮人类文明发展和进步的道路。我想，这就是需要提升和拓展的具有时代担当和远大抱负的综合编辑力吧！

我感恩，各位先生情深潭水的关爱及给予的鼓励、信任和力量使我获得了自信和永久的激励。吴道弘老先生，年逾九十，欣然命笔题签，令我感动万千；耿相新和聂震宁两位先生在繁忙之中为本书作序，不胜感激之至。大象出版社董中山社长、赵菡副总编辑和各位责任编辑植根于编辑出版实践，彰显编辑的严谨学风和功力。承蒙厚爱，不胜欢喜，感铭心切，谨致谢忱！

张惠芝

2018年12月30日于北京星园居所